# besser haushalten – gesund ernähren 8–10

Erarbeitet von

Hildegard Adler
Elke Heid
Jutta Kuhnert
Hermine Merkl
Heide Tremmel-Sack

Oldenbourg

**Bildquellenverzeichnis**

aid Infodienst, Bonn: S. 85, 91, 95, 118.2+3, 119 (Meyer), 123.2; akg-images, Berlin: S. 74.2 (Archives CDA/Guillem); argus: S. 98.2 (Schwarzbach); Arzberg-Porzellan GmbH, Schirnding: S. 78.1+2; bildagentur-online: S. 206.2 (th-foto); Bildarchiv Preußischer Kulturbesitz, Berlin: S. 229.1; BilderBox, Thening: S. 3.2, 69, 103, 125.2, 205.2, 207, 209; Bundeszentrale für gesundheitliche Aufklärung (BZgA), Köln: S. 216; BW Photoagentur: S. 139 (A. Bauer); Caro: S. 36 (Sorge), 62.4 (Oberhaeuser), 178 (Teich); CMA Centrale Marketing-Gesellschaft der deutschen Agrarwirtschaft mbH, Bonn: S. 94.2-4, 98.1, 108, 109, 118.1; CORBIS: S. 74.1 (Dave Bartruff), 152.2 (Stephen Welstead); dpa, Frankfurt/M.: S. 27.1; Fotostudio Eising, München: S. 49.2, 57.3, 144, 146. 1+4+6; Fink, E., München: S. 111, 115.2+3; Die Förderer e. V., Landshut: S. 141; Das Fotoarchiv: S. 89 (Andreas Buck), 117 (A. Riedmiller); GEBA Möbelwerk GmbH, Löhne: S. 162.2; Gebrüder Reiner GmbH & Co. KG, Krumbach/Schwaben: S. 21; Globus Infografik GmbH: S. 116; Gräfe + Unzer, München: S. 50.2; Häcker Küchen GmbH & Co. KG, Rödinghausen: S. 8; Haen de, S., München: S. 202.1; Hagen Grote GmbH, Krefeld: S. 24.2; Hutschenreuther: S. 78.3; IFA Bilderteam, München: S. 152.1; images.de: S. 113 (Jespersen), 173.1 (Birdsall); imago: S. 172 (Claus Bergmann), 176.1 (Peter Widmann); Jahreszeitenverlag: S. 42.3-8 (Giorgio Scarlini), 130 (Karin Vogel-Berensmann); Jegodtka, Heiko, München: S. 24.1, 30; Jilka, Johann, Altenstadt: S. 62.3; laif: S. 76 (Spohler), 77.1+2; Le Creuset GmbH, Notzingen: S. 23; Liebermann, Erik, Steingaden: S. 212.1; Liepe, Jürgen, Berlin: S. 228; Mauritius Bildagentur, Mittenwald: S. 38 (JIRI), 53, 79.1 (A. Mayer), 94.1; medicalpicture: S. 197 (medicalart); meine familie und ich: S. 93 (Maria Harder); MEV, Augsburg: S. 100, 168, 172.1, 206.3; Mitterwallner, Elisabeth, München: S. 126; Museen der Stadt Nürnberg. Grafische Sammlung, Nürnberg: S. 162.1; Nolte Küchen GmbH & Co. KG, Löhne: S. 133.2, 166; OKAPIA: S. 90 (Hidekazu Nishibata), 133.1 (Hans Reinhard), 206.1 (Nigel Cattlin/Holt Studios); Picture Press: S. 211; picture-alliance: S. 75 (CMI/Picture 24/ Wolfram Weber), 180 (dpa/Stockfood); plainpicture: S. 176.2 (P. Usbeck); Reinhardt, Susanne, München: S. 62.2; Riedel Glas Design Vertriebs GmbH, Schwalbach: S. 70, 72; Sainer-Werbeagentur, Gräfelfing: S. 201.2; Sammlung M. Lenk, Dresden: S. 160; Scharfe, Volker – www.schreiner-seiten.de: S. 25; Schell, Dietmar, München: S. 73; Schmid, Margarete, Schwäbisch-Gmünd: S. 56.2+3, 57.1+2, 86, 104, 120; Schmid, Margarete/Ordner, Bernhard, Schwäbisch-Gmünd: S. 4, 45, 48, 67, 149, 202.2+3, 203; Schöner Essen: S. 92 (Banderob); Siemens Elektrogeräte GmbH, München: S. 12, 14, 16; Sobota, Rainer, Niedernhausen/Ts.: S. 62.1; Staatliche Porzellan-Manufaktur Meissen GmbH, Meissen: S. 77.3, Stock4B: S. 212.2 (Hans-Guenter Oed), www.stockfood.com: S. 3.1+8 (Peter Rees), 42.1 (Hubert Häring), 49.1 (FoodPhotogr. Eising), 50.1, 52.1 (Gabula Art-Foto), 60 (Herbert Lehmann), 115.1 (Studio Adna), 123.1 (Maximilian Stock LTD), 124.1 (FoodPhotogr. Eising), 124.2 (Chris Meier), 125.1 (Gaby Bohle), 127.1 (José Luis Pelegrin), 127.2 (Uwe Bender), 184.1 (Harry Bischof), 184.2 (Karl Newedel), 205.1 (Harry Bischof), 220.2 (FoodPhotogr. Eising), 220.3 (Karl Newedel), 222.2 (Uwe Bender), 224; Stoppel, Gottfried: S. 173; Teubner Foodfoto, Schwangau: S. 42.2 (Horn); Fotostudio Teubner, Füssen: S. 52.2, 56.1, 58, 146.2+5, 220.1, 222.1; The Betty Darling Tea Company Ltd., Bremen: S. 40; Transglobe: S. 27.2 (Marko); vario-press: S. 210 (Bernhard Classen); Verband für unabhängige Gesundheitsberatung e.V. (UGB), 2004: S. 29; Vesper, W., Gelnhausen: S. 201.1; www.vis-ernaehrung.bayern.de: S. 46; VISUM: S. 41 (Panos Pictures); WILDLIFE: S. 206.4 (D. Harms); WMF AG, Geislingen/Steige: S. 18, 19, 20; www.5amtag.de: S. 102; Zeller Keramik, Zell a. H.: S. 79.2;

Trotz entsprechender Bemühungen ist es nicht in allen Fällen gelungen, den Rechteinhaber ausfindig zu machen. Gegen Nachweis der Rechte zahlt der Verlag für die Abdruckerlaubnis die gesetzlich geschuldete Vergütung.

Das Papier ist aus chlorfrei gebleichtem Zellstoff hergestellt, ist säurefrei und recyclingfähig.

© 2005 Oldenbourg Schulbuchverlag GmbH, München, Düsseldorf, Stuttgart
www.oldenbourg-bsv.de

Das Werk und seine Teile sind urheberrechtlich geschützt. Jede Nutzung in anderen als den gesetzlich zugelassenen Fällen bedarf der vorherigen schriftlichen Einwilligung des Verlages. Hinweis zu § 52 a UrhG: Weder das Werk noch seine Teile dürfen ohne eine solche Einwilligung eingescannt und in ein Netzwerk eingestellt werden. Dies gilt auch für Intranets von Schulen und sonstigen Bildungseinrichtungen.

Dieses Werk folgt der reformierten Rechtschreibung und Zeichensetzung.

1. Auflage 2005

Druck  08  07  06  05

Die letzte Zahl bezeichnet das Jahr des Drucks.
Alle Drucke dieser Auflage sind untereinander unverändert
und im Unterricht nebeneinander verwendbar.

Umschlagkonzept: Mendell & Oberer, München
Umschlag: Cleo-Petra Kurze, Berlin
Lektorat: Elisabeth Dorner, Berlin
Herstellung: Almut Richter
Illustrationen: Cleo-Petra Kurze, Detlef Seidensticker, Axel Weiß
Satz und Reproduktion: Oldenbourg:digital GmbH, München
Gesamtherstellung: J. P. Himmer GmbH & Co. KG, Augsburg

ISBN 3-486-00034-9

# 8. Jahrgangsstufe

## 1 Planung und Organisation eines Haushaltes

Ergonomie im Haushalt .................................................. 8
Organisation von Arbeitsabläufen .................................. 10
Wir kaufen Haushaltsgeräte ........................................... 12
Küchengeräte auf dem Prüfstand .................................. 14
Ein modernes Haushaltsgerät – die Mikrowelle ............. 16
Werkstoff Metall in der Küche ....................................... 18
Kunststoffe – modern und vielseitig .............................. 22
Holz – ein Stück Natur .................................................. 24

## 2 Vollwertige Ernährung

Das Lebensmittelgesetz (LMBG) .................................... 26
Getränke – wichtiger Bestandteil der vollwertigen Ernährung .... 30
Genussmittel – begehrt und oft missbraucht ................ 32
Alkoholische Getränke ................................................... 34
Kaffee – ein anregender Genuss .................................... 38
Tee – ein weltweit beliebtes Getränk ............................ 40
Kakao – Rohstoff für Schokolade .................................. 42

## 3 Nahrungszubereitung und -präsentation

Hygiene in der Küche .................................................... 44
Teiglockerung ................................................................. 48
Geliermittel – wichtig zur Festigung von Speisen ......... 54
Gararten .......................................................................... 56
Kräuter – grüne Welle in der Küche .............................. 58
Gewürze – edle Kostbarkeiten in Speisen ..................... 60

## 4 Ess- und Tischkultur

Die Tischgemeinschaft ................................................... 62
Alle Tage schön gedeckt – wir bitten zu Tisch ............. 64
Willkommen zum Familienfest – gut planen, ohne Stress feiern .. 66

### Schwerpunktthema:

Vorüberlegungen für den Kaufentscheid ....................... 68

# 9. Jahrgangsstufe

## 1 Planung und Organisation eines Haushalts

Glas – Vielseitig und ästhetisch ..................................... 70
Keramikwaren für die Ess- und Lebenskultur ................ 74
Verpackungen – nützlich und belastend ....................... 80

## 2 Vollwertige Ernährung

Inhaltsstoffe der Nahrung . . . . . . . . . . . . . . . . . . . . . . . . . . . . . . 84
Lebensmittelgruppen im Überblick . . . . . . . . . . . . . . . . . . . . . . 85
Getreide – unser wichtigster Nahrungslieferant . . . . . . . . . . . . . 86
Reis – das Brot Asiens . . . . . . . . . . . . . . . . . . . . . . . . . . . . . . . . . 90
Die Kartoffel – eine vielseitige Knolle . . . . . . . . . . . . . . . . . . . . . 94
Süßungsmittel . . . . . . . . . . . . . . . . . . . . . . . . . . . . . . . . . . . . . . . 98
Gemüse und Obst . . . . . . . . . . . . . . . . . . . . . . . . . . . . . . . . . . . 100
Milch und Milchprodukte . . . . . . . . . . . . . . . . . . . . . . . . . . . . . 104
Fleisch und Fleischprodukte . . . . . . . . . . . . . . . . . . . . . . . . . . . 108
Fisch und Fischerzeugnisse . . . . . . . . . . . . . . . . . . . . . . . . . . . . 112
Das Hühnerei . . . . . . . . . . . . . . . . . . . . . . . . . . . . . . . . . . . . . . . 116
Hülsenfrüchte – pflanzliche Eiweißlieferanten . . . . . . . . . . . . . 119
Fette und fettreiche Lebensmittel . . . . . . . . . . . . . . . . . . . . . . . 120

## 3 Nahrungszubereitung und Präsentation

Technische Geräte im Trend . . . . . . . . . . . . . . . . . . . . . . . . . . . 124
Schnelle Küche – leicht gemacht . . . . . . . . . . . . . . . . . . . . . . . 126
Perfekt gekocht? . . . . . . . . . . . . . . . . . . . . . . . . . . . . . . . . . . . . 128
Vorratshaltung im modernen Haushalt . . . . . . . . . . . . . . . . . . 130

## 4 Ess- und Tischkultur

Das Einmaleins der Tischkultur . . . . . . . . . . . . . . . . . . . . . . . . . 140
Gestaltung von Einladungen, Platz- und Menükarten . . . . . . . . 142
Auswahl und Kombination von Speisen und Getränken . . . . . . 144
Kreative Formen des Anrichtens und Garnierens von Speisen . . . 146

## Schwerpunktthema:

Berufliche Orientierung im hauswirtschaftlichen Bereich . . . . . 148

# 10. Jahrgangsstufe

## 1 Planung und Organisation eines Haushalts

Der Familienhaushalt . . . . . . . . . . . . . . . . . . . . . . . . . . . . . . . . . 150
Familie als Lebensform . . . . . . . . . . . . . . . . . . . . . . . . . . . . . . . 152
Ökonomische Prinzipien . . . . . . . . . . . . . . . . . . . . . . . . . . . . . . 154
Unsere Wohnung – ein Lebensraum . . . . . . . . . . . . . . . . . . . . 156
Wohnungssuche . . . . . . . . . . . . . . . . . . . . . . . . . . . . . . . . . . . . 158
Räume planen und einrichten . . . . . . . . . . . . . . . . . . . . . . . . . 160
Wir mieten eine Wohnung . . . . . . . . . . . . . . . . . . . . . . . . . . . . 161
Die Küche – ein Wohn-und Arbeitsraum . . . . . . . . . . . . . . . . . 162
Grundausstattung einer Küche . . . . . . . . . . . . . . . . . . . . . . . . . 166

## 2 Vollwertige Ernährung

Stoffwechsel – das Merkmal lebender Organismen ............. 168
Die Abbauvorgänge unserer Hauptnährstoffe
    Kohlenhydrate, Fett, Eiweiß ............................... 170
Ohne Energie – kein Leben ................................... 172
Grundlagen der Ernährung .................................... 174
Altersabhängige Ernährungsbedürfnisse ....................... 176
Die vollwertige Ernährung .................................... 180
Vegetarische Ernährung ...................................... 182
Vollwert-Ernährung .......................................... 186
Kostformen nach Fehlernärung: Reduktionskost ................ 188
Ess-Störungen – ein Phänomen unserer Zeit? .................. 190
Krankheitsbedingte Kostformen ............................... 194
Giftstoffe, die auf Nahrungsmitteln wachsen –
    toxische Mikroorganismen ................................ 200
Unerwünschte Stoffe aus der Verarbeitung von Lebensmitteln ... 204
Gifte, die natürlicherweise vorhanden sind ................... 206
Schadstoffe in Lebensmitteln ................................ 208
Gentechnik im Einkaufkorb ................................... 212

## 3 Nahrungszubereitung und Präsentation

Für jeden das richtige Menü ................................. 218
Für alle das richtige Garverfahren .......................... 219
Bayern tafelt ............................................... 220
Die Mediterrane Küche ....................................... 222
Indien – kulinarische Impressionen .......................... 224

## 4 Ess- und Tischkultur

Das Büfett – nur ein Fest für die Augen? .................... 226
Ess- und Tischkultur im Wandel der Zeit ..................... 228

### Schwerpunktthema:

Wir führen eine Pro- und Kontra-Diskussion .................. 232

## Anhang

Glossar ..................................................... 233
Nährwerttabelle ............................................. 237
Stichwortverzeichnis ........................................ 239

# Ein Buch für drei Jahrgangsstufen

Liebe Schülerinnen, liebe Schüler,

dieses Buch begleitet euch von der 8. bis zur 10. Jahrgangsstufe im Fach Haushalt und Ernährung. Es enthält alle Themenbereiche, die für euch auch zur Vorbereitung auf die Prüfung wichtig sind.

In der 8. Klasse könnt ihr mithilfe des Inhaltsverzeichnisses schon einen Blick in interessante Fachgebiete aus späteren Jahrgangsstufen werfen. Darüber hinaus findet ihr im Stichwortverzeichnis alle Fachbegriffe mit Angabe der Seitenzahl im Buch. Im Glossar werden wichtige Begriffe wie in einem Lexikon erklärt.

In der Nährwerttabelle könnt ihr wesentliche Inhaltsstoffe eines Lebensmittels nachlesen. Sie hilft euch aber auch bei der Kombination von Speisen und bei der Zusammenstellung einer gesunden Kost.

Das Zeichen (GW) steht für **Grundwissen** des Fachs.

Damit ihr auch mit mit den Augen auf Entdeckungsreise gehen könnt, ist das neue Buch mit reichlich Bildmaterial ausgestattet. Die Aufgaben am Ende jedes Themenbereiches sollen euch helfen das neue Wissen zu vertiefen, damit ihr euch die Lerninhalte besser einprägen könnt. Viele neue Eindrücke und Erfahrungen mit dem Buch wünschen euch

die Autorinnen.

8

# 1 Planung und Organisation eines Haushalts

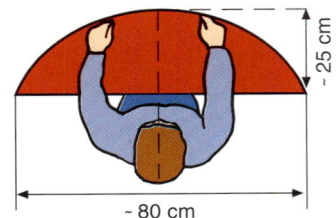

*Innerer Greifraum*

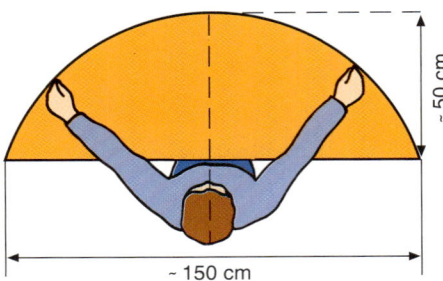

*Äußerer Greifraum*

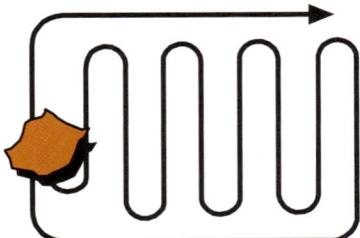

*Rationelle Arbeitstechnik*

| Körpergröße | Arbeitshöhe |
|---|---|
| 35–139 cm | 70 cm |
| 140–150 cm | 80 cm |
| 155–159 cm | 85 cm |
| 160–169 cm | 90 cm |
| 170–200 cm | 95 cm |

*Richtige Arbeitshöhe*

## Ergonomie im Haushalt

> Ergonomie ist die Wissenschaft von der körpergerechten Gestaltung des Arbeitsplatzes. Dabei steht die Gesunderhaltung des Menschen im Vordergrund.

Der private Haushalt stellt einen umfangreichen Arbeitsplatz dar.

Um alle Arbeiten rationell, d. h. zeit-, kraft- und energiesparend ausführen zu können, ist eine sinnvolle Planung der Arbeitsabläufe und Tätigkeiten von großer Bedeutung. Damit wir uns beim Arbeiten wohl fühlen, sollten bei der Planung eines rationell gestalteten Arbeitsplatzes ergonomische Gesichtspunkte Beachtung finden. Dies sind z. B.:
- Wege einsparen.
- Inneren und äußeren Greifraum berücksichtigen.
- Arbeitsgegenstände, die sehr oft gebraucht werden, in den inneren Greifraum stellen.
- Arbeitsgegenstände, die selten gebraucht werden, in den äußeren Greifraum stellen.
- ein Überkreuzen der Arme vermeiden.
- Arbeitsplatz überlegt gestalten: für Rechtshänder die Arbeitsabfolge von rechts nach links planen, für Linkshänder entgegengesetzt.
- Arbeitsmittel entsprechend dem Bewegungsablauf anordnen.

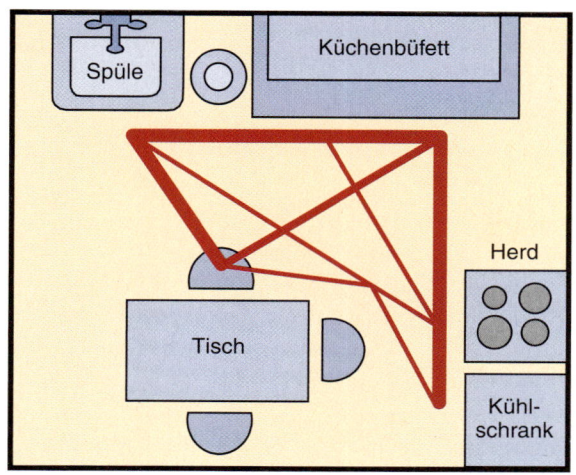 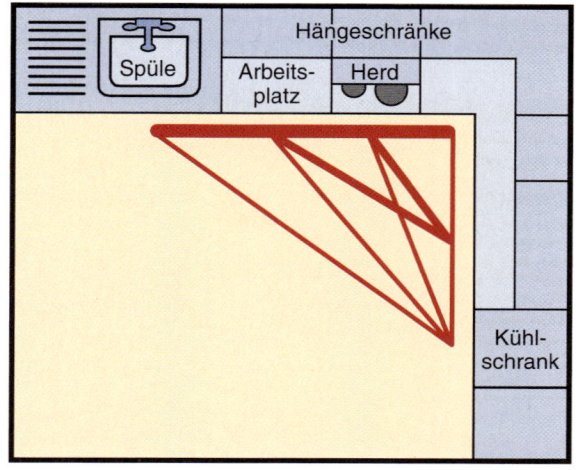

*Wegestudie in unterschiedlichen Küchen*

- Arbeiten rationell durchführen, z. B. zuerst alle Kartoffeln schälen, dann alle Kartoffeln zerkleinern.
- Beim Arbeiten aufrecht stehen oder sitzen.
- Arbeitspausen bei längeren und anstrengenderen Arbeiten einlegen.
- Arbeiten wenn möglich im Sitzen ausführen, um Energie zu sparen.
- Arbeiten, bei denen Kraft auf die Lebensmittel ausgeübt werden muss (Kneten von Teig), im Stehen durchführen.
- Die Arbeitshöhe an die Körpergröße anpassen
- Ein Wechsel der Körperhaltung bringt Erleichterung und führt nicht so schnell zur Ermüdung.
- Genügend Bewegungsfreiheit einräumen.
- Auch bei Reinigungsarbeiten lassen sich Wege und damit Kraft sparen, z. B. beim Abwischen einer Arbeitsfläche (siehe Abbildung „Rationelle Arbeitstechnik").
- Auf eine gute Beleuchtung, Belüftung und Raumtemperatur achten.

- Eine ergonomisch und sachgerecht eingerichtete moderne Einbauküche spart bis zu 60 % des Weges und 25 % der Zeit (siehe oben).

**1** Was sagen die Diagramme oben aus? Diskutiert die Bedeutung von Strichstärke, Kreuzungspunkten und Wegstrecken.

**2** Es wird Obstsalat hergestellt. Welche Teilarbeiten können im Sitzen, welche im Stehen erledigt werden?

**3** Erkundige dich, was in der nächsten Stunde gekocht/gebacken wird. Richte hierfür den Arbeitsplatz ein.

**4** Ergonomie beim Arbeiten: Formuliere zusammen mit deinem Lernpartner vier Vorteile des rationellen Arbeitens.

> Eine ergonomische Gestaltung des Arbeitsplatzes spart Wege, Zeit und Kraft und vermeidet Gesundheitsschäden.

| Gesamtarbeitszeit | | |
|---|---|---|
| Zeit für **Vorarbeiten** | Zeit für **Hauptarbeiten** | Zeit für **Nacharbeiten** |
| z. B.<br>• Gesamtarbeitszeit feststellen<br>• Garzeiten berücksichtigen<br>• Lebensmittel und Arbeitsgeräte bereitstellen<br>• Backbleche oder Formen fetten | z. B.<br>• Arbeitsschritte ausführen (Lebensmittel verarbeiten, zubereiten, anrichten)<br>• auf sachliche Richtigkeit achten<br>• gegebenenfalls technische Hilfsmittel einsetzen<br>• Garzeiten überwachen und einhalten | z. B.<br>• Lebensmittel wegräumen<br>• benutzte Geräte reinigen<br>• alles an seinen Standort zurückstellen |
| **Arbeitsplatz organisieren (Kontrolle)** | **Arbeitsfluss beachten** | **Arbeitsplatz reorganisieren** |

*Vorüberlegungen zur Berechnung des Zeitaufwands (nur Rezeptur)*

## Organisation von Arbeitsabläufen

Wenn wir in der Schulküche Speisen zubereiten, müssen wir uns nach den zur Verfügung stehenden Schulstunden richten. Die Speisen müssen zu einer bestimmten Zeit fertig sein, damit wir noch Zeit zum Essen und Aufräumen haben. Für die Zubereitung kleinerer Speisen lassen sich die Arbeitsabfolgen und der Zeitbedarf leicht überschauen, doch bei umfangreicheren Menüabfolgen ist es wichtig, nach einem Plan zu arbeiten. Um die Arbeit gut und übersichtlich zu organisieren, teilt man sie in drei Arbeitsschritte ein: **Vorarbeiten – Hauptarbeiten – Nacharbeiten.**

### Vorteile der Planung

- Macht eine Unterbrechung der Hauparbeiten mit mehrmaligem Herbeiholen benötigter Arbeitsmittel überflüssig.
- Verringert den Zeitaufwand durch optimale Ausnutzung von Wartezeiten.
- Gibt Sicherheit durch Organisation des Arbeitsablaufs.
- Ermöglicht ein gutes Arbeitsergebnis durch Einhalten der Arbeits- und Garzeiten.

> Eine überlegte Zeit- und Arbeitsplanung verhindert Hetze, Unzufriedenheit und fehlerhafte Ergebnisse.

### Der Organisationsplan

Die Spaltenschreibweise in einem Organisationsplan hilft, Arbeiten in Gruppen aufzuteilen. Durch geschickte Organisation und überlegtes Ineinanderarbeiten wird erheblich Zeit eingespart. Die einzelnen Tätigkeiten sind dabei so aufgeschlüsselt, dass Geübte und weniger Geübte Schritt für Schritt sicher eine Rezeptabfolge erarbeiten können. So ist der Kocherfolg sicher und es bleibt genügend Zeit zum Essen und Genießen. Ordnungsarbeiten wie Abwaschen und Aufräumen werden am besten nach einem Ämterplan, z. B. Spülamt, Trockenamt, Herdamt, Ordnungsamt, auf die Schüler einer Kochgruppe verteilt. Bei der Organisation von Arbeitsabläufen ist es dennoch nicht notwendig, dass sich alle strikt nach dem vorgegebenen Organisationsplan richten, denn dem einen geht dies, dem anderen jenes schneller von der Hand.

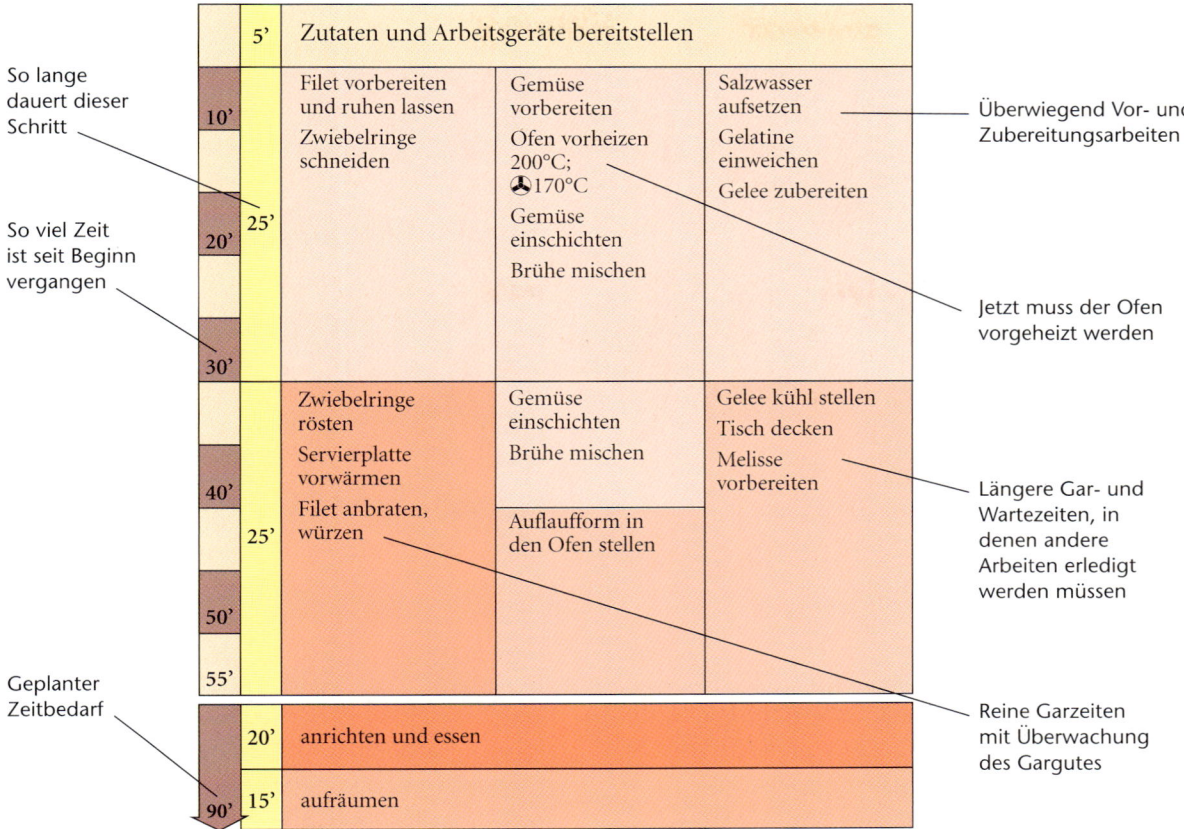

*Beispiel eines Organisationsplans:
Drei Schüler erarbeiten im Team Schweinefilet – Überbackene Gemüseplatte – Fruchtgelee*

## Tipps zum Erstellen eines Organisationsplans

- Aufgabe in Arbeitsschritte einteilen und benötigte Zeit abschätzen.
- Arbeitsweise überlegen (im Sitzen oder im Stehen).
- Günstige Reihenfolge festlegen.
- Zubereitung in Stichpunkten erklären.
- Einsatz technischer Geräte überlegen (Hand- oder Maschinenarbeit; Elektroherd: Funktions- und Temperaturschalter).
- Arbeitsmittel und Geräte bereitstellen, z. B. Backform für Kuchen.
- Arbeitsgänge kombinieren (Wartezeiten während der Garzeit nutzen).
- Möglichkeiten für Reinigungs- und Aufräumarbeiten mit einbeziehen (Spülamt, Trockenamt, Herdamt, Ordnungsamt).
- Sinnvolle Arbeitspausen einlegen.
- Zeitangaben nicht vergessen.
- Gesamtarbeitszeit und Arbeitsbeginn berechnen.

**1** Betrachte den oben abgebildeten Organisationsplan. Überlege, wie lange du brauchst, wenn du diese Arbeiten alleine ausführst.

**2** Erstelle selbst einen Organisationsplan anhand einer aus dem Unterricht bekannten Speisenabfolge.

**3** Erfrage bei deiner Lehrerin die nächste praktische Aufgabe und erarbeite einen Organisationsplan. Überlege, wie du sinnvoll ineinanderarbeiten kannst.

Kühlschrank
Mikrowelle
Computer
Eierkocher
Saftpresse
Waschmaschine
Geschirrspüler
Brotbackautomat
Waffeleisen
Sandwichtoaster

Diskutiert über die Notwendigkeit dieser Haushaltsgeräte.

*Geräte für die verschiedenen Aufgabenbereiche des Haushalts*

## Wir kaufen Haushaltsgeräte

Wie viel Technik braucht der moderne Haushalt? Die Werbung versucht uns einzureden, dass wir jede technische Neuheit unbedingt benötigen. Wir sollten uns fragen, ob uns diese Geräte wirklich die Arbeit erleichtern bzw. unsere Lebensqualität erhöhen und ob es sich lohnt, solche Geräte anzuschaffen.

Braucht jeder Haushalt einen Brotbackautomaten, wenn er nur einmal im Jahr benutzt wird? Ist es sinnvoll, eine elektrische Getreidemühle zu besitzen, wenn kein Familienmitglied die Zeit hat, das Getreide frisch zu mahlen? Brauchen wir unbedingt den elektrischen Dosenöffner, die elektrische Brotschneidemaschine, die Stereoanlage mit Stand-by-Betrieb, elektronisch gesteuerte Bügeleisen oder Küchenwaagen? Jedes technische Gerät benötigt Energie. Aber Energie ist eine begrenzte Ressource und damit kostbar.

Der hohe Energiebedarf hat negative Auswirkungen auf unsere Umwelt, was man beispielsweise an der Luftverschmutzung oder am Treibhauseffekt sieht.

> Erkenne Alternativen und nutze sie. Damit sparst du z. B. Strom und natürlich auch Geld.

## Umweltbewusster Umgang mit der Technik

- Lösche das Licht, wenn du den Raum verlässt, und lasse Radio, Fernseher, Computer usw. nicht gleichzeitig laufen.
- Meide den Stand-by-Betrieb bei Stereoanlagen, Computern usw., denn dadurch wird unnötig Strom verbraucht.
- Steckernetzteile sind „heimliche Stromfresser". Entferne sie aus der Steckdose, wenn das angeschlossene Gerät nicht gebraucht wird, oder verwende Steckdosenleisten mit Schalter.
- Lese die Gebrauchsanweisungen und halte dich an die Dosierungs- und Füllmengenvorschriften sowie Pflegehinweise.
- Halte die Geräte sauber: Verkalkte Waschmaschinen, Kaffeemaschinen oder vereiste Kühlschränke verbrauchen mehr Strom als einwandfreie Geräte.
- Achte beim Neukauf von Geräten auf umweltfreundliche Herstellung, auf Energieverbrauch und Recycelfähigkeit, d.h. auf eine positive Ökobilanz.
- Überlege vor einem Kauf genau, welche technischen Geräte in deinem Haushalt sinnvoll sind.
- Setze technische Geräte sinnvoll ein. Für kleine Mengen braucht man z. B. keine Küchenmaschine.

*Vorüberlegungen für den Kaufentscheid*

## Wir entscheiden uns für den Kauf eines Haushaltsgerätes

Der Kauf eines neuen Haushaltsgerätes muss gut durchdacht sein. Für jeden Haushalt muss aufgrund seiner Bedingungen entschieden werden, was wirklich gebraucht wird.

> Der Weg vom Kaufwunsch bis hin zum Kauf lässt sich in drei Phasen beschreiben: Kaufwunsch, Information, Entscheidung.

**1. Phase: Kaufwunsch**
- Wozu kann das Gerät benutzt werden?
- Benötigen wir es wirklich?
- Steht Geld zur Verfügung?

**2. Phase: Information**
- im Fachhandel
- bei der Verbraucherberatung
- Auswertung von Prospekten und Katalogen
- durch Nachfrage bei Freunden und Bekannten
- im Internet

**3. Phase: Entscheidung**
- Gegenüberstellung der Ergebnisse aus der Informationsphase
- Kosten-Nutzen-Analyse und Vergleich zwischen Angebot und Kaufwunsch
- Entscheidung

> Beim Kauf eines Haushaltsgerätes müssen verschiedene Kriterien berücksichtigt werden.

**Technische Kriterien**
Material- und Pflegeeigenschaften, Platzbedarf, Installationsmöglichkeiten, Leistung, Bedienkomfort

**Ökonomische Kriterien**
Anschaffungs- und Folgekosten, Lieferbedingungen, Lebensdauer, Nutzungshäufigkeit

**Ökologische Kriterien**
Herstellungsprozess, Verbrauchswerte, Recyclefähigkeit

**Soziale Kriterien**
Sicherheitsaspekte, mögliche Auswirkungen auf das Zusammenleben, Formschönheit

> **1** Sammelt Informationsmaterial (Fachhandel, AID, Internet, Prospekte, Kataloge) für den Kauf einer Spülmaschine, einer Mikrowelle.
>
> **2** Erarbeitet in Gruppen die Kriterien für den Kauf dieser verschiedenen Haushaltsgeräte. Diskutiert die Ergebnisse.

*Wie sinnvoll sind diese Küchengeräte?*

## Küchengeräte auf dem Prüfstand

Viele Küchengeräte sind heute im Haushalt unerlässlich, um Kraft und Zeit zu sparen. Aber nicht jedes Gerät ist für jeden Haushalt angemessen. Erleichtern sie uns wirklich die Arbeit und erhöhen sie unsere Lebensqualität? Sind nicht auch Geräte dabei, die mehr Arbeit verursachen, als sie einsparen?

### Was kann die Küchenmaschine?

> Küchenmaschinen sind Mehrzweckgeräte, die verschiedene Einzelgeräte ersetzen.

Während für einen kleineren Haushalt, in dem seltener gekocht oder gebacken wird, ein elektrisches Handrührgerät in der Regel ausreicht, ist es für die Zubereitung größerer Mengen oft sinnvoll, eine Küchenmaschine zu verwenden. Dadurch muss bei der Herstellung von Speisen weniger Material eingesetzt werden und es entsteht weniger Müll bei der Entsorgung.

### Was kann der Brotbackautomat?

Brotbackautomaten ermöglichen die frische Herstellung von Brot- und Backwaren. Durch die eigene Wahl der Zutaten kann der persönliche Geschmack berücksichtigt werden. Außerdem lassen sich Allergiker-Brote (z. B. glutenfreies Brot), die im Fachhandel sehr teuer sind, zubereiten.

So genannte „Kombigeräte" sind zwar vielseitig einsetzbar, häufig jedoch auch reparaturanfälliger. Fällt ein Teil des Gerätes aus, so sind oft alle anderen Funktionen auch nicht mehr nutzbar. Außerdem ist der Reinigungs- und Pflegeaufwand meist höher als bei Einzelgeräten.

> Der Brotbackautomat ist ein Gerät, das Rühren, Kneten und Backen kombiniert.

### Was kann die Geschirrspülmaschine?

Seit jeher gehört das Reinigen von Geschirr zu den alltäglichen Verrichtungen im Haushalt. Die mechanische Arbeit mit der Spülbürste wird heute in der Mehrzahl der Haushalte durch den Einsatz einer Geschirrspülmaschine ersetzt. Du hast die Spülmaschine bereits in der 7. Jahrgangsstufe kennen gelernt.

### Ökonomische und ökologische Aspekte

Ob der Spülprozess von Hand oder das Maschinenspülen die Umwelt mehr belasten, hängt entscheidend von der gewählten Temperatur des Spülwassers ab. Auch die Spülgutmenge, die zur Verfügung stehende Spülmaschine, das Spülmit-

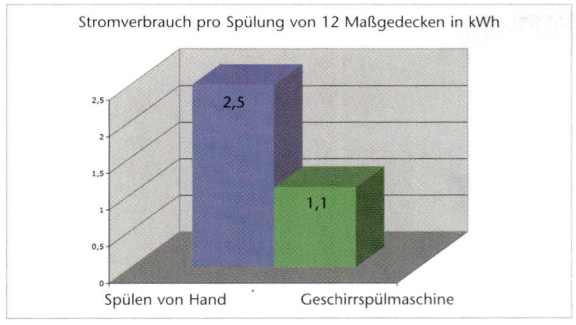

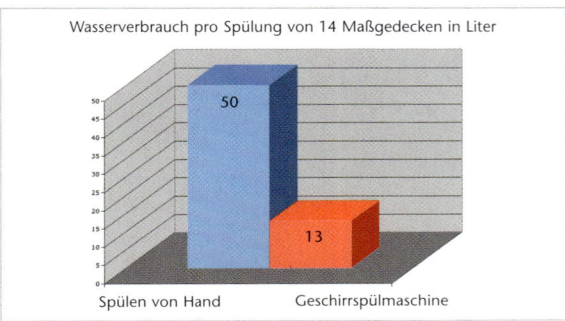

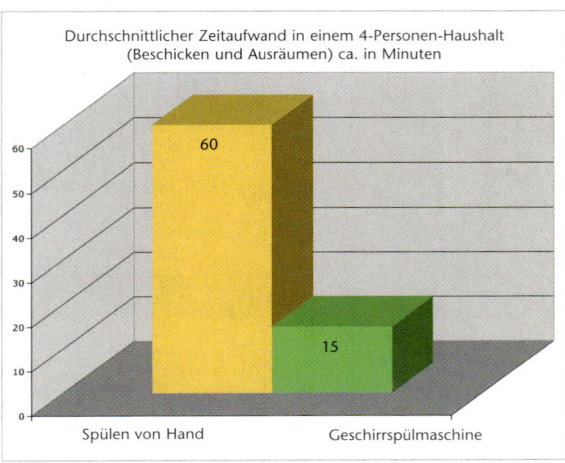

*Maschinelles und manuelles Spülen im Vergleich*

tel, die Dosierung sowie das gewählte Spülprogramm und die Maschinenbeladung haben einen Einfluss auf die Ökobilanz. Grundsätzlich belasten Maschinenspülmittel die Umwelt nicht mehr als Handspülmittel.
Die modernen Produkte verzichten bereits auf Metasilikat und bleichende Chlorverbindungen. Die höheren Temperaturen beim Trocknen sorgen für eine größere Hygiene, wodurch z. B. das Auskochen der Gläser zur Marmeladeherstellung wegfällt. Bei vergleichbaren Voraussetzungen ergeben sich unter modernen Spülbedingungen Vorteile für den Gesamtenergiebedarf beim maschinellen Spülen. Dies gilt im Besonderen für den Strom- und Wasserverbrauch.

**1** Informiere dich über die Preise eines Brotbackautomaten sowie über die aktuellen Brotpreise und berechne, bei welcher Brotmenge der Automat rentabel ist.

**2** Diskutiert in der Gruppe, ob und wenn ja, für welche Haushalte dieses Küchengerät geeignet ist.

**3** Informiere dich im Fachhandel über die unterschiedlichen Einsatzmöglichkeiten von Küchenmaschinen und Brotbackautomaten.

**4** Berti Bäcker gewinnt bei einem Preisausschreiben eines Küchengeräteherstellers einen Wertgutschein über 200 Euro. Er überlegt, ob er für diesen Beitrag eine Küchenmaschine oder einen Brotbackautomaten für seine vierköpfige Familie kaufen soll. Nenne die verschiedenen Kriterien, von denen die Entscheidung abhängt.

**5** Informiere dich über Einsatz sowie Reinigungs- und Pflegemaßnahmen von Haushaltsgeräten.

**6** Erörtere in der Gruppe Kriterien für bzw. gegen die Anschaffung einer Geschirrspülmaschine (Zeitaufwand, Energie- und Wasserverbrauch, Umweltbelastung durch Reinigungsmittel, Hygiene, Ordnung, Haushaltsgröße und Kosten). Betrachte dabei auch die oben abgebildeten Grafiken.

*Mikrowellengerät*

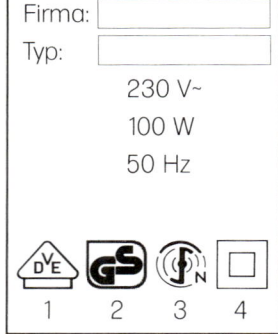

*Typenschild mit Prüfzeichen*

## Ein modernes Haushaltsgerät – die Mikrowelle

Die „Schnelle Welle" hat es geschafft: Jeder zweite deutsche Haushalt verfügt mittlerweile über ein Mikrowellengerät. Und das Statistische Bundesamt hat es längst auch in den neuen Warenkorb aufgenommen. Die zunehmende Ausstattung der Haushalte mit einem Mikrowellengerät ist nicht zuletzt ein Ausdruck dafür, wie sich unsere Kauf- und Essgewohnheiten verändern. Obwohl Mikrowellengeräte bereits in den 50er Jahren eingeführt wurden, konnten sie sich erst etwa vor zehn Jahren durchsetzen.

Gewinn oder Verlust? Hier teilen sich die Meinungen. Die einen sagen: „Ich bin strikt gegen diese Fertignahrungs-Unkultur. Bei uns wird jeden Tag frisch gekocht. Gefährlich sind die Dinger ohnehin, ganz abgesehen von dem Müll, den Fertiggerichte erzeugen." Andere haben die Auffassung, dass diese Technik den immer mehr auf sich gestellten Menschen entgegenkommt. Heute haben viele häufiger das Bedürfnis, in zwei Minuten einen Teller Suppe heiß zu machen, in einer halben Stunde ein Hähnchen aufzutauen und mal eben zwischendurch in Minutenschnelle ein Spaghetti-Gericht aufzutischen.

Ob Mikrowellen gefährlich sind oder nicht kann nur beurteilen, wer ihre Funktionsweise kennt.

## Was sind Mikrowellen?

Mikrowellen gehören zur Familie der elektromagnetischen Wellen wie Radio- und Fernsehwellen, das sichtbare Licht und Röntgenstrahlen. Die Mikrowellen werden in einem speziellen Bauteil des Gerätes, dem Magnetron, erzeugt. Diese Wellen werden im Garraum gleichmäßig verteilt und gelangen so zu den darin befindlichen Nahrungsmitteln. Sie versetzen die Wasser-, Fett- und Zuckermoleküle in Schwingung. Für das schnelle Kochen eignen sich stark wasserhaltige Speisen, beispielsweise Gemüse und Fisch, besonders gut. Die elektromagnetischen Wellen verändern die Zellstruktur in den Lebensmitteln. Ob von diesen Veränderungen allerdings Gefahren für die Gesundheit ausgehen, kann derzeit noch nicht eindeutig bestimmt werden.

## Wie funktioniert ein Mikrowellengerät?

Mikrowellen werden an Metallflächen zurückgeworfen (reflektiert), durchdringen Glas, Porzellan, Papier sowie Keramik und werden durch Lebensmittel und Wasser aufgenommen (absorbiert).

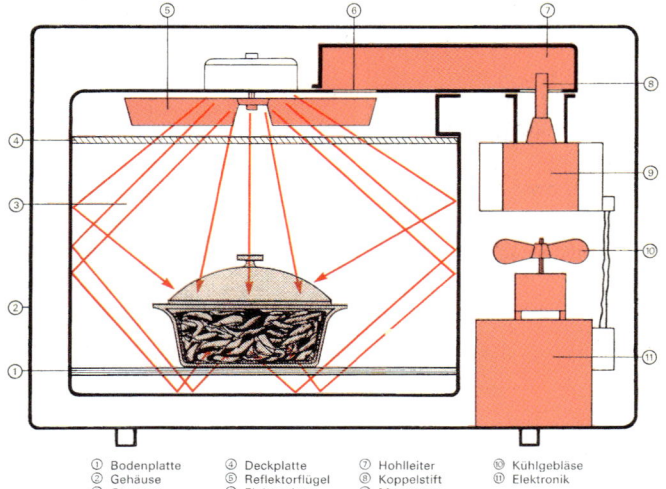

① Bodenplatte ④ Deckplatte ⑦ Hohlleiter ⑩ Kühlgebläse
② Gehäuse ⑤ Reflektorflügel ⑧ Koppelstift ⑪ Elektronik
③ Garraum ⑥ Einkopplung ⑨ Magnetron

*So funktioniert eine Mikrowelle.*

|  | Microwelle 750 W | | Kochstelle | |
|---|---|---|---|---|
|  | Dauer in min. | Stromverbrauch in kWh | Dauer in min. | Stromverbrauch in kWh |
| **Milch erwärmen** (von 0 °C auf 60 °C) | | | | |
| 200 ml | 1,06 | 0,025 | 1,32 | 0,025 [1] |
| 400 ml | 2,02 | 0,045 | 2,17 | 0,045 [1] |
| **Kartoffeln garen** | | | | |
| 250 g | 0,80 | 0,154 | 23 | 0,093 [1] |
| 500 g | 7,76 | 0,268 | 23 | 0,160 [2] |

1) Glaskeramik-Kochstelle 14,5 cm.
2) Glaskeramik-Kochstelle 18 cm

*Stromverbrauch beim Mikrowellengerät und Elektroherd im Vergleich*

Aus diesen Eigenschaften ergeben sich wichtige Schlussfolgerungen für den Gebrauch. Metalltöpfe können im Gerät nicht eingesetzt werden, da die Wellen das Gargut nicht erreichen würden. Gut eignen sich Behälter aus Glas und Keramik oder spezielles Mikrowellengeschirr.

> Da Mikrowellen nur erwärmen, kann man mit ihnen Speisen auftauen, schmelzen und garen. Beim Garen wird keine Kruste erzielt. Um diese zu erhalten, braucht man ein so genanntes Kombigerät, bei dem z. B. Umluft- und Grillfunktion zugeschaltet werden können.

Die entsprechenden Arbeitsprozesse werden über die Bedienelemente aus verschiedenen Programmen gewählt. Moderne Geräte verfügen über eine so genannte Gewichtsautomatik. Der Auftau- und Garprozess läuft dann – elektronisch gesteuert – selbsttätig ab. Bestimmte Vorrichtungen verhindern, dass die Wellen beim Betrieb nach außen dringen. Beim Öffnen der Tür wird das Magnetron automatisch abgeschaltet.
Wie gefährlich sind Mikrowellengeräte? Mikrowellengeräte sind nach bestimmten Sicherheitsvorschriften konstruiert und geprüft. Auf der Rückseite der Geräte sind die entsprechenden Prüfzeichen auf dem Typenschild ausgewiesen.

**1** Wie kannst du ein Mikrowellengerät sinnvoll und energiesparend einsetzen?

**2** Erhitze drei unterschiedliche Mengen Wasser im Mikrowellengerät und auf dem Elektroherd (höchste Leistungsstufe). Miss die Zeit bis zum Erreichen des Siedepunkts. Halte die Ergebnisse in einer Wertetabelle fest und vergleiche. Frage im IT-Unterricht nach, inwieweit sich deine Ergebnisse grafisch umsetzen lassen.

**3** Beurteile den Reinigungs- und Pflegeaufwand eines Mikrowellengerätes.

**4** Projektvorschlag: Ihr plant die Anschaffung eines Haushaltsgerätes.
- Einigt euch in der Gruppe auf einen Gerätetyp.
- Holt Informationen dazu ein und gliedert diese nach den Kriterien: Haushaltsstruktur, Raumbedarf, Umweltverträglichkeit, Sicherheit, Kosten, Effektivität, Ergonomie und Reinigungsaufwand (siehe Seite 68).
- Bewertet eure Informationen im Hinblick auf die Anschaffung.
- Fasst eure Ergebnisse zusammen und erstellt eine Präsentation.

### Töpfe
- platzsparend ineinander stapelbar
- auch für Backofen und Grill einsetzbar
- evtl. zum Servieren am Tisch verwendbar
- spülmaschinenfest

### Stiele/Griffe/Deckelknöpfe
- ergonomische Form
- backofenfeste Griffe
- aus Edelstahl 18/10 oder aus hitzebeständigem Kunststoff (keine Verbrennungsgefahr)

### Innenkanten
- möglichst runde Kanten für eine leichte Reinigung

### Ränder
- verstärkter Schüttrand für tropffreies Ausgießen

### Deckel
- bruchfest
- hitzebeständig
- gut schließend, dadurch energiesparend
- evtl. Sichtdeckel aus Spezialglas
- Deckel am Topfgriff einhängbar

*Kriterien für den Einkauf von Kochgeschirr*

## Werkstoff Metall in der Küche

Kochgeräte und Bestecke aus Metall sind in unseren Küchen in großer Vielfalt zu finden.

> Bei der Herstellung von Kochgeräten und Bestecken finden mehrere Metallarten Verwendung, um einen möglichst hohen Gebrauchswert zu erzielen.

### Eigenschaften und Verwendung

Alle reinen Metalle kommen ursprünglich aus Gesteinsschichten. Das Erz wird in Hüttenwerken herausgeschmolzen, anschließend rein oder gemischt (Legierungen) verwendet. Die Eigenschaften der einzelnen Metalle sind recht unterschiedlich.

**Gusseisen** ist geschmolzenes Roheisen, es wird in Form gegossen. Es ist spröde, zerbrechlich und oxidationsempfindlich (d. h. empfindlich gegen Luft, Feuchtigkeit, Säuren und Laugen, es rostet), hat eine raue Oberfläche und ist schwer. Die vorzüglichste Eigenschaft ist die gleichmäßige Wärmeleitung bis in den Rand und Deckel. Aufgrund der hervorragenden Wärmespeicherung behält Gusseisen die Wärme lange im Topf. Das Kochgut gart selbst bei schwacher Hitze mit niedrigem Energieverbrauch und kein anderes Material brät so kross. Gusseisen wird heute häufig mit einer Antihaftbeschichtung versehen, um ein fettarmes Garen zu ermöglichen. Außerdem erleichtert eine schwarze oder bunte Emaillierung die Reinigung und der Topf wird spülmaschinenfest. Gusseisen wird zu Pfannen und Töpfen verarbeitet.

**Weißblech** ist verzinntes, dünnes Eisenblech. Es wird zu Backblechen, Pudding- und Kuchenformen, Sieben und Konservendosen verarbeitet.
**Schwarzblech** ist lackiertes, dünnes Eisenblech. Man verwendet es vorwiegend für Kuchenformen und -bleche.
**Edelstahl** ist eine Legierung aus Chrom und Nickel-Stahl. Hochwertiger Edelstahl enthält 18 % Chrom und 10 % Nickel (Stempel 18/10).

**Boden**
- plan aufliegender Topfboden
- Trans-Therm-Allherdboden

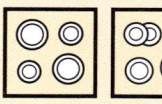  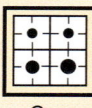 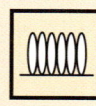

Elektro  Ceran  Gas  Induktion

- oder Sandwichboden

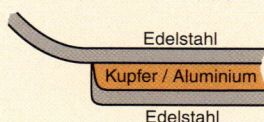

Dadurch energiesparendes Kochen durch optimale Wärmeleitung und -speicherung: beste Koch- und Bratergebnisse

**Material**
- formstabil, robust und funktional: z. B. Edelstahl 18/10, Aluminium-Druckguss, Gusseisen, emailliertes Gusseisen, Mehrschichtmaterial
- evtl. mit unempfindlicher kratz- und stoßfester Antihaftbeschichtung

---

> Edelstahl ist rostfrei, geschmacksneutral, unempfindlich gegenüber Säuren und Laugen.

Edelstahl ist weniger wärmeleitfähig als andere Metalle, deshalb werden Töpfe und Pfannen mit einem so genannten **Sandwichboden** ausgestattet. Aus diesem Mehrschichtmaterial kann auch das ganze Kochgeschirr hergestellt sein.
Da rostfreier Edelstahl keinen Veränderungsprozessen unterworfen ist, ist seine Lebensdauer bei normaler, haushaltsüblicher Beanspruchung praktisch unbegrenzt. Das rechtfertigt auch den hohen Preis.
Edelstahl ist sehr pflegeleicht und spülmaschinenfest. Man stellt daraus Töpfe, Pfannen, Wok, Ess- und Kochbestecke, Kannen, Schüsseln, Gehäuse für Küchenmaschinen und Spülbecken her.

**Aluminium** ist ein Leichtmetall, das Wärme und Strom gut leitet. Es wird aus Tonerde und Bauxit gewonnen und lässt sich ebenso zu Druckgussformen wie zu hauchdünner Folie verarbeiten. Aus Aluminium-Druckguss stellt man Pfannen und Töpfe her, aus der Folie die vielseitig verwendbare Alufolie. Aluminium-Druckguss-Kochgeräte werden meist mit einer Antihaftbeschichtung versehen. Wegen des geringen Gewichts von Aluminium findet es bei der Herstellung von Camping-Kochgeschirr Verwendung.

**Kupfer** ist ein rot glänzendes, selten vorkommendes Metall. Es ist hoch wärmeleitfähig und lässt sich leicht verarbeiten. Es rostet nicht, überzieht sich aber an der Luft mit einer grünen Schutzschicht (Grünspan). Kochgeräte werden deshalb im Innenraum mit einer dünnen Zinnschicht versehen. Kupfertöpfe und -pfannen sind sehr teuer.

**Silber** ist ein Edelmetall und entsprechend teuer. Es ist sehr weich und dehnbar, hat einen hellen, edlen Glanz, ist kratzempfindlich und läuft in Verbindung mit Schwefelwasserstoff schwarz an (Eier daher nie mit Silberlöffel essen). In reiner Form ist es für Bestecke zu weich und wird daher meist mit Kupfer legiert.

**Edelstahlbesteck**
- aus rostfreiem Edelstahl 18/10 (auf das Warenzeichen achten)
- einfaches und zweckmäßiges Design (lässt sich einfacher und schneller spülen als ein filigranes Muster)
- spülmaschinenfest, da es sonst oxidiert, anläuft oder fleckig wird (auf das Warenzeichen achten)
- Nachkaufgarantie beachten, um später erweitern zu können (z. B. Vorlegebesteck, Fischbesteck, Dessertbesteck)
- Messer sollten aus einem Metallstück gearbeitet sein (leichtere Reinigung)
- Preis-Leistungs-Verhältnis beachten (aktuelle Designs sind häufig verhältnismäßig teuer)
- ergonomische und topmodische Designs erhältlich

> Der Anteil an Silber ist durch den Stempel „925" (Sterling-Silber) oder „800" angegeben. Die Zahl gibt immer den Silberanteil von 1000 g an. Versilberte Bestecke haben Stempel wie „90" oder „100". Dies bezeichnet den Grammanteil von Silber für je zwölf Esslöffel und Gabeln.

Diese Silberbestecke enthalten einen Kern aus Edelstahl und sind nur außen versilbert. Für den Haushalt werden Bestecke, Teekannen, Zuckerdosen, Milchkännchen und Kerzenleuchter aus Silber hergestellt.

**Zinn** ist von silberweißer Farbe und hat einen warmen Glanz. Billigere Zinngegenstände sind mit Blei legiert. Bei Ess- und Trinkgefäßen gefährdet der Bleigehalt die Gesundheit. Bleifreies Zinn geht mit keinerlei Speisen eine gesundheitsgefährdende Verbindung ein, es ist geschmacksneutral.

In Zinngefäßen hält sich durch die geringe Wärmeleitfähigkeit der Inhalt lange kühl. Es gibt Essteller (meist für die rustikale Küche) und Ziergegenstände aus Zinn.

**Messing** ist eine goldglänzende Kupfer-Zinn-Legierung. Es oxidiert leicht und bedarf deshalb einer besonderen Pflege. Aus Messing werden Platzteller und Ziergegenstände hergestellt.

## Metalle richtig reinigen und pflegen

- **Edelstahl** ist leicht mit Spülmittel zu reinigen, Verkrustungen sollte man einweichen und mit einem Putzschwamm entfernen. Auch leichte Scheuermittel können bei hartnäckigen Verschmutzungen verwendet werden.
  Edelstahl 18/10 ist spülmaschinenfest. Edelstahlbestecke können in der Spülmaschine Flugrostflecken bekommen. Sie lassen sich mit einem weichen Tuch entfernen, hartnäckige Flecken können mit speziellem Edelstahl-Putzmittel behandelt werden.
- Bei Edelstahlbestecken Speisereste evtl. kurz abspülen, dann Besteckteile gemischt in die Spülmaschine füllen (das Besteck wird so sauberer). Nach Programmende Besteck aus der Maschine nehmen und evtl. nachpolieren. Feuchtes Besteck nicht in der geschlossenen Maschine stehen lassen. Verkalkungen lösen sich mit Essigwasser.
- **Gusseisen** gründlich spülen und gut abtrocknen (Wasserreste lassen das Material leicht rosten). Angetrocknete Speisereste einweichen oder evtl. mit Kratzschwamm und Scheuerpulver reinigen. Unbehandeltes Gusseisen rostet leicht und muss deshalb nach der Reinigung eingefettet werden.

**Silberbesteck**
- Man unterscheidet Echtsilberbestecke („925" oder „800" und versilberte Bestecke („90" oder „100").
- Silberbesteck ist ein Wertgegenstand, der mit persönlichen Monogrammen graviert werden kann.
- edle, elegante Wirkung
- eher klassisches Design
- Die Anschaffung von Silberbesteck ist sehr kostspielig.
- Säure- und schwefelhaltige Lebensmittel führen zur Oxidation und mindern den Genuss der Speisen (nur bedingt einsetzbar).
- Pflege und Reinigung von Silberbesteck ist sehr aufwändig.

- **Emaillierte Kochgeschirre** sind pflegeleicht, spülmaschinenfest und können auch mit Scheuerpulver gereinigt werden.
- Kochgeschirre und Backformen mit **Antihaftbeschichtung** nicht mit Kratzschwämmen und Scheuerpulver bearbeiten. Verkrustungen besser einweichen, in Spülwasserlösung reinigen und gut austrocknen lassen. Beschichtetes Kochgeschirr ist nur spülmaschinengeeignet, wenn dies ausdrücklich angegeben ist. Beim Kochen in antihaftbeschichteten Pfannen/Töpfen Backwender aus Holz oder hitzebeständigem Kunststoff verwenden.
- **Backbleche-formen** einweichen, mit Kratzschwamm und Scheuerpulver vorsichtig reinigen, nachspülen, gut trocknen lassen (beschädigte Stellen rosten leicht).
- **Silber** bei normaler Verschmutzung in Spülmittelwasser reinigen, dann nachpolieren. In der Spülmaschine ist darauf zu achten, das Besteck nicht mit anderen Materialien im Besteckkorb zu mischen. Auch hier besteht Gefahr von Flugrost.

> Silberbesteck verkratzt in der Spülmaschine mehr als beim Spülen von Hand.

Ist Silber angelaufen (oxidiert), muss es mit entsprechendem Silber-Pflegemittel oder Reinigungstuch gereinigt werden.
Alternative Reinigung: Bestecke in einer mit Alufolie ausgelegten Schüssel unter Zugabe von Salz, Soda und kochendem Wasser einige Minuten einlegen, bis Gasbläschen aufsteigen; der dunkle Belag verschwindet, das Silber glänzt wieder.
- **Kupfer/Zinn/Messing** in Spülmittelwasser reinigen, nicht mit scheuernden Putzmitteln oder Schwämmen behandeln. Angelaufene Stellen mit Spezialpflegemitteln bearbeiten, nachspülen und gut trockenreiben.

---

**1** Erstelle eine Liste, aus der man ersieht, welche Ess-, Koch- und Ziergegenstände aus den jeweiligen Metallen im Haushalt zu finden sind.

**2** Notiere die Eigenschaften der einzelnen Metalle.

**3** Beschreibe die Reinigung von Edelstahl- und Silberbesteck.

**4** Nenne Begründungen, die für die Anschaffung eines Edelstahlbesteckes bzw. eines Silberbesteckes sprechen.

## Kunststoffe

Kunststoffe sind organische Werkstoffe, die aus chemisch veränderten Naturstoffen oder aus anorganischen Rohstoffen künstlich hergestellt werden.

| Thermoplaste | Duroplaste aus Zellulose, Kasein, Kohle, Erdgas, Erdöl | Elastomere | Silikone Quarz, Kohle |
|---|---|---|---|
| haben eine fadenartige Molekularstruktur, werden schon bei leichter Erwärmung (ca. 60 °C) weich und formbar, erhärten wieder bei Abkühlung. | sind nur anfangs bei höherer Temperatur plastisch, härten beim Auskühlen und behalten ihre Härte auch bei späterer Erwärmung. | sind Kunststoffe, die sich dehnen und stauchen lassen und immer wieder in ihre Ausgangsposition zurückkommen. Sie sind hitzebeständig bis 100 °C. | sind polymere Verbindungen, sie sind sehr hitzebeständig, wasserabweisend, beständig gegenüber Oxidation und Säuren. |
| Salatschüssel, Salatbesteck, Messbecher, Eimer, Körbe, Verpackungsmaterial | Griffe für Töpfe und Messer, Gehäuse für elektrische Küchengeräte, Tablett, Mikrowellenkochgeschirr, Spülbecken, Folien für Möbelbeschichtung | Schwämme, Schwammtücher | Koch- und Backformen, Teigschaber, Kochkellen, Kochlöffel |

*Im Haushalt eingesetzte Kunststoffe*

## Kunststoffe – modern und vielseitig

Im Haushalt sind unterschiedliche Kunststoffe im Einsatz. Je nach Verwendungszweck kann die Industrie Kunststoffe mit verschiedenen Eigenschaften entwickeln, z. B. weich oder fest, klar, durchsichtig oder farbig, isolierend oder leitfähig.

### Eigenschaften und Verwendung

- **schwer zerbrechlich:** Kindergeschirr, Pausenpack
- **leicht:** Verpackungsmaterial, Gefrierdosen
- **schlag- und kratzfest:** Küchenbrett
- **hitzebeständig:** Mikrowellenkochgeschirr, Backformen
- **temperaturwechselbeständig:** vom Tiefkühlfach direkt in den Ofen oder in die Mikrowelle

### Pflege und Reinigung

- Bei starker Beanspruchung raut die Oberfläche auf, Schmutz und Mikroorganismen setzen sich fest.
- Kunststoffe sind luftdurchlässig, z. B. verliert Kaffee in einer Kunststoffdose Aroma.
- Fettfilme bleiben an Kunststoffen haften.
- Kunststoffgeräte mit heißem Spülmittelwasser reinigen, nachspülen, abtrocknen.
- Verfärbungen (durch Petersilie, rote Früchte, Rote Bete, Kaffee) vermeiden, sie lassen sich nur unmittelbar nach der Benutzung mit einem ölgetränkten Tuch entfernen.
- Kunststoffgeschirr nicht mit Scheuerpulver reinigen, Verkrustungen einweichen. Sie sind nur spülmaschinengeeignet, wenn dies ausdrücklich angegeben ist. Etikett „spülmaschinenfest" beachten!

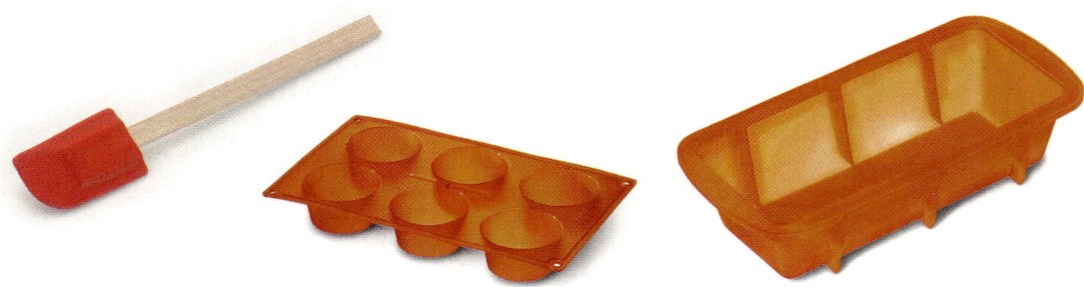

*Teigschaber, Koch- und Backformen aus Silikon*

- Kunststoffbeschichtete (antihaftbeschichtete) Pfannen und Backformen schonend behandeln; mit Kunststoffbackwender kochen und ohne Kratzen reinigen.
- Kunststoffgeschirr niemals auf eine offene Flamme oder eine heiße Kochplatte stellen.

## Silikone im Kücheneinsatz

Im Bild oben siehst du Küchengeräte, die aus Silikon hergestellt werden.
Reines Silikon hat folgende Vorteile:
- hohe Temperaturwechselbeständigkeit (von −40 °C bis +250 °C einsetzbar)
- dauerhafte Erhaltung der Flexibilität und Formbeständigkeit
- recycelbar
- gut zum Formen von Speisen für das Kühlen und Gefrieren
- nur beim ersten Mal einfetten, dann nie wieder
- antihaftend, müheloses Lösen aus der Form
- einfach zu reinigen und spülmaschinenfest
- platzsparend durch das biegsame Material
- thermoschockresistent, kann direkt vom Gefrierschrank in den Ofen gestellt werden
- geschmacks- und geruchsneutral sowie lebensmittelecht

In Formen aus Silikon sollte man nicht mit einem Messer oder scharfen Gegenständen schneiden und die Formen niemals auf eine offene Flamme oder eine heiße Herdplatte stellen. Es empfiehlt sich für die leichtere Handhabung, die flexiblen Formen auf einen festen Untergrund zu stellen oder in einem mitgelieferten Rahmen zu hängen.

## Kunststoffe und Umweltschutz

> Kunststoffe lassen sich nur sortenrein recyceln und wiederverwenden.

Kunststoffe sind langlebig und verrotten sehr schwer. Ihre Verbrennung in Müllverbrennungsanlagen hat zwar den Vorteil, dabei Energie zu gewinnen, es entstehen aber auch giftige Abgase, die durch teure Filtersysteme herausgelöst werden müssen. Ein sinnvoller Weg, die Entsorgungsprobleme zu lösen, ist:
- der lange Einsatz der Kunststoffteile,
- die Abfallreduzierung durch Mehrwegverpackungen,
- der reduzierte Materialeinsatz,
- die Sortenabfallsortierung und
- die Wiederaufarbeitung

Unternehmen, die Kunststoffe umweltfreundlich herstellen, erhalten das Öko-Audit-Gütesiegel.

**1** Erstelle eine Liste, worauf du beim Einkauf von Kunststoffutensilien achten solltest.

**2** Sammle Kunststoffmaterial in der Küche getrennt von anderen Abfällen.

**3** Vergleiche die Materialien Holz und Kunststoff nach Aussehen, Einsatzmöglichkeiten, Pflege, Reinigung und Umweltbelastung.

*Küchenmöbel aus massiver Buche*

*Olivenholz ist ein wertvolles ölhaltiges Hartholz*

## Holz – ein Stück Natur

Küchenmöbel wie alle Möbel aus echtem Holz haben eine edle, harmonische Ausstrahlung, sind wertvoll, erneuerbar, wiederverwertbar und langlebig.

Neben Holzmöbeln finden wir auch Kochgeräte wie Nudelholz, Schneidebrettchen oder Ziergegenstände, Schalen und Schüsseln aus Holz im Haushalt. Das Rohholz wird aus dem Stamm des Baums geschnitten. Je nachdem, aus welchem Teil die Bretter für die Gegenstände geschnitten werden, sind Jahresringe sichtbar.

> Wertvolle Edelhölzer sind harte, schwere Arten wie Kirschbaum, Eiche oder einige Tropenhölzer. Mittelharte Arten sind Nussbaum, Buche und Esche. Weiches Nadelholz wie Fichte, Kiefer und Tanne ist preisgünstiger.

### Von massiv bis gepresst

**Massivholz:** Nur wenn Seitenwände, Böden, Fronten und Sockelleisten ganz aus Holz bestehen, darf das Möbel als „massiv" bezeichnet werden. Ansonsten handelt es sich um ein teilmassives Stück, bei dem Partien aus Faser-, Span- oder Sperrholzplatten bestehen können; sie können.

Bio-Möbel sind aus Massivholz und die Oberflächen sind nachweislich mit pflanzlichen Ölen, Wachsen oder Harzen behandelt. Für Echtholz-Furniere werden immer nur hochwertige Baumstämme verarbeitet. Sie werden in dünne Schichten geschnitten, gemessert oder geschält und anschließend auf eine Grundplatte aufgeleimt. Das ist der sparsamste Umgang mit dem wertvollen Rohstoff. Je nach Schnittrichtung des Baumstamms ergeben sich unterschiedliche Strukturen und Zeichnungen, denn jeder Stamm hat seine eigene Maserung und entsprechend ist jedes Furnier ein Unikat.

**Sperrholzplatten** werden aus Furnieren unterschiedlicher Stärke hergestellt. Die Furniere werden kreuzweise aufeinander geleimt und dann gepresst, was zu hoher Festigkeit führt.

Für **Spanplatten** werden Restholz, das bei der Holzverarbeitung abfällt, und Waldholz zusammen mit möglichst umweltfreundlichen Bindemitteln verpresst.

**Mitteldichte Faserplatten** (MDF) bestehen aus ca. 90 % einheimischen Hölzern und 10 % Bindemittel. Das Gemisch wird mit Heißluft und Druck zu Platten gepresst und mit Folien beschichtet und lackiert.

*Kirschbaum ist feinporig und wirkt warm und elegant*

*Buche ist das häufigste Material für Stühle*

*Eiche ist besonders hart, tragfähig und haltbar*

*Die Fichte zählt zu den Weichhölzern*

## Eigenschaften und Verwendung

- Holzbrettchen sind langlebig und leicht.
- Messer werden auf Holzbrettchen nicht so schnell stumpf wie auf Glas- oder Kunststoffbrettern.
- Rohholz saugt Flüssigkeiten, Fette und Farbstoffe auf und nimmt auch Gerüche an.
- Rohholz gibt beim schnellen Trocknen Feuchtigkeit ab, schrumpft und springt.
- Bakterien werden abgetötet, wenn man das Küchenbrettchen an der Luft trocknen lässt.
- Räumt man feuchte Holzbrettchen sofort in den Schrank oder die Schublade, können sie schimmeln und unangenehm riechen.

## Pflege und Reinigung

### Rohholz
- Vor Gebrauch Holzbrettchen mit Wasser abspülen. So werden die Poren gefüllt und nehmen weniger fremde Stoffe auf.
- Nach dem Gebrauch gründlich in Spülmittelwasser reinigen, wenn nötig Farbflecke mit geruchlosem Scheuerpulver beseitigen, mit klarem Wasser nachspülen, abtrocknen, an der Luft ein bis zwei Stunden nachtrocknen lassen. Nicht in der Spülmaschine reinigen.

### Gewachstes, geöltes Holz
- Möglichst darauf achten, keine roten Fruchtsäfte auf Holzarbeitsplatten zu verschütten bzw. sofort wegwischen, damit keine Farbflecken bleiben.
- Für die normale Reinigung genügt Spülmittelwasser, danach trocken reiben.
- In regelmäßigen Abständen Holzarbeitsflächen mit Wachs oder Holzöl einreiben, das schützt vor Flüssigkeiten und Flecken, das Holz bleibt länger schön.

### Lackiertes Holz
- Staub nur mit trockenem, weichem Tuch abwischen.
- Verschmutzungen kann man mit einem feuchten Tuch entfernen, danach trockenreiben.

---

**1** Warum sollte man rohen Fisch, rohes Fleisch und Geflügel besser nicht auf Holzbrettern schneiden?

**2** Wie behandelt man Holzbrettchen mit Farbflecken von Obst und Gemüse?

**3** Eignet sich ein Holzlöffel als Kochgerät zum Wenden von Gemüse in heißem Fett? Begründe.

# 2 Vollwertige Ernährung

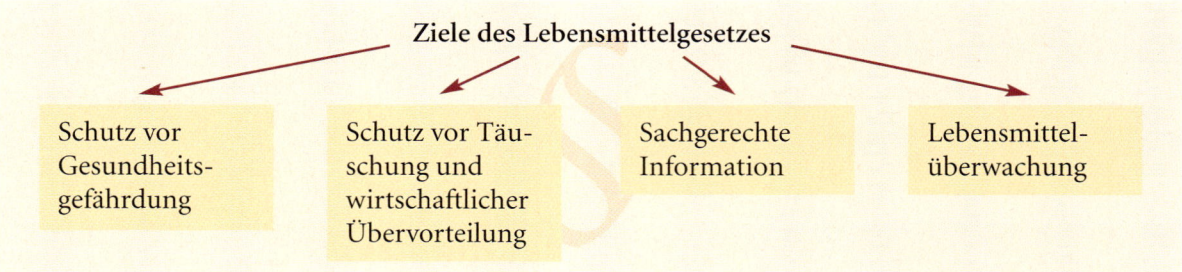

*Gesetze garantieren unseren Schutz*

## Das Lebensmittelgesetz (LMBG)

Das Lebensmittelgesetz enthält eine ganze Reihe allgemeiner Verbote und Gebote zum Schutz des Verbrauchers.

Fast jedes Jahr hören wir in den Medien von neuen Lebensmittelskandalen. Du erinnerst dich an BSE-Fleisch, Acrylamid und verbotene Farbstoffe in Nudelsoßen. Unsere Gesundheit, unser Wohlbefinden und unsere Lebensqualität hängen von schadstofffreien Lebensmitteln ab. Wir Verbraucher möchten genau wissen, was sich in unseren Lebensmitteln befindet, möchten nicht durch Mogelpackungen getäuscht werden, sondern einwandfreie Lebensmittel genießen können.

> Das LMBG schützt vor Gesundheitsgefährdung.

Um den Verbraucher vor wirtschaftlichen Schäden zu bewahren, müssen auf der Verpackung genaue Angaben gemacht werden.

> Das LMBG schützt vor Täuschung und wirtschaftlicher Übervorteilung.

Damit die Gesetze auch eingehalten werden, bedarf es einer regelmäßigen Kontrolle.

> Die amtliche Lebensmittelkontrolle überprüft z. B. lebensmittelverarbeitende Betriebe, die Gastronomie, Kantinen und Lebensmittelgeschäfte.

Sie überwacht:
- die Hygiene der Betriebsstätte, d. h. den baulichen Zustand der Räume, die Sauberkeit der Arbeitstische und Maschinen,
- die Hygiene des Personals, d. h. den Haarschutz, die Kleidung, die Bescheinigung des Gesundheitsamtes,
- die Hygiene der Lebensmittel, d. h. die Lebensmittellagerung, den Lebensmitteltransport, die Unbedenklichkeit (z. B. kein Schädlingsbefall).

Lebensmittelkontrolleure entnehmen Stichproben, die im Labor untersucht werden. Geringe Mängel führen zu einer Belehrung des lebensmittelverarbeitenden Betriebs, erhebliche Mängel ziehen ein Strafverfahren nach sich.

## Die Verpackungsverordnung

Lebensmittel können lose oder verpackt angeboten werden. Alle Lebensmittel, die in Fertigverpackungen verkauft werden, unterliegen der Lebensmittelkennzeichnungsverordnung.

> Das LMBG sorgt für eine sachgerechte Information durch die Verpackungsverordnung.

Diese regelt in fünf Punkten die Informationspflicht:
- **Mindesthaltbarkeitsdatum**
  Alle abgepackten Lebensmittel (außer Salz, Zucker, frisches Obst, frische Brötchen u. a.) müssen mit einem Mindesthaltbarkeitsdatum versehen sein.

*Kontrolleur in einem Supermarkt*

*Lebensmittelproben werden im Labor untersucht*

Das Mindesthaltbarkeitsdatum ist kein Verfallsdatum, abgelaufene Ware darf verkauft werden, solange sie noch einwandfrei ist. Sie muss aber gekennzeichnet sein und wird meist im Preis reduziert. Ist die Mindesthaltbarkeit nur bei Einhaltung bestimmter Bedingungen (z. B. gekühlte Lagerung bei 6–8 °C) gewährleistet, so muss darauf hingewiesen werden.

- **Verkehrsbezeichnung**
  Eine Konservendose, die den Fantasienamen „Leckerer Eintopf" trägt, gibt keinen Aufschluss darüber, was sie enthält. Steht auf der Dose „Erbseneintopf" oder „Linseneintopf", so kann das Gericht immer noch sehr unterschiedlich zubereitet sein, aber wir wissen, welches Hauptnahrungsmittel verwendet wurde.
- **Mengenangabe**
  Die Form von Behältern und Flaschen fällt sehr unterschiedlich aus, so dass es schwer fällt, die enthaltene Menge richtig einzuschätzen. Nur durch die Mengenangabe können wir die Preise der Lebensmittel vergleichen.
- **Name des Herstellers oder Verpackers**
  Für die Qualität eines Lebensmittels bürgt der Hersteller. Für Beanstandungen ist diese Aufschrift wichtig.
- **Zutatenliste**
  Sie gibt Auskunft über alle Stoffe, die in einem Lebensmittel enthalten sind. Die Zutatenliste ist für Verbraucher wichtig, die bestimmte Zutaten nicht mögen, nicht vertragen oder nur begrenzt aufnehmen sollen, z. B. Allergiker oder Diabetiker.

Alle Zutaten müssen in absteigender Reihenfolge ihres Gewichtsanteils aufgezählt werden. Manche Zutaten werden mit den Sammelbezeichnungen „Gewürze" oder „Aromen" benannt.

**Zusatzstoffe dürfen nur aus folgenden Gründen den Lebensmitteln beigemischt werden:**
- um den Nährwert zu verbessern (wie Mineralstoffe, Fluor und Jod im Speisesalz, Vitaminzusätze in Säften, Süßstoffe in Light-Getränken),
- um den Geruch, den Geschmack, das Aussehen, die Beschaffenheit (sensorische Eigenschaften) zu verbessern,
- um die Herstellung zu erleichtern und
- um das Lebensmittel haltbar zu machen und die gewünschte Beschaffenheit dauerhaft zu sichern.

**Geschmacksverstärker** sind chemische Stoffe, die einen vorhandenen Geschmack verstärken, jedoch selbst keinen oder nur einen sehr geringen Eigengeschmack besitzen, z. B. Glutamate. Sie werden Brühen, Suppen, Soßen, Fertiggerichten, Wurstwaren, Gemüsekonserven und Getränken zugefügt.

Oft soll uns durch eine übertriebene Verpackung mehr Inhalt vorgetäuscht werden, als tatsächlich vorhanden ist (Mogelpackung).

> Unnötige Verpackung ist Verschwendung von Ressourcen und belastet unsere Umwelt.

*Kennzeichnung verpackter Lebensmittel*

| Gängige Zusatzstoffe und ihre Wirkungsweise | | Beispiele |
|---|---|---|
| Farbstoffe<br>E 100–139 | färben Lebensmittel, damit sie appetitlicher aussehen; dienen der Verkaufsförderung | Erdbeeren in der Dose |
| Konservierungsstoffe<br>E 200–299 | verlängern die Haltbarkeit von Lebensmitteln | Hering in Majonäse<br>Salate in Majonäse |
| Antioxidationsmittel | verhindern den raschen Verderb durch Luftsauerstoff | Vitamin E in Margarine |
| Verdickungs- und Geliermittel<br>E 400–415 | wird zum Andicken von Flüssigkeiten eingesetzt | Marmelade, Gelee, Eis, Puddings, Süßwaren |
| Emulgatoren<br>E 470–475 | verbinden ursprünglich nicht miteinander mischbare Stoffe wie Fett und Wasser | Majonäse, Margarine, Dessert- und Cremespeisen, Wurst |
| Aromastoffe, Geschmacksverstärker<br>E 620–637 | geben dem Lebensmittel Geruch und Geschmack | Himbeerbonbon in vielen verarbeiteten Lebensmitteln |

*Überblick über die wichtigsten Zusatzstoffe und deren Anwendung*

## Toxikologie der Lebensmittel

Toxische Stoffe gelangen in die Lebensmittel
- durch die Natur (z. B. Solanin der Kartoffel, giftige Pilze, Oxalsäure im Rhabarber),
- durch die landwirtschaftliche Produktion (z. B. Einsatz von Tierarzneimitteln und Pestiziden),
- durch die Produktion vorgefertigter Lebensmittel (z. B. Farbstoffe in eingekochten Kirschen, Konservierungsmittel in geschnittenem, verpacktem Brot).
- Durch die Industrieproduktion von Waren und Gütern gelangen Abgase und Giftstoffe (z. B. Cadmium, Quecksilber) in die Atmosphäre und so in den Lebensmittelproduktionskreislauf.

Zusatzstoffe, die die Lebensmittelindustrie einsetzt, dürfen nicht gesundheitsschädigend sein. Leider kann ein Restrisiko nicht völlig ausgeschlossen werden, da nur wenig über das Zusammentreffen der unterschiedlichen Zusatzstoffe und die Wechselwirkungen mit Umweltgiften und Arzneimitteln bekannt ist. Individuelle Essgewohnheiten oder Empfindlichkeiten können bei manchen Menschen zu Allergien oder anderen Krankheiten führen.

> Wir als Verbraucher können anhand der Zutatenliste selbst entscheiden, ob wir das Lebensmittel kaufen wollen oder nicht.

Ähnlich ergeht es uns mit Lebensmitteln, die gentechnisch verändert sind.

## Die Novel-Food-Verordnung

Sie regelt die Kennzeichnung von Genfood. Unverarbeitete Lebensmittel, die direkt gentechnisch verändert sind, werden in Deutschland bisher nicht angeboten. Doch die Gentechnik ist bereits in viele Bereiche der Lebensmittelproduktion vorgedrungen. Durch gentechnische Veränderungen

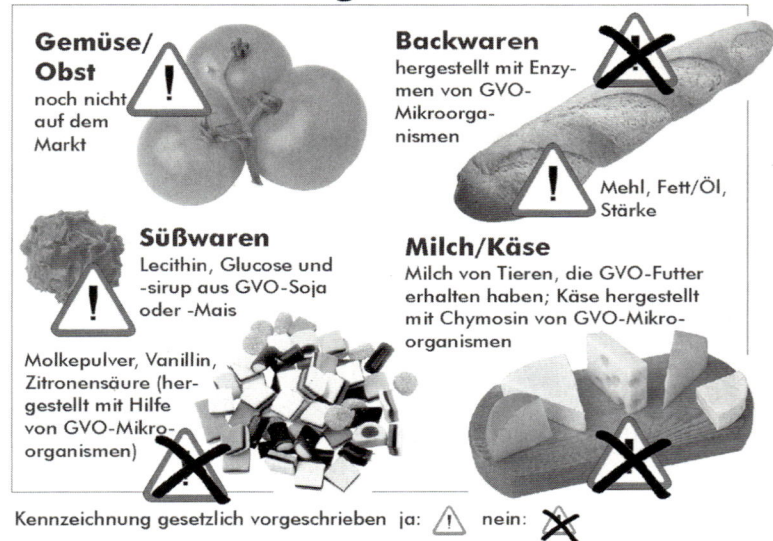

**Zutaten**
Weizenmehl, zerkleinerte Tomaten (20 %), Wasser, Edamer (7,7 %), schnittfester Mozarella (7,7 %), Schlagsahne, Emmentaler (2,9 %), Hefe, jodiertes Speisesalz, Backmittel (Emulgatoren: Milchsäureester von Mono- und Diglyceriden von Speisefettsäuren, Lecithine, Säureregulator: Monocalciumphosphat), pflanzliches Fett z. T. gehärtet, Zucker, Backpulver (Backtriebmittel Dinatriumdiphosphat und Natriumhydrogencarbonat), Edelpilzkäse (0,6 %), pflanzliches Öl, Basilikum, modifizierte Stärke, Würzmittel.

*Zutatenliste einer Vier-Käse-Pizza, tiefgefroren*

**Zutaten**
Weizenmehl*, Gemüse* (24 %): Champignons*, Brokkoli*, Gemüsepaprika*, Mais*, Tomatenwürfel*, 22 % zerkleinerte Tomatenwürfel*, Trinkwasser, 4 % Edamer*, 12 % Emmentaler*, pflanzliches Öl*, Hefe, Vollmilchpulver*, Meersalz, Rübenzucker*, Kräuter*, Gewürze*. (*aus kontrolliert ökologischer Erzeugung)

*Zutatenliste einer Bio-Steinofen-Pizza, tiefgefroren*

werden Nahrungspflanzen resistent gemacht gegen Herbizide, Pilzkrankheiten und Schädlinge. Auch in der Tierzucht und der Produktion von Mikroorganismen (z. B. Hefe, Milchsäurebakterien, Chymosin für die Käseherstellung) sowie Vitaminen wird diese Technik eingesetzt.

Die Kennzeichnung „ohne Gentechnik" ist in der Bundesrepublik seit 1998 gesetzlich zugelassen. Jedoch sind daran hohe Anforderungen geknüpft. So muss der Produzent für den gesamten Herstellungsprozess dokumentieren und belegen, dass alle Zutaten und Zusatzstoffe frei von gentechnischen Anwendungen sind.
Eine 100 %ige Gentechnikfreiheit kann aber trotzdem niemand garantieren – auch der engagierteste Bio-Hersteller nicht. So finden sich selbst in Bio-Erzeugnissen wie Mais-Chips oder Sojaprodukten immer wieder Spuren von gentechnisch veränderten Pflanzen.

Wer selbst kocht, umgeht Fertiggerichte und hoch verarbeitete Produkte mit Zutaten und Zusatzstoffen unbekannter Herkunft. Heimische Obst, Gemüse- und Getreidesorten sind meist gentechnikfrei.

1. Schlage im Kochbuch nach, welche Zutaten eine selbst zubereitete Pizza enthält.
2. Vergleiche die Zutaten aus dem Kochbuch mit den Zutaten der beiden Fertigpizzas. Diskutiere!
3. Lese die Zutatenliste deines Lieblingsfertiggerichts und bewerte sie.
4. Überlege, welche Lebensmittelskandale in der letzten Zeit für Schlagzeilen sorgten.
5. Gestalte ein Plakat über die Kennzeichnung von verpackten Lebensmitteln.

*Das reichhaltige Sortiment an Getränken*

| Fruchtsaft | Nektar | Fruchtsaftgetränk | Fruchtlimonade |
| --- | --- | --- | --- |
| 100%iger Fruchtanteil | 25 – 50%iger Fruchtanteil | 6 – 30%iger Fruchtanteil | 3 – 5%iger Fruchtanteil |

*Fruchtgetränke (Mindestgehalt an Frucht)*

## Getränke – wichtiger Bestandteil der vollwertigen Ernährung

Bedarfsgerechtes Essen und Trinken sind Voraussetzungen für unsere Gesundheit und unser Wohlbefinden. Trinken ist dabei so wichtig wie die tägliche Nahrungsaufnahme. Der Mensch braucht ca. 2–3 l Flüssigkeit am Tag zum Leben, davon sollten 1–1,5 l durch Getränke aufgenommen werden. Wasser erfüllt als Baustoff, Lösungs- und Transportmittel sowie Wärmeregler lebenswichtige Aufgaben in unserem Organismus.

### Für jeden das richtige Getränk

Uns steht heute ein reichhaltiges Sortiment an Getränken zur Verfügung. Allen gemeinsam ist: Sie enthalten Wasser. Kriterien für ideale Getränke zur vollwertigen Ernährung sind der Geschmack, der Energie- bzw. Zuckergehalt sowie der Gehalt an Vitaminen, Mineralstoffen und sekundären Pflanzenstoffen.

Sehr empfehlenswerte Durstlöscher ohne Energiegehalt sind etwa unser Trinkwasser, Mineralwasser, Quell- und Tafelwasser, möglichst ungesüßte Kräuter- und Früchtetees, ebenso energiearme Saftschorlen aus Frucht- und Gemüsesäften. Fruchtnektar und Fruchtsaftgetränke enthalten einen hohen Zusatz an Wasser und Zucker (vgl. hierzu die Tabelle Seite 31). Sie haben dadurch einen höheren Energiegehalt.

Als Durstlöscher weniger geeignet sind Limonaden, Brausen und industriell hergestellte Eistees. Cola und Energiedrinks enthalten zudem erhebliche Mengen an Koffein, Farb- und Aromastoffen. Bei Light-Getränken ist der Zucker durch Süßstoffe wie z. B. Cyclamat ersetzt, d. h. sie sind energieärmer. Spezielle Sportgetränke wie isotonische Sportdrinks, Fitness-Drinks usw. sollen rasch den Flüssigkeitsverlust ausgleichen und Energie zuführen. Für Hochleistungssportler sind diese Getränke zu empfehlen. Wer aber nur gelegentlich Sport betreibt, für den eignen sich ebenso Schorlen aus Mineralwasser und Fruchtsaft im Verhältnis 5 : 1 bis 3 : 1, um Wasser, Mineralstoffe und Energie zuzuführen. Spezielle Sportgetränke sind außerdem oft teuer. Mit Vitaminen angereicherte ACE-Drinks als Frucht- und Gemüsesäfte können als Ergänzung getrunken werden, um den Vitaminbedarf zu decken.

Kaffee, schwarzer Tee und Alkohol zählen zu den Genussmitteln und sollten maßvoll getrunken werden. Besonders für Kinder sind diese Getränke ungeeignet.

Auf die richtige Wahl der Getränke kommt es an.

**1** Überlege, warum Milch nicht zu den Getränken zählt und begründe dies.

## Alkoholfreie Getränke – welche Unterschiede gibt es?

| Getränke | Inhaltsstoffe/Bewertung |
|---|---|
| Mineralwasser | Natürliches Mineralwasser soll aus unterirdischen, vor Verunreinigungen geschützten Wasservorkommen stammen. Es enthält Mineralstoffe, d. h. Mengen- und Spurenelemente oder weitere Bestandteile, wie z. B. Kohlensäure. Bei Bluthochdruck oder bestimmten Nierenerkrankungen sowie für die Ernährung von Säuglingen sollte natriumarmes Mineralwasser bevorzugt werden. Dieses darf nicht mehr als 20 mg Natrium pro Liter enthalten. |
| Quellwasser | Quellwasser stammt ebenso aus unterirdischen Wasservorkommen. Die Anforderungen an Reinheit und Inhaltsstoffe sind im Vergleich zu den natürlichen Mineralwässern jedoch geringer. |
| Tafelwasser | Es kann aus Trinkwasser, Mineralwasser, Natursole, Meerwasser, Kochsalz sowie verschiedenen Zusatzstoffen hergestellt werden. |
| Fruchtsäfte | Fruchtsäfte haben einen Fruchtgehalt von 100 %. Wichtige Bestandteile sind frucheigenes Wasser, Frucht- bzw. Traubenzucker, Vitamine, besonders Vitamin C. Der Gehalt an Fruchtsäure, Aromen sowie Pektin wirkt sich günstig auf die Verdauung aus. Der Hinweis „ohne Zuckerzusatz" weist darauf hin, dass dieser Saft nicht nachgezuckert wurde. |
| Fruchtnektare | Bei Fruchtnektar ist es erlaubt, bis zu 20 % Zucker zuzusetzen. Zudem ist er mit Trinkwasser verdünnt. Je nach Produkt beträgt der Fruchtgehalt 25–50 %. Der Vitamin- und Mineralstoffgehalt ist geringer als bei Fruchtsäften, der Energiewert jedoch meist höher. |
| Fruchtsaftgetränke | Sie bestehen aus Trinkwasser, 6–30 % Fruchtsaft, natürlichem Fruchtaroma, Zucker oder Süßungsmittel. Der Gehalt an Vitaminen ist unbedeutend. Der Energiewert ist bei gezuckerten Getränken (oft 100 g pro Liter) sehr hoch. |
| Gemüsesäfte | Gemüsesäfte sind unverdünnte Erzeugnisse aus Gemüse. Der Gemüseanteil beträgt 100 %. Sie sind energiearm, vitamin- und mineralstoffreich. Hervorzuheben ist der Gehalt an sekundären Pflanzenstoffen. Zu beachten ist der Natriumgehalt. |
| Gemüsenektare | Gemüsenektare sind verdünnte Zubereitungen aus Gemüsesaft. Der Anteil muss mindestens 40 % betragen. |
| Limonaden | Limonaden weisen keinen oder nur einen sehr geringen Fruchtgehalt auf (ca. 3–5 %). Sie enthalten mindestens 7 % Zucker, eine Begrenzung nach oben gibt es nicht. Sie sind nur bedingt als Durstlöscher geeignet. Neben Fruchtaromen sind folgende Zusatzstoffe erlaubt: Koffein bei koffeinhaltigen Limonaden (Cola), Chinin bei Bitterlimonaden und Phosphorsäure. |
| Light-Getränke | Fruchtnektar, Saftgetränke und Limonaden werden als Light-Getränke angeboten. Der Zuckeranteil wird durch Süßstoffe wie z. B. Aspartam, Saccharin oder Cyclamat ersetzt. Sie sind dadurch energieärmer. |
| Energy-Drinks | Diese zuckerhaltigen Getränke enthalten erhebliche Mengen an Koffein sowie andere Zusatzstoffe, wie z. B. Taurin, Guarana oder Farbstoffe. Aufgrund des hohen Koffeingehaltes sind Energy-Drinks für Kinder ungeeignet. |
| Konditions- oder Sportgetränke | Die im Handel angebotenen Sport- oder Isogetränke variieren in ihrer Zusammensetzung. Sie enthalten neben Mengen- und Spurenelementen auch Zucker. Für Kinder und Breitensportler sind diese Getränke überflüssig. |
| Eistees | Bei industriell hergestellten Eistees ist der Zuckeranteil ähnlich hoch wie in Limonaden. Eistee besteht aus Wasser, Zucker, Zusatzstoffen, Schwarztee, aromatisiertem Tee und Aromen. Der Koffeingehalt hängt von der Zusammensetzung des Getränks ab, ist aber annähernd mit dem von Cola-Getränken vergleichbar. |
| ACE-Drinks | ACE-Drinks sind Frucht- und Gemüsesäfte, die mit Vitamin A (Carotin) sowie mit den Vitaminen C und E angereichert sind. Diese können als Ergänzung zur Deckung des Flüssigkeitsbedarfs getrunken werden. Zu beachten ist, dass diese Getränke häufig einen hohen Zuckergehalt aufweisen. |

Genussmittel haben im Unterschied zu unseren Nahrungsmitteln oft nur einen geringen Nährwert. Eine Ausnahme sind Kakao und Alkohol. Durch ihren Gehalt an Alkaloiden üben sie eine anregende Wirkung auf das Zentralnervensystem, das Herz, die Blutgefäße und die Nieren aus. Alkaloide (z. B. Koffein und Alkohol) sind stickstoffhaltige Verbindungen – aus Pflanzen gewonnen, die in größeren Mengen giftig sind. Bei mäßigem Genuss kommt es zu einer Steigerung der Konzentrations- und Reaktionsfähigkeit. Doch reichlicher und regelmäßiger Genuss macht süchtig und gefährdet in hohem Maß die Gesundheit und Lebensqualität.

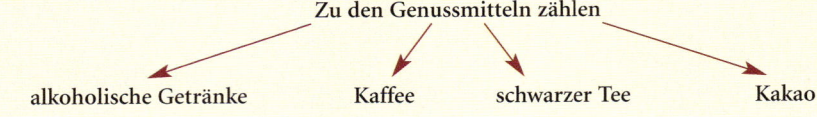

Was sind Genussmittel?

## Genussmittel – begehrt und oft missbraucht

In den Innenstädten gibt es fast in jeder Straße einen Coffee Shop, eine Café-Bar oder ein Sitz-Café. Milchkaffee, Cappuccino, Espresso oder Latte macchiato kennt jeder. Vielfältige Süßigkeiten mit Schokolade verführen uns zum Naschen.

### Gefährliche Genussmittel

Alcopops – süße Alkohol-Fruchtsaft-Mischgetränke – liegen bei Jugendlichen voll im Trend. Allerdings befürchten Experten, dass sich die Alcopops mit einem Alkoholgehalt zwischen 5 und 5,6 Volumenprozent (diese Menge entspricht etwa dem von Starkbier) zu einer neuen Einstiegsdroge für Alkoholsucht entwickeln können.

> Alkohol ist bei uns die Droge Nummer Eins.

Viele Menschen wissen nicht, dass sie auf dem sicheren Weg zur Abhängigkeit sind. Ob jemand trinkt, weil seine Clique es cool findet, um seine Sorgen für eine Weile zu vergessen oder aus Gewohnheit: Die Gefahr, bei regelmäßigem Alkoholkonsum süchtig zu werden, ist riesengroß. Im nüchternen Zustand fühlt sich ein Alkoholiker krank und elend, der Alkohol wird zum Lebensmittelpunkt. Freunde und Verwandte, die dazu nicht schweigen und immer wieder mahnen, meidet der Alkoholiker. So führt die Sucht nicht nur zum körperlichen Zusammenbruch, sondern auch zur sozialen Isolation und zu Einsamkeit. Für einen Alkoholiker ist es fast unmöglich, sich aus eigener Kraft von der Sucht zu befreien.

> Alkoholismus ist eine Krankheit.

Nur die intensive Behandlung in einer Fachklinik, die auf die Probleme eingeht und zu einer Änderung der Lebensgewohnheiten führt, kann einem Alkoholkranken helfen. Zeitlebens darf er jedoch keinen Alkohol mehr trinken, um nicht rückfällig zu werden. Der deutsche Drogen- und Suchtbericht 2003 gibt an, dass jeder Dritte 14- bis 15-Jährige schon einmal einen Vollrausch hatte. (Jeder Alkoholrausch tötet 20.000 bis 30.000 Gehirnzellen.) Suchtexperten sehen darin ein großes Risiko für eine spätere Alkoholsucht. Nach Angaben der WHO sind Alkohol und seine Folgen europaweit die häufigste Todesursache bei jungen Männern zwischen 15 und 19 Jahren. Zu den indirekten Folgen von Alkoholgenuss zählen vor allem Verkehrsunfälle und Gewalttaten.
Laut Gesetz dürfen Getränke auf Spirituosenbasis nicht an Jugendliche unter 18 Jahren abgegeben werden. Doch die Kontrollen sind lückenhaft und Verbotenes erhöht noch den Anreiz bei Jugendlichen.

> **1** Überlege, warum Alkohol heute da Suchtmittel Nummer Eins für Jugendliche ist.
> 
> **2** Welche Trinkanlässe kennst du?

## GENUSSMITTEL oder GENUSSGIFT?

| Genussmittel | Bei mäßigem Genuss | Bei übermäßigem und chronischem Genuss |
|---|---|---|
| Schwarzer Tee | Je nach Zubereitungsart und Ziehdauer<br>2–3 Minuten: verzögerte anregende Wirkung, leistungssteigernd<br>3–5 Minuten: beruhigende Wirkung auf das Zentralnervensystem, entspannend | Genuss kurz vor dem Einschlafen kann zu Einschlafstörungen führen. |
| Kaffee | Schnelle anregende Wirkung auf die Nerven und den Kreislauf, belebend, Aufnahmefähigkeit und Reaktionsfähigkeit werden erhöht, manche Menschen sind dadurch leistungsfähiger und kreativer, steigert die Harnentleerung und damit die Ausscheidung einiger Stoffwechselschlacken. | Wie viele Tassen Kaffee unangenehme Folgen nach sich ziehen, ist individuell verschieden: Die Stärke des Kaffees (5 g Kaffeepulver für 150 ml Wasser enthalten ca. 60 mg Koffein) schwankt je nach Zubereitungsart (z. B. Milchkaffee oder Espresso).<br>Es kann zu Nervosität, Herzklopfen, Schweißausbrüchen, Schlafstörungen und Unverträglichkeiten im Magen-Darm-Trakt kommen. |
| Koffeinhaltige Getränke (Colagetränke) | Wie bei Kaffee | Wie bei Kaffee; können zusätzlich viel Zucker enthalten. |
| Kakao | Schokolade bewirkt eine biochemische Kettenreaktion (eine höhere Konzentration von Tryptophan im Gehirn), wodurch es zu einer erhöhten Serotoninbildung kommt, was Glücks- und Hochgefühle erzeugen kann. | Zu viel Schokolade kann zu Verstopfung führen und wegen des hohen Kaloriengehalts ist Übergewicht häufig die Folge: 100 g Vollmilch-Schokolade liefern ca. 557 kcal oder 2340 kJ. |
| Alkoholische Getränke | Promille Alkohol im Blut:<br>0,3: leichte Beeinträchtigung der Reaktionsfähigkeit<br>0,5: verlangsamte Reaktionsfähigkeit, Fröhlichkeit, Rededrang, Wärmegefühl<br>0,8: Reaktionsfähigkeit stark verlangsamt, Minderung der Urteilskraft und Selbstkritik<br>> 1,4: akute Vergiftung, Aufhebung der Zurechnungsfähigkeit<br>1,0–2,0: Euphorie, Aggressivität, Enthemmtheit, Gleichgewichtsstörung<br>2,0–3,0: Atmungsschwierigkeiten, Verwirrtheit, Ermüdung, Gedächtnisstörung, Muskelerschlaffung<br>3,0–5,0: flache Atmung, Unterkühlung, erheblich gestörte Wahrnehmung<br>4,0–5,0: Atemlähmung und Kreislaufversagen | • Leberverfettung, -entzündung und -zirrhose;<br>• Magenschleimhaut- und Bauchspeicheldrüsenentzündung;<br>• durch Schädigung der Dünndarmschleimhaut gestörte Aufnahme von Glukose, Laktose, Aminosäuren, B-Vitaminen, Natrium und Wasser;<br>• Schädigung des Herzmuskels, Herzrhythmusstörungen und Bluthochdruck;<br>• Nervenentzündung;<br>• Gefahr von Missbildungen und Entwicklungsstörungen beim Neugeborenen;<br>• Blutarmut;<br>• Gehirnschrumpfung;<br>• Sucht<br>• Tod durch Alkoholvergiftung |

| Alkoholische Getränke | | Aus folgenden Pflanzen hergestellt | Alkoholgehalt | Alkoholmenge |
|---|---|---|---|---|
| Wein | | Trauben | 6–25 Vol. % | in 0,25 l: 17–25 g |
| Obstwein | | Beeren | 1,2–25 Vol. % | in 0,25 l: 3–25 g |
| Sekt | | Trauben | 8–25 Vol. % | in 0,25 l: 20–25 g |
| Bier | | keimendes Getreide und Hopfen | 3–8 Vol. % | in 0,5 l: 15–35 g |
| Branntwein | Weinbrand, Cognac | Trauben | 38–43 Vol. % | in 0,02 l: 6–9 g |
| | Rum | Zuckerrohr, Zuckerrüben | 38–80 Vol. % | in 0,02 l: 6–18 g |
| | Korn, Whisky | Getreide | 38–43 Vol. % | in 0,02 l: 6–9 g |
| | Wodka | Kartoffeln | 40–55 Vol. % | in 0,02 l: 7–11 g |
| | Arrak | Reis, Datteln, Rosinen | 38–60 Vol. % | in 0,02 l: 6–12 g |
| | Obstbrannt | Birnen, Pflaumen, Kirschen | 38–43 Vol. % | in 0,02 l: 6–9 g |
| Alcopops z. B. Wodka mit Zitronenlimonade oder Rum mit Cola | | | 5–5,6 Vol. % | in 0,25-l-Flasche: 10–12 g |

*Überblick: alkoholische Getränke und ihr Alkoholgehalt*

## Alkoholische Getränke

Alkoholische Getränke werden aus verschiedenen Pflanzen hergestellt, wie du oben in der Tabelle sehen kannst. Diese Pflanzen bzw. Früchte enthalten Zucker oder Stärke, die durch Gärung in Alkohol umgewandelt werden.

**Alkoholische Gärung:**
**Traubenzucker + Hefe + Enzyme ⟶ Alkohol + Kohlendioxid**

Alkohole sind Kohlenwasserstoff-Verbindungen; genießbarer Alkohol ist Ethanol oder Ethylalkohol. 1 g Ethanol liefert 7,2 kcal oder 30 kJ leere Kalorien.
Der Alkoholgehalt der Getränke wird in Volumenprozent angegeben, wobei die Menge des Alkohols in Millilitern auf 100 ml des Getränks bezogen wird.

> Beispiel: 13,5 Vol. % entspricht 13,5 ml Ethanol in 100 ml des Getränks.

Um Branntweine/Spirituosen (Getränke mit hohem Alkoholgehalt) herzustellen, wird der Alkohol destilliert und somit konzentriert.

## Aufnahme und Abbau des Alkohols

Alkohol beginnt mit dem ersten Schluck zu wirken: Über die Schleimhaut in Mund, Magen und Dünndarm gelangt er in den Blutstrom und mit ihm in jede Körperzelle.

> Im Körper wirkt Alkohol wie ein Betäubungsmittel. Am empfindlichsten reagiert das Gehirn.

Über den Blutkreislauf wird der Alkohol zur Leber transportiert und dort abgebaut. Alkohol baut sich nur langsam ab. Etwa 8 g Ethanol werden pro Stunde von einem gesunden Mann abgebaut; bei Frauen liegt die Rate um 15 % niedriger. Etwa ein bis zwei Stunden nach dem Alkoholgenuss ist der höchste Wert der Alkoholkonzentration im Blut erreicht. Die im Blut vorliegende Alkoholmenge wird in Promille gemessen.

> Pro Stunde kann der Körper etwa 0,1 Promille Alkoholkonzentration im Blut abbauen.

Die Promillezahl gibt an, wie viele Teile Alkohol auf 1000 Teile Blutflüssigkeit entfallen.

## Alkohol beeinträchtigt das Leistungsvermögen

- Einschränkung der Selbstkritik
- Abbau von Hemmungen
- Erhöhung der Risikobereitschaft
- Nachlassen der Bewegungskoordination
- Steigerung der Aggression
- Fehleinschätzung von Gefahren
- Nervosität
- Stimmungsschwankungen
- Schlafstörungen

## Wirkung des Alkohols auf das Gehirn

- Verschlechterung des Wahrnehmungsvermögens (Sehen, Hören, Riechen)
- Falsche Entfernungseinschätzung
- Rotschwäche
- Gestörte Hell/Dunkelanpassung
- Verminderte Reaktionsfähigkeit und Aufmerksamkeit
- Gleichgewichtsstörungen
- Tunnelblick

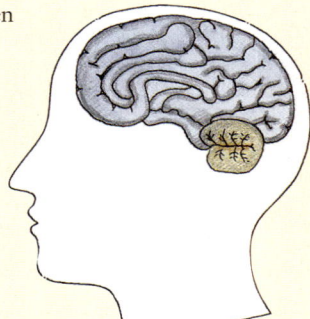

Diese Beeinträchtigungen kommen im Straßenverkehr schon ab kleinen Mengen Alkohol zum Tragen.

*Aus: ADAC-Signale, Juli 2003*

## Alkohol im Straßenverkehr und die Folgen

Die Promille-Regelung wurde vom Gesetzgeber zum 1. April 2001 deutlich verschärft. Dies sind die wichtigsten gesetzlichen Bestimmungen zum Alkohol im Straßenverkehr:

| 0,3 Promille | 0,5 Promille | 1,1 Promille | 1,6 Promille und mehr |
|---|---|---|---|
| Ein Verkehrsteilnehmer begeht bereits eine Straftat, wenn er mit mehr als 0,3 Promille einen Unfall verursacht oder mit auffälligem Verhalten in eine Verkehrskontrolle gerät. In diesem Fall drohen ein Entzug der Fahrerlaubnis für sechs Monate, eine Geldstrafe von 30 Tagessätzen und sieben Punkte in der Verkehrssünderkartei. | Autofahrer, die mit 0,5 oder mehr Promille Alkohol im Blut in eine Verkehrskontrolle geraten, müssen einen Monat lang auf das Kfz verzichten und 250 Euro Strafe zahlen. Hinzu kommen vier Punkte in Flensburg. | Die Grenze der absoluten Fahruntauglichkeit liegt bei 1,1 Promille. Wer derart alkoholisiert erwischt wird, begeht eine Straftat, die mit mindestens neunmonatigem Entzug der Fahrerlaubnis, mit einer Geldstrafe von mindestens 30 Tagessätzen und mit sieben Punkten in Flensburg geahndet wird. | Wer ab diesem Blutalkoholspiegel in eine Verkehrskontrolle gerät, muss zu einer medizinisch-psychologischen Untersuchung (MPU). Diese prüft, ob der Verkehrssünder in Zukunft geeignet ist, im Straßenverkehr ein Fahrzeug zu führen. |

**Versicherung:** Wenn ein Unfall auf Alkoholeinfluss zurückzuführen ist, lehnen die Versicherungen in der Regel eine Übernahme des Schadens ab und der Versicherte muss die Kosten selbst tragen.

*Wer Fahrrad, Motorrad oder Auto fährt, sollte auf Alkohol am besten ganz verzichten!*

*Einengung des Blickfelds durch Alkoholgenuss*

### Wirkung von Alkohol

Schon kleine Mengen haben ihre Wirkung. Wenn man den Überblick behalten will, sollte man langsam und nicht viel trinken. Wie stark die Wirkung von Alkohol erlebt wird, ist u. a. abhängig von Geschlecht und Körpergewicht, seelischer und körperlicher Verfassung, Mageninhalt und Trinkgeschwindigkeit.

Verstärkt werden kann die Wirkung außerdem noch durch eingenommene Arzneimittel, Infektionskrankheiten sowie große Hitze oder große Kälte.

### Gefahren von Alkohol

Wachsamkeit und Reaktionsvermögen lassen bei Alkoholgenuss nach. Bereits ab ca. 0,2 Promille sind Sehfähigkeit, Bewegungskoordination und die Leistungen von Gehör und Geruchsinn vermindert. Die Schmerzempfindlichkeit nimmt ab, die Unfallgefahr steigt.

> Kinder sollten grundsätzlich keinen Alkohol trinken, denn die kindliche Leber kann Alkohol nicht oder schlechter abbauen als die eines Erwachsenen.

Die Gründe, warum Jugendliche mit Freunden trinken, unterscheiden sich kaum von denen Erwachsener: Alkohol soll das Zusammensein angenehmer, lockerer und stimmungsvoller machen.

In der Schwangerschaft sollte auf Alkohol ganz verzichtet werden, da der Embryo diese Stoffe „mitgenießen" muss und so geschädigt werden kann. Ein halber Liter Wein täglich kann schon dazu führen, dass Kinder mit Hörschäden, Herzfehlern und Fehlbildungen auf die Welt kommen. Untersuchungen weisen darauf hin, dass das Größenwachstum und die Intelligenz des Kindes bereits bei kleinen Alkoholmengen Schaden erleiden können.

Neben den negativen Wirkungen des Alkohols auf den Körper kennen wir schon seit Jahrtausenden auch die angenehmen Folgen des Alkoholgenusses: Alkoholika helfen Anspannungen und Stress abzubauen. Den verantwortlichen Umgang mit Alkohol muss jeder Mensch für sich selbst entscheiden.

Fachleute nehmen heute als gesundheitlich risikoarme, verträgliche Menge, die der Körper abbauen kann, für einen gesunden Mann 30 g reinen Alkohol pro Tag an, für eine gesunde Frau nicht mehr als 20 g Alkohol täglich.

**Alcopops – ein wilder Zusatzstoffmix**

| | |
|---|---|
| Wasser, Zucker, Kohlensäure | |
| Alkohol: | 5–5,6 Vol.% (z. B. Wodka, Rum, Tequila) |
| evtl. Fruchtsaft: | 5–15% (z. B. Zitronen-, Orangen-, Mangosaft) |
| Zusatzstoffe: | Farbstoffe, Aromen, Konservierungsstoffe, Stabilisatoren |

Durch die Süße und die intensiven Aromastoffe wird der bittere Alkoholgeschmack kaum wahrgenommen. Die süßen Getränke senken die Zugangsschwelle zum Alkoholgenuss. Durch den hohen Zucker- und Kohlensäureanteil geht der Alkohol besonders schnell ins Blut und macht gerade junge Konsumenten in kürzester Zeit betrunken.
Die Drogenbeauftragte der Bundesregierung warnt vor den Mischgetränken auf Basis von Hochprozentigem: Der Einstieg in die Sucht ist vorprogrammiert.

*Die süße Versuchung: Alkohol-Fruchtsaft-Mischgetränke sind ein Einstieg in die Sucht.*

Das bedeutet, man darf
- als Frau pro Tag nicht mehr als
zwei kleine Gläser (à 0,25 l) Bier oder
zwei kleine Gläser (à 0,125 l) Wein bzw. Sekt,
- als Mann pro Tag nicht mehr als
drei kleine Gläser Bier oder
drei kleine Gläser Wein bzw. Sekt trinken.

Die genannte Alkoholmenge sollte allerdings nicht regelmäßig jeden Tag genossen werden.

### Welche Menge ist vertretbar?

Wirkliche Empfehlungen zum Alkoholkonsum können nicht gegeben werden, da nicht eindeutig bekannt ist, welche Mengen für einen bestimmten Menschen mehr positive als negative Auswirkungen auf seine Gesundheit haben. Mengen ab 10 g Alkohol täglich steigern das Risiko für Brustkrebs und andere Organschäden erheblich. Jeder, der über längere Zeit regelmäßig Alkohol trinkt, kann abhängig werden. Bei ungünstigen gesellschaftlichen Bedingungen und genetischen Anlagen kann sich Alkoholsucht entwickeln.

> Regelmäßiger Alkoholgenuss führt zur Sucht!

Steigender Konsum, häufiges Denken an Alkohol, Müdigkeit, Nervosität und nachlassende Leistungsfähigkeit sowie Streitigkeiten in der Familie, vielleicht auch Geldknappheit und gesundheitliche Beschwerden wie Magenschmerzen oder Schlafstörungen können Anzeichen einer beginnenden Abhängigkeit sein.

In der Bundesrepublik gibt es nach Schätzungen 1,6 Millionen alkoholabhängige Menschen. Der Pro-Kopf-Verbrauch von reinem Alkohol lag laut Statistik im Jahr 2000 bei 10,5 l. In diesem Wert ist die gesamte Bevölkerung (ca. 80 Millionen Menschen), einschließlich Säuglinge, Kinder und alte Menschen, eingerechnet.
Etwa 7–12% der Bundesbürger leben alkoholabstinent, trinken also keinen Alkohol.

### Verantwortlicher Umgang mit Alkohol

Mit Alkohol verantwortlich umgehen heißt:
- als erstes Getränk immer ein alkoholfreies wählen,
- auf Festen und Feiern zwischendurch auch Nicht-Alkoholisches trinken,
- zum Wein stets Mineralwasser trinken,
- auf harte Alkoholika mit hohem Alkoholgehalt, wie Korn, Schnaps, Whisky, verzichten.

Auch in Speisen kann Alkohol enthalten sein, z. B. in Desserts. Für Kinder und ehemalige Alkoholiker sind solche Speisen ungeeignet.

---

**1** Warum sollten Verkehrsteilnehmer keine alkoholischen Getränke zu sich nehmen?

**2** Entwerfe ein Plakat mit dem Thema „Wie gehe ich mit Alkohol verantwortungsbewusst um?"

**3** Diskutiere die gesundheitlichen Auswirkungen von Alkoholgenuss.

*Kaffeekirsche des Kaffeebaums*

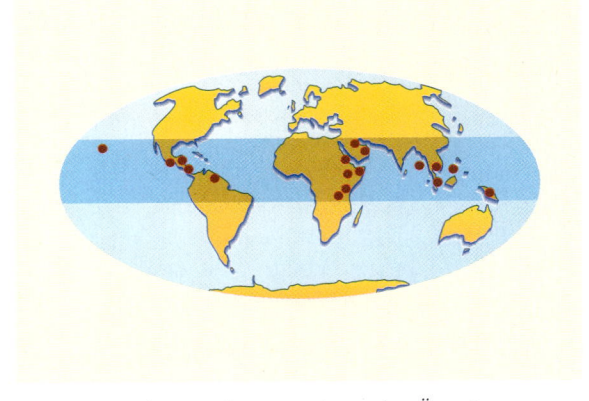

*Kaffeesträucher wachsen rund um den Äquator*

## Kaffee – ein anregender Genuss

Kaffee gehört zu der über 4000 Arten umfassenden Familie der Rubiaceen. Zwei Kaffeesorten spielen heute beim Anbau eine wesentliche Rolle:
- Coffea arabica (ca. 70–75 % Marktanteil, geschmacklich sehr aromatisch). Die Pflanze gedeiht am besten in tropischen Gebieten zwischen 600 und 1800 m Höhe.
- Coffea robusta (ca. 25–30 % Marktanteil): Dieser Kaffee ist schnellwüchsiger, ertragreicher und widerstandsfähiger gegen Schädlinge als die Arabica. Er wächst zwischen Meereshöhe und 600 m. Robusta hat einen erdigen, etwas rauen Geschmack.

## Geschichte

Die Heimat des Kaffees ist das äthiopische Hochland in Ostafrika. Im 13./14. Jahrhundert gelangte der Kaffee nach Arabien. Im Jemen wurde in Terrassengärten der erste systematische Kaffeeanbau betrieben. 1554 wurde in Konstantinopel (heute Istanbul) das erste Kaffeehaus eröffnet. Durch Reiseberichte gelangte Anfang des 17. Jahrhunderts die Kunde vom Kaffee nach Europa. Die erste Schiffsladung Kaffee erreichte Venedig 1630 und bald schossen überall Kaffeehäuser wie Pilze aus dem Boden, in Italien, England, den Niederlanden, Frankreich und 1677 das erste deutsche Kaffeehaus in Hamburg. Anfang des 18. Jahrhunderts wurde der Kaffee in Lateinamerika und den Karibischen Inseln angebaut.

## Von der Kirsche zur Bohne

Neun Monate nach der Blüte sind die Kaffeekirschen reif. Aber nicht alle Kirschen sind gleichzeitig rot und so dauert die gesamte Ernte mehr als zwei Monate. Die Kaffeeproduktion durchläuft folgende Phasen:
- Ernte: Die Kirschen werden von Hand gepflückt oder von Maschinen abgestreift.
- Gewinnung der Bohne: Das Fruchtfleisch wird entfernt.
- Schälen: Je zwei Kaffeebohnen befinden sich in einem „Kaffeekirschkern", der von einer Pergamenthülse zusammengehalten wird. Diese wird in Schälmaschinen entfernt.
- Sortieren: Die mattgrünen Rohkaffeebohnen werden nach Größen und Bruch sortiert.
- Versand: Danach werden sie verpackt und per Schiff oder Flugzeug auf die lange Reise in die Verbraucherländer geschickt.

## Rösten

Erst das Rösten macht den Rohkaffee zu dem Getränk mit dem aromatischen Duft, das wir kennen. In elektronisch gesteuerten Röstöfen wird der Rohkaffee in Heißluft innerhalb von wenigen Minuten geröstet. Es vollziehen sich dabei viele chemische Veränderungen: Die Farbe verändert sich zu der typischen Kaffeebräune, Aroma- und Geschmacksstoffe bilden sich. Dann wird der Kaffee ganz oder gemahlen aromasicher verpackt und verkauft.

### KAFFEEPRESSE

Heißes Wasser über grob gemahlenen Kaffee gießen und vier Minuten ziehen lassen. Danach wird ein Maschinenfilter aus rostfreiem Edelstahl zum Boden gedrückt, der den Kaffee vom Mahlgut sauber trennt. Das Ergebnis ist ein kräftiger und dickflüssiger Kaffee, der wesentlich mehr Geschmack hat als Filterkaffee, da die Papierfilter dem Kaffee bestimmte Geschmacksnuancen entziehen.

### FILTERKAFFEE-MASCHINEN

Filterkaffee-Maschinen – egal ob von Hand bedient oder automatisch – zählen nach wie vor zu den am einfachsten zu bedienenden Kaffeemaschinen. In zunehmendem Maß sind auch Permanentfilter erhältlich, mit denen man kräftigeren Kaffee zubereiten kann.

### ESPRESSO-ZUBEREITUNG

Hier wird bei der Zubereitung anstelle von Schwerkraft mit Druck gearbeitet. Die Geräte erfordern zwar mehr Geschick als Filtermaschinen, aber das Ergebnis – in Form eines Espresso oder eines schaumigen Cappuccino – rechtfertigt den höheren Aufwand.

*Möglichkeiten der Kaffeezubereitung*

## Zubereitung von Kaffee

Jeder sollte herausfinden, welche Zubereitung ihm am besten schmeckt.
Zuerst kommt es auf den Mahlungsgrad an: Wer den Kaffee zu Hause selbst mahlt, sollte dies immer erst kurz vor der Zubereitung tun, um so das Aroma zu bewahren. Für unterschiedliche Zubereitungsarten werden verschiedene Mahlstärken empfohlen:
- grob gemahlen für die Kaffeepresse,
- medium gemahlen für die Filterkaffee-Maschine,
- extrafein gemahlen für Espresso-Maschinen.
- Für eine Tasse Kaffee (aus 150 ml Wasser) sollte man 5–6 g (1 gehäufter Kaffeelöffel) gemahlenen Kaffee verwenden.
- Die empfohlene Wassertemperatur liegt zwischen 90 und 96 °C, bitterer Geschmack wird dadurch vermieden.
- Das Wasser sollte nicht zu hart sein.
- Kaffee nur ca. 20 Minuten auf einer Platte warmhalten; er wird sonst sehr bitter.

## Richtige Aufbewahrung

Der Geschmack eines Kaffees lässt nach der Röstung nach. Deshalb sind folgende Verbrauchertipps zu beachten:
- Kaffee, der innerhalb von zwei Wochen aufgebraucht wird, in einem luftdichten Behälter kühl und dunkel aufbewahren.
- Kaffee, der länger als zwei Wochen aufbewahrt werden soll, in kleinen luftdichten Behältern in den Gefrierschrank stellen.
- Nach dem Auftauen sollte der Kaffee nicht mehr eingefroren werden, da durch Luftkondensation der Geschmacksverlust verstärkt wird.

Für manche Kaffeetrinker, die bestimmte Inhaltsstoffe nicht vertragen, gibt es Schonkaffee. Kaffee-Extrakte (löslicher oder Instant-Kaffee) sind leichter und schneller in der Zubereitung.
Kaffee-Ersatz wird aus Getreide, Zichorien, Zuckerrüben, Feigen und anderen zuckerhaltigen Früchten hergestellt. Auch bei Kaffee-Ersatz gibt es Instant-Produkte.

> Da sich koffeinhaltige Lebensmittel großer Beliebtheit erfreuen, werden heute neben Energy-Drinks auch koffeinhaltige Mineralwässer, Bonbons, Schokolade, Gebäck und Eis im Handel angeboten. Kindern sollte man diese Produkte nicht geben.

**1** Erstelle eine Collage über Kaffee vom Anbau bis zum Genuss.

**2** Vergleiche die Wirkung von Tee und Kaffee.

*Die Teepflanze – ein immergrüner Strauch*

*Teegarten in Darjeeling (Nordindien) in 2200 m Höhe*

## Tee – ein weltweit beliebtes Getränk

Die Teepflanze (Camelia sinensis) gehört zur Familie der Theaceen. Sie wächst in feuchten tropischen und subtropischen Gebieten. Anbaugebiete sind Indien (Assam und Darjeeling), Sri Lanka, China, Afrika, Südamerika und Japan.

### Geschichte

Als Urheimat des Teestrauches wird das Grenzgebiet zwischen China, Indien und Burma (Myanmar) angesehen. In China war der Tee bereits 2700 v. Chr. bekannt, nach Japan gelangte der Tee erst um 552 n. Chr. Arabische Händler machten den Tee um 1550 in Europa bekannt. Als Handelsware kam grüner Tee 1610 nach Europa (Niederlande). Schwarzer Tee wurde in London erstmals 1839 getrunken. In Deutschland ist Tee seit der zweiten Hälfte des 17. Jahrhunderts bekannt.

### Herstellung

Zur Teeherstellung werden Blattknospen, junge Blätter und Triebe des Teestrauches von Hand gepflückt. Die Frühjahrsernte beginnt im April mit dem „First Flush"; Ende Mai bis Mitte Juli findet der „Second Flush" statt.
Sofort nach der Ernte werden die Teeblätter in die Teeplantage zur Verarbeitung gebracht. Die Produktion durchläuft fünf Phasen.

- Welken: Heißer Dampf entzieht den Blättern Feuchtigkeit.
- Rollen: Rollmaschinen brechen die Blattzellen auf und der Zellsaft verbindet sich mit dem Sauerstoff aus der Luft.
- Fermentieren: Dies ist eine Art Gärung. Es kommt zu einer selbstständigen Zersetzung der Teeblätter, der Gehalt an Gerbstoffen (Bitterstoffe) verringert sich, das Koffein löst sich teilweise und wird „aktiver". Es kann so vom Körper besser aufgenommen werden. Die Teeblätter verfärben sich von Grün nach Braun, Aromastoffe bilden sich.
- Trocknen: Der Tee wird zur Verbesserung der Haltbarkeit in Sieben getrocknet.
- Sortieren: Er wird danach nach Blattgrößen sortiert.

### Teesorten im Handel

- Grüner Tee – Nach dem Rollen der Teeblättchen werden diese gleich getrocknet, sortiert und verpackt. Der Koffeingehalt ist geringer als in fermentiertem Tee. Grüner Tee enthält Vitamin C und Provitamin A sowie sekundäre Pflanzenstoffe, außerdem Spurenelemente und Mineralstoffe wie Magnesium, Fluor und Zink.
- Halb fermentierter Tee – Der Fermentierungsprozess wird unterbrochen und der Tee enthält sowohl grüne als auch braune Blättchen.
- **Schwarzer Tee** – ist fermentiert. Die Auswirkungen sind im Abschnitt „Herstellung" erläutert.

*Teepflückerinnen bei der Arbeit*

- Blatt-Tee – sind die gerollten Teeblätter; sie ergeben nach dem Aufguss mit heißem Wasser einen sehr aromatischen Tee.
- Broken-Tee und Fannings – sind gebrochene Blättchen und Blattkrümel. Sie finden für Teebeutelfüllungen Verwendung.
- Aromatisierter Tee – Grünem, halb fermentiertem oder schwarzem Tee werden ätherische Öle (z. B. Bergamottenöl für Earl-Grey-Tee), Früchte, Blüten oder Rinden beigegeben. Man sollte beim Einkauf auf die Beigabe von natürlichen Substanzen achten; auf künstliche Aromastoffe verzichten.
- Teeähnliche Erzeugnisse – sind Kräutertees wie Pfefferminz-, Malven-, Hagebutten-, Kamillen- und andere Tees. Sie enthalten kein Koffein und bestehen aus getrockneten Pflanzenblättern, -blüten oder -früchten. Manche Kräutertees haben eine heilende Wirkung, z. B. Salbeitee gegen Halsschmerzen.
Rotbuschtee (Rooibuschtee) ist ein koffeinfreies, südafrikanisches Nationalgetränk, dem gesundheitsfördernde Wirkung zugeschrieben wird.

## Einkauf und Lagerung

Tee ist bis zu vier Jahre genießbar und lagerfähig. Die Lagerung erfolgt am besten in Originalverpackungen (doppelwandigen Papiertüten) oder in Blechdosen, und zwar trocken, dunkel und bei Temperaturen um 20 °C, um Qualitätsverluste zu vermeiden.

## Zubereitung

Der feine Teegeschmack kann nur zur Geltung kommen, wenn die Wasserqualität stimmt. Hartes Wasser oder Chlorzusatz mindern die Güte des Teeaufgusses erheblich.

- Schwarzer Tee – Frisches Wasser zum Kochen bringen und 12–14 g Tee pro Liter (ca. 3 Teelöffel) mit dem gerade kochenden Wasser übergießen. Nach der empfohlenen Ziehdauer (siehe Tabelle Seite 33) in eine vorgewärmte Servierkanne gießen oder ein Teesieb verwenden und dieses nach dem Ziehen aus der Kanne nehmen.
- Grüner Tee – Das Wasser für grüne Tees sollte nicht kochen, sondern nur siedend heiß sein (ca. 70–80 °C). Etwa 12–14 g Tee pro Liter mit heißem Wasser übergießen. Nur ein bis zwei Minuten ziehen lassen.

Tee nach Geschmack ungesüßt oder gesüßt trinken, mit Milch oder Zitronensaft servieren.

---

**1** Bereite verschiedene Teesorten richtig zu und veranstalte eine Tee-Test-Runde in deiner nächsten Praxis-Stunde.

**2** Vergleiche den Geschmack der einzelnen Teesorten, probiere mit und ohne Zucker.

**3** Serviere zur „Tea-Time" Gurken- und Schinkensandwiches sowie Tee-Gebäck.

# Von der Kakaobohne zur Schokolade

Eine **Kakaofrucht** wiegt etwa ein halbes Kilo. In ihren bohnenförmigen Samen stecken die Kakaokerne, der Rohstoff für Schokolade.

**Kakaobäume** gedeihen nur in tropischen Klimazonen. Zu den größten Erzeugern von Kakao gehören Lateinamerika, Afrika, Java, Samoa und Neuguinea.

Venezuela

Java

Elfenbeinküste

Ecuador

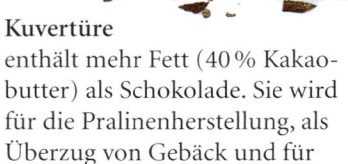

**Vollmilch**
ist die beliebteste Schokolade bei uns; sie besteht zu 30 % aus Kakaomasse und zu 18 % aus Milch mit höchstens 50 % Zucker.

**Edelbitter**
wartet mit 71 % Anteil an reinem Kakao auf. Mehr als 80 % Kakaoanteil gelten als zu bitter.

**Halbbitter**
Hier sind mindestens 50 % reiner Kakao enthalten; daher ist diese Sorte hochwertiger als Vollmilchschokolade.

**Weiße Schokolade**
ist streng genommen gar keine Schokolade, da sie aus Kakaobutter ohne Kakaoanteil hergestellt wird.

**Kuvertüre**
enthält mehr Fett (40 % Kakaobutter) als Schokolade. Sie wird für die Pralinenherstellung, als Überzug von Gebäck und für Desserts verwendet.

**Kakaopulver**
fällt bei der Herstellung von Schokolade an: Das Pulver wird aus dem Kakaopresskuchen gemahlen. Kakaopulver enthält 10–22 % Fett.

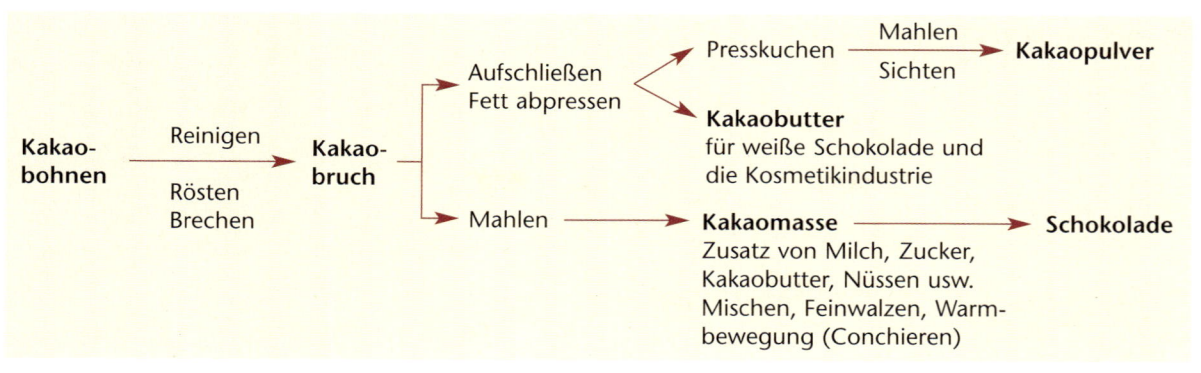

*Kakaoverarbeitung*

## Kakao – Rohstoff für Schokolade

Der Kakaobaum gehört zu der Pflanzengattung Theobroma cacao. Heute werden hauptsächlich zwei Sorten angebaut: Forastero und Criollo.
Je nach Anbaugebiet erhält man unterschiedliche Qualitäten und Kakaoaromen. Die gelbliche Kakaofrucht bildet sich aus den Blüten am Stamm und an stärkeren Ästen. Im zuckerreichen Fruchtmus liegen die weißen, mandelförmigen Samen.

## Geschichte

1502 begegnete Kolumbus auf einer winzigen Insel vor der Küste Honduras erstmals dem Kakao. Nach der Eroberung Mexikos durch Fernando Cortez gelangte die Kakaobohne um 1520 nach Spanien. Schokolade ist die Weiterentwicklung des aztekischen Xocolatl-Trunks.
Kakaobohnen waren auch als Zahlungsmittel im Einsatz. Um 1606 kam die Schokolade nach Florenz und von Italien aus weiter nach Deutschland.

## Ernte und Aufbereitung

- Ernte mit dem Buschmesser
- Herauslösen der Samenkerne aus der Frucht
- Fermentieren der Samenkerne durch Wärme: Bitterstoffe werden abgebaut und Aromastoffe entstehen
- Trocknen der Kakaobohne
- Verpackung und Versand in die Verbraucherländer

## Rösten der Kakaobohnen

Je nach Kakaosorte variiert die anschließende Röstdauer zwischen 30 und 60 Minuten. In Rösttrommeln im Umluftprinzip erreichen die Kakaobohnen bei Temperaturen zwischen 90 und 140 °C ihr optimales Aroma.

## Schokoladenherstellung

Nun werden in einer Maschine die ausgekühlten Kakaobohnen von der Schale befreit und in Stücke gebrochen. Der Kakaobruch kommt als trockenes Schüttgut in die Mühle und als flüssige Masse wieder heraus: Beim Mahlen werden die Zellwände der Bohnen aufgebrochen, das Fett tritt aus und vermengt sich mit den festen Kakaobestandteilen.
Dann werden je nach Schokoladensorte weitere Zutaten dazugegeben.
Die Schokoladenmasse wird bis zu drei Tage gerührt. Diesen Vorgang nennt man Conchieren – der zarte Schmelz entsteht. Danach wird die flüssige Schokolade in Formen gegossen, abgekühlt und verpackt: fertig zum Genießen!

---

**1** Suche in einem Lexikon oder im Internet die Länder, in denen Kakaobäume wachsen.

**2** Nenne das Ursprungsgebiet des Kakaobaums.

**3** Beschreibe die Verarbeitungsschritte, die nötig sind, um aus fermentierten Kakaobohnen Schokolade zu erhalten.

# 3 Nahrungszubereitung und -präsentation

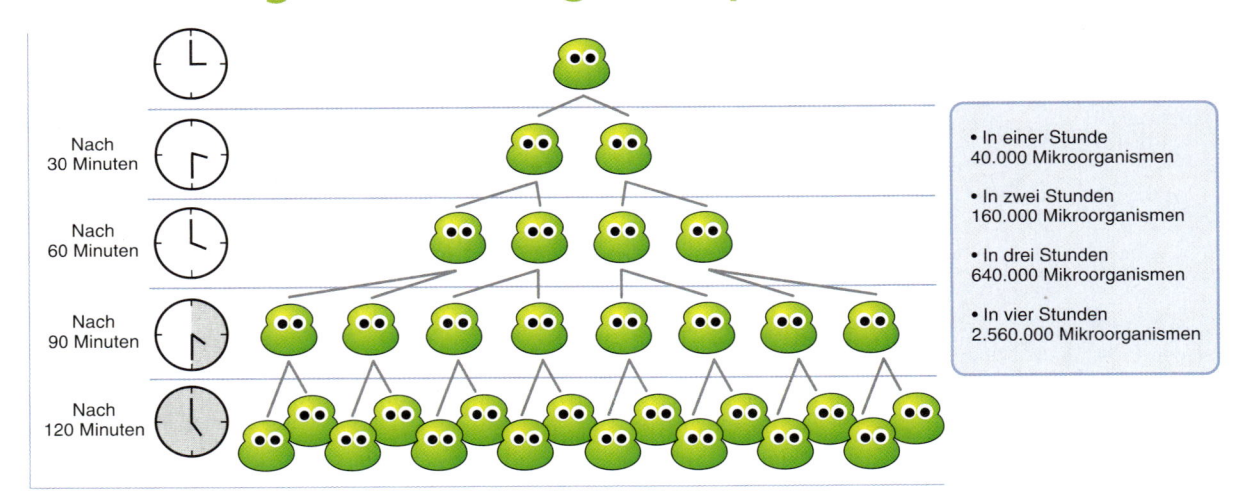

Nach 30 Minuten
Nach 60 Minuten
Nach 90 Minuten
Nach 120 Minuten

- In einer Stunde 40.000 Mikroorganismen
- In zwei Stunden 160.000 Mikroorganismen
- In drei Stunden 640.000 Mikroorganismen
- In vier Stunden 2.560.000 Mikroorganismen

Wachstum von Bakterien

*Wachstum von Bakterien innerhalb von vier Stunden*

## Hygiene in der Küche

### Warum sind gesetzliche Vorschriften sinnvoll?

Hygienefehler beim Umgang mit Lebensmitteln können zu schwer wiegenden Erkrankungen und Vergiftungen führen. Viele Lebensmittel sind ein idealer Nährboden für Krankheitserreger wie Salmonellen, Eitererreger oder Kolibakterien. Eine Lebensmittelvergiftung ist nicht harmlos; bei Säuglingen, Kleinkindern, älteren Menschen und Kranken kann sie lebensbedrohlich sein.

### Gesetzliche Bestimmungen

Betroffen davon sind alle Personen, die mit Lebensmitteln in unterschiedlichen Einrichtungen umgehen: an Theken, in Küchen, im Schulcafé, an Verkaufsständen bei Festen. Bei der Zubereitung und Ausgabe von Lebensmitteln und Getränken sind zwei gesetzliche Vorschriften zu beachten:

#### Das Infektionsschutzgesetz (IfSG)

Es regelt die gesundheitlichen Anforderungen an Personen, die mit besonders empfindlichen Lebensmitteln umgehen. Diese Personen erhalten eine Erstbelehrung nach § 43 durch das Gesundheitsamt oder durch einen vom Gesundheitsamt beauftragten Arzt. Die Erstbelehrung beinhaltet u. a. die Aufklärung über die durch Lebensmittel übertragbaren Krankheiten und notwendige Hygienemaßnahmen.

#### Die Lebensmittelhygieneverordnung (LMHV)

Sie regelt die Anforderungen an die Herstellung, Zubereitung, den Verkauf und die Lagerung von Lebensmitteln. Diese müssen so sorgfältig behandelt werden, dass sie keiner gesundheitlich nachteiligen oder Ekel erregenden Einwirkung ausgesetzt sind, wie Schmutz, Krankheitserregern oder Schädlingen.

Bei Veranstaltungen und Festen (z. B. einem Schulfest) sind folgende Bestimmungen zu beachten:

- Erstbelehrung für Personen, die mit empfindlichen Lebensmitteln umgehen
- Hygieneschulung für Helfer/-innen (z. B. Kleidung, Lagerung und Kühlung von Speisen)
- Information z. B. von Eltern über hygienische Anforderungen von mitgebrachten Speisen
- Unverpackte Lebensmittel (z. B. Torten, Kuchen, belegte Brote) müssen abgedeckt oder in einer Glasvitrine angeboten werden.

*Hände waschen*

*Speisen mit zwei Löffeln probieren*

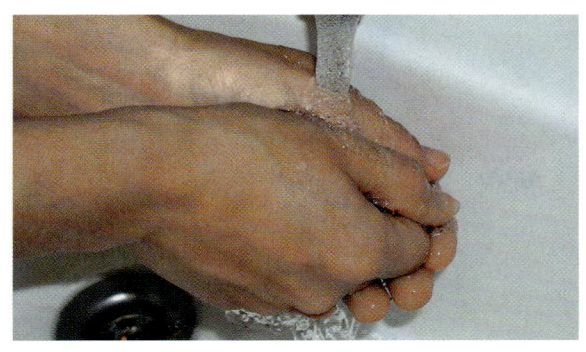

*Küchentücher und Lappen häufig wechseln*

*Verderbliche Lebensmittel kühlen*

- Leicht verderbliche Lebensmittel dürfen nur bei einer Temperatur von ca. 4 °C gelagert werden (z. B. Torten, Salate, rohe Bratwürste).

## Persönliche Hygiene

- Vor Arbeitsbeginn Hände waschen
- Fingernägel sauber halten.
- Fingerringe ablegen.
- Wunden an Händen wasserdicht abdecken.
- Saubere Schürze anziehen.
- Haare zurückbinden.

Vom Körper und von der Kleidung können Krankheitserreger auf die Lebensmittel gelangen, die dann auf andere Personen übertragen werden. Besondere Gefahr besteht bei eiternden Wunden und bei Erkältungen.

## Lebensmittel-Hygiene

- Nur sauberes Geschirr verwenden.
- Speisen mit zwei Löffeln probieren.
- Lebensmittel abdecken.
- Verderbliche Lebensmittel kühl aufbewahren.

- Auftauwasser von tiefgekühlten Lebensmitteln, besonderes Geflügel, wegschütten.

Lebensmittel sind ein guter Nährboden für Kleinstlebewesen (Mikroorganismen), die sich in der Wärme rasch vermehren.

## Arbeitsplatz-Hygiene

- Arbeitsflächen bei der Arbeit sauber halten.
- Küchentücher und Lappen häufig wechseln.
- Müll nach der Nahrungszubereitung aus der Küche entfernen.
- Kühlschrank regelmäßig reinigen.
- In der Küche und in allen Lebensmittel verarbeitenden Bereichen ist Rauchen verboten.
- Haustiere gehören nicht auf Arbeitsflächen.
- Küche und Lagerräume stets gründlich reinigen und gut lüften.

Auch an kleinen Speiserückständen vermehren sich die Mikroorganismen und werden auf die Lebensmittel übertragen.

> Für die Gesundheit ist Hygiene wichtig!

*Dem Lebensmittelverderb vorbeugen*

## Hygieneleitfaden für empfindliche Lebensmittel

Vom Einkauf bis zum Verzehr ist meist der Verbraucher selbst für den Zustand der Lebensmittel verantwortlich. Durch sein Fehlverhalten – falsche Lagerung, mangelnde Hygiene, Unkenntnis bei der Nahrungszubereitung – kann es zum Nahrungsverderb kommen.

Ein großes Hygieneproblem stellen gegenwärtig Salmonelleninfektionen dar. Häufige Infektionsquellen für den Menschen sind besonders folgende empfindliche Lebensmittel (nach IfSG):

- Fleisch, Geflügel und Fleischerzeugnisse
- Milch und Erzeugnisse auf Milchbasis
- Eier und Eiprodukte
- Fische, Krebse
- Säuglings- und Kleinkindernahrung
- Speiseeis
- Backwaren mit nicht durchgebackener Füllung/Belag
- Feinkost-, Rohkost- und Kartoffelsalate, Majonäsen

Für die Lebensmittel-Hygiene sind folgende Regeln für Lagerung, Vor- und Zubereitung zu beachten:

### Fleisch und Geflügel

- Nur einwandfreie Rohware in sauberen Verkaufsräumen kaufen.
- Sofort kühl lagern, möglichst schnell zubereiten oder tiefgefrieren oder in speziellen Kühlbehältern abgedeckt kühlen.
- Rohe Produkte nicht mit anderen Lebensmitteln oder Speisen in Berührung bringen.
- Fleisch- und Geflügelspeisen gut durchbraten; dies gilt besonders für Hackfleisch und Hähnchen.
- Hackfleisch, Geschnetzeltes und rohe Bratwürste am Tag des Einkaufs zubereiten oder sofort tiefgefrieren.
- Das Auftauen sollte sehr sorgfältig erfolgen, am besten in einem Sieb mit Auffangbehälter für die Abtauflüssigkeit.
- Fleischspeisen nicht über einen längeren Zeitraum warm halten, sondern rasch kühl stellen.

### Fisch, Schalen- und Weichtiere

- Fisch sollte frisch gekauft und nie länger als einen Tag im Kühlschrank gelagert werden. Rasch tiefgefrieren, wenn er nicht verzehrt wird.
- Vorsicht bei Verzehr von rohen Fischen, diese können gesundheitsschädliche lebende Para-

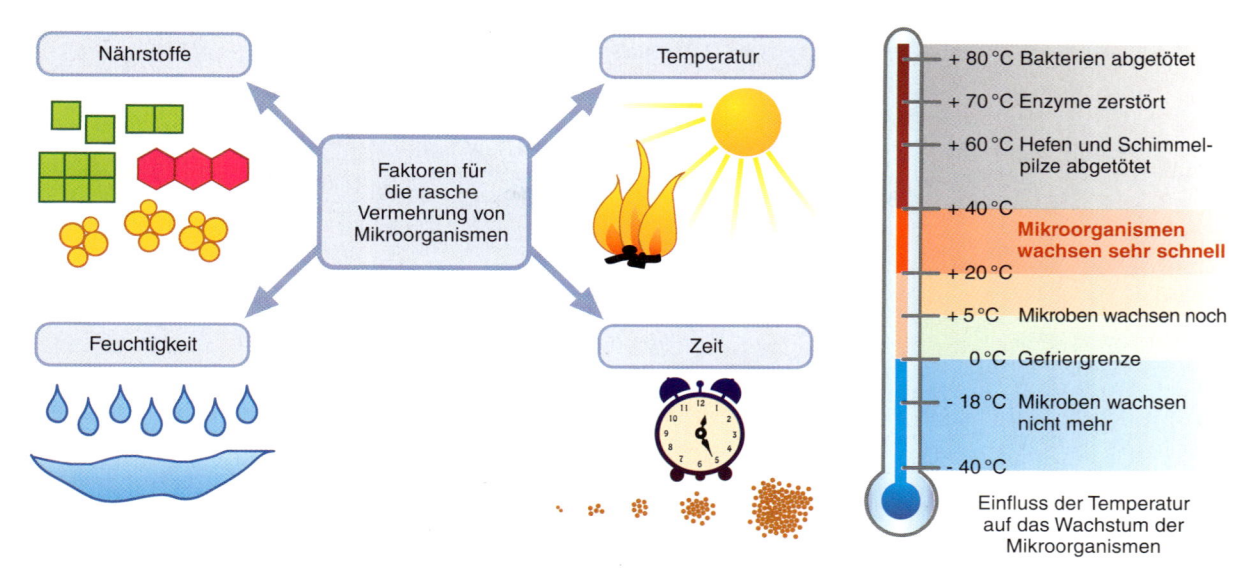

**Faktoren für die rasche Vermehrung von Mikroorganismen:** Nährstoffe, Feuchtigkeit, Temperatur, Zeit

|  |  |
|---|---|
| + 80 °C | Bakterien abgetötet |
| + 70 °C | Enzyme zerstört |
| + 60 °C | Hefen und Schimmelpilze abgetötet |
| + 40 °C | Mikroorganismen wachsen sehr schnell |
| + 20 °C | |
| + 5 °C | Mikroben wachsen noch |
| 0 °C | Gefriergrenze |
| - 18 °C | Mikroben wachsen nicht mehr |
| - 40 °C | |

Einfluss der Temperatur auf das Wachstum der Mikroorganismen

*So vermehren sich Mikroorganismen*

siten (z. B. Heringswurm) aufweisen. Fisch am besten bei über 70 °C garen.
- Muscheln müssen vor dem Kochen fest geschlossen sein. Die Kochzeit sollte mindestens zehn Minuten betragen.
- Bei Tiefkühlfischen Mindesthaltbarkeitsdatum bzw. Lagerzeit beachten. Es empfiehlt sich das Garen ohne Auftauen.

### Milch und Milchprodukte
- Vorsicht beim Genuss von der „Milch ab Hof", der so genannten Rohmilch. Diese kann durch Darmkeime verunreinigt sein. Zum Trinken pasteurisierte, d. h. erhitzte Milch bevorzugen, dadurch werden Keime abgetötet.
- Produkte stets kühl und verschlossen lagern, Mindesthaltbarkeitsdatum beachten.

### Eier und Eiprodukte
- Beim Einkauf auf Herkunft, Legedatum, Mindesthaltbarkeitsdatum und Schalenqualität achten.
- Eihaltige Produkte, besonders Roheispeisen (wie Cremes, Desserts, Majonäsen), kühl und nur kurzfristig aufbewahren. Roheispeisen möglichst meiden.

- Rohe Küchenteige nicht kosten.
- Eier länger als sechs Minuten kochen, Spiegeleier von beiden Seiten durchbraten.

> Sachgerechte Lagerung sowie richtige Vor- und Zubereitung der Lebensmittel verhindern den Lebensmittelverderb.

**1** Bei einer Klassenfeier sollen Hamburger zubereitet werden. Erstellt in Gruppenarbeit dafür notwendige Hygieneregeln und begründet diese.

**2** Informiert euch über mögliche Lebensmittelvergiftungen, deren Symptome und Folgen.

**3** Gestaltet für eure Kochmappe ein Arbeitsblatt mit Hygieneregeln (Zeichnungen, Collagen u. Ä.).

| Art des Teiges | Teiglockerungsmittel | Lockerung durch | Grundrezept | Zubereitung |
|---|---|---|---|---|
| Biskuitteig | Ei-Schaum-Masse | Luft Wasserdampf | 4 Eier 4 El. Wasser | Schaummasse schlagen bis zur doppelten Menge und cremig-weißlichem Aussehen |
| | | | 100 g Zucker 150 g Mehl | nach und nach zugeben, unterheben sofort in vorgeheiztem Backofen backen |
| Rührteig | Backpulver | $CO_2$ | 250 g Butter oder Margarine | schaumig rühren |
| | | | 200 g Zucker 6 Eier Zitronensaft | abwechselnd nach und nach zur Butter geben und rühren |
| | | | 500 g Mehl 1 Pckg. Backpulver | mischen, nach und nach einrühren |
| | | | einige El. Milch | nach Bedarf zugeben sofort in vorgeheiztem Backofen backen |
| Mürbteig | Wasserhaltiges Fett | Wasserdampf | 250 g Mehl 65 g Zucker 125 g Butter oder Margarine 1 Ei | in Rührschüssel mit den Knethaken des Handrührgeräts zusammenkneten |
| | | | | 15 Min. kalt stellen dann verarbeiten und sofort in vorgeheiztem Backofen backen |
| Hefeteig | Hefe | $CO_2$ Alkohol | 1 Pckg. Hefe knapp 1/4 l Milch 500 g Mehl 50 g Fett 50 g Zucker 1 Ei | alles zu einem Teig verarbeiten gehen lassen, durchkneten, formen oder aufs Blech geben nochmals ca. 10 Min. gehen lassen in vorgeheiztem Backofen backen |

## Teiglockerung

Gebäcke aller Art schmecken am besten, wenn sie porös und locker sind. Gelockertes Gebäck ist besser verdaulich.

> Jede Teiglockerung geschieht durch die Bildung von Gasen, die den Teig mit Luftbläschen durchsetzen und sich in der Hitze des Backofens ausdehnen.

### Verschiedene Arten der Teiglockerung

#### Mechanische Teiglockerung
Durch Kneten, Schlagen oder Rühren gelangt Luft in den Teig. Geschlagenes Eiweiß (Eischnee) bringt besonders viel Luft hinein.
Beispiel: Biskuitteig, Makronenteig

#### Chemische Teiglockerungsmittel
Hierzu zählen Backpulver, Hirschhornsalz und Pottasche. Sie bilden unter Hitze- und Feuchtigkeitseinfluss Kohlenstoffdioxid ($CO_2$). Dieses bewirkt die Lockerung des Gebäcks.
Beispiel: Rührteig, Lebkuchenteig

#### Biologische Teiglockerungsmittel
Hefen und Milchsäurebakterien im Sauerteig bilden durch Gärung Gase.
Beispiel: Hefeteig, Brotteig

#### Flüssige oder wasserhaltige Zutaten
Milch, Wasser, Alkohol oder die Flüssigkeiten von Zutaten wie Butter, Margarine und Eiern bilden während des Backprozesses Wasserdampf und lockern dadurch den Teig.
Beispiel: Brandteig, Blätterteig, Mürbteig

*Kuchen aus Rührteig mit Backpulver*

*Pottasche oder Hirschhornsalz für Lebkuchenteig*

### Versuch mit Backpulver

1. Übergieße 1 TL Backpulver mit 3 EL kaltem Wasser.
2. Übergieße 1 TL Backpulver mit 3 EL heißem Wasser.

Vergleiche die Beobachtungen.
Welche Regeln lassen sich für die Behandlung des Backpulverteigs aus den Beobachtungen ableiten?

### Versuch mit Hirschhornsalz

Erwärme 1/2 TL Hirschhornsalz trocken.
1. Beobachte die Veränderung der Menge.
2. Prüfe vorsichtig den Geruch.

### Versuch mit Pottasche

1. Übergieße 1 TL Pottasche mit 3 EL heißem Wasser.
2. Übergieße 1 TL Pottasche mit 1 EL Zitronensaft.

Vergleiche die beiden Proben.

*Versuche mit chemischen Teiglockerungsmitteln*

## Chemische Teiglockerungsmittel

### Backpulver

Backpulver ist ein Gemisch aus Natriumhydrogencarbonat und anderen chemischen Substanzen. Diese setzen in Verbindung mit Feuchtigkeit und Hitze einen chemischen Prozess in Gang: die Bildung von Kohlenstoffdioxid. Das Gas dehnt sich aus und lockert so das Gebäck. Bei der Reaktion entstehen neue chemische Verbindungen, die im Gebäck verbleiben. Diese sind geschmacksneutral und gesundheitlich unbedenklich. Backpulver enthält auch Stärke, die als Trennmittel eine vorzeitige Gasbildung verhindert.

- Backpulver trocken lagern.
- Backpulver mit Mehl vermischt als letzte Zutat in den Teig geben.
- Backpulverteige sofort im vorgeheizten Backofen backen.

### Hirschhornsalz

Hirschhornsalz besteht aus Ammoniumhydrogencarbonat, das sich beim Backen in Ammoniakgas, Kohlenstoffdioxid und Wasserdampf zersetzt. Hirschhornsalz ist nur zur Lockerung von fettfreiem, würzigem Flachgebäck geeignet. In großen Gebäckstücken kann das Gas nicht restlos entweichen und dadurch ein Ammoniakgeschmack zurückbleiben.

### Pottasche

Pottasche ist ein Caliumcarbonat, das unter Zugabe oder Bildung von Säuren Kohlenstoffdioxid entwickelt. Pottasche wird meist für Teige auf Honigbasis (Lebkuchen, Honigkuchen) verwendet, die man etwa acht Stunden ruhen lässt. Dabei bilden sich im Teig organische Säuren (z. B. Milchsäuren).

## Versuche mit Hefe

1. Verrühre jeweils 1/4 Würfel Hefe
   a) mit 2 EL eiskaltem Wasser,
   b) mit 2 EL kochendem Wasser,
   c) mit 2 EL handwarmem Wasser.
   Gib jeweils 2 EL Mehl zu und stelle es
   a) in den Kühlschrank,
   b) in kochendes Wasser,
   c) in handwarmes Wasser.
2. Verrühre 1/4 Würfel Hefe mit 1 EL handwarmem Wasser und gib 2 EL Mehl zu. Stelle die Probe in handwarmes Wasser und vergleiche sie mit Probe 1 c).
3. Verrühre 1/4 Würfel Hefe mit 2 EL Mehl und 1 TL Zucker. Stelle die Probe in handwarmes Wasser und vergleiche die Probe mit 1 c).

Vergleiche die Proben nach 20 Minuten und überlege:
1. Welchen Einfluss hat die Temperatur auf die Gasbildung?
2. Welchen Einfluss hat die Wassermenge?
3. Wie wirkt sich die Zugabe von Zucker aus?

*Versuche mit Hefe als Teiglockerungsmittel*

### Alkoholische Gärung

Traubenzucker + Enzyme der Hefe
→ Alkohol + Kohlendioxid

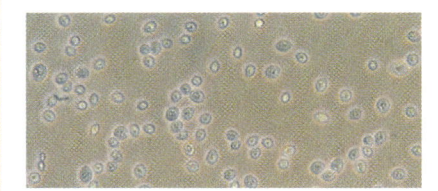

*Hefepilze unter dem Mikroskop*

*Gut gegangener Hefeteig*

## Biologische Teiglockerung durch Hefe

**Hefen** sind winzige Pilzkulturen, die sich bei günstigen Lebensbedingungen durch Sprossung sehr rasch vermehren. Damit sich die Hefepilze vermehren können, brauchen sie günstige Lebensbedingungen. In Hefen sind Enzyme enthalten, die Traubenzucker in Alkohol und Kohlenstoffdioxid spalten. Diesen Prozess nennt man alkoholische Gärung.

Der Teig wird beim Backprozess durch zwei Gase gelockert: Alkohol, der in der Hitze gasförmig wird, und Kohlenstoffdioxid. Das Hefegebäck geht auf und wird schön gelockert.

Hefepilze werden vor allem zur Lockerung von Weizenmehlteigen (beispielsweise Brotteig) verarbeitet.

## Einkauf und Lagerung von Hefe

Hefe wird als Frischhefe oder Backhefe meist in Würfelform sowie als Trockenhefe in Portionspäckchen angeboten.

Man erkennt frische Hefe an der seidig schimmernden Oberfläche und auch daran, dass man sie mit glatten, muschelförmigen Bruchstellen auseinander bröseln kann.

Alte Hefe, die bereits schmierig und weich geworden ist, hat meist ihre Triebkraft verloren.

> Frischhefe muss angenehm säuerlich riechen, von hellgrauer Farbe und fester Konsistenz sein.

Ein Würfel Frischhefe wiegt ca. 40 g, für 500 g Mehl reicht ein halber Würfel von 20 g. Im Kühlschrank hält sich Hefe ca. 2–3 Wochen.

Frische Backhefe eignet sich auch zum Einfrieren. Zur weiteren Verwendung wird die gefrorene Hefe mit der benötigten Menge lauwarmer Flüssigkeit übergossen.

Trockenhefe kann man auf Vorrat kaufen, sie ist ca. 12 Monate haltbar. Ihre Treibwirkung ist etwas geringer als bei Frischhefe. Eine Packung Trockenhefe reicht für ca. 500 g Mehl aus.

Bei der Verwendung von Trockenhefe sollten die Hinweise auf der Verpackung beachtet werden.

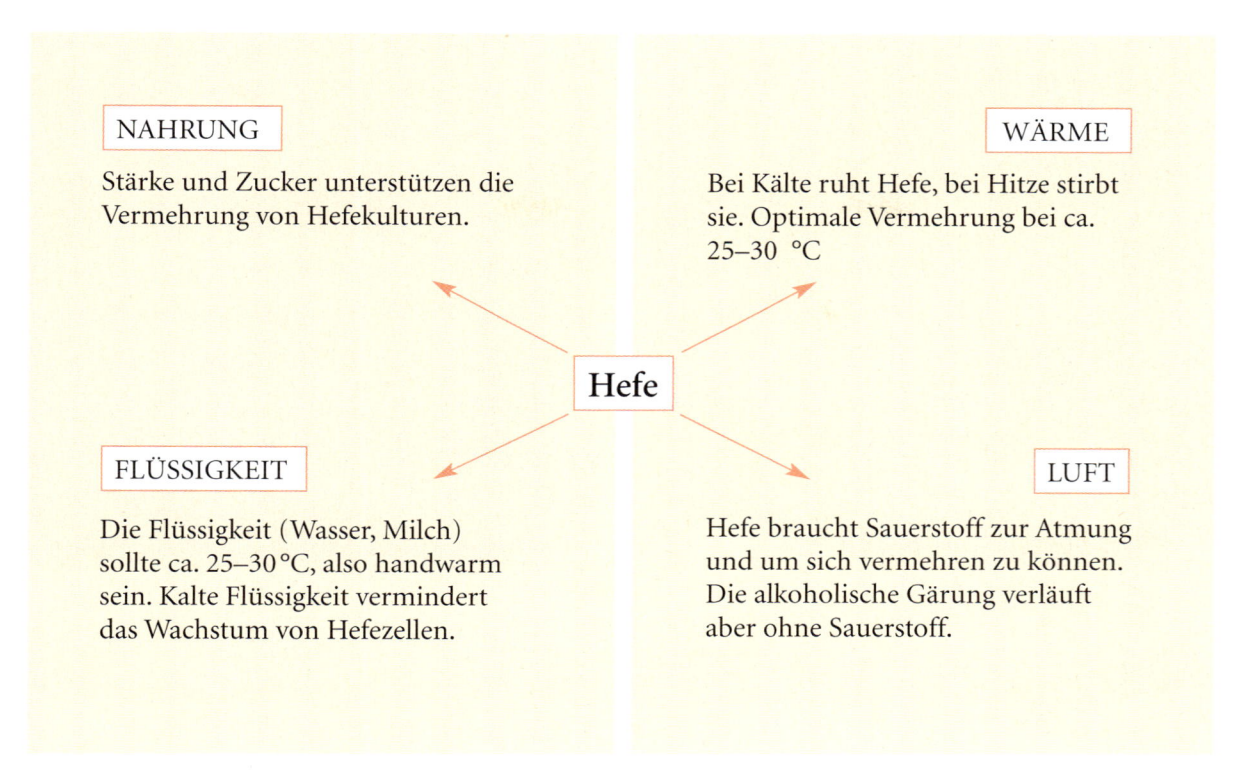

| NAHRUNG | WÄRME |
|---|---|
| Stärke und Zucker unterstützen die Vermehrung von Hefekulturen. | Bei Kälte ruht Hefe, bei Hitze stirbt sie. Optimale Vermehrung bei ca. 25–30 °C |

**Hefe**

| FLÜSSIGKEIT | LUFT |
|---|---|
| Die Flüssigkeit (Wasser, Milch) sollte ca. 25–30 °C, also handwarm sein. Kalte Flüssigkeit vermindert das Wachstum von Hefezellen. | Hefe braucht Sauerstoff zur Atmung und um sich vermehren zu können. Die alkoholische Gärung verläuft aber ohne Sauerstoff. |

*Lebensbedingungen der Hefe zur optimalen Vermehrung*

## Arbeitsmethoden für die Herstellung von Hefeteig

- **Maschinelle Methode**
  Handrührgerät mit Knethaken
  Küchenmaschine mit Knethaken
- **Manuelle Methode**
  Mit dem Rührlöffel (Lochlöffel) werden alle Zutaten gemischt und abgeschlagen, später von Hand zu einem Teig geknetet.

## Zubereitungsarten von Hefeteig

- **Direkte Führung für flache Teige**

Bei der direkten Führung wird kein Vorteig hergestellt.

Frischhefe wird mit etwas lauwarmer Flüssigkeit aufgeschwemmt oder nur zerbröselt. Wird Trockenhefe verwendet, kann sie direkt zum Mehl gegeben werden. Alle Zutaten werden in eine Rührschüssel gegeben und gleich mit der Hefe maschinell oder mechanisch zu einem Teig verknetet. Im Anschluss daran kann der Teig verarbeitet werden (z. B. für Pizza, Laugengebäck, Blechkuchen).

- **Indirekte Führung**

**Vorteig herstellen:** In das gesiebte Mehl eine Mulde drücken, die in lauwarmer Flüssigkeit angerührte Hefe in die Mulde geben, etwas Zucker als Nahrung zugeben und leicht mit Mehl bestäuben.

Den Vorteig ca. 10–15 Minuten an einem warmen Ort abgedeckt gehen lassen. Dadurch können sich die Hefezellen sehr gut vermehren. Anschließend die restlichen Zutaten zugeben und zu einem Hefeteig verkneten (der Teig muss sich von der Schüssel lösen).

Der fertige Hefeteig sollte im Innern kleine Bläschen aufweisen, glatt, weich und elastisch sein.

Im Anschluss daran sollte der Teig nochmals an einem warmen Platz ruhen (z. B. im Backofen bei ca. 30 °C oder in der Nähe der Heizung). Dieser Teig eignet sich besonders für Dampfnudeln, Krapfen, Hefezopf.

Hierbei gilt die Regel: Der Teig sollte sich verdoppeln. Steht wenig Zeit zur Verfügung, müssen Qualitätsverluste in Kauf genommen werden.

*Hefeteig – mal süß, mal salzig*

| Menge | Zutaten | Zubereitung |
|---|---|---|
| 500 g | Mehl | Mehl in eine Rührschüssel sieben, mit dem Esslöffel eine Mehlmulde drücken |
| 250 ml | Milch oder Wasser | in der Mikrowelle oder in einem kleinen Topf handwarm erwärmen |
| 1 Würfel<br>1 TL | Frischhefe und<br>Zucker | in einer Tasse vermischen, etwas von der lauwarmen Flüssigkeit zugeben, Vorteig in die Mulde gießen, abgedeckt ca. 15 Minuten an einem warmen Ort gehen lassen |
| 50 g<br>1<br>50 g | Zucker<br>Ei<br>Butter oder Margarine | an den Mehlrand geben<br>in kleinen Flöckchen an den Mehlrand setzen<br>etwas Mehl über den Vorteig geben, dann kneten, dabei die restliche Flüssigkeit nach und nach zugeben |

*Grundrezept Hefeteig (süß)*

### Weiterverarbeitung von Hefeteig

- Für den salzigen Hefeteig (z.B. für Pizza) entfällt die Zugabe von 50 g Zucker, dafür wird 1 TL Salz untergeknetet.
- Hefeteig kann auch mit Vollkornmehl zubereitet werden. Dafür benötigt man ca. 40 g Hefe (1 Würfel). Die Flüssigkeitsmenge muss dann etwas erhöht werden.
- Geschmackszutaten wie Nüsse, Mandeln, Rosinen, Käse, Zwiebeln oder Schinken werden erst nach dem Kneten unter den Teig gemischt, damit die Zutaten den Teig nicht verfärben.
- Nach der Herstellung kann der Teig portionsweise ca. drei Monate eingefroren werden. Nach der Auftauphase muss der Hefeteig nochmals gehen. Erst dann sollte er weiterverarbeitet werden.
- Für Hefeteiggebäck gibt es vielfältige Formgebungsmöglichkeiten: z.B. Hörnchen. Schnecken, Fladen, Zöpfe, Stangen, Grissini, Brezeln, Brötchen usw.

*Zum Brotbacken werden Sauerteig und Hefe verwendet.*

---

**Sauerteig – selbst hergestellt:**
1/2 Tasse Wasser und 1/2 Tasse Buttermilch mit Roggenmehl zu einem weichen Brei verrühren. Abgedeckt ca. 4 Tage lang in der Wärme stehen lassen, bis der Teig säuert und mit Bläschen durchsetzt ist. Am Vorabend des Backtages 1/8 l Wasser und so viel Mehl zugeben, dass ein dickflüssiger Teig entsteht. Nochmals in die Wärme stellen.

---

## Biologische Teiglockerung durch Sauerteig

Sauerteig ist ein Mittel zur Lockerung und Säuerung von Teigen, hauptsächlich für Brotteige, z. B. Roggenbrot. In diesen Teigen läuft neben der alkoholischen Gärung durch Hefen auch noch die Milchsäuregärung ab: Die Enzyme der Milchsäurebakterien vergären den Einfachzucker zu Milchsäure. Dadurch wird der typische Geschmack von Sauerteigbrot erzielt. Doch nicht nur der unnachahmliche Geschmack macht Sauerteig so wertvoll. Durch seine Mikroorganismen können bestimmte Mineralstoffe des Getreidekorns, wie z. B. Zink und Magnesium, besser vom menschlichen Körper aufgenommen werden. Für Roggenbrot ist Sauerteig auch deshalb notwendig, weil dadurch das Roggenmehl besser quell- und backfähig wird. Sauerteig verhindert die Ansiedlung von Schimmelpilzen, deshalb ist Sauerteiggebäck länger vor dem Verderb geschützt.

## Wie bekommt man Sauerteig?

Ein Sauerteigansatz kann selbst zubereitet werden (siehe oben). Beim Bäcker ist er bereits fertig erhältlich. Sauerteig lässt sich im Kühlschrank problemlos ca. vier Wochen aufbewahren. Er verfällt hier in einen Ruhezustand. Durch die Zufuhr von Mehl, Wasser und Wärme wird er wieder backfähig. In Lebensmittelgeschäften oder in Reformhäusern wird auch Flüssig-Sauerteig oder Instant-Sauerteigansatz angeboten.

> Bei der Verarbeitung ist die Rezeptangabe auf der Verpackung genau zu beachten.

**1** Führe in Lerngruppen zu den einzelnen Teiglockerungsmitteln die aufgezeigten Versuche durch.

**2** Probiert unterschiedliche Gebäck- und Brotsorten. Versucht am Aussehen oder Geschmack festzustellen, welche Art der Teiglockerung verwendet wurde.

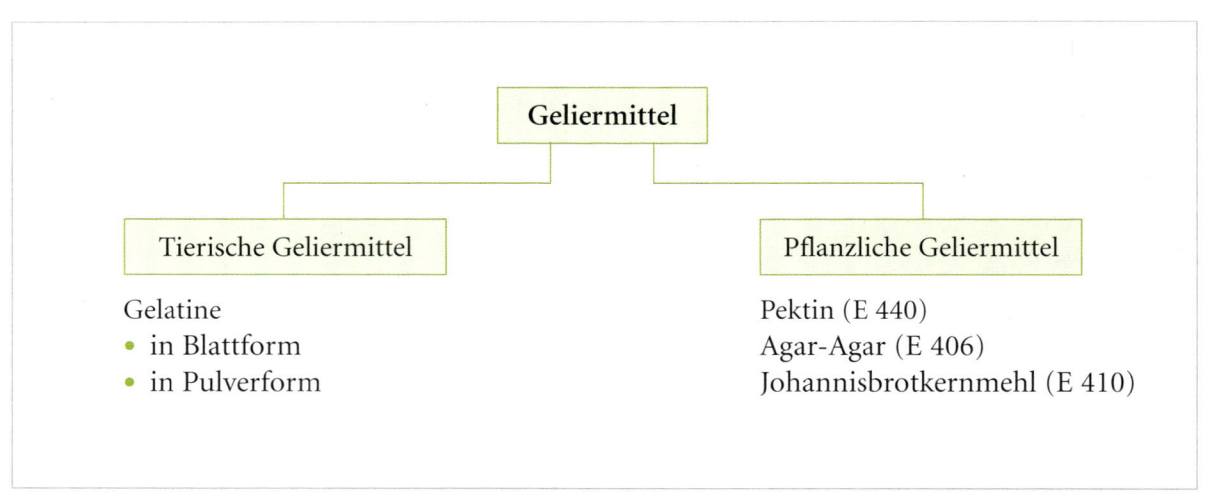

```
                    Geliermittel
                   /            \
    Tierische Geliermittel    Pflanzliche Geliermittel
```

Gelatine
- in Blattform
- in Pulverform

Pektin (E 440)
Agar-Agar (E 406)
Johannisbrotkernmehl (E 410)

*Geliermittel im Überblick*

## Geliermittel – wichtig zur Festigung von Speisen

### Was sind Geliermittel?

Geliermittel sind Substanzen, die Lebensmittel durch Gel-Bildung eine feste Konsistenz geben. Sie besitzen eine hohe Quell- und Gelierfähigkeit und sind geruchs- und geschmacksneutral. Da sie energiearm sind, eignen sie sich für die Herstellung von Lebensmitteln und Speisen für z. B. Diabetiker.

Geliermittel werden sowohl im Haushalt als auch in der Lebensmittelindustrie verwendet. Gebunden werden u. a. Süßspeisen (z. B. Cremes, Tortenfüllungen, Götterspeisen), Konfitüren, Marmeladen, Milcherzeugnisse, Fertigprodukte und Sülzen (Aspik). Die in der Lebensmittelindustrie eingesetzten Geliermittel müssen als Lebensmittelzusatzstoffe deklariert werden.

### Gelatine – Herkunft, Einkauf und Verarbeitung

Gelatine wird durch Erhitzen von Knochen und Knorpeln gesunder Schlachttiere gewonnen. Sie besteht zu 84–90 % aus dem Eiweiß Kollagen mit essentiellen Aminosäuren, der Rest sind Wasser und Mineralsalze. In Gelatine sind weder Konservierungsstoffe noch andere Zusätze, sie unterliegt strengen Reinheitsvorschriften.

Gelatine ist in Blattform, als Pulver oder in flüssiger Form im Handel erhältlich. Für Dekorzwecke wird sie auch rot gefärbt. Damit sie nicht an Bindefähigkeit verliert, muss sie trocken und luftdicht gelagert werden.

Gelatine niemals kochen, weil sie dann leimartigen Geschmack entwickelt und ihre Gelierfähigkeit verliert. Gelatinespeisen müssen, um fest zu werden, gekühlt werden. Durch Wärmeeinwirkung können gelatinegebundene Speisen wieder flüssig werden. Haben sich Klümpchen gebildet oder ist die Speise zu fest geworden, um z. B. Sahne unterzuziehen, kann die Gelatinespeise im Wasserbad vorsichtig erwärmt werden.

Eiweißspaltende Enzyme, die vor allem in frischen Ananas, Kiwis, Mangos oder Papayas enthalten sind, bauen die Gelatine ab: Sie verliert ihre Gelierkraft. Diese Früchte nur in konservierter Form verwenden.

Bei Gelatine als Pulver oder in flüssiger Form sollte man die Verarbeitungshinweise auf der Verpackung beachten.

### Pektin (E 440)

Pektin ist der Oberbegriff für eine Gruppe von löslichen Ballaststoffen. Zusammen mit Cellulose bilden sie die Gerüstsubstanz der Zellwände. Beide Ballaststoffe regen die Darmtätigkeit an. Gewonnen werden Pektine aus Zitronen- und Orangenschalen, Zuckerrübenschnitzen oder

| In kaltem Wasser quellen lassen |  Gelatine ausdrücken | Im Wasserbad auflösen |
| Temperaturausgleich | Gelatine unterrühren |  Zum Gelieren kühl stellen |

*Verarbeitung von Blattgelatine*

aus den Pressrückständen bei der Herstellung von Apfelsaft.
Im Haushalt wird Pektin bei der Zubereitung von Konfitüren, Marmeladen und Gelees verwendet. Pektin ist Bestandteil von Gelierzucker, Tortengüssen oder Puddingpulver. In gut sortierten Geschäften ist Pektin flüssig oder in Pulverform (z. B. als Apfelpektin) erhältlich.

### Agar-Agar (E 406)

Agar-Agar ist ein Geliermittel, das für die vegetarische Küche geeignet ist. Dabei handelt es sich um einen Vielfachzucker, der aus den Zellwänden fernöstlicher Meeresrotalgen mit Wasser herausgelöst wird. Agar-Agar ist geschmacksneutral, mineralstoffreich und zählt ebenso wie Pektin zu den Ballaststoffen. Am besten löst sich dieses Geliermittel nach einer kurzen Quellzeit in kochender Flüssigkeit. Zum Gelieren müssen Speisen wie Desserts oder Marmeladen kühl gestellt werden.

### Johannisbrotkernmehl (E 410)

Johannisbrotkernmehl wird aus dem gemahlenen Samen der Frucht des Johannisbrotbaumes gewonnen. Diesen gemahlenen Fruchtkernen wird etwas Calciumlactat (Calciumsalz der Milchsäure) zugesetzt, dadurch wird es streufähig. Calciumlactat ist gut für Knochen und Zähne. Es ist ein pflanzlicher Vielfachzucker, der sich positiv auf die Darmtätigkeit auswirkt. Johannisbrotkernmehl wird hauptsächlich als Gelier- und Bindemittel für die Zubereitung von Speisen für Diabetiker, für Milcherzeugnisse und Speiseeis verwendet.

> Bei der Verarbeitung müssen die Angaben auf der Verpackung zur Dosierung und Haltbarkeit beachtet werden.

1 Überprüft im Fachgeschäft die Zutatenliste von Milchprodukten, Cremes, Süßigkeiten (z. B. Gummibärchen), Marmelade, ob Gelierstoffe verwendet wurden. Notiert euch diese.

2 Bringt mit eurem Lernpartner aufgelöste Gelatine mit etwas Wasser zum Kochen. Beurteilt den Geschmack und die Konsistenz der Masse.

## Gararten

| **Garart Kochen** | **Garart Braten** | **Garart Dünsten** |
|---|---|---|
| Garen in reichlich siedendem Wasser oder wasserhaltiger Flüssigkeit (z. B. Milch) | Garen in heißem Fett | Garen in wenig Fett und wenig Flüssigkeit |
| *Temperatur:* 100 °C bei empfindlichen Speisen wie Klößen „garziehen" | *Temperatur:* 170 °C | *Temperatur:* 120 °C beim Andünsten in Fett 100 °C nach Wasserzugabe |
| *Arbeitsgang:* Lebensmittel in die kochende Flüssigkeit geben | *Arbeitsgang:* Wasserfreies Fett bis zur Schlierenbildung erhitzen, nicht rauchheiß werden lassen; Bratgut zugeben und braun werden lassen, Herdplatte zurückschalten | *Arbeitsgang:* Lebensmittel in wasserhaltigem Fett andünsten, nicht bräunen; wasserreiche Lebensmittel im eigenen Saft garen, sonst ablöschen |
| *Geeignet für:* Lebensmittel, die quellen sollen, Teigwaren | *Geeignet für:* Kurzbratstücke, Fisch, Kartoffeln, Getreideküchlein | *Geeignet für:* Gemüse, Fleisch, Fisch |
| *Tipps:* Nährstoffhaltiges Kochwasser weiterverwenden | *Tipps:* Größere Fleischstücke nach dem Anbraten im Backofen weitergaren, dabei öfter mit Bratensaft begießen | *Tipps:* Beim Andünsten bilden sich Geschmacksstoffe; wenig Nährstoffverlust, da gelöste Stoffe mitverzehrt werden |

| **Garart Druckgaren** | **Garart Grillen** | **Garart Backen** |
|---|---|---|
| Garen in Wasser oder Wasserdampf bei Überdruck (1,3 bis 1,5 bar) | Garen durch Strahlungshitze oder Kontakthitze | Garen in heißer Luft |
| *Temperatur:* 105–120 °C Der Siedepunkt des Wassers steigt mit dem Druck | *Temperatur:* 200–250 °C | *Temperatur:* 150–250 °C geeignete Temperatur am Thermostat einstellen |
| *Arbeitsgang:* Mindestens ¼ Liter Wasser in den Dampfdrucktopf geben, Lebensmittel im Wasser oder im Einsatz garen | *Arbeitsgang:* Lebensmittel erst einlegen, wenn Grillstäbe glühen; Grillzeiten genau einhalten; erst nach dem Grillen würzen | *Arbeitsgang:* Temperatur und Einschubhöhe nach der Back- und Brattabelle des Herstellers ermitteln |
| *Geeignet für:* Lebensmittel mit langer Garzeit wie Kartoffeln, Gemüse, Hülsenfrüchte, Fleisch | *Geeignet für:* Kurzbratstücke, Fisch, Geflügel | *Geeignet für:* Gebäck, Aufläufe, große fettreiche Braten |
| *Tipps:* Garzeit ist wesentlich verkürzt, Schonung hitzeempfindlicher Vitamine, Energieersparnis | *Tipps:* Für fettarme Diät geeignet; es bilden sich auch ohne Fettzugabe Röststoffe | *Tipp:* Je nach Backofen kann sich die angegebene Backzeit verändern, deshalb das Gebäck vor dem Herausnehmen testen, ob es gar ist. |

*Heimische Kräuter – diese sollte man kennen.*

## Kräuter – grüne Welle in der Küche

### Gewinnung und Wirkung

Kräuter sind meist unverholzte Pflanzenteile wie Blätter, Blüten, Stängel und Wurzeln. Sie sollen möglichst frisch verwendet werden. Kräuter verbessern und verfeinern den Geschmack von Speisen. Sie wirken durch ihre Aroma- und Farbstoffe appetitanregend, steigern die Bekömmlichkeit der Speisen und liefern wichtige Vitamine, Mineralstoffe und sekundäre Pflanzenstoffe. Hinzu kommt, dass Speisen, die mit Kräutern zubereitet sind, besonders hübsch aussehen. Kräuter machen Salz – das wir zu viel verzehren – fast entbehrlich. Sie können auch helfen, bestimmten Erkrankungen vorzubeugen, bei bestehenden Leiden unterstützen sie oft die Heilung. Sie wirken z. B. verdauungsfördernd, beseitigen Blähungen, unterstützen die Gallentätigkeit und die Heilung bei Erkältungsbeschwerden.

### Aufbewahrung

Um ständig einen Vorrat qualitativ hochwertiger, frischer und getrockneter Kräuter zur Verfügung zu haben, sollte man sie selbst anbauen. Samen und kleine Pflanzen sind leicht erhältlich und die meisten Kräuter gedeihen im Garten, im Blumentopf auf dem Küchenfenster oder im Balkonkasten.

- Frische Kräuter aufbewahren: Ein sauberes Tuch oder Küchenkrepp mit kaltem Wasser anfeuchten. Ein paar Stängel oder Blätter auf das Tuch legen und locker einrollen. Im Gemüsefach des Kühlschranks bleiben die Kräuter so einige Tage frisch.
- Einfrieren ist die beste Konservierungsmethode für frische Kräuter. Dazu werden die Kräuter wenn nötig gewaschen (nicht zu intensiv wegen starkem Aromaverlust), vorsichtig abgetupft, in Portionen aufgeteilt (z. B. in Eiswürfelschalen) und eingefroren.
- zusammengebunden und an warmen, dunklen Orten mit den Zweigspitzen nach unten aufgehängt. Nach ca. 7–14 Tagen sind die Kräuter

| | Basilikum | Dill | Estragon | Petersilie | Schnittlauch | Thymian | Zitronenmelisse |
|---|---|---|---|---|---|---|---|
| Braten | • | | | | | • | |
| Ragouts | • | | • | | | • | |
| Hackfleisch | • | | | • | | • | |
| Geflügel | • | | | | | • | |
| Wild | | | | | | • | |
| Fisch | • | • | | • | | • | • |
| Eier | | | | • | • | | |
| Quark | | • | | • | • | | • |
| Butter | | • | • | • | • | • | • |
| Gemüse | • | | • | • | • | • | • |
| Kartoffeln | | • | | • | • | | |
| Suppen | • | • | | • | • | • | • |
| Soßen | • | • | • | • | • | • | • |
| Blattsalate | • | • | • | • | • | • | • |
| Rohkost | • | • | | • | • | | • |
| Essiggemüse | | • | • | | | | |
| Kräuteressig | • | • | • | | | • | • |
| Kräuteröl | • | • | • | | | • | • |

*Verwendungsmöglichkeiten verschiedener Kräuter*

getrocknet. Die Temperaturen sollten dabei 30 °C nicht überschreiten (Aromaverlust). Die Stängel entfernen und die Blätter und Blüten in luftdicht schließenden Behältern aufbewahren. Getrocknete Kräuter büßen viel an Aroma und Wirksamkeit ein. Sie müssen deshalb dunkel und trocken gelagert werden.
- Einlegen in Essig oder Öl ist eine weitere Konservierungsmethode. Die in Kräutern enthaltenen ätherischen Öle sind fettlöslich, daher nimmt Öl das Aroma der Kräuter gut an.

### Regeln bei der Verarbeitung

- Frische Kräuter kaufen und baldmöglichst verarbeiten. Kräuter waschen, trockentupfen, Blättchen vom Stiel entfernen und je nach Gericht zerkleinern (Wiegemesser, Haushaltsschere, Haushaltsmesser).
- Grundsätzlich sollten zu jedem Gericht die passenden Kräuter ausgewählt werden.
- Kräuter nicht zu lange im Wasser liegen lassen. Die wasserlöslichen Vitamine gehen dann verloren.
- Die Kräuter für die Garnitur erst kurz vor dem Anrichten zerkleinern.
- Frische Kräuter möglichst erst am Ende der Garzeit zugeben.
- Damit Trockenkräuter ihr Aroma entwickeln, sollten sie mindestens 10–20 Minuten mitgegart werden.

> Kräuter und Gewürze dürfen den Eigengeschmack der Speisen nicht überdecken.

**1** Führt mit unterschiedlichen Kräutern Geschmacks- und Geruchsproben durch.

**2** Projektvorschlag: Plant und gestaltet für eure Schule einen Kräutergarten. Bei der Durchführung helfen euch die Biologie- und Umweltgruppe.

## Samen
Muskatnuss
Sternanis
Kümmel

## Blüte
Safran

## Knospe
Kapern
Nelken

## Früchte
Piment
Pfeffer
Vanille
Paprika

## Blatt
Lorbeer
Salbei
Borretsch
Bohnenkraut

## Rinde
Zimt

## Wurzel
Kurkuma
Ingwer
Meerrettich

## Zwiebel
Knoblauch
Schalotte

*Aus diesen Pflanzenteilen werden Gewürze gewonnen*

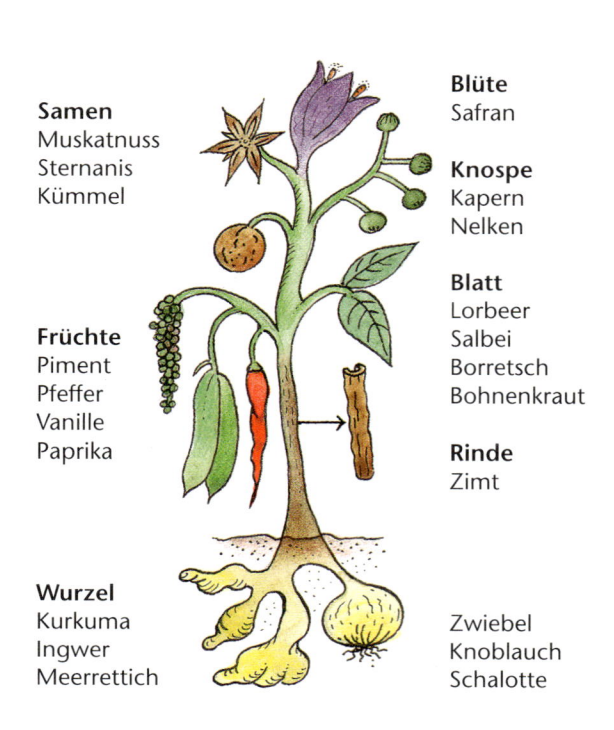

Grüner, schwarzer, roter und weißer Pfeffer wird in Asien und Brasilien angebaut. Die Körner werden in unterschiedlichen Reifegraden geerntet.

# Gewürze – edle Kostbarkeiten in Speisen

## Gewinnung und Herkunft

Gewürze werden aus Samen, Knospen, Wurzeln, Beeren, Rinden, Blättern oder anderen Pflanzenteilen hergestellt. Durch ihre Geschmacks- und Aromastoffe duften und schmecken sie besonders aromatisch und verfeinern unsere Speisen schon in geringen Mengen. Dabei sind Gewürze weitgehend naturbelassen. Sie werden lediglich getrocknet und mechanisch verarbeitet. So kann sich das Aroma optimal entfalten.
Frische Pflanzenteile, wie Kräuter, Zwiebeln oder Knoblauch, werden ebenfalls zu den Gewürzen gezählt, wenn sie den Geschmack unserer Speisen verbessern.
Die meisten bekannten Gewürze stammen aus fernen Ländern wie z. B. Sri Lanka. Pfeffer, Chili, Muskatnuss, Zimt und Vanille sind beispielsweise Gewürze, die in besonders heißen, tropischen Regionen angebaut werden.

## Gewürzzubereitungen

- Unter Gewürzmischungen versteht man spezielle Mischungen aus verschiedenen Gewürzen, die zusammen ein besonderes Aroma entfalten. Gewürzmischungen werden getrocknet oder als Pasten angeboten. Bekannte Gewürzmischungen sind u.a. Curry (aus bis zu 36 verschiedenen Gewürzen), Chilipulver, bunter Pfeffer, Kräuter der Provence, Pizza-Gewürz usw.
- Gewürzsalze sind Mischungen aus Gewürzen mit Salz. Sie enthalten mindestens 15 % Gewürze und mehr als 40 % Salz. Wichtige Gewürzsalze sind Kräuter-Salz, Knoblauch-Salz, Pommes-Frites-Würzsalz usw.
- Gewürzsoßen sind z.B. Tabascosoße (sehr scharfe aus dem Extrakt scharfer Chilis), Worcestersoße (hocharomatische Soße aus den Hauptbestandteilen Weinessig, Sojasoße, Cayennepfeffer, Sherry und weiteren geheimen Zutaten), Currysoße, Grillsoße (Barbecue), Remouladensoße usw.

|  | Nelken | Anis | Paprika | Curry | Pfeffer | Ingwer | Piment | Knoblauch | Senfkörner | Koriander | Vanille | Muskatnuss | Wacholder | Kümmel | Zimt | Lorbeer |
|---|---|---|---|---|---|---|---|---|---|---|---|---|---|---|---|---|
| Suppen |  |  | • | • | • |  |  | • |  |  |  | • |  | • |  |  |
| Fleisch | • |  | • | • | • | • | • | • |  |  |  |  | • |  |  | • |
| Geflügel |  |  | • | • | • |  |  | • |  |  |  | • |  | • |  | • |
| Wild | • |  | • |  | • |  | • | • |  | • |  |  | • | • |  | • |
| Fisch | • |  |  |  |  |  |  |  |  |  |  |  |  |  |  |  |
| Soßen |  |  | • | • | • | • |  | • |  | • |  |  | • |  |  |  |
| Gemüse |  |  | • |  |  |  |  | • |  |  |  | • |  | • |  | • |
| Backwaren | • | • |  |  |  |  | • |  |  |  |  |  |  | • | • |  |
| Süßspeisen | • | • |  |  |  | • | • |  |  |  | • |  |  |  | • |  |

*Verwendungsmöglichkeiten verschiedener Gewürze*

## Bedeutung und Wirkung

Gewürze verbessern nicht nur den Geschmack, sie wirken auch appetitanregend und fördern die Absonderung von Gallen- und Magensaft, was die Verdauung positiv beeinflusst.

> Gewürze enthalten lebensnotwendige Bestandteile, z. B. sekundäre Pflanzenstoffe, die das Wohlbefinden und die Leistungsfähigkeit steigern.

Weiterhin wird den Gewürzen ein Einfluss auf die Gallensekretion (Kurkuma), Herztätigkeit (Senf, Paprika, Chili) und Durchblutung (Paprika, Chili) zugesprochen. Gewürze wirken beruhigend auf den Magen-Darm-Trakt (Majoran, Kümmel, Thymian, Fenchel). Darüber hinaus wirken Gewürze antibakteriell und infektionshemmend (Thymian, schwarzer Pfeffer, Nelken).

## Einkauf und Lagerung

- Beim Einkauf auf die Größe der Verpackung achten. Gewürze, die nicht so häufig verwendet werden, lieber in kleineren Mengen kaufen.
- Gewürze sollten immer verschlossen, trocken, dunkel und kühl aufbewahrt werden. Licht, Wärme und Feuchtigkeit schaden dem Aroma, der Farbe und der Würzkraft; außerdem sind dies ideale Bedingungen für die Vermehrung von Bakterien. Deshalb geöffnete Folienverpackungen in Gewürzdosen umfüllen.
- Gewürze sollten nicht direkt über dem Herd untergebracht werden. Dort sind sie verstärkt der Hitze und dem Kochdunst ausgesetzt.
- Regelmäßig einen Aroma-Check durchführen. Geöffnete Gewürze nach Ablauf eines halben Jahres nicht mehr verwenden. Sie haben ihr volles Aroma verloren. Gerade farbintensive Gewürze (Paprika, Curry usw.) verlieren unter Lichteinfluss schnell den intensiven Farbton und somit auch die Würzkraft.
- Mehrere Gewürze niemals im gleichen Behälter lagern. Gewürze geben Duft- und Aromastoffe an ihre Umgebung ab und nehmen leicht fremde Gerüche auf.

> 1 Würzen mit Fingerspitzengefühl: Überlege mit deinem Lernpartner Regeln für die Küchenpraxis.
>
> 2 Verpackte Gewürze unterliegen der Kennzeichnungspflicht. Überprüfe, was auf Gewürzpackungen angegeben ist.

# 4 Ess- und Tischkultur

*Slow Food*

*Fast Food*

## Die Tischgemeinschaft

### Gemeinsame Mahlzeiten – unterschiedliche Bedeutung

Wir essen nicht nur, weil wir hungrig sind und Nahrung brauchen.

> Essen bedeutet Genuss, Entspannung und Geselligkeit, es dient dem Zweck, sich gegenseitig kennen zu lernen und die Gemeinschaft zu fördern.

In der Regel essen Familienmitglieder miteinander. Das Frühstück und/oder Abendessen sind während der Woche oft die einzigen Mahlzeiten, bei denen sich die ganze Familie trifft. Doch es geht dann nicht nur darum, Nahrung genussvoll einzunehmen; wichtiger ist oft das Zusammensein. Tagesereignisse werden ausgetauscht, Probleme besprochen, Wünsche geäußert. Der Schwerpunkt liegt somit in der Unterhaltung, im Gespräch.

Essen hat aber auch noch eine gesellschaftliche Bedeutung, d. h. bestimmte Traditionen und Gewohnheiten legen die Art und den Ablauf des Essens fest:

- Bestimmte Ereignisse im Leben eines Menschen werden von gemeinsamen Mahlzeiten begleitet (z. B. Taufe, Hochzeit, Tod).
- Durch das Essen kann man zeigen, wer man ist und was man hat (Repräsentationszweck).
- Die angebotenen Speisen bestechen durch ihre Präsentation (Weihnachten, Ostern).

> Essen ist eine soziale Ausdrucksform mit unterschiedlichen Schwerpunkten. Die Art und Weise, wie wir essen, kann zeigen, wie man sich fühlt und welchen sozialen Status man hat.

**Gemeinsames Essen innerhalb der Familie**
- Einladung zum Essen
- Besprechung von Familienaktivitäten (Freizeit, Wochenende, Urlaub usw.)
- Abschluss eines Tages
- Austausch gemeinsamer Erlebnisse (Schule, Beruf, zu Hause)

**Essen als gesellschaftliches Ereignis**
- Geburtstag, Namenstag
- Taufe, Hochzeit, Beerdigung
- Geschäftsessen
- Gespräch mit Freunden, Bekannten, Geschäftspartnern
- Als Höhepunkt von Empfängen

**Soziale Bedeutung einer gemeinsamen Mahlzeit**

**Essen in der Religion**
- Christen: Abendmahl
- Muslime: Abschluss des Fastenmonats Ramadan
- Juden: Feier des Sabbat
- Feste im Jahreskreis
- Unterstreicht die Freundschaft und Zusammengehörigkeit innerhalb der Religionsgemeinschaft

**Essen in früheren/anderen Kulturen**
- Griechen, Römer, Mittelalter
- 17., 18., 19. Jahrhundert
- England, Amerika
- Frankreich, Spanien, Italien
- Türkei, Russland
- China, Japan

*Eine Mind-Map sortiert die Ideen zum Thema*

**1** Betrachte die Bilder! Wie möchtest du lieber essen? Begründe deine Meinung.

**2** Erkläre die Redensarten:
- „Liebe geht durch den Magen".
- „Essen und trinken hält Leib und Seele zusammen".

**3** Fasse zusammen, was Menschen durch das gemeinsame Essen ausdrücken wollen.

**4** Entnimm der Mind-Map die Begriffe, die für dich einen besonderen Stellenwert zum Thema haben. Erkläre deinen Mitschülern, warum dies für dich entscheidend ist.

**5** Überlege, welche besonderen Traditionen und Feste (Kultur, Religion) innerhalb deiner Familie gepflegt werden.

**6** Informiere dich über die Erstellung einer Mind-Map.

*Alltagsgedecke: Kaffee-, Teegedeck*

Kaffee-, Teegedeck

*Menü: Suppe, Fleischgericht, Dessert, Getränk*

Menü I: Suppe - Fleischgericht - Dessert - Getränk

## Alle Tage schön gedeckt – wir bitten zu Tisch

### Gestaltung der täglichen Mahlzeiten

Die Umgebung und Atmosphäre bei Tisch sind so wichtig wie eine schön gedeckte Tafel und eine appetitlich angerichtete Mahlzeit. Die Art der Mahlzeiten unterscheidet sich in den verschiedenen Kulturen deutlich und beruht weitgehend auf Traditionen.

> Wie der Tisch zu decken ist, hängt von der Speise ab, die gegessen wird. Es gibt jedoch Regeln, die immer zu beachten sind.

Das Grundgedeck für ein Mittagessen beinhaltet alle Geschirr- und Besteckteile, die für Suppe/Vorspeise, Hauptgericht mit Salat, Getränk und Dessert benötigt werden. Grundsätzlich werden Geschirr und Besteck wie oben zusehen angeordnet. Für den Alltagstisch deckt man einfaches Geschirr, für die Festtafel wird in der Regel hochwertiges Geschirr verwendet. Das Geschirr sollte immer sauber und unbeschädigt sein.

### Grundregeln für das Decken eines Tisches

- Tischdecke oder Sets gerade auflegen.
- Das Gedeck sollte 1 cm von der Tischkante entfernt stehen.
- Das Messer liegt rechts vom Teller mit der Schneide nach innen.
- Die Gabel dazu liegt links neben dem Teller.
- Der Esslöffel liegt rechts neben dem Messer oder oberhalb des Tellers.
- Der Dessertlöffel liegt oberhalb des Tellers.
- Der Teller für Salat oder die Süßspeise wird links, oberhalb der Gabel, gedeckt.
- Das Trinkglas steht rechts oberhalb des Messers.
- Die Serviette liegt links neben der Gabel oder auf dem Teller.

> Die Auswahl der Gläser, Teller und Besteckteile richtet sich nach der Art der Speisen.

Wird kein Messer gebraucht, beispielsweise für Spaghettigerichte, liegt die Gabel rechts vom Teller.

*Festgedecke Menü: Vorspeise, Fischgericht, Dessert, Getränk*

*Menü: Suppe, Salat, Fleischgericht, Käse, Getränk*

## Gestaltung einer festlich gedeckten Tafel

- Für das Decken eines festlichen Tisches mit mehreren Gängen werden die Bestecke so angeordnet, dass sie von außen nach innen benutzt werden können. Dessertbestecke liegen immer oben.
- Die Gläser werden so angeordnet, dass das dem Teller zunächst stehende Glas für das Getränk bestimmt ist, das zuerst getrunken wird.
- Platzteller geben einer Tafel eine besonders festliche Note. Sie sollten daher aus wertvollem Material sein (Silber, Glas o. Ä.) und haben einen Durchmesser von rund 30 cm. Alle Menügänge werden einzeln serviert. Erst nach dem Hauptgericht werden die Platzteller abgeräumt.
- Raum- und Tischdekoration sehen besonders hübsch aus, wenn sie in Farbe und Stil zum Geschirr, zur Tischdecke und zum Anlass passen. Dabei sollten aber auch der Arbeitsaufwand und die Kosten für den Tischschmuck berücksichtigt werden.
- Kerzen machen einen Tisch festlich und gemütlich.
- Servietten sollten farblich zum Geschirr passen. Sie können auf vielerlei Arten gefaltet werden (siehe Seite 6 und 149). Am schönsten sehen sie aus, wenn dieses Falten nicht übertrieben wird.
- Ein einfacher dekorativer Tischschmuck lässt sich ohne große Mühe und Kosten selbst herstellen, z. B. aus Blättern, Gräsern oder Blüten. Sie dürfen aber nicht stark riechen oder zu hoch sein.
- Beim festlich gedeckten Tisch können Bänder, Blumengestecke, Tisch- und Menükarten die Festtafel zusätzlich aufwerten.

Tischkarten helfen den Gästen bei größeren Gesellschaften schnell, den richtigen Platz zu finden. Menükarten informieren den Gast über eine umfangreiche Speisenabfolge und das Angebot an Getränken. Sie sind aber auch eine hübsche Erinnerung an einen großen Tag. Aufgeführt werden: Anlass – Datum – Menüabfolge – Getränke.

> Das Auge isst bekanntlich mit. Deshalb ist eine liebevolle Tischdekoration fast ebenso wichtig wie das Menü.

## 8 Willkommen zum Familienfest – gut planen, ohne Stress feiern

### Planen und Gestalten einer festlich gedeckten Tafel für ein Familienfest

**Gemeinsame Vorüberlegungen**

Anlass, Motto, Gästeliste, Zeitplan für Vorbereitung und Durchführung, finanzielle Möglichkeiten, örtliche Gegebenheiten, Bewirtungsform

**Planung in Teams**

**Bewirtung**
Rezeptauswahl, Büfett oder Menüabfolge, Lebensmittel- und Getränkebedarf, Bedarf an Geschirr, Gläsern, Besteck

**Dekoration**
Anordnung der Tische, Sitzgelegenheiten, Tischschmuck, Raumdekoration, Materialliste, Einladungen

**Gemeinsame Beurteilung der Vorschläge und Entscheidung**

**Weitere Planung in Teams**

**Zeitplan**
Liste der Arbeiten (vorher, am Tag selbst), Arbeitszeiten abschätzen
Organisation der Arbeitsabfolge

**Arbeitsplan**
Aufteilung der Arbeiten auf die einzelnen Familienmitglieder

**Finanzplan**
Abschätzen der Kosten, Einkaufsliste (Lebensmittel, Getränke, Dekorationsmaterial)

**Durchführung des Familienfestes in Teamarbeit**

**Gemeinsamer Rückblick**

War der Zeit- und Arbeitsplan durchführbar?
Was war gut?
Was lässt sich verbessern?
Wie hoch waren die tatsächlichen Kosten?

*Festtafel zum Familienfest*

## Servietten als Gestaltungselement

Für den schön gedeckten Tisch ist eine Serviette ein wichtiges Gestaltungselement und ein sehr einfaches Mittel, einen Farbakzent zu setzen. Stoffservietten wirken edel und elegant, Papierservietten sind dagegen praktisch. Es gibt eine große Auswahl an Farben, Mustern und Motiven, sodass man selbst für jede noch so ausgefallene Dekoration genau das Richtige finden kann. Ob einfach zusammengelegt, raffiniert gefaltet oder nur in ein Glas oder eine Tasse gesteckt – die Serviette bildet einen Farbtupfer auf dem Tisch, der erheblich zur jeweiligen Stimmung beiträgt. Außerdem lassen sich sowohl Stoff- als auch Papierservietten noch zusätzlich dekorieren, indem man sie zusammenrollt und mit Serviettenringen, Bändern, Blumenkränzen, Efeuranken oder Kordeln zusammenhält, in die noch Blüten, Blätter, Zweige, Fähnchen und vieles andere gesteckt werden kann.

1. Deckt den Tisch für verschiedene Anlässe: Alltag, Festtag.
2. Decke für das folgende Menü passend ein: Minestrone – Mozarella-Rucola-Salat – Kalbsrouladen mit Petersilienkartoffeln – Eis mit heißen Himbeeren.
3. Macht Vorschläge für eine passende Tischdekoration für Halloween – Ostern – Kindergeburtstag – Klassenfete.
4. Nenne Dekorationsmittel für ein italienisches Essen mit Freunden.
5. Sammelt und erprobt Möglichkeiten für das Falten von Servietten.
6. Sich bei Tisch zu unterhalten, ist erlaubt und wünschenswert. Finde hierfür einige Verhaltensregeln.

## 8 Schwerpunktthema: Vorüberlegungen für den Kaufentscheid

**Wozu kann das Gerät benutzt werden? Benötigen wir es wirklich?**

**Sicherheit**
Erfüllt das Gerät die allgemeinen Sicherheitsbestimmungen?

z. B.:
Ist es von TÜV oder GVS geprüft?
Sind die verwendeten Materialien haltbar, z. B. stoßfest?

Wie ist der technische Stand des Gerätes?

**Kosten**
z. B.:
Lohnen sich die Anschaffungskosten?

Welche Folgekosten z. B. für den Energiebedarf treten auf?

Welche Zusatzgeräte müssen angeschafft werden?

**Raumbedarf**
z. B.:
Wo soll das Gerät später benutzt werden?

Wird das Gerät bei Nichtbenutzung gesondert aufbewahrt?

Steht dieser Platz zur Verfügung?

**Reinigungsaufwand**
z. B.:
Lassen sich das Gerät und auch seine Einzelteile gut reinigen?

Wie hoch ist der Zeitaufwand für die Reinigung im Vergleich zur Betriebszeit?

**Umweltverträglichkeit**
z. B.:
Wirkt sich der Einsatz des Gerätes auf die Umwelt aus?

Welche Folgebelastungen könnten auftreten?

**Effektivität**
z. B.:
Spart das Gerät Zeit und Kraft ein?

**Ergonomie/Formschönheit**
z. B.:
Ist das Gerät der Handform angepasst?

Sind die Bedienelemente gut zu erreichen?

Gefällt mir das Aussehen des Gerätes?

**Haushaltsstruktur**
z. B.:
Ist das Gerät auf die Haushaltsgröße angepasst?

Entspricht es den speziellen Bedürfnissen der Haushaltsmitglieder?

9

## 9  1 Planung und Organisation eines Haushalts

### Herstellung eines mundgeblasenen Bleikristall-Glases

**1** Rohstoff-Gemenge: Sand, Bleioxid, Soda, Pottasche

**2** Im Schmelzofen werden die Rohstoffe bei einer Temperatur von 1100 °C zu flüssigem Bleikristall geschmolzen.

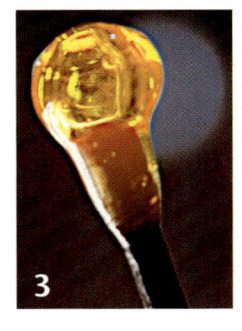

**3** Erster Schritt, den Kelch zu fertigen: Glasblase auf der Glasmacherpfeife

**4** Flüssiges Glas wird mit einem Wulgerholz geformt.

**5** Vor dem Einblasen in die Form

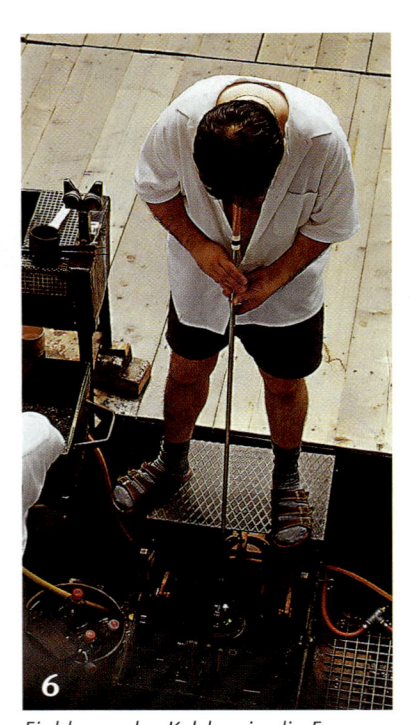

**6** Einblasen des Kelches in die Form

**7** Flüssiges Glas wird aufgebracht und der Stiel daraus geformt.

**8** Neues flüssiges Glas für die Bodenplatte wird an den Stiel angebracht.

**9** Die Bodenplatte wird mit der Bodenschere geformt.

**10** Mit dem Bodenbrett wird die Bodenplatte in die endgültige Form gedrückt.

## Vom Rohstoff zum Glas

| Grundsubstanzen | | |
|---|---|---|
| Glasbilder:<br>Quarzsand und Soda | Hoher Schmelzpunkt bei<br>1800–2500 °C | Härtungsmittel:<br>Kalk aus Marmor, Kreide,<br>Kalkstein |

**Flussmittel**

Senken den Schmelzpunkt
auf ca. 1200 °C
Je nach Zugabe dieser Flussmittel entstehen die verschiedenen **Glasarten**:

| ⇩ | ⇩ | ⇩ | ⇩ |
|---|---|---|---|
| Soda<br>(Natriumcarbonat) | Pottasche<br>(Kaliumcarbonat) | Menninge<br>(Bleioxide) | Siliziumdioxid<br>Bor- und Aluminiumoxid |
| ⇩ | ⇩ | ⇩ | ⇩ |
| **Natronkalkglas**<br>einfaches<br>Gebrauchsglas | **Kalikalkglas**<br>Kristallglas | **Kalibleiglas**<br>Bleikristallglas | **Feuerfestes Glas** |

**Möglichkeiten der Verarbeitung und Formgebung**

- **Schmelzen:** Rohstoffe werden fein gemahlen, gemischt und geschmolzen.
- **Formen:** Bei 900–1200 °C wird das Glas durch Mundblasen, Maschinenblasen, Ziehen, Gießen oder Pressen in die gewünschte Form gebracht.
- **Kühlen:** Langsames und gleichmäßiges Abkühlen, da sonst Spannungen entstehen, die zum Bruch führen.
- **Veredeln:** **Färben** ⇨ Zugabe von Metalloxiden (Kobalt = blau, Kupfer = rot, Mangan = silber/Spiegel)
  **Chemische Veredelungsvorgänge** ⇨ Ätzen, Mattieren, Bemalen
  **Mechanische Veredelungsvorgänge** ⇨ Schleifen, Gravieren, Fräsen

## Glas – vielseitig und ästhetisch

### Geschichte

Die Kunst der Glasherstellung war schon 1500 v. Chr. in Ägypten bekannt. Die Venezianer haben von ihren Handelsreisen in den Nahen Osten die Kenntnisse des Glasmachens ca. 1000 n. Chr. nach Europa mitgebracht.
Das Wissen verbreitete sich in Europa nur langsam. Günstige Rohstoffe, z. B. Holz zur Energiegewinnung, waren eine Voraussetzung für die Ansiedelung von Glasmachern in Deutschland im 16. und 17. Jahrhundert.

### Glasarten

Die verschiedenen Glasarten haben ganz unterschiedliche Eigenschaften.
Natronkalkglas (einfaches Gebrauchsglas) wird durch Pressen in Form gebracht. Es ist dickwandig und dadurch stabil, nicht hochglänzend, sondern oftmals grau und stumpf. Es zeigt manchmal auch Blasen und Streifen, die Farblosigkeit, Reinheit und Ausführung sind nicht von großer Güte. Das Glas hat eine geringe Wärmeleitfähigkeit und verträgt keine Temperaturschwankungen. Es wird für preiswerte Trinkgläser, Flaschen, Einweckgläser und Glasverpackungen verwendet.

Form und Funktion sind bei Gläsern aufs Engste miteinander verbunden. Je nachdem, wie breit, schmal, spitz oder angeschlürft ein Getränk vom Glas in den Mund strömt, schmeckt es anders.

| Rotweinglas | Weißweinglas | Sektkelch | Wasserglas | Bierglas | Cocktailglas |

*Gehobene Tischkultur: für jedes Getränk das passende Glas*

**Kalikalkglas** (Kristallglas) ist hochwertiges Glas, die Formen sind meist maschinengeblasen. Es ist härter und widerstandsfähiger als Gebrauchsglas, ein sehr reines, dünnes, klingendes Glas. Es hat einen warmen Glanz und eine große Lichtbrechung. Es reagiert allerdings auch empfindlich auf Temperaturunterschiede. Kristallglas wird für hochwertige Trinkgläser in mittlerer Preisklasse verwendet, für Krüge, Schüsseln, Platten, Spiegel und Ziergegenstände.

**Kalibleiglas** (Bleikristallglas) ist die hochwertigste Glasart und sehr teuer. Das Glas hat einen außerordentlichen Glanz, ein hohes Lichtbrechungsvermögen, es ist schwer, hat einen schönen Klang und ist auch geschliffen im Handel erhältlich. Hochwertige Trinkgläser, Schalen, Platten, Karaffen, Schmuck und Ziergegenstände kann man aus dieser Glasart kaufen.

**Feuerfestes Glas** ist durch besondere Zusätze hitzebeständig, aber nicht temperaturwechselbeständig, d. h. Backen in der Backröhre ist möglich, allerdings muss die Glasform mit dem Backofen erwärmt werden. Stellt man sie in eine heiße Backröhre, so wird dieses Glas springen. Es ist ungeeignet für die Herdplatte. Man kann es in der Mikrowelle und als Serviergeschirr einsetzen. Es werden Teegläser, Auflaufformen, Kuchenformen, Tee- und Kaffeekannen, Babyflaschen sowie Messbecher daraus hergestellt.

**Glaskeramik** ist eine Entwicklung aus der Raumfahrt. Dieses Glas ist hitzebeständig und temperaturwechselbeständig. Es hält Temperaturen von -40 – +200 °C aus.
Glaskeramik eignet sich als Koch-, Back- und Bratgeschirr für Elektro-, Gasherd und Mikrowelle und ist spülmaschinenfest. Auch Kochfelder werden aus Glaskeramik hergestellt. Diese können im nicht erhitzten Zustand als Arbeitsfläche genutzt werden. Töpfe können auf der glatten Fläche problemlos verschoben werden. Der Einsatz unterschiedlicher Topfmaterialien ist möglich, wenn der Topfboden ceranfeldgeeignet ist. Der Reinigungsaufwand für ein Glaskeramikkochfeld ist relativ gering.
Außerdem gibt es Schneidebretter, Kaffeegeschirr und Essteller aus diesem Material.

### Einkauf von Glaswaren

- Für den täglichen Gebrauch einfache, leicht zu reinigende Formen wählen.
- Die Gläser sollten eine gute Standfläche haben.
- Der Verwendungszweck und der persönliche Geschmack sind ausschlaggebend für den Kauf.

Mit warmem Wasser spülen

Zum Abtropfen auf ein Geschirrtuch stellen

Für extra Glanz das Glas über Dampf halten

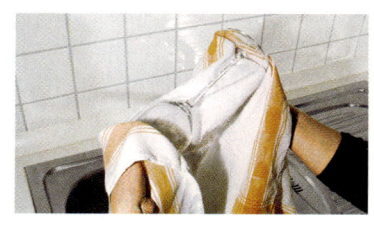

Zuerst die Bodenplatte trocknen

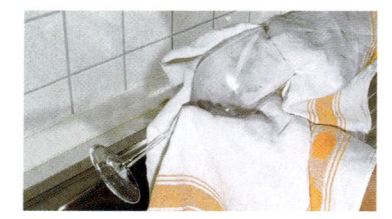

Das Glas in eine Hand legen und mit der anderen den Kelch polieren

Beim Polieren des Kelches niemals das Glas an der Bodenplatte halten

*Die richtige Reinigung hochwertiger Gläser*

| Vorteile | Nachteile |
|---|---|
| • wirkt edel, ist transparent/durchscheinend oder matt/farbig<br>• hat eine hohe Lichtbrechung, glänzt, schöner Klang<br>• hoher Trinkgenuss<br>• recycelbar<br>• vielseitig einsetzbar als Gebrauchsgeschirr, für Ziergegenstände, Lampen und Möbel | • Bruch- und damit Verletzungsgefahr<br>• muss poliert werden<br>• verkratzt evtl. in der Spülmaschine<br>• Glaskorrosion in der Spülmaschine durch kalkhaltiges Wasser und Spülmittelreste<br>• hohes Gewicht bei Glasgeschirr<br>• staubt stark ein (hoher Reinigungsaufwand) |

*Bewertung von Glas*

## Reinigung und Pflege

- Glaswaren zuerst mit warmem Wasser, Spülmittel, Schwammtuch oder weicher Bürste vorsichtig vorspülen und mit klarem Wasser nachspülen. Plötzlichen Temperaturwechsel vermeiden!
- Um Bruch oder Anschlagen zu verhindern, Glasgegenstände immer einzeln spülen.
- Sorgfältig mit fusselfreien Tüchern (Leinen) abtrocknen und polieren.
- Im Geschirrspüler die Gläser so einstellen, dass sie fest stehen und nicht aneinander schlagen.

### Für feuerfestes Glas gilt:
- Keine kalte Flüssigkeit in heißes Geschirr gießen.
- Eingebrannte Stellen einweichen und mit flüssigem Scheuerpulver vorbehandeln.

### Für das Glaskeramikkochfeld gilt:
- Spezialpflegemittel verwenden.
- Raue Schwämme oder Stahlwolle zerkratzen das Kochfeld.
- Während und nach dem Kochen Fettspritzer mit einem feuchten Tuch abwischen, andere Rückstände mit einem Spezialschaber entfernen.
- Vor starken, punktuellen Stößen schützen (Bruchgefahr).

**1** Erstelle eine Tabelle, die alle Glasarten mit ihren Eigenschaften und Verwendungsmöglichkeiten aufzeigt.

**2** Diskutiere die Vor- und Nachteile von Glas und Glasgeschirr im Haushalt.

## Keramikwaren

### Töpferware
⇩

Farbe meist braun/terrakotta, unglasierter Scherben ist porös, hat eine hohe Saugfähigkeit, eine geringe Härte und Dichte, ist nicht temperaturwechselbeständig, verändert durch Benutzung sein Aussehen (verfärbt sich), tiefer, dumpfer Klang.

⇩

unglasiert zu Blumentöpfen und Kochtöpfen, glasiert zu einfachem Gebrauchsgeschirr, Schüsseln, Platten, Vasen, Schalen, Ziergegenständen, Kacheln.

### Porzellan
⇩

Farbe rein weiß, der Scherben ist dicht gebrannt (gesintert), hart, nicht porös und beim Halten gegen Licht durchscheinend (Hartporzellan weniger und Weichporzellan gut durchscheinend), heller Klang. Durch die Glasur wird Porzellan hygienisch glatt, schnittfest, bakterienabweisend und spülmaschinenfest.

⇩ Wird verarbeitet zu

Kaffee- und Essgeschirr, Platten, Schüsseln, Vasen, Ziergegenständen, Kacheln.

### Steinzeug
⇩

Farbe graublau oder gelblich, der Scherben ist dicht, hart und nicht porös, nicht durchscheinend, die Oberfläche ist rau, heller Klang.

⇩

Vorratstöpfen, Vasen, Krügen, Kacheln, Fliesen.

### Steingut
⇩

Farbe weiß bis gelblich, der Scherben ist porös, durch Glasur wird er jedoch wasserundurchlässig. Steingut ist nicht durchscheinend, ist leichter als Porzellan, dumpfer Klang. Die Glasuren sind umweltfreundlich, cadmium- und bleifrei. Glasiertes Steingut ist mikrowellengeeignet und spülmaschinenfest.

⇩

Kaffee- und Essgeschirr, Auflauf- und Backformen, Vasen, Blumenübertöpfen, Kacheln, Fliesen.

*Delfter Fayence*

*Chinesisches Porzellan aus der Ming-Dynastie 1368–1444*

## Keramikwaren für die Ess- und Lebenskultur

Keramik ist der Sammelbegriff für tonhaltige Stoffe, die geformt, gebrannt und möglicherweise glasiert worden sind.

Die Herstellung von Keramik durchläuft fünf Hauptphasen:
- Vorbereitung des Rohstoffes
- Formen
- Brennen (Scherben porös)
- Glasieren (auch Bemalen, Dekorieren)
- erneutes Brennen (Scherben dicht)

## Geschichte

Keramik begleitet den Menschen beinahe seit Beginn seines Daseins bis zur Gegenwart. Die weiche, formbare Tonerde konnte man in beliebige Formen bringen. Die Gegenstände, meist einfaches Nutzgeschirr wurden an der Sonne getrocknet, aber erst das Feuer brachte die Tonerde in eine beständige Form, die Keramik.

In der Antike war die griechische Keramik berühmt, später das Porzellan aus China, im Barock die Delfter Fayencen (Niederlande). England ist für seine Steinguterstellung bekannt.

*Das Formen einer Vase mithilfe einer Töpferscheibe erfordert Fingerspitzengefühl*

## Töpferwaren

Der Rohstoff wird aus Tonerden gewonnen, die in der Natur häufig vorkommen. Sie werden mit Feldspat, Kalkspat und Quarzit vermischt und durch Kneten und Lagern vorbereitet. Einen Töpfergegenstand kann man auf mehrere Arten herstellen:
- durch Formen von Hand,
- mithilfe der Töpferscheibe,
- durch Drücken in eine Form.

Danach werden die Formen getrocknet, gebrannt, bemalt und glasiert und nochmals gebrannt.

## Einkauf

Möchte man die Gegenstände im Ess-Bereich und nicht nur zu Dekorationszwecken einsetzen, müssen die Glasuren lebensmittelecht sein. Glasuren mit Cadmium- oder Bleigehalt können Krankheitssymptome wie Übelkeit, Erbrechen oder Schwindel (Blei) auslösen. Bei regelmäßigem Gebrauch dieser Gegenstände kann es sogar zu Vergiftungen kommen. Cadmium kann die Abwehrkräfte schwächen, Nierenschäden und möglicherweise Krebs auslösen. Europaweit gelten die gleichen Bestimmungen für lebensmitteltaugliche Glasuren. Reise-Souvenirs aus dem außereuropäischen Ausland sind nicht unbedenklich.

Für den Kaufentscheid spielen die Form, die Farbe, das Dekor, der Preis, der Verwendungszweck und vor allem der persönliche Geschmack eine Rolle.

## Pflege und Reinigung

- Unglasierte Tonwaren (Römertopf) vor der Verwendung mindestens 15 Minuten in kaltes Wasser legen. Der Scherben saugt Wasser auf.
- Unglasierte Tonwaren nur mit warmem Wasser, ohne Spülmittel und Scheuerpulver und mit einer Spülbürste reinigen. Die Gegenstände gut an einem luftigen Ort trocknen lassen (sonst ist Schimmelbildung möglich).
- Tonkochtöpfe können bei langsamer Erwärmung auf der Elektroherdplatte verwendet werden, jedoch nicht auf Gasflammen.
- Glasierte Tonwaren mit einem weichen Schwammtuch mit Spülmittel einzeln von Hand reinigen. Mit Wasser gleicher Temperatur nachspülen. Auf Hinweise des Herstellers achten, ob die Teile spülmaschinengeeignet sind.
- Töpferwaren nicht gestapelt aufbewahren (besonders Tassen), da dabei der Rand beschädigt werden kann.

> Bei Töpferwaren auf die Inhaltsstoffe der Glasuren achten!

## 9 Der lange Weg vom Entwurf zur Porzellan-Teekanne

*1 Planung und Organisation eines Haushaltes*

1. ENTWURF: Mit Zeichnungen und Skizzen beginnt der Entwurf einer neuen Porzellan-Teekanne.

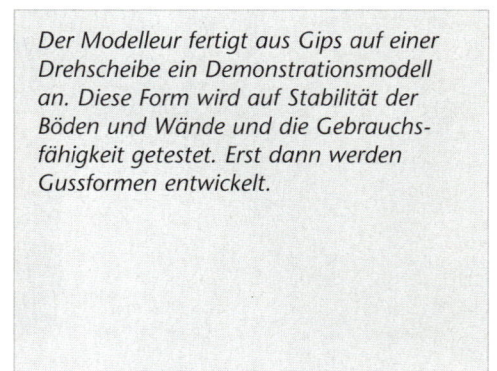

*Der Modelleur fertigt aus Gips auf einer Drehscheibe ein Demonstrationsmodell an. Diese Form wird auf Stabilität der Böden und Wände und die Gebrauchsfähigkeit getestet. Erst dann werden Gussformen entwickelt.*

2. SCHERBENPROBE

3. ROHSTOFFE: Aus gemahlenem Quarz und Feldspat (eine Art Sand), Kaolin und Aluminiumoxid (zwei Tonerden), pulverisierten Scherben und Pegmatit (ein körniges Gestein) wird Porzellan gefertigt (Zutaten von links oben nach rechts unten).

4. REIFEKELLER: Das Porzellanpulver wird mit Wasser verrührt, gefiltert und zu Massekuchen gepresst. Die Scheiben lagern in feuchtwarmen Räumen, bis sie geschmeidig und durchgereift sind. Dies kann bis zu zehn Monate dauern.

5. GUSSFORM: Hohle Formen wie Kannen werden in Gipsformen, die aus zwei Hälften bestehen, gegossen. Die gereifte Porzellanmasse wird vorher mit Wasser in eine gießfähige Form gebracht. Ist das Porzellan in der Gipsform fest geworden, öffnet der Keramiker die Mantelform und nimmt den noch feuchten Körper heraus.

6. GARNITUR: Der Porzellanmacher setzt den Henkel und später auch den Ausguss, die er separat geformt hat, an den Bauch der Kanne und verklebt die Teile mit flüssigem Porzellan. Danach muss das noch rohe Gefäß trocknen.

*7. OFENFRISCH: Die Kannen kommen in den Brennofen, wo sie auf 980 °C erhitzt werden. Dabei verlieren die Gefäße das überschüssige Wasser. Die Hitze macht das Porzellan hart und fest, es bleibt jedoch porös.*

*8. GLASUR: Vor dem zweiten Brand wird die Glasur aufgetragen. Die weiße Flüssigkeit besteht aus einem Porzellangemisch mit mehr Feldspat. Die Glasur schmilzt im Ofen bei 1450 °C zu Glas und versiegelt so die Form. Sie ist nun wasserdicht.*

*Möchte man Porzellan farbig dekorieren, so gibt es mehrere Möglichkeiten:*
1. *Bemalung von Hand, entweder als Unterglasurmalerei oder Aufglasurmalerei.*
2. *Aufbringen der Farbe mithilfe einer bedruckten Klebefolie, ähnlich einem Abziehbild*

*Bei Unterglasurtechnik wird nach der Bemalung die Glasur aufgetragen und gebrannt.*

*9. UNTERGLASDEKOR*

*10. ARBEITSPLATZ EINER PORZELLANMALERIN: Hier Aufglasurmalerei in der Porzellan-Manufaktur Meißen*

## Porzellan

Das Wort Porzellan ist abgeleitet aus dem italienischen „porcella", dem Namen einer wie Porzellan aussehenden Muschel. Marco Polo hat diese Bezeichnung als Erster für die chinesischen Keramiken gebraucht.

### Geschichte

Das Porzellan ist eine Erfindung der Chinesen. Bereits 1122–770 v. Chr. sollen sie die Zusammensetzung und Herstellung gekannt haben. Es gelangte seit dem 13. Jahrhundert durch Kaufleute, Forscher und Weltreisende (z. B. Marco Polo) nach Europa. Hier wurde es bestaunt, bewundert und buchstäblich in Gold aufgewogen. Das Geheimnis der Porzellanherstellung gelangte aber nicht über die chinesischen Grenzen hinaus.

Das europäische Porzellan wurde 1709 in Dresden/Sachsen erfunden. Dort hatte König August der Starke eine Versuchswerkstatt gegründet, die ursprünglich dazu dienen sollte, Gold herzustellen. Dem jungen Keramiker Johann Friedrich Böttger und Mathematiker und Physiker Ehrenfried Walter von Tschirnhausen gelang es, die richtige Mixtur von Hartporzellan zu entwickeln. Tschirnhausen hatte in der Umgebung von Kolditz eine Erde entdeckt, die später die Hauptzutat für die Porzellanmasse darstellte, das Kaolin.

In Meißen wurde 1710 die erste Porzellanmanufaktur gegründet. Das weiße Porzellan entsprach jedoch nicht dem Zeitgeschmack des 18. Jahrhunderts. Johann Gregor Herold gelang es, Glasurfarben zu entwickeln und das Porzellan farbig zu bemalen.

*Weißes Hartporzellan*      *Farbig glasiertes Hartporzellan*      *Weichporzellan mit Aufglasurmalerei*

## Porzellanarten

**Hartporzellan:** Sein wesentliches Merkmal ist sein hoher Kaolinanteil (mindestens 50 %) und seine Feldspatglasur, die erst bei einer Temperatur von 1400–1500 °C schmilzt. Daraus ergeben sich eine außerordentliche Oberflächenhärte der Glasur und Festigkeit des Scherbens. Hotelporzellan und häufig gebrauchtes Haushaltsporzellan werden daraus hergestellt. Die Gegenstände sind weniger durchscheinend als Weichporzellan.

**Weichporzellan** wird auch Knochenporzellan oder Bone China genannt. Knochenporzellan hat seinen Namen von dem 50–60%-igen Anteil an Knochenasche. Daneben sind Pegmatit (ein Mineral aus Quarz und Feldspat) sowie Kaolin (Porzellanerde) enthalten. Weichporzellan hat nicht die gleiche Festigkeit und Widerstandsfähigkeit wie Hartporzellan. Beim Halten gegen eine Lichtquelle ist es stark durchscheinend.

**Feuerfestes Porzellan:** Durch besondere Zusätze kann temperaturwechselbeständiges Porzellan hergestellt werden. Es findet für Auflaufformen Verwendung, die aus dem Backofen sofort auf den Tisch gestellt werden können.

> Porzellan ist leicht zu reinigen und hygienisch. Seine wasserdichte Glasur lässt keine Bakterien eindringen.

## Pflege und Reinigung

- Porzellan immer für sich alleine spülen, nicht zusammen mit Bestecken (Kratzer).
- Mit einem weichen Schwamm oder Tuch in heißem Spülmittelwasser reinigen, mit klarem Wasser gleicher Temperatur nachspülen, abtrocknen.
- Beim Einräumen in den Geschirrschrank Teller nicht zu hoch stapeln, Tassen nicht ineinander stellen, man beschädigt dadurch leicht die Ränder.
- Porzellan ist spülmaschinengeeignet, man sollte aber darauf achten, dass es so in die Maschine eingeräumt ist, dass es durch den Wasserdruck nicht aneinander schlagen kann.

## Einkauf

Für den Kauf von Porzellan spielen das Design (Form, Farbe, Dekor), der Preis, der Verwendungszweck (Alltagsporzellan, Festporzellan) und die Spülmaschineneignung eine Rolle.
Außerdem:
- die Standfestigkeit der einzelnen Teile,
- Kannen sollten eine gute Gießfähigkeit besitzen und der Deckel bei Neigung nicht herausfallen,
- Tassen sollte man gut anfassen können,
- für den täglichen Gebrauch einfache, glatte Formen, die in der Spülmaschine leicht zu reinigen sind, kaufen und
- evtl. auf Nachkaufmöglichkeiten achten.

*Steingut – Geschirr im Landhausstil*

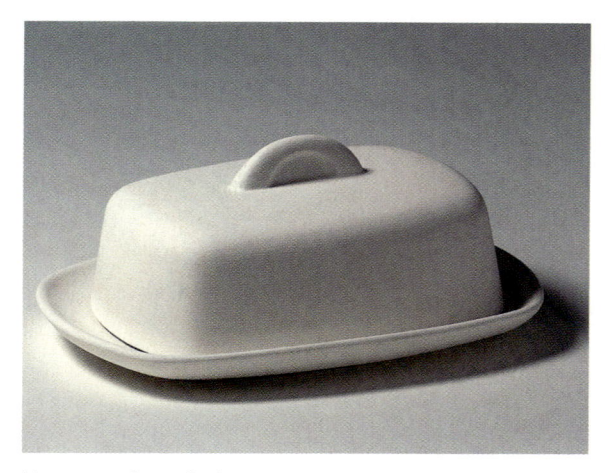

*Vorratstopf aus Steinzeug*

## Steinzeug

Steinzeug besteht aus grauweißem Ton mit blauer Bemalung und Salzglasur. Während des Brennens wird nach und nach Salz in den Brennofen gegeben, das im Natriumdampf die Oberfläche des Steinzeugs mit einer glänzenden, durchsichtigen Glasur überzieht. Dabei wird der Scherben absolut wasserundurchlässig. Die Oberfläche ist meist rau, der Scherben ist nicht durchscheinend und hat einen hellen Klang.
Steinzeug wird wie glasierte Tonwaren gepflegt und gereinigt.

## Steingut

Steingut wird vom Aussehen her leicht mit Porzellan verwechselt.
Es unterscheidet sich von diesem durch die Rohstoffzusammensetzung (Sand, Quarz, Kreide) und die niedrigere Brenntemperatur. Die Farbe ist weiß bis gelblich, der Scherben bleibt ohne die Glasur porös. Erst mit Glasur wird Steingut wasserdicht. Durch Stoß kann die Glasur allerdings absplittern. Der Scherben saugt dann Wasser auf, wird rissig und die Gegenstände unansehnlich.

> Steingut ist leichter als Porzellan und hat einen dumpferen Klang. Es ist meist preisgünstiger und findet für einfaches Kaffee- und Speise- sowie Partygeschirr Verwendung.

Beim Halten gegen das Licht ist der Steingutscherben nicht durchscheinend. Der Unterschied zu Porzellan wird hier am deutlichsten.

### Pflege und Reinigung
- Tassen und Becher möglichst nicht stapeln, die Glasur an den Rändern beschädigt leicht.
- Meist sind die Glasuren für die Spülmaschine geeignet, vorsichtshalber auf den Herstellerhinweis achten.
- Das Geschirr in die Spülmaschine so einräumen, dass es nicht aneinander schlagen kann.
- Steingutteile einzeln von Hand in Spülmittelwasser reinigen, mit Wasser gleicher Temperatur nachspülen und gut abtrocknen.

---

**1** Suche im Internet oder in einem Lexikon keramische Erzeugnisse aus früheren Epochen und unserer Zeit.

**2** (GW) Stelle in Kurzform die Porzellanherstellung für eine Ausstellung dar.

**3** (GW) Erstelle ein Plakat über die unterschiedlichen keramischen Erzeugnisse.

**4** Plane den Besuch eines Museums mit keramischen Erzeugnissen aus verschiedenen Epochen in deiner näheren Umgebung (evtl. Unterrichtsbesuch).

*Lebensmittel verpackt und ausgepackt*

## Verpackungen – nützlich und belastend

Gerade geleert und schon wieder halb voll: Unsere Mülltonnen platzen aus allen Nähten.
Statistisch gesehen produziert jeder Bürger im Jahr die 5-fache Menge seines eigenen Gewichts an Abfällen.
Die Bundesregierung verpflichtet seit 1990 Hersteller und Handel dazu, die Umverpackungen zurückzunehmen und für ihre Wiederverwertung zu sorgen. Die jüngsten Diskussionen über das Dosenpfand sind uns noch in Erinnerung.

> Jeder Einzelne sollte seine Einstellung und sein Verhalten überprüfen, um das Müllproblem in den Griff zu bekommen.

### Wozu sind Verpackungen nötig?

- Der Weg vom Erzeuger zum Kunden ist weit. Beispiel: Landwirtschaftliche Produkte müssen in kurzer Zeit über weite Strecken zum Verbraucher gebracht werden. Ohne geeignete Verpackung wäre die Ware zerdrückt und verdorben.
- Verpackungen schützen das Produkt vor äußeren Einflüssen wie z. B. Feuchtigkeit, Staub, Fremdgerüchen, Austrocknen und Schädlingen.
- Sie schützen das Produkt vor Mikroorganismen wie z. B. Salmonellen und Schimmel.
- Vorgefertigte Lebensmittel benötigen eine Verpackung. Beispiel: Rohe Kartoffeln gibt es lose, im Netz oder im Plastikbeutel; geschälte, gekochte Kartoffeln werden in Gläsern angeboten, tiefgefrorene Pommes frites in luftdichten Plastikbeuteln, gefriergetrocknete Röstis in Alufolie verschweißt angeboten.
- Selbstbedienung macht Verpackung notwendig. Die Verpackung hat die Aufgabe des Verkäufers übernommen: Sie informiert u. a. über Inhalt, Menge und Beschaffenheit des Produkts. Dadurch spart der Handel Verkaufspersonal, aber auch der Kunde profitiert von günstigeren Preisen.

> Die Werbung hat die Verpackung längst als Werbeträger entdeckt. Eine ansprechende Verpackung dient immer auch der Verkaufsförderung.

| Verpackungsarten | | |
|---|---|---|
| **Verkaufsverpackung** | **Umverpackung** | **Transportverpackung** |
| • für geschlossene oder offene Umhüllung von Waren<br>• für den Endverbraucher zum sicheren Transport vom Geschäft bis zum Verbrauch | • zusätzliche Verpackung um die Verkaufsverpackung<br>• zum Zweck der Selbstbedienung, als Sicherung gegen Diebstahl, als Werbeträger<br>• um das Produkt stapelfähig zu machen | • zusätzliche Verpackung zur Verkaufs- und/oder Umverpackung<br>• zur Schadensvermeidung auf dem Weg vom Hersteller zum Vertreiber, zum sicheren Transport |
| Becher, Karton, Tüte, Beutel, Netz, Flasche, Glas | Karton um Sekt- oder Parfümflaschen<br>Folie und Schachtel um einzeln verpackte Schokoriegel | Holzpalette mit Folie für ein Kartons verpackte Ware<br>Transportkarton für 24 Jogurtbecher |

*Verpackungsmaterial für verschiedene Zwecke*

## Verpackung – nein danke?!

Wer konsequent Verpackungsmüll vermeiden will, gerät in Gewissenskonflikte:
- Wenn er zu teureren Pfandflaschen greift, obwohl der Obstsaft in der Kartonverpackung billiger ist.
- Wenn er auf seine Lieblingssorte Jogurt verzichtet, weil diese nur im Kunststoffbecher angeboten wird.
- Wenn er keine Zeit hat, täglich frisches Obst und Gemüse einzukaufen und deshalb auf Vorgefertigtes (Tiefkühlkost, Konserven, Fertiggerichte) zurückgreift.
- Wenn ihm – besonders älteren Menschen – das Flaschentragen schwer fällt.

> Ohne Verpackung wären Lebensmittel im heutigen Angebot teurer und nicht überall und zu jeder Zeit erhältlich.

Was kann man tun, um den Verpackungsaufwand in vernünftigen Grenzen zu halten?
Wo kann Verpackung eingespart werden?

**Beim Einkauf Verpackung umweltbewusst auswählen:**
- Einkaufstasche, Korb oder Netz selbst mitnehmen, dann kann im Geschäft auf eine Plastiktüte verzichtet werden.
- Obst und Gemüse der Saison kaufen. Für frisches Obst und Gemüse reichen Papiertüten. Konserviertes dagegen ist in Dosen oder Glas verpackt, Tiefgekühltes in Verpackungen aus Verbundstoffen.
- Unverpackte Lebensmittel kaufen. Lose Lebensmittel gibt es z. B. auf dem Wochenmarkt, beim Bäcker, Metzger oder an den Verkaufstheken in Supermärkten. Der Verpackungsaufwand ist hier wesentlich geringer als im Selbstbedienungsladen. Dort stecken Brot und Brötchen in Plastikhüllen, Frischfleisch ist auf Folientabletts abgepackt.
- Mehrweg- bzw. Mehrzweckverpackungen den Vorzug geben. Die typische Mehrwegverpackung ist die Glasflasche. Je öfter sie abgefüllt wird, umso geringer sind Energieverbrauch und Abfallaufkommen. Ein leeres Senfglas eignet sich z. B. auch als Trinkglas, ein Marmeladenglas als Vorratsbehälter.
- Nachfüllpackungen nutzen. Für bestimmte Lebensmittel wie Kaffee, Trinkschokolade, Frühstückskörner und Gewürze gibt es preiswerte Nachfüllbeutel. Den neuen Inhalt füllt man in das alte, gründlich gereinigte Gefäß.
- Sinnvolle Packungsgrößen auswählen. Wer täglich Kaffee mit Kaffeesahne trinkt und gerne Marmeladenbrote isst, sollte auf jeden Fall die Kaffeesahne und Marmelade im Glas kaufen. Kleine Portionsdöschen aus Plastik sind oft überflüssig und teuer.

## Verpackungsmaterial im Fokus

| Verpackungsmaterial | Beispiel | Verpackte Lebensmittel | Bewertung |
|---|---|---|---|
| Papier | Tüten, Taschen, Karton, Schachteln, Pergamentpapier | Brötchen, Brot, Kuchen | + leicht<br>+ recycelbar<br>+ hygienisch<br>+ preiswertester Rohstoff<br>– große Müllmenge |
| Kunststoffe | Tüten, Becher, Beutel, Netz, Folie | Jogurt, Milch, Knabbereien, Süßigkeiten, Quark, Sahne, Käse, Pizza, Fertiggerichte | + für flüssige, weiche, cremige Lebensmittel<br>+ auch transparent, dadurch Lebensmittel sichtbar<br>– Recyceln nur mit großem Aufwand<br>– bei der Müllverbrennung entstehen giftige Gase<br>– nicht jeder Kunststoff ist für Lebensmittel geeignet |
| Aluminium | Folie, Tüten, Tuben | vorgefertigte Lebensmittel, Deckel für Milchprodukte, Schokoladenpapier, Chips, Fertigsuppen, Knabbergebäck, Majonäse, Tomatenmark | + hitzbeständig<br>+ schützt die Lebensmittel vor dem Austrocknen<br>+ hygienisch<br>– Recyceln nur mit hohem Energieaufwand<br>– begrenzte Ressourcen |
| Metalle | Dosen | Obst, Gemüse, Eintöpfe, Kondensmilch, Fertigsuppen, Öl | + hygienisch<br>+ langlebig<br>+ stapelbar<br>+ recycelbar<br>– Herstellung mit großem Energieverbrauch |
| Verbundstoffe | Tetrapack, Einwickelpapiere | Säfte, Milch, Tomatenpüree, Wurst, Fleisch, Käse | + leicht<br>+ stapelbar<br>+ hygienisch<br>– schwierig zu recyceln |
| Glas | Gläser, Flaschen | Obst, Gemüse, Säfte, Milch, Jogurt, Öl, Essig, Majonäse | + transparent<br>+ hygienisch<br>+ lebensmittelecht<br>+ stapelbar<br>+ preiswerter Rohstoff<br>+ recycelbar<br>+ langlebig<br>– zerbrechlich<br>– schwer<br>– hohe Transportkosten<br>– großer Energie- und Reinigungsaufwand |

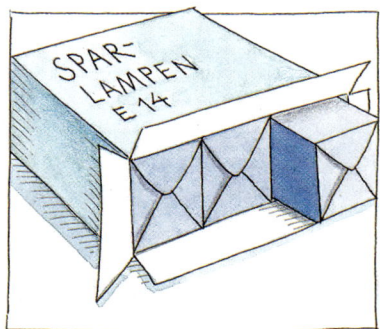

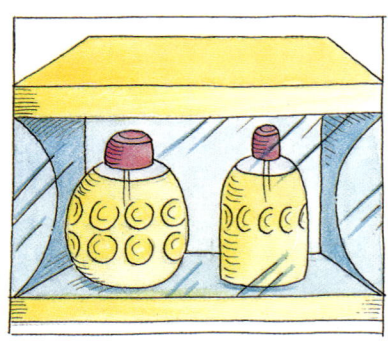

*Lebensmittelecht*

Zu Hause mit Verpackungen umweltbewusst umgehen:
- Auf Einmal-Backformen aus Alufolie und auf Partygeschirr aus Kunststoff verzichten.
- Speisereste in Mehrzweckverpackungen oder Porzellangefäßen aufbewahren. Fehlt ein Deckel, das Gefäß einfach mit einem Teller abdecken statt mit Klarsichtfolie.
- Saubere Kunststoff-Einkaufstüten aufbewahren und weiterverwenden.
- Nicht mehr benutzte Verpackungen sortieren, sammeln und der Wiederverwertung zuführen.
- Frischhaltedosen und Gefrierdosen statt Plastikfolien benutzen.
- Pausenbrot in Boxen verpacken statt in Alufolie.

**1** Ergänze die Liste der Ratschläge für den Umgang mit Verpackung.

**2** Suche Abbildungen von Verpackungen für die jeweilige Verpackungsart zur Tabelle auf Seite 81.

**3** Gestalte einen Schaukasten mit Verkaufsverpackungen, Umverpackungen und Transportverpackungen.

# 2 Vollwertige Ernährung

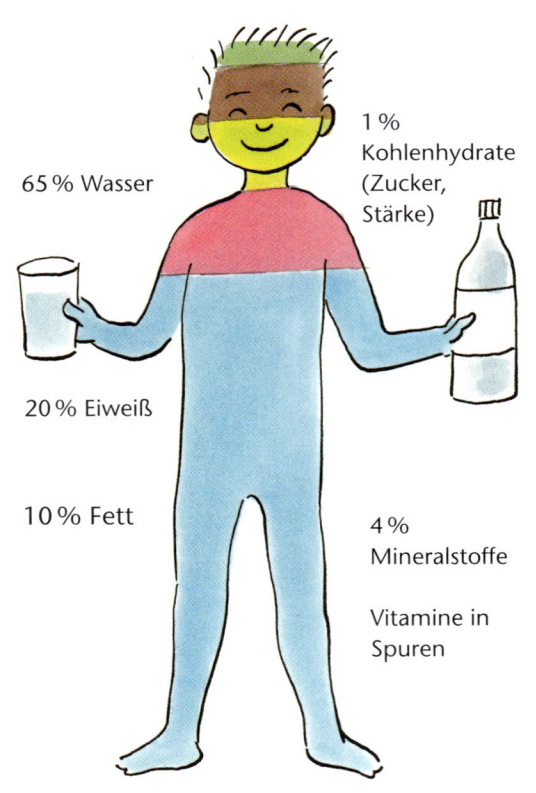

**Bestandteile unseres Körpers:**
- 65 % Wasser
- 1 % Kohlenhydrate (Zucker, Stärke)
- 20 % Eiweiß
- 10 % Fett
- 4 % Mineralstoffe
- Vitamine in Spuren

*Bestandteile unseres Körpers*

| Inhaltsstoffe der Lebensmittel | Wirkung im menschlichen Körper |
|---|---|
| Kohlenhydrate Fette | vorwiegend Energiegewinnung |
| Eiweiß Wasser | vorwiegend Aufbau und Erhaltung der Knochensubstanz (Zellen) |
| Vitamine Mineralstoffe | Regelung von Körperfunktionen, z. T. auch Aufbau von Körpersubstanz, z. B. Knochen, Knorpel |
| Ballaststoffe wie Cellulose (Rohfaser) | Sättigungsgefühl, Anregung der Verdauungstätigkeit |
| Sekundäre Pflanzenstoffe, Geschmacks-, Duft- und Farbstoffe, z. B. Blattgrün, Aromastoffe, Röststoffe | Appetitanregung, Schutz vor Krebs |

*Inhaltsstoffe und ihre Wirkung*

## Inhaltsstoffe der Nahrung

### Bedeutung für Ernährung und Gesundheit

Eine ausgewogene Ernährung ist Voraussetzung für Gesundheit und Wohlbefinden. Durch Lebensmittel und Getränke versorgen wir unseren Körper mit wichtigen Nährstoffen, damit wir Energie haben und leistungsfähig sind.
Die Nährstoffe benötigt unser Körper
- zur Deckung des Energiebedarfs, z. B. zur Erhaltung der Körpertemperatur und zur Bewegung,
- zum Aufbau und zur Erhaltung des Körpers, z. B. beim Wachstum und zur ständigen Zellerneuerung,
- zum Schutz vor Krankheiten, wie z. B. Rachitis, und zur Regulierung von Körperfunktionen, wie z. B. Verdauung und Atmung.

> Aufgabe jedes Einzelnen ist es, sich gesund zu erhalten, soweit das in seiner Macht steht.

Eine bewusste und gezielte Auswahl der Lebensmittel ist wichtig, um ausreichend Vitamine, Mineralstoffe, sekundäre Pflanzenstoffe und Ballaststoffe aufzunehmen.
Hierbei kann man sich am Ernährungskreis orientieren, der uns die verschiedenen Lebensmittelgruppen aufzeigt. Alle Lebensmittel, ob tierischer oder pflanzlicher Herkunft, enthalten Nährstoffe in unterschiedlicher Menge und Kombination. Täglich sollten deshalb Lebensmittel aus jeder Gruppe gegessen werden.
In den folgenden Kapiteln werden bedeutsame Lebensmittel analysiert und bewertet. Dabei erhältst du weitere Informationen über unsere Nahrung, ihre Inhaltsstoffe und Qualitätskriterien.

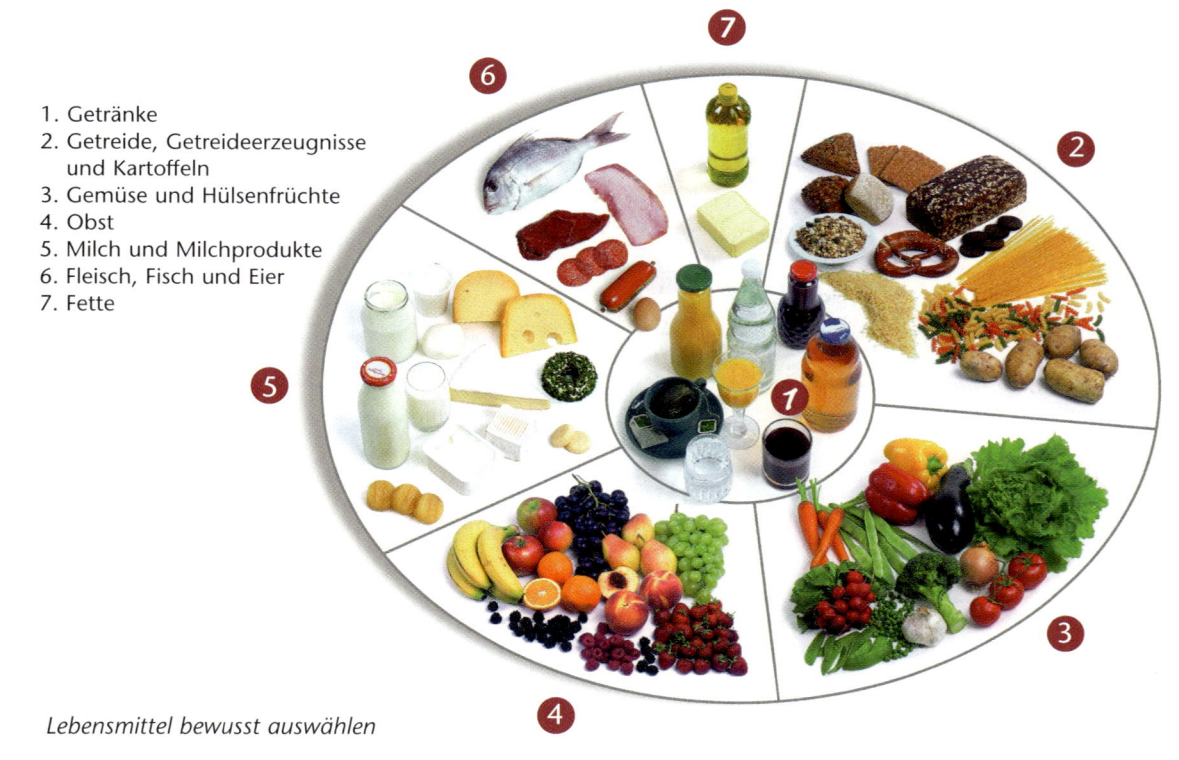

1. Getränke
2. Getreide, Getreideerzeugnisse und Kartoffeln
3. Gemüse und Hülsenfrüchte
4. Obst
5. Milch und Milchprodukte
6. Fleisch, Fisch und Eier
7. Fette

*Lebensmittel bewusst auswählen*

# Lebensmittelgruppen im Überblick

### Getränke
Wasser ist unser „Lebensmittel" Nummer Eins. Der tägliche Flüssigkeitsbedarf beträgt 2–3 l. Bevorzuge energiearme Durstlöscher, etwa Mineralwasser, ungesüßte Früchtetees sowie verdünnte Fruchtsäfte (siehe Seite 30 f.).

### Getreide, Getreideerzeugnisse und Kartoffeln
Diese Gruppe liefert vor allem Kohlenhydrate in Form von Stärke. Zudem tragen Getreideprodukte, vor allem Vollkornerzeugnisse, wesentlich zur Versorgung mit Vitaminen und Mineralstoffen sowie zur Ballaststoffzufuhr bei. Sie dienen auch als Eiweißquelle.

### Gemüse und Hülsenfrüchte
Sie versorgen den Körper mit Vitaminen, Mineralstoffen, Ballaststoffen und sekundären Pflanzenstoffen bei gleichzeitig geringem Energiegehalt. Hülsenfrüchte zeichnen sich durch einen hohen Gehalt an pflanzlichem Eiweiß aus. Rohes Gemüse ist besonders wertvoll.

### Obst
Obst enthält vor allem Vitamin C, Mineralstoffe, Fruchtsäuren sowie Frucht- und Traubenzucker. Frisches Obst hilft gegen den kleinen Hunger zwischendurch.

### Milch und Milchprodukte
Milch, Jogurt, Käse – sie alle liefern hochwertiges Eiweiß, Calcium und Vitamine der B-Gruppe. Bevorzuge fettarme Milchprodukte.

### Fleisch, Fisch und Eier
Sie versorgen uns mit Eiweiß, den Vitaminen B und E, Eisen und Jod (besonders im Seefisch). Bevorzuge fettarmes Fleisch.

### Fette
Sie liefern essentielle Fettsäuren und fettlösliche Vitamine. Achte auf versteckte Fette und bevorzuge pflanzliche Öle.

---

**1** Erstellt in Teamarbeit zu den Lebensmittelgruppen Collagen. Informiert eure Mitschüler über die Inhaltsstoffe der Nahrungsmittel.

*Kohlenhydratreiche Lebensmittel*

Aus den Grundstoffen Kohlenstoff (C), Wasserstoff (H) und Sauerstoff (O) entsteht der niedermolekulare Baustein **„Einfachzucker"**.

Wir unterscheiden
- ☐ Einfachzucker (z. B. Traubenzucker)
- ☐☐ Doppelzucker (z. B. Rübenzucker)
- ☐☐☐☐ Vielfachzucker (z. B. Stärke, Cellulose)

**Aufgaben im Organismus:**
Brennstoff zur Energiegewinnung, Erzeugung von Kraft und Körperwärme

*Grundwissen Kohlenhydrate*

## Getreide – unser wichtigster Nahrungslieferant

Die aus Getreide hergestellten Produkte liefern uns heute über 50 % der täglich benötigten Nahrungsenergie. Sie zählen damit zu den wichtigsten Grundnahrungsmitteln.

### Getreidearten

Es gibt so viele Getreidearten, dass unser Speisezettel mit Getreidegerichten nie langweilig wird.
Jede Getreideart hat ihren besonderen Geschmack, bestimmte Bestandteile und Wirkstoffe. Die Hauptgetreidearten auf unseren Feldern sind Weizen, Roggen, Gerste und Hafer. Weitere Arten sind Dinkel, Mais, Hirse und Reis.
Weizen ist das wichtigste Brotgetreide mit einer besonders guten Backfähigkeit. Man unterscheidet Hartweizen, der kleberreich ist und für die Herstellung von Teigwaren und Grieß verwendet wird. Weichweizen ist stärkereich und wird für die Herstellung von Backwaren verwendet.
Roggen gedeiht in kühlen, gemäßigten Zonen. Der Geschmack ist kräftiger als bei Weizen. Er wird vorwiegend zum Brotbacken verwendet. Roggenbrot ist dunkler und bleibt länger frisch.

> Roggen und Weizen sind die wichtigsten Brotgetreide.

Gerste ist die älteste Getreideart. Sie wird zum Bierbrauen verwendet.
Gerste findet sich außerdem in Form von Gerstengrütze, -mehl und -flocken im Handel. Sie dient auch als Rohstoff für Malzkaffee.
Hafer ist fettfreier und eiweißreicher als andere Getreidearten und reich an Mineralstoffen, Vitaminen und Ballaststoffen. Er kommt vor allem in Form von Haferflocken in den Handel. Zur Herstellung von Säuglingsnahrung wird Hafermehl verwendet.
Dinkel ist eine alte Kulturform des Weizens. Grünkern ist unreif geernteter Dinkel, der nussartig schmeckt. Im Handel wir Grünkern als ganzes Korn angeboten, aber auch als Grünkernschrot, -grieß und -mehl.
Mais ist Hauptnahrungsmittel in Teilen von Amerika; bei uns wird Mais zu Gemüse, Maisstärke, Maisgrieß und Popcorn verarbeitet.
Hirse ist Hauptnahrungsmittel in Afrika, sie hat einen milden Geschmack. Aus Hirse können Alkohol und Traubenzucker hergestellt werden.
Reis gedeiht in tropischen und subtropischen Zonen und ist Hauptnahrungsmittel in Asien. Er eignet sich für Beilagen und Süßspeisen.

Weizen   Roggen   Hafer   Gerste   Reis   Mais   Hirse

*Verschiedene Getreidearten*

## Getreideerzeugnisse

In Mühlen mit Schäl- und Mahlmaschinen werden aus den Getreidekörnern Getreideprodukte hergestellt. Das Vermahlen des Getreides erfolgt nach sorgfältiger Reinigung zwischen Walzen. Das geschieht stufenweise und dabei entstehen:

- Schrot: Grob zerkleinertes Getreide, geschält oder ungeschält (Vollkornschrot).
- Grieß: Der Mehlkörper oder das ganze Korn (bei Vollkorngrieß) wird grob gemahlen. Es gibt Hartweizen, Weichweizen- und Maisgrieß (Polenta).
- Dunst: Ein Zwischenprodukt bei der Weizenvermahlung. Es fühlt sich noch körnig an und liegt im Feinheitsgrad zwischen Grieß und Mehl.
- Stärke: Aus dem Mehlkörper wird Stärke ausgeschwemmt. Sie enthält kein Klebereiweiß.

> Brot ist unser wichtigstes Getreideerzeugnis. – und tägliches Lebensmittel.

Bäckereien und Brotfabriken stellen eine Fülle verschiedener Brotsorten her. Außerdem wird in den Haushalten heute vermehrt wieder Brot gebacken.

Brot wird ganz oder teilweise aus Getreide oder Getreideerzeugnissen in gemahlener, geschroteter oder gequetschter Form zubereitet. Daneben können u. a. Lockerungsmittel (z. B. Sauerteig) Speisesalze, Gewürze, Trinkwasser, Rosinen, Leinsamen, Sonnenblumenkerne, Hasel- und Walnüsse zugefügt werden. Dadurch kann der Verbraucher aus einem vielfältigen Angebot an Brötchen und Brotsorten auswählen, wie z. B. Roggenbrot, Roggenvollkornbrot, Weizenbrot, Weizenmischbrot, Grahambrot, Knäckebrot, Pumpernickel, Drei-, Vier- oder Fünfkornbrot. Helle Mischbrote liegen in der Verbrauchergunst an erster Stelle, jedoch werden dunkle Mischbrote, Vollkorn- und Schrotbrote zunehmend beliebter.

Die Eigenschaften des Brotes hängen ab von Getreideart/Mehlsorte, Teigherstellung und Teiglockerung, Backprozess und Lagerung. Für Teigwaren werden Vollkornmehle, Frischkornmehle oder Weißmehl mit Ei, Wasser und Salz gemischt, geformt und getrocknet. Besonders die Italiener sind Weltmeister in der Herstellung von leckeren Nudelgerichten wie Spaghetti, Tortellini, Lasagne oder Ravioli.

Müsli besteht in unterschiedlicher Kombination aus Getreideprodukten, z. B. Haferflocken, Weizen-, Dinkel- oder Gerstenschrot, Cornflakes etc. Sie sind häufig mit Trockenobst (z. B. Bananenstücke, Rosinen) und Nüssen vermischt und mit Zucker, Honig oder Schokoladenstückchen gesüßt. Weitere Getreideerzeugnisse sind Flocken, Grütze, Graupen, Keime und Kleie.

Mehl ist das mengenmäßig wichtigste Getreideprodukt. Das Korn wird dafür zu Pulver gemahlen.

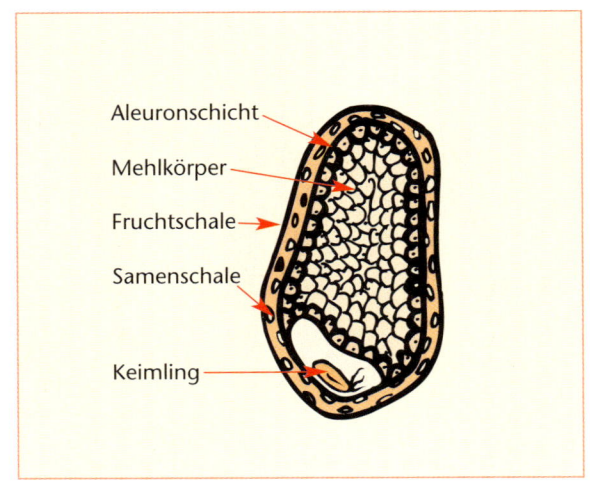

*Aufbau des Getreidekorns*

| Bestandteile des Getreidekorns | | Nährstoffe |
|---|---|---|
| Kleie 17% | Fruchtschale Samenschale | 5% Ballaststoffe, Mineralstoffe, Vitamine |
| | Aleuronschicht | 9% Eiweißstoffe, Mineralstoffe, Vitamine |
| | Keimling | 3% Fette, Eiweißstoffe, Mineralstoffe, Vitamine |
| Mehl 83% | Mehlkörper | 83% Stärke, Eiweißstoffe (Kleber) |

*Inhaltstoffe des Getreidekorns*

## Ausmahlungsgrade und Mehltypen

Der Ausmahlungsgrad zeigt an, wie viel Mehl aus einer Getreideart gewonnen wird. Je höher der Ausmahlungsgrad, desto mehr Schalen- und Kleieanteile enthält das Mehl.
Beispiel: Ein Ausmahlungsgrad von 70 % bedeutet, dass aus 100 kg Weizen 70 kg Mehl und 30 kg Kleie gewonnen wurden.
Vollkornmehl hat einen Ausmahlungsgrad von 100 %. Es enthält alle Kornbestandteile (wie z. B. Keimling und Randschichten) und somit auch wertvolle Eiweiß-, Wirk- und Ballaststoffe.
Auszugsmehl hat einen Ausmahlungsgrad von ca. 40–70 %. Es ist in der Farbe heller als Vollkornmehl. Hierbei wird hauptsächlich nur der Mehlkörper vermahlen, die wertvollen Randschichten werden vorher entfernt.
Die Typennummer auf der Verpackung bei Weizen und Roggenmehl gibt den so genannten Aschegehalt (Mineralstoffgehalt) in Milligramm an. Bleiben bei der Verbrennung von 100 g Mehl 405 mg Aschebestandteile zurück, so bekommt das Mehl die Typenbezeichnung 405.

> Je höher die Typennummer, desto höher ist der Mineralstoffgehalt (Aschegehalt) des Mehls. Vollkornmehle sind nährstoffreicher als Auszugsmehle.

## Ernährungsphysiologische Bedeutung

Getreidekörner enthalten sehr wenig Fett, dieses ist aber reich an lebenswichtigen mehrfach ungesättigten Fettsäuren und frei von Cholesterin.
Bei den Kohlenhydraten handelt es sich um Stärke, die im Körper nur langsam in die einzelnen Zuckerbausteine abgebaut wird. So sorgt die Stärke für einen gleichmäßigen Blutzuckerspiegel und eine lang anhaltende Sättigung. Vollkorngetreideprodukte besitzen einen hohen Ballaststoffanteil, der den der meisten anderen pflanzlichen Lebensmittel beträchtlich übersteigt. Ballaststoffe, die unverdaulich und nahezu kalorienfrei sind, füllen Magen und Darm und tragen so zu einer guten Sättigung bei. Sie helfen mit, die Verdauung zu regulieren und Darmträgheit zu vermeiden.
Das Getreideeiweiß enthält im Gegensatz zu tierischen Lebensmitteln nur geringe Mengen Purin. Das Getreideeiweiß im Mehlkörper (Klebereiweiß) ist nicht hochwertig, da es wenig essentielle Aminosäuren enthält. Dagegen sind die Eiweißstoffe der Aleuronschicht und des Keimlings hochwertiger und biologisch wertvoller.
Vitamine der B-Gruppe sowie das Vitamin E und die Mineralstoffe Eisen, Kalium sowie Magnesium kommen vor allem in Vollkornprodukten vor.

## Brotsorten

**Roggenvollkornbrote:**
Oldenburger Schwarzbrot, Vollkornbrot, Pumpernickel, Simonsbrot, Liekenbrot, Steinmetzbrot u. a.

**Roggenmischbrote:**
Frankenlaib, Paderborner, Korbbrot, Gerstenbrot u. a.

**Roggenbrote:**
Berliner Landbrot, Schlüterbrot u. a.

**Weizenvollkornbrote:**
Grahambrot u. a.

**Weizenmischbrote:**
Schwäbisches Bauernbrot, Buttermilchbrot, Eifeler Brot, Kasseler, Hamburger u. a.

**Weizenbrote:**
Weißbrot, Toastbrot, Meterbrot, Viererzopf, Krustenbrot u. a.

*Verschiedene Brotsorten*

## Einkauf

Das Angebot an Getreideprodukten ist heute vielfältiger denn je. Haferflocken, Reis, Cornflakes und Müsli gehören zum Standardsortiment des Lebensmittelhandels. Beim Einkauf sollte man auf das Mindesthaltbarkeitsdatum und die Angaben auf der Verpackung achten (z. B. Typennummer bei Mehl oder Zuckergehalt bei Müsli). Reformhäuser und Naturkostläden sind weitere Bezugsquellen für Getreideprodukte.

## Lagerung

Generell sind Getreide und Getreideprodukte für die Vorratshaltung gut geeignet. Überlagerte Getreideprodukte werden ranzig und schmecken bitter. Dies ist auf den Fettabbau durch die Enzyme des Keimlings zurückzuführen. Am besten lagert man Getreideprodukte in der Originalverpackung, die man nach dem Öffnen wieder gut verschließt. Gut schließende Vorratsgefäße eignen sich ebenso für die längerfristige Lagerung.
Beachte für eine sachgerechte Aufbewahrung folgende Regeln:

- Schutz vor Feuchtigkeit (z. B. durch Kochdämpfe) und Fremdgerüche.
- Schutz vor zu hohen und niedrigen Temperaturen sowie vor Licht.
- Für die Lagerung bei ca. 15–20 °C ist ein belüfteter Speiseschrank oder ein luftiger Vorratsraum am besten geeignet.
- Verpackte Ware trägt ein Mindesthaltbarkeitsdatum, das zu beachten ist. Für lose Waren gelten folgende Richtwerte: ganze Getreidekörner ca. zwei Jahre; Flocken, Grütze, Graupen und helle Getreidemehle ca. ein halbes Jahr; Grieß, Vollkornmehle und -schrot ca. vier Wochen.

---

**1** Beurteile die ernährungsphysiologische Bedeutung der verschiedenen Getreideerzeugnisse.

**2** Erkundige dich in einer Bäckerei, welche Brötchen- und Brotsorten angeboten werden.

**3** Beurteile in Gruppen unterschiedliche Brotsorten: Macht hierzu auch Kostproben.

*Anbau und Ernte von Reis*

## Reis – das Brot Asiens

Reis ist nach Weizen die am häufigsten angebaute Getreideart. Mindestens 50 % der Menschen decken die Hälfte des täglichen Energiebedarfs mit Reis. Der asiatische Raum produziert über 90 % des weltweiten Reisertrages. Dort ist Reis das wichtigste Grundnahrungsmittel überhaupt. China, Indien, Bangladesh, Indonesien und
Thailand sind dabei die wichtigsten Anbaugebiete. Der hierzulande angebotene Reis wird vor allem aus Italien (Po-Ebene), den USA und aus Ostasien eingeführt.

### Reissorten

> Es gibt eine Vielzahl von Reissorten. Sie werden nach Länge, Form und Bearbeitung der Körner unterschieden.

### Verschiedene Formen

Langkornreis ist auch unter der Bezeichnung „Patna-Reis" bekannt. Er hat lange schmale Körner, der Kern ist hart und glasig. Nach dem Kochen wird er weiß, trocken und körnig. 75 % des Reisverbrauchs wird bei uns durch ihn gedeckt.

Rundkornreis wird auch unter der Bezeichnung „Milchreis" angeboten. Die Körner sind klein und dick, fast rund. Er gibt beim Kochen bis zu 15 % Stärke an das Wasser ab und wird sehr weich.

Mittelkornreis ist länglich, aber dicker als Langkornreis. Die Kocheigenschaften sind vergleichbar mit denen des Rundkornreises.

Beim Wildreis handelt es sich um die Körner einer dem Reis nahe verwandten Wildgetreideart, die an Fluss- und Seeufern von Kanada und einigen nördlichen US-Staaten wächst. Viele Jahrhunderte lang wurde diese Reisart von Indianern mühsam von Hand geerntet. Inzwischen wird er auch auf bewässerten Feldern angebaut. Die schwarzen, nadelförmig gebogenen Körner schmecken sehr kräftig und intensiv.

### Verschiedene Bearbeitungsverfahren

Braun-, Natur- oder Vollkornreis: Die Körner sind nur von der Hülse befreit, die Silberhaut (entspricht der Aleuronschicht) umschließt sie noch. Dieser Reis ist am wertvollsten, wird aber wegen seines hohen Fettgehalts (Silberhaut) schnell ranzig. Seine Garzeit beträgt etwa 30–35 Minuten.

Weißreis: Die Silberhaut der Körner wird abgeschliffen, die Oberfläche schimmert. Er enthält fast keine Vitamine. Häufig werden die Körner mit einer Schicht überzogen (glaciert), er bleibt dadurch sehr lange haltbar.

## Langkornreis

**Patna-Reis**

Körner kleben nach dem Garen nicht aneinander.

*Verschiedene Reissorten*

**Brauner Naturreis**

Schale ist noch vorhanden, längere Garzeit.

## Rundkornreis

**Weißer Rundkornreis**

Man benötigt zum Garen viel Flüssigkeit. Die Reiskörner kleben dabei aneinander.

Parboiled Reis wird noch in der Hülse mit Druck und Dampf behandelt. Die Vitamine und Mineralstoffe gelangen so aus der Silberhaut in das Innere des Korns. Erst dann erfolgt das Abschleifen der Silberhaut. Dieser Reis ist gelblich, beim Kochen wird er weiß, besonders locker und körnig. Inzwischen ist auch Parboiled Vollkornreis erhältlich.

Schnellkochender Reis ist ein besonders bearbeiteter Weißreis, er wird vorgegart und wieder getrocknet. Nach 5 Minuten Garzeit ist er servierfertig.

Kochbeutelreis, im Kunststoffbeutel verpackter Reis (Lang- und Rundkornreis), ist teurer als unverpackter Reis, bringt Zeit- und Arbeitsersparnis, verkürzt jedoch die Garzeit nicht.

## Reiserzeugnisse

Viele Reiserzeugnisse sind in Deutschland auch heute noch unbekannt. Supermärkte veranstalten immer wieder „asiatische Wochen", um sie dem Verbraucher näher zu bringen.

Reismehl wird aus Bruchreis hergestellt. Es findet in der asiatischen Küche Verwendung, ist auch für unsere Backwaren geeignet und allen zu empfehlen, die gegen Klebereiweiß allergisch sind.

Reisstärke und Reisflocken eignen sich zur Herstellung von Baby- und Kindernahrung sowie zur Diätkost.

Reisteigpapier sind hauchdünne Blätter aus getrocknetem Reisteig. Es wird gefüllt (ein bekanntes Gericht sind beispielsweise Frühlingsrollen) und in verschiedenen Formen und Größen angeboten. Vor der Verarbeitung weicht man es in Wasser ein.

Reisnudeln sind aus Reismehl hergestellt und dienen als Beilage asiatischer Gerichte. Sie werden frisch, tiefgefroren oder getrocknet im Handel angeboten.

Puffreis gewinnt man aus vorgequollenem Reis, der unter hohem Druck in der Puffkanone gedämpft wird. Bei Druckverminderung platzen die Reiskörner auf und vergrößern ihr Volumen. Puffreis befindet sich in Frühstücksprodukten und ist mit Schokolade überzogen in Tafelform erhältlich.

Reiswein (Sake) wird in einer stärker gesüßten Variante zum Kochen benutzt.

Arrak ist ein Reisbranntwein, den wir als Aromastoff einsetzen.

Reisessig und Reistee werden in China und Japan in vielen Varianten hergestellt und verwendet.

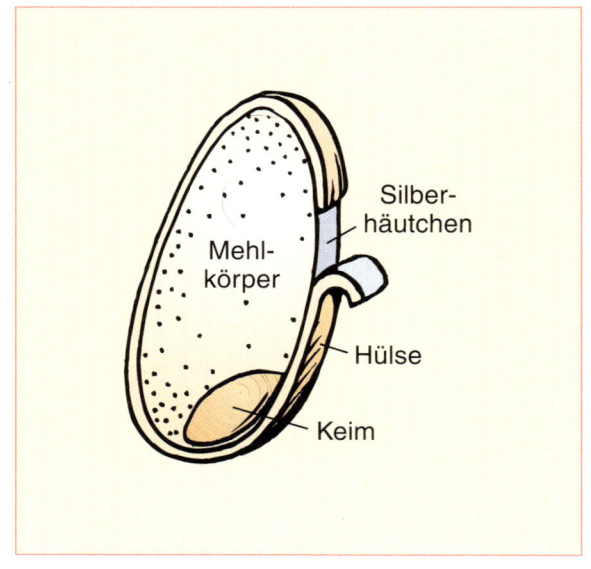

*Aufbau des Reiskorns*

*Mexikanischer Reistopf – eins von vielen leckeren Reisgerichten*

### Ernährungsphysiologische Bedeutung

Reis entspricht den Anforderungen einer gesunden Ernährung. Er sättigt sehr gut, ist leicht verdaulich, entwässert und ist stoffwechselanregend.

Meist essen wir geschälten weißen Reis. Dieser besteht in der Hauptsache aus Reisstärke (Kohlenhydrate), die langsam im Körper abgebaut werden. Der Eiweißgehalt von Reis ist geringer als der anderer Getreidearten, jedoch die biologische Wertigkeit ist etwas höher. Besonders reich an Vitaminen (E und B-Gruppe) und Mineralstoffen (Eisen, Calcium, Kalium, Phosphor) sind Braun-, Natur- und Vollkornreis, Parboiled Reis sowie Wildreis. Diese Sorten enthalten zudem Ballaststoffe, die für die Verdauungstätigkeit und Sättigung wichtig sind.

Der Energiewert ist bei Reis gering, da er kaum Fett enthält. Deshalb ist Reis auch für Reduktionsdiät und leichte Vollkost geeignet. 100 g gekochter Reis liefern ca. 1484 kJ (349 kcal).

### Verschiedene Garmethoden

Springend gekochter Reis: Reis in reichlich kochendem Salzwasser 12–15 Minuten langsam kochen, abseihen und abtropfen lassen, dann 4–5 Minuten im Sieb dem strömenden Dampf (Topf) aussetzen oder im vorgeheizten Backofen 5 Minuten bei milder Hitze trocknen oder erkalten lassen, in einer heißen Pfanne mit reichlich Butter schwenken.

Gedünsteter Reis: Für eine Tasse Reis benötigt man zwei Tassen Flüssigkeit.

Reis in kochendes Salzwasser oder in kochende Brühe einstreuen, Fett und Geschmackszutaten zugeben, zum Kochen bringen, bei geringer Hitze ausquellen lassen (30 Minuten), vorsichtig lockern, servieren oder Fett erhitzen, Reis glasig dünsten, heiße Brühe oder heißes Salzwasser zugießen, Geschmackszutaten zugeben, zum Kochen bringen, bei geringer Hitze ausquellen lassen (30 Minuten), vorsichtig lockern, servieren.

### Verwendungsmöglichkeiten

Reis lässt sich zu süßen und pikanten Gerichten verarbeiten. Unsere Reisküche wird nicht zuletzt durch die Verwendung des Woks um viele asiatische Gerichte erweitert.

Mit folgenden Garmethoden lässt sich Reis zubereiten: Kochen, Dünsten, Dämpfen, Frittieren und Backen.

| Reissorten | Reis-Flüssigkeits-Verhältnis | Garzeit |
|---|---|---|
| Patna-Reis | 1 : 2 | 20 Minuten |
| Langkornreis (brauner Reis) | 1 : 3 (4) | 40–50 Minuten |
| Basmati-Reis | 1 : 2 | 15–20 Minuten |
| Weißer Rundkornreis | 1 : 4 | 40–50 Minuten |
| Wildreis | siehe Packungsanleitung | siehe Packungsanleitung |

Diese Angaben sind ca.-Angaben. Bitte immer die Packungsanleitung beachten.

*Mengenverhältnisse (Reis gedünstet)*

*Anrichtemöglichkeiten*

## Regeln für die Vor- und Zubereitung

- Für das jeweilige Gericht die passende Reissorte auswählen.
- Möglichst nur offenen Reis verwenden.
- Reis vor dem Garen mit kaltem Wasser abbrausen.
- Reis sollte während des Quellvorgangs nicht umgerührt werden, da er sich sonst am Topfboden festsetzt.
- Damit das Reisgericht Aroma und Farbe entwickelt, werden mit dem Reis Gewürze angedünstet (z. B. Paprika, Curry, Safran).
- Gegarte Zutaten (z. B. Champignons, Gemüse) werden erst kurz vor dem Ende der Garzeit dazugegeben.
- Frische Kräuter erst zugeben, wenn der Reis fertig ist, um Vitaminverluste zu vermeiden.
- Reisprobe mit der Gabel durchführen: Die einzelnen Körner dürfen nicht aneinander kleben.

1 Tasse Reis und 2 Tassen Flüssigkeit ergeben 4 Tassen fertigen Reis.

## Lagerung

Weißen Reis sollte man an einem kühlen, trockenen und dunklen Ort aufbewahren. Am besten eignet sich ein gut schließbares Gefäß oder die Originalverpackung. Bei braunem Reis sollte man wegen des Fettanteils auf kühle und lichtgeschützte Lagerbedingungen achten, damit er nicht ranzig wird.

Bei sachgemäßer Lagerung hält sich Reis ein bis zwei Jahre.

**1** Beurteile die ernährungsphysiologische Bedeutung verschiedener Reissorten.

**2** Suche aus Kochbüchern Reisgerichte und ordne diesen geeignete Reissorten zu.

**3** Beurteile die Garmethoden „springend gekochter Reis" und „gedünsteter Reis" hinsichtlich ihres Nährwertes.

**4** Erstellt ein Plakat über die verschiedenen Reissorten.

*Kartoffelfeld während der Blütezeit*

| Sorte | Sieglinde, Nicola, Selma |
|---|---|
| Kochtyp | fest kochend |
| geeignet für | Kartoffelsalat Bratkartoffeln |

| Sorte | Granola |
|---|---|
| Kochtyp | vorwiegend fest kochend |
| geeignet für | Salzkartoffeln Bratkartoffeln Petersilienkartoffeln |

| Sorte | Irmgard, Bintje |
|---|---|
| Kochtyp | mehlig kochend |
| geeignet für | Kartoffelpüree Kartoffelknödel Kartoffelnudeln Kartoffelsuppe Kroketten |

*Kartoffelsorten mit unterschiedlichen Kocheigenschaften*

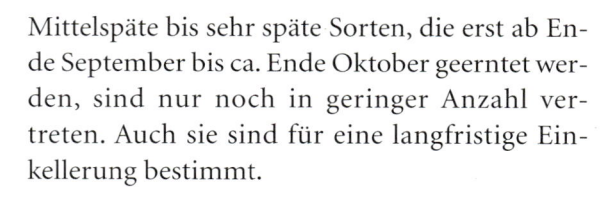

## Die Kartoffel – eine vielseitige Knolle

Das Kartoffelsortiment umfasst heute ca. 165 Sorten. Man unterscheidet nach Reifegruppen, Kocheigenschaften, Geschmack und Aussehen.

### Verschiedene Reifegruppen

Kartoffeln sind das ganze Jahr über erhältlich. Sehr frühe Sorten werden z. T. unter Folien angebaut. Dadurch gibt es bereits ab Anfang Juni Frühkartoffeln aus der neuen Ernte, die eine besondere Delikatesse sind. Für eine längerfristige Lagerung sind sie ungeeignet, denn Wasserabgabe lässt sie schnell altern und führt zum Qualitätsverlust.

Frühe Sorten werden ab Mitte Juni bis Ende August geerntet. Sie können meist bis zum Herbst gelagert werden.

Mittelfrühe Kartoffelsorten lösen die Frühkartoffeln am Markt ab. Sie werden ab Ende August geerntet und eignen sich gut für die Einkellerung.

Mittelspäte bis sehr späte Sorten, die erst ab Ende September bis ca. Ende Oktober geerntet werden, sind nur noch in geringer Anzahl vertreten. Auch sie sind für eine langfristige Einkellerung bestimmt.

### Verschiedene Kochtypen

> Die einzelnen Kartoffelsorten haben unterschiedliche Stärkegehalte und Inhaltsstoffe (z. B. Wasser).

Kartoffelgerichte gelingen besonders gut, wenn man den geeigneten Kochtyp beachtet.

Fest kochende Kartoffeln springen beim Kochen nicht auf, sind fest, feinkörnig und feucht. Vorwiegend fest kochende Sorten springen beim Garen wenig auf, sind mäßig feucht und feinkörnig.

Mehlig kochende Kartoffeln mit hohem Stärkeanteil kochen locker, springen stärker auf, sind trockener und grobkörnig.

*Hitzesterilisierte Kartoffeln*

*Kartoffelchips*

*Tiefgefrorene Kartoffelkroketten*

*Kartoffelknödel aus Knödelmehl*

*Verschiedene Kartoffelerzeugnisse*

## Kartoffelerzeugnisse

Der Verzehr von frischen Kartoffeln als Grundnahrungsmittel ist bei uns leider rückläufig. Stark zugenommen dagegen hat der Verbrauch von industriell verarbeiteten Kartoffelerzeugnissen. Gründe hierfür sind die schnelle und problemlose Zubereitung der brat-, back- oder kochfertigen Erzeugnisse sowie die Geschmacksvielfalt der Knabberprodukte. Man unterscheidet folgende Erzeugnisse:

Kartoffelnassprodukte, z. B. hitzesterilisierte Kartoffeln, meist in Dosen und Gläsern abgefüllt, oder Kartoffelsalat.

Frittier- und Bratprodukte, z. B. Knabbererzeugnisse wie Sticks und Chips sowie vorfrittierte Pommes frites. Diese haben meistens hohe Energiewerte.

Tiefgefrierprodukte sind beispielsweise Klöße, Kartoffelstreifen für Pommes, Kroketten oder Kartoffelpuffer. Tiefgefrieren ist heute die gebräuchlichste Art der Konservierung von Kartoffelprodukten. Durch Schockgefrierverfahren und eine lückenlose Tiefkühlkette ist die gleich bleibende Qualität gewährleistet.

Trockenprodukte wie z. B. Trockenspeisekartoffeln, Trockenkartoffelpüree, Knödelmehl, Trockenproduktmischungen für Reibekuchen (Kartoffelpuffer).

## Nährwerttabelle
### Kartoffeln und Kartoffelerzeugnisse

| | Energie | | Hauptnährstoffe | | | Gesamt-ballast-stoffe | Mineralstoffe | | | | | Vitamine | | | |
|---|---|---|---|---|---|---|---|---|---|---|---|---|---|---|---|
| | | | Eiweiß (Protein) | Fett | Kohlen-hydrate | | Natrium | Kalium | Calcium | Phos-phor | Eisen | B1 | B2 | Niacin | C |
| | kJ | kcal | g | g | g | g | mg | mg | mg | mg | mg | mg | mg | mg | mg |
| Kartoffeln, roh | 298 | 70 | 2,0 | + | 14,8 | 2,1 | 3,4 | 411 | 6 | 50 | 0,4 | 0,11 | 0,05 | 1,22 | 17,0 |
| Kartoffel, gebacken mit Schale | 361 | 85 | 2,5 | + | 17,9 | 3,1 | 4,0 | 547 | 12 | 61 | 0,9 | 0,11 | 0,05 | 1,40 | 17,0 |
| Kartoffel, gekocht | 298 | 70 | 2,0 | + | 14,8 | 1,7 | 3,0 | 443 | 10 | 50 | 0,8 | 0,10 | 0,05 | 1,20 | 14,0 |
| Kartoffelklöße, halb u. halb | 408 | 100 | 1,8 | + | 21,3 | 1,1 | 280 | 167 | 26 | 93 | 1,1 | 0,03 | 0,74 | 0,3 | 10 |
| Kartoffelchips | 2241 | 539 | 5,5 | 39,4 | 40,6 | – | 450,0 | 1000 | 52 | 147 | 2,3 | 0,22 | 0,10 | 3,40 | 8,0 |
| Kartoffelsticks | 2059 | 494 | 6,5 | 31,5 | 46,1 | – | 720,0 | 1160 | 60 | 169 | 2,6 | 0,23 | 0,10 | 3,40 | 8,0 |
| Pommes frites, ungesalzen | 1215 | 290 | 4,2 | 14,5 | 35,7 | – | 6,0 | 926 | 20 | 105 | 1,7 | 0,14 | 0,09 | 2,50 | 28,0 |
| Ofen frites, verzehrfertig | 1076 | 257 | 4,1 | 9,7 | 37,5 | 2,5 | 128 | 1060 | 24 | 114 | 1,8 | 0,14 | 0,18 | 2,50 | 25,0 |
| Kartoffelbrei | 314 | 75 | 2,0 | 1,9 | 12,2 | 1,4 | 166 | 259 | 42 | 85 | 0,6 | 0,07 | 0,09 | 0,3 | 9 |
| Bratkartoffeln | 673 | 161 | 2,5 | 8,0 | 19,2 | 2,2 | 250 | 420 | 12 | 66 | 1,1 | 0,09 | 0,09 | 1,2 | 16 |
| Kartoffelpuffer (TK) | 1221 | 292 | 3,2 | 19,2 | 25,7 | 1,8 | 452 | 223 | 15 | 71 | 1,1 | 0,07 | 0,22 | 0,6 | 6 |
| Rösti (TK) | 840 | 201 | 2,5 | 9,8 | 25,1 | 2,7 | 457 | 442 | 15 | 49 | 1,1 | 0,08 | 0,07 | 1,2 | 8 |

je 100 g verzehrbarer Anteil

**Zeichenerklärung**
kcal = Kilokalorie (1 kcal = 4,184 kJ)  mg = Milligramm (1 mg = 0,001 g)  + = Inhaltsstoff nur in Spuren vorhanden
kJ = Kilojoule  g = Gramm  – = es liegen keine Daten vor

**Quellen**
Die Zusammensetzung der Lebensmittel, Wissenschaftliche Verlagsgesellschaft mbH, Stuttgart
Nährstoffe in Lebensmitteln, Umschau Verlag, Frankfurt

*Die Kartoffel enthält wichtige Nährstoffe*

## Ernährungsphysiologische Bedeutung

Zu Recht wird die Kartoffel oft als „tolle Knolle" bezeichnet. Sie schmeckt gut und ist vielseitig verwertbar, sie lässt sich zu Suppen, Beilagen, Mehlspeisen und Gebäck verarbeiten.

> Die Kartoffel enthält wichtige Nährstoffe für unseren Organismus.

Durch ihren Kohlenhydratgehalt in Form von Stärke, die langsam abgebaut wird, bleibt der Blutzuckerspiegel konstant. Voraussezung dafür ist aber eine vollständige Spaltung der Stärke zu Glukose, da nur dieses Kohlenhydrat von allen Organen verwertet werden kann. Eine nicht aufgeschlossene Kartoffelstärke in rohen Kartoffeln kann von den Verdauungssäften des menschlichen Magen-Darm-Traktes nicht abgebaut werden.

Ballaststoffe bewirken, dass das Sättigungsgefühl länger anhält. Der Eiweißgehalt liegt zwar nur bei ca. 2 %, die biologische Wertigkeit von Kartoffeleiweiß ist jedoch sehr hoch. Fett ist nur in Spuren vorhanden, deshalb ist die Kartoffel energiearm und leicht verdaulich. Petersilienkartoffeln oder Kartoffelpüree sind ideal für Schonkost und Reduktionsdiät.

Der Fett- und Energiegehalt kann durch verschiedene Zubereitungsmethoden beträchtlich erhöht werden:

Kartoffelsalat mit Majonäse, Pommes frites, Bratkartoffeln, Röstis und Kroketten sind schwer verdaulich, da sie mit Fett zubereitet werden.

Der Anteil an Mineralstoffen liegt bei Kartoffeln bei ca. 1 %. Hier ist besonders Kalium hervorzuheben. Bis zu einem Drittel des Tagesbedarfs kann von Kartoffeln gedeckt werden. Die Kartoffel liefert ebenso Vitamine, z. B. C und B, allerdings tritt durch ungünstige Zubereitungsverfahren und durch lange Lagerung ein Verlust an Vitamin C ein.

Kartoffeln zählen zu den nitratarmen Nahrungsmitteln.

*Richtige Lagerung im Keller*

*Das muss auf der Verpackung stehen*

## Einkauf

Der Verbraucher sollte Kartoffeln von hoher Qualität kaufen, z. B. Handelsklasse „Extra" oder „I".

> Speisekartoffeln sollten sortenrein, gesund, fest, unbeschädigt, sauber und trocken sein.

Eine Grünfärbung weist auf den Giftstoff Solanin hin. Verpackte Speisekartoffeln unterliegen der Kennzeichnungspflicht:
- Verkehrsbezeichnung, z. B. Speisekartoffeln, Speisefrühkartoffeln
- gesetzliche Handelsklasse
- Kochtyp
- Füllgewicht
- Name und Anschrift des Abpackbetriebs bzw. des Verkäufers

## Lagerung

Gute Lagerräume für Kartoffeln sind kühle, frostfreie, trockene und abgedunkelte Keller oder Vorratsräume. Durch Frost wird die Stärke der Kartoffeln teilweise zu Zucker abgebaut, die Kartoffeln werden dann süß. Das Abdecken der Knollen mit Papier und Säcken verhindert die Solaninbildung und ein vorzeitiges Welken. Erhöhte Lattenroste ermöglichen eine Luftzufuhr von unten.

## Küchenpraktische Tipps

- Kartoffeln erst kurz vor dem Garprozess verarbeiten, sonst werden sie braun.
- Einlegen in kaltes Wasser vermeiden (Vitamin- und Mineralstoffverlust).
- Grüne Stellen entfernen, nicht mitverzehren.
- Kartoffeln möglichst mit Schale garen, dadurch geringer Nährstoffverlust.
- Nährstoffschonende Garmethoden wählen: dünsten, dämpfen, garen in der Mikrowelle.
- Für die gewünschte Kartoffelspeise den geeigneten Kochtyp wählen.
- Kartoffeln zeitlich so garen, dass sie sofort serviert werden können.
- Für Kartoffelspeisen Salz sparsam verwenden. Besser geeignet sind frische Kräuter oder Gewürze (z. B. Kümmel).

**1** Findet unterschiedliche Garmethoden, mit denen Kartoffelgerichte zubereitet werden können. Beurteilt den Nährstoff- und Energiegehalt.

**2** Die Kartoffel hat eine interessante Geschichte. Informiert euch darüber (Geschichtslehrer, Internet, Broschüren)!

*Verschiedene Zuckersorten*

*Imker bei der Arbeit*

## Süßungsmittel

### Zucker

> Zucker ist ein von Natur aus farbloses, reines Kohlenhydrat von kristalliner Struktur.

Handelsüblicher Zucker wird aus Zuckerrüben und Zuckerrohr gewonnen. Bei uns ist der Rübenzucker am gebräuchlichsten.
Im Handel sind hoch gereinigter weißer Zucker oder brauner Zucker, der nicht vollständig gereinigt oder mit Zuckercouleur gefärbt ist, erhältlich. Zuckersorten werden nach besonderen Formmerkmalen sowie dem jeweiligen Bearbeitungsverfahren unterschieden. Kristallzucker wird im Haushalt am häufigsten verwendet. Der Raffinadezucker ist besonders reiner weißer Zucker bester Qualität, der grobe, mittelfeine oder feine Kristallbildung hat. Weitere Zuckersorten sind Würfelzucker, Puderzucker, Gelierzucker, Hagelzucker, Zuckerhut, Kandis, Vanille- und Vanillinzucker. Zucker erfüllt in der Küche verschiedene Funktionen, er dient als Süßungsmittel, Backzutat, Würzmittel sowie Konservierungsmittel. Karamellisierter Zucker bildet natürliche Farb-, Geschmacks- und Aromastoffe.

#### Ernährungsphysiologische Bedeutung

Zucker ist ein Energielieferant: 100 g liefern 1650 kJ (394 kcal). Haushaltszucker besteht ausschließlich aus Doppelzucker, der schnell ins Blut geht. Er enthält keine Mineralstoffe, Vitamine oder Ballaststoffe.
Das hat ihm die Bezeichnung „leerer Energieträger" eingebracht. Hoher Zuckerverzehr kann zu Engpässen in der Vitamin-$B_1$-Versorgung führen, da dieses Vitamin zum Abbau von Kohlenhydraten benötigt wird. Ebenso kann Zucker Übergewicht, Karies und Parodontose verursachen.

### Honig

Honig als Süßungsmittel kannten die Menschen schon lange vor dem Zucker.

> Honig ist ein flüssiges, dickflüssiges oder kristallines Lebensmittel, das von Bienen erzeugt wird.

Man unterscheidet folgende Honigsorten: Blütenhonig, z. B. Klee-, Linden- oder Rapshonig. Die Bienen sammeln den reifen, süßen Saft aus dem Blütennektar und verarbeiten ihn. Honigtauhonige (Waldhonig), z. B. Tannen, Fichten- oder Blatthonige. Honigtau ist die zuckerreiche Ausscheidung von Insekten auf den Nadeln und Blättern von Waldbäumen. Er ist dunkler und teurer als Blütenhonig.

> Honig wird in der Küche nicht nur als Brotaufstrich, sondern auch zum Backen sowie zum Süßen von Speisen verwendet.

| **Zuckeraustauschstoffe** | **Im Handel erhältliche Süßstoffe** |
|---|---|
| Fruktose (Fruchtzucker) | Saccharin |
| Isomalt | Cyclamat |
| Lactit | Saccharin-Cyclamat-Mischungen |
| Maltit | Aspartam |
| Mannit | Acesulfam |
| Sorbit | |
| Xylit | |

*Kalorienhaltige Zuckeraustauschstoffe*  *Kalorienfreie Süßstoffe*

### Ernährungsphysiologische Bedeutung

Honig ist ein Gemisch aus Frucht- und Traubenzucker (Invertzucker). Der Einfachzucker geht sehr schnell ins Blut und gibt rasch Energie: 100 g Honig liefern 1270 kJ (300 kcal). Weitere Inhaltsstoffe des Honigs machen ihn wertvoller als Zucker: Mineralstoffe, Enzyme, Säuren, Aroma- und Geschmacksstoffe. Zu beachten ist aber, dass auch Honig kariesfördernd ist.

### Einkauf und Lagerung von Zucker und Honig

Zucker und Honig unterliegen ebenso der gesetzlichen Kennzeichnungsverordnung wie andere Lebensmittel.

Zucker ist bei trockener Lagerung fast unbegrenzt haltbar. Honig von guter Qualität zeigt ein gleichmäßiges Aussehen, ist zähflüssig oder fest. Kandierter Honig wird wieder weich, wenn man ihn im Wasserbad (bis ca. 40 °C) erwärmt. Bei sachgerechter Lagerung hält Honig viele Monate. Das Honigglas stets gut verschließen, da Honig Feuchtigkeit anzieht und Fremdgerüche annimmt.

### Weitere Süßungsmittel

Zuckeraustauschstoffe, z. B. Fruktose, Isomalt o. a., werden im Gegensatz zu Traubenzucker vom Körper langsamer aufgenommen. Sie dienen z. B. Zuckerkranken als Ersatz für Haushaltszucker, da sie ohne Insulin verwertet werden können. Zuckeraustauschstoffe enthalten jedoch Kalorien, die bei einer Diät berücksichtigt werden müssen. Zudem können diese bei höheren Mengen Blähungen und Durchfall verursachen.

Süßstoffe sind z. B. Saccharin, Cyclamat u. a.

> Süßstoffe liefern keine Energie und verfügen über eine deutlich höhere Süßkraft als Zucker.

1 g Saccharin entspricht ca. 500 g Haushaltszucker. Im Handel werden mit Süßstoff gesüßte Produkte und Tafelsüßen angeboten. Süßstoffe können flüssig, als Tabletten oder Pulver zum Süßen von Getränken, Cremes, Soßen oder zur Herstellung von Kuchen, Gebäck und Konfitüren verwendet werden. Sie sind nicht nur für Diabetiker, sondern für alle Verbraucher geeignet, die ihre Energiezufuhr verringern und ihre Zähne vor Karies schützen wollen.

1. Von der Rübe zum Zucker: Erkundige dich über die Zuckerherstellung.
2. Berichte über lebensmittelrechtliche Bestimmungen, die auf einem Honigglas anzugeben sind.
3. Lest die Zutatenliste von Light-Getränken und untersucht welche Süßungsmittel verwendet wurden.

*Obst und Gemüse: Iss davon reichlich*

**Vitamine**
Fettlösliche Vitamine: A, D, E, K
Wasserlösliche Vitamine: B, Folsäure, C

**Mineralstoffe**
Mengenelemente: Calcium, Kalium, Natriumchlorid, Phosphor, Magnesium
Spurenelemente: Eisen, Jod, Fluor

**Sekundäre Pflanzenstoffe, Ballaststoffe**
Schutz- und Reglerstoffe: Schutz vor Krebs, Anregung der Darmtätigkeit

*Grundwissen Vitamine, Mineralstoffe, Begleitstoffe*

## Gemüse und Obst

Gemüse (einschließlich Hülsenfrüchte) und Obst sind unverzichtbare Bestandteile einer gesunden Ernährung. Sie lassen sich in vielen Variationen auf den Tisch bringen. Das Angebot an frischem Gemüse und Obst ist vielfältig und abwechslungsreich – der Verbraucher kann ganzjährig aus dem Vollen schöpfen. Dabei gewinnen die neuen Anbauverfahren in der Landwirtschaft zunehmend an Bedeutung. Gemüse und Obst aus „natürlichem", „biologischem", „ökologischem" und „kontrolliertem" Anbau ist gefragt.

> Als Gemüse bezeichnet man die roh oder nach besonderer Zubereitung genießbaren Teile meist einjähriger Pflanzen, die der menschlichen Ernährung dienen.

Frischgemüse wird angeboten als Blattgemüse, Frucht-, Knollen- und Wurzelgemüse, Kohlgemüse, Hülsenfrüchte, mehrjähriges Stängel- oder Sprossgemüse, Zwiebel- und Wildgemüse.

> Obst ist der Sammelbegriff für alle essbaren Früchte von mehrjährigen Pflanzen.

Bei den Obstarten wird unterschieden zwischen Kern- und Steinobst, Beerenobst, Südfrüchten (exotische Früchte, Zitrusfrüchte), Schalenobst und Wildfrüchten.

### Gemüseerzeugnisse

Gemüse wird im Haushalt und in der Lebensmittelindustrie für die längerfristige Vorratshaltung zu Tiefkühlkost, Sauergemüse (z. B. eingelegte Gurken, Mixed Pickles), Trockengemüse sowie Gemüsekonserven verarbeitet. Gemüsekonserven werden in luftdicht verschlossenen Behältern bei Temperaturen über 100 °C sterilisiert (z. B. Bohnen, Spargel, Mischgemüse. Gemüsesäfte und Gemüsenektar zählen zu den flüssigen Erzeugnissen.

### Obsterzeugnisse

Bei der Verarbeitung sollen die wertbestimmenden Inhaltsstoffe sowie Eigenschaften soweit wie möglich geschont werden. Gesundes, frisches, reifes Obst wird durch Wärmebehandlung als Obstkonserve haltbar gemacht. Ganze, halbierte Früchte oder nur Fruchtteile werden in eine Zuckerlösung eingelegt. Aus Äpfeln, Pflaumen und Zwetschgen wird gerne Mus hergestellt. Erdbeeren, Himbeeren, Heidelbeeren und Sauerkirschen werden als Tiefkühlprodukte verarbeitet. Tiefgefrorenes Obst bewahrt sein ernte-frisches Aroma; Nährstoffe und Vitamine bleiben weitgehend erhalten. Gelees, Marmeladen, Konfitüren, kandierte Früchte, wie z. B. Cocktailkirschen oder Orangeat, Trockenobst sowie Obstsäfte sind weitere Erzeugnisse heimischer oder exotischer Früchte.

## Eisengehalt in mg pro 100 g

- Spinat: 3,2
- Schwarzwurzeln: 3,0
- Fenchel: 2,7
- Gelbe Rüben: 2,1
- Linsen, gekocht: 2,1

*Eisengehalt ausgewählter Gemüsearten*

## β-Carotingehalt in mg je 100 g

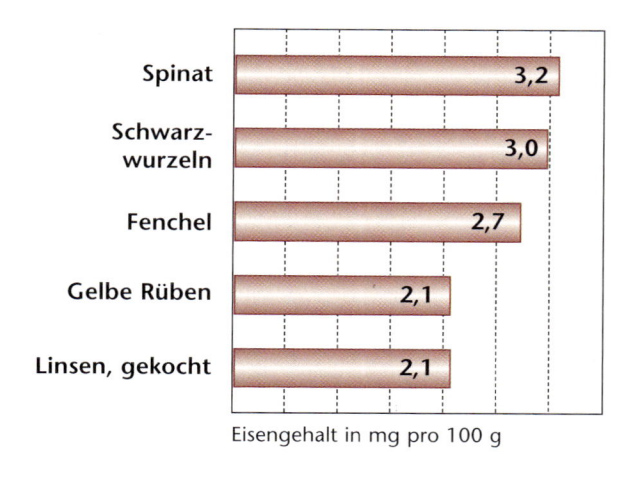

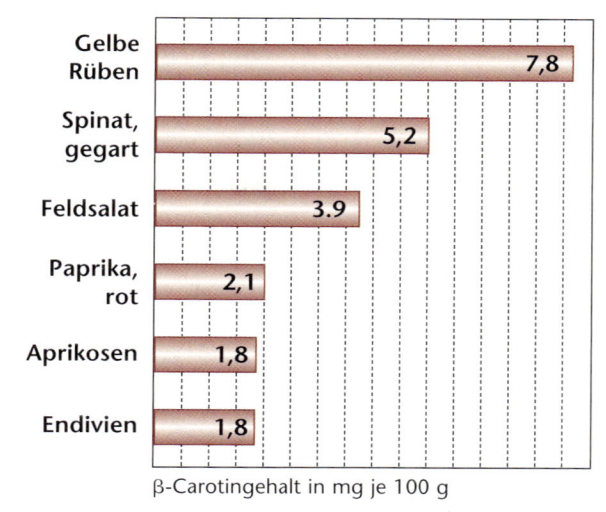

- Gelbe Rüben: 7,8
- Spinat, gegart: 5,2
- Feldsalat: 3,9
- Paprika, rot: 2,1
- Aprikosen: 1,8
- Endivien: 1,8

*β-Carotingehalt ausgewählter Obst- und Gemüsearten*

## Ernährungsphysiologische Bedeutung

**Gemüse** ist fettarm und wasserreich, deshalb ist der Energiegehalt niedrig.

Im Rahmen einer ausgewogenen Mischkost liefert Gemüse reichlich Ballaststoffe, Vitamine (besonders C, Folsäure, $B_1$, $B_2$, $B_6$ und β-Carotin als Vorstufe von Vitamin A) sowie wichtige Mineralstoffe (z. B. Kalium, Magnesium, Phosphor). Einige Gemüsearten, wie z. B. Spinat oder Gelbe Rüben, enthalten nennenswerte Mengen an Eisen. Besonders positiv zu bewerten ist der niedrige Natriumgehalt.

Mehr Beachtung auf unserem Speiseplan sollten Hülsenfrüchte finden, denn Bohnen, Erbsen und Linsen sind reich an hochwertigem pflanzlichen Eiweiß und Ballaststoffen (siehe „Hülsenfrüchte" Seite 119).

Gemüse enthält außerdem eine Vielzahl von sekundären Pflanzenstoffen, deren gesundheitsfördernde Wirkung seit einigen Jahren im Blickpunkt der Ernährungsforschung steht.

Die Verdaulichkeit von rohem Gemüse ist unterschiedlich: Feingemüse wie Blattsalate, Blattgemüse sind leicht verdaulich, Grobgemüse wie Rettich, Gurken, Kraut sind schwerer verdaulich.

**Obst** zeichnet sich – mit Ausnahme von Nüssen und Trockenobst – aufgrund seines hohen Wassergehalts durch einen niedrigen Energiewert aus.

Die Kohlenhydrate des Obstes setzen sich vor allem aus Einfachzucker (Traubenzucker, Fruchtzucker) und Vielfachzucker (Cellulose, Pektine) zusammen. Während Traubenzucker und Fruchtzucker vom Körper schnell aufgenommen und in Energie umgesetzt werden, gehören Cellulose und Pektine zu den unverdaulichen, Wasser bindenden Ballaststoffen. Sie regen die Darmtätigkeit positiv an und sind in der Lage, aufgrund ihrer sehr hohen Quellwirkung im Darm giftige Zersetzungsprodukte von Mikroorganismen aufzunehmen und auszuscheiden. Beim Vitamingehalt steht das Vitamin C im Vordergrund, aber auch β-Carotin als Vorstufe von Vitamin A sowie die Vitamine der β-Gruppe sind nennenswert.

Die wesentlichen Mineralstoffe sind Kalium, Calcium, Magnesium, Natrium und Eisen, die wichtige Stoffwechselvorgänge beeinflussen.

Fruchtsäuren sowie andere Geschmackskomponenten des Obstes erfrischen und regen den Appetit an.

> Obst enthält ebenso wie Gemüse sekundäre Pflanzenstoffe, die zur Vermeidung zahlreicher Krankheiten beitragen können.

## fünfmal am Tag
## Obst und Gemüse

375 g Gemüse
(davon ca. 200 g gegart,
100 g roh und 75 g als Salat)
und 250–300 g Obst
(ca. 2 Stück oder 2 Portionen)

**Betacarotine**
- antikanzerogen
- antimikrobiell
- cholesterinsenkend
- stärken die Abwehrkräfte

**Glucosinolate**
- antikanzerogen
- antimikrobiell
- cholesterinsenkend

**Sulfide**
- antikanzerogen
- antimikrobiell
- antioxidativ
- entzündungshemmend
- blutdruckregulierend
- cholesterinsenkend

**Flavonoide**
- antikanzerogen
- antimikrobiell
- antioxidativ
- entzündungshemmend
- blutdruckregulierend
- cholesterinsenkend

*Sekundäre Pflanzenstoffe und ihre Wirkung*

### „5 am Tag – Obst und Gemüse"

Unter diesem Motto starteten zahlreiche Organisationen, Mediziner und Wissenschaftler eine Gesundheitskampagne, um die positiven gesundheitlichen Wirkungen eines regelmäßigen Gemüse- und Obstverzehrs aufzuzeigen. „5 am Tag – Obst und Gemüse": diese Aussage beinhaltet die zentrale Botschaft, dass mindestens fünf Portionen Gemüse und Obst täglich verzehrt werden sollen.

Im Mittelpunkt der Forschung stand, welche gesundheitsfördernden Wirkungen sekundäre Pflanzenstoffe haben können. Wissenschaftliche Studien belegen, dass diese Pflanzenstoffe ihren Beitrag zur Vorbeugung von Krebs leisten, vor Infektionen schützen und das Immunsystem stärken. Ebenso mildern sie das Risiko für Herz- und Kreislauferkrankungen.

Sie sollen möglichst in Form ihres natürlichen Vorkommens aufgenommen werden. Die empfohlenen fünf Portionen Obst und Gemüse am Tag lassen sich schnell und leicht verwirklichen.

> Fünf Portionen entsprechen: „5-mal eine Hand voll" Obst und Gemüse. Große Hände, große Portion; kleine Hände, kleine Portion.

Ob als frische Gemüsestreifen, Auflauf und Pizza mit Gemüse, bunter Salat und Rohkost oder als frisches Obst, Säfte, Obstkonserven, Desserts und Milchshakes – Gemüse und Obst lassen sich in vielen Variationen in den täglichen Speisezettel einbauen.

Mach' mit beim Schlemmen durch die abwechslungsreiche Obst- und Gemüsepalette – deiner Gesundheit zuliebe.

*Obst und Gemüse – je frischer, desto mehr Vitamine, Mineralstoffe und sekundäre Pflanzenstoffe*

### Tipps für Einkauf und Lagerung

Jedes Gemüse und Obst hat seine Saison. Dann wird es besonders reichlich und preiswert angeboten. Bevorzuge heimische Produkte aus dem biologischen Anbau, denn diese sind meist unbehandelt und ungespritzt.

> Achte bei Obst und Gemüse auf Frische und Reifezustand.

Angefaulte, verschimmelte Produkte können gesundheitsschädlich sein. Unreif geerntete Produkte schmecken fade, sind hart und ohne Aroma.

Obst und Gemüse werden im Handel nach Güteklassen eingeteilt. Hierfür gelten für die meisten Arten die Qualitätsnormen der Europäischen Union (EU-Norm). Diese beziehen sich nur auf äußere Merkmale (Größe, Aussehen), sie beinhalten keine weiteren Bestimmungen in Bezug auf Inhaltsstoffe, Geschmack und Schadstoffe.

Frisches Obst und Gemüse sollte grundsätzlich nur kurzfristig gelagert werden, um Vitaminverluste zu vermeiden. Am günstigsten bewahrt man Obst und Gemüse kühl und dunkel auf (z. B. im Gemüsefach des Kühlschranks, in kühlen Keller- und Speiseräumen).

Gemüse niemals neben Obst lagern. Dadurch können schnellere Reifeprozesse und die Übertragung von Fremdgeschmack erfolgen.

### Regeln für die Vor- und Zubereitung

- Nährstoffe erhalten und Schadstoffe reduzieren.
- Gemüse und Obst erst vor der Zubereitung unzerkleinert, kurz, aber gründlich waschen und bis zur Weiterverarbeitung abdecken.
- Salate sorgfältig putzen und die äußeren Blätter entfernen.
- Gemüse und Obst schälen oder schaben (z. B. Karotten, Gurken, Äpfel).
- Gemüse und Obst mit wenig Wasser schonend garen (z. B. dünsten, dämpfen), häufiges Umrühren und längeres Warmhalten vermeiden.

---

**1** Erstellt in Gruppenarbeit eine Collage über Obst und Gemüse, die über wichtige Inhaltsstoffe informiert.

**2** Projektvorschlag: Erstellt unter dem Motto „5 am Tag" ein Obst-Gemüse-Büfett für die Pause.

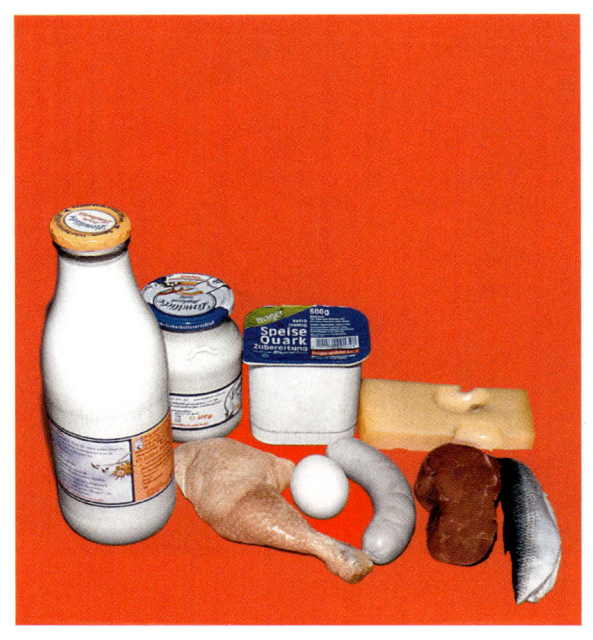

*Eiweißreiche Lebensmittel*

Aus den Grundstoffen Kohlenstoff (C), Wasserstoff (H), Sauerstoff (O) und Stickstoff (N) entstehen die niedermolekularen Bausteine.

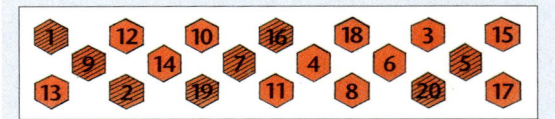

Wir kennen 20 Aminosäuren, die für unseren Körper wichtig sind.
8 Aminosäuren müssen wir mit der Nahrung aufnehmen, da sie der Organismus nicht selbst aufbauen kann. Diese Aminosäuren sind für uns **essentiell**, d. h. lebensnotwendig.
Schließen sich mehrer Aminosäuren zusammen, entstehen Eiweißstoffe.

**Aufgaben im Organismus:**
Baustoff für Körperzellen
Zusätzlich Energielieferant

*Grundwissen Eiweiß*

## Milch und Milchprodukte

Milch ist eines der eiweißreichsten Lebensmittel und das einzige Erzeugnis, das sich von Natur aus unverändert als Nahrungsmittel eignet. Da Milch zu den am leichtesten verderblichen Nahrungsmitteln zählt, müssen bei ihrer Gewinnung sowie der Be- und Verarbeitung umfangreiche Hygienemaßnahmen eingehalten werden.

### Bearbeitungsformen von Milch

Da die Reinigungsfiltration der Milch auf dem Bauernhof über Wattescheiben nur gröbere Schmutzteilchen zurückhält, wird die Milch in der Molkerei in Zentrifugen gereinigt, die weitere Verunreinigungen aus der Milch entfernen. Gleichzeitig findet eine Trennung in Magermilch und Rahm statt. Der Rahm wird in entsprechender Menge direkt oder nach der Wärmebehandlung der Magermilch wieder zugemischt. So lässt sich der Fettgehalt einstellen. Der Fettgehalt bei Vollmilch beträgt 3,5 %, bei teilentrahmter (fettarmer) Milch 1,5–1,8 % und bei entrahmter Milch (Magermilch) 0,3 %.

### Verschiedene Erhitzungsverfahren

#### Pasteurisieren
Die Milch wird schonend und kurz bei ca. 75 °C etwa 40 Sekunden erhitzt. Es entsteht die Frischmilch.

#### Ultrahocherhitzen
Bei diesem Verfahren wird die Milch für Sekunden auf 135–150 °C erhitzt. Diese Milch nennt man H-Milch. Die H-Milch (haltbare Milch) enthält nur noch selten vermehrungsfähige Keime und ist ohne Kühlung bis zu sechs Wochen haltbar. Ist die Packung geöffnet, sollte sie ebenfalls innerhalb von ca. drei Tagen verbraucht werden.

#### Sterilisieren
Die Milch wird in der Verpackung ca. 15–30 Minuten bei 120 °C erhitzt. Es entstehen dabei Eiweißveränderungen und Vitaminverluste. Bei ungeöffneter Verpackung ist sie bis zu einem Jahr ungekühlt haltbar, da sie frei von Keimen ist. Diese Milch nennt man Sterilmilch.
Nach der Wärmebehandlung wird die Milch meist homogenisiert. In der Milch kommt Fett in relativ großen Fetttropfen vor. Diese setzen

Nicht homogenisierte Milch    Homogenisierte Milch

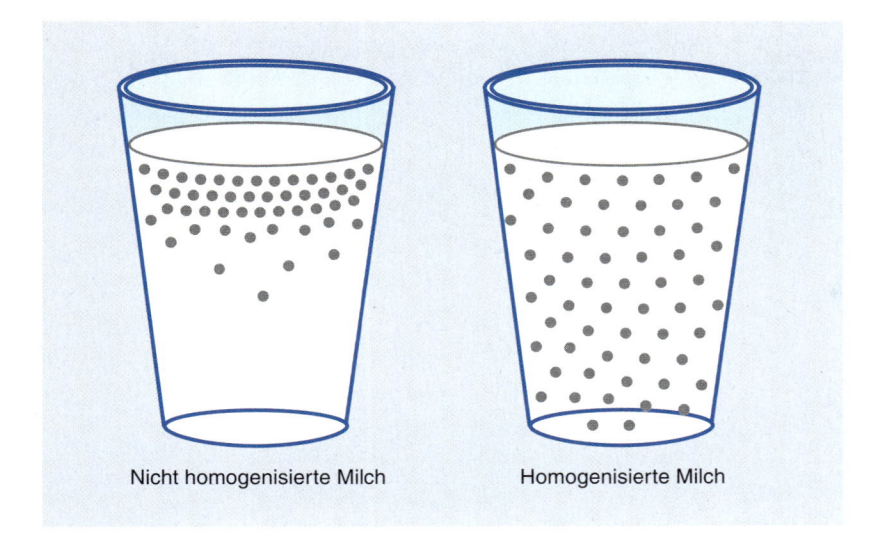

sich als Rahmschicht oben ab. Bei der Homogenisierung wird die Milch unter Druck durch eine haarfeine Düse gepresst. Dabei werden die Fettkügelchen so fein zerkleinert, dass sie sich gleichmäßig in der Milch verteilen und sich nicht als Rahmschicht absetzen.

> Durch Erhitzen der Milch sollen vorhandene Keime abgetötet und auch die Haltbarkeit verlängert werden.

## Milcharten und Bezeichnungen

*Konsummilch* ist der Sammelbegriff für frische und haltbare Trinkmilch mit unterschiedlichem Fettgehalt.

*Rohmilch* ist weder erhitzt noch molkereimäßig bearbeitet.
Sie darf wegen der eventuell vorhandenen krankheitserregenden Mikroorganismen nur unter besonderen Bedingungen direkt vom Erzeuger auf seinem Hof als „Milch ab Hof" an den Verbraucher abgegeben werden.

*Vorzugsmilch* ist eine amtlich besonders überwachte Milchsorte, die in ihrer natürlichen Beschaffenheit mit unverändertem Fettgehalt roh (nicht erhitzt) in den Verkehr gebracht wird. Aus diesem Grund sind die Anforderungen an den Gesundheitszustand der Kühe, an die laufende Überprüfung und Beschaffenheit der Milch, an Behandlung, Verpackung und Beförderung besonders streng. Der Gesundheitszustand des Personals wird ebenfalls systematisch überwacht.

*Wärmebehandelte* Konsummilch ist molkereimäßig bearbeitet und nach einem der amtlich anerkannten Wärmebehandlungsverfahren pasteurisiert, ultrahocherhitzt oder sterilisiert worden.

## Milcherzeugnisse

Die Vielfalt der Milcherzeugnisse ist riesengroß und kaum noch zu überschauen.

Zu *gesäuerten Milcherzeugnissen* zählen Sauermilch/Sauermilcherzeugnisse (Dickmilch), Crème fraîche, Jogurt/Jogurterzeugnisse, Kefir/Kefirerzeugnisse, Buttermilch/Buttermilcherzeugnisse.

Zu den *Rahmerzeugnissen* zählen Schlagsahne, Kaffeesahne, Butter.

Zu *Käse* zählen Hartkäse (z. B. Emmentaler), Schnittkäse (z. B. Tilsiter), Halbfester Schnittkäse (z. B. Butterkäse), Weichkäse (z. B. Camembert), Frischkäse (z. B. Speisequark), Schmelzkäse.

*Kondensmilch* ist vor allem eine eingedickte Milch. Sie ist für die Süßwarenindustrie von Bedeutung.

*Trockenmilch* (Milchpulver) ist wichtig als Vorprodukt für die Herstellung von Säuglingsmilchnahrung.

| Nährstoffe | Gehalt | Zufuhr-Empfehlungen | | |
|---|---|---|---|---|
| | in 1/2 Liter Vollmilch | Kinder 7–10 Jahre | Jugendliche 15–19 Jahre | Erwachsene 25–51 Jahre |
| Eiweiß | 16,5 g | 27 g | 47–60 g*) | 48–59 g |
| Calcium | 600 mg | 800 mg | 1200 mg | 900 mg |
| Phosphor | 500 mg | 1200 mg | 1600 mg | 1400 mg |
| Kalium | 750 mg | 1600 mg | 2000 mg | 2000 mg |
| Magnesium | 60 mg | 170 mg | 350–400 mg | 300–350 mg |
| Jod | 37,5 mg | 140 mg | 200 mg | 200 mg |
| Vitamin A | 0,2 mg | 0,80 mg | 0,9–1,1 mg | 0,8–1,0 mg |
| Vitamin $B_1$ | 0,2 mg | 1,1 mg | 1,3–1,6 mg | 1,1–1,3 mg |
| Vitamin $B_2$ | 0,85 mg | 1,2 mg | 1,7–1,8 mg | 1,5–1,7 mg |
| Vitamin $B_{12}$ | 2,5 eg | 1,8 eg | 3,0 $\mu$g | 3,0 eg |

*) Niedriger Wert jeweils für Frauen, hoher Wert für Männer

**Quellen**
Renner, E. und Renz-Schauen, A.: Nährwerttabellen für Milch und Milchprodukte, Gießen 1996
Deutsche Gesellschaft für Ernährung: Empfehlungen für die Nährstoffzufuhr, Frankfurt a. M. 1995

*Ein halber Liter Vollmilch täglich trägt wesentlich zur vollwertigen Ernährung bei*

### Ernährungsphysiologische Bedeutung

Muttermilch enthält alle Nährstoffe, die für das Wachstum des Neugeborenen unerlässlich sind. Für den Menschen ist Milch (Kuhmilch) ein sehr hochwertiges Lebensmittel.

> Milch enthält fast alle Nährstoffe, die der Mensch zum Leben braucht.

Das Milcheiweiß ist besonders wertvoll, weil es reich an essentiellen Aminosäuren ist und eine hohe biologische Wertigkeit hat. Milcheiweiß ist besonders leicht verdaulich.

Das Milchfett ist gut bekömmlich und leicht verdaulich. Das liegt an der feinen Verteilung des Fettes und dem niedrigen Schmelzpunkt.

Das Kohlenhydrat der Milch, der Milchzucker, liefert nicht nur Energie, sondern hat auch einen günstigen Einfluss auf die Darmbakterien. Seine Süßkraft ist gering. Mithilfe des Milchzuckers wird der Mineralstoff Calcium vom Körper besser aufgenommen.

An Mineralstoffen enthält die Milch außer Kalium, Jod und Magnesium besonders Calcium und Phosphor in einer leicht aufnehmbaren Form und in einem aufeinander gut abgestimmten Mengenverhältnis. Beide Stoffe sind für den Aufbau und die Erhaltung von Knochen und Zähnen unbedingt notwendig.

Milch ist ein wesentlicher Lieferant von Vitaminen. Die Vitamine A, D und E sind in Fett löslich. Sie sind in Vollmilch und Produkten aus Vollmilch reichlicher enthalten als in fettarmer Milch und Produkten daraus.

Die wasserlöslichen Vitamine, vor allem die der B-Gruppe ($B_1$, $B_2$, $B_6$, $B_{12}$), Niacin, Folsäure, Pantothensäure, Biotin sind in Milch ebenfalls vorhanden. Vitamin C kommt in der Milch nur in sehr geringer Menge vor.

Die Höhe des Gehalts an Cholesterin in der Milch und in Milcherzeugnissen hängt vom Fettgehalt ab. Personen mit Fett-Stoffwechselstörungen sollten das beachten. Günstig ist für sie, Milch mit 1,5 % Fett zu verwenden. Magermilch kann nicht empfohlen werden, da sie zu wenig fettlösliche Vitamine enthält.

Calciummangel führt bei älteren Menschen zu Osteoporose mit häufigen Knochenbrüchen. Gerade sie nehmen häufig zu wenig Milch bzw. Milchprodukte zu sich.

## Kennzeichnung

Verkehrsbezeichnung
Füllmenge
Fettgehalt in % Fett
Art der Wärmebehandlung
Mindesthaltbarkeitsdatum

Genusstauglichkeitskennzeichen
Ggf. Hinweis auf Homogenisierung
Name und Anschrift der Molkerei oder des Verkäufers

*Augen auf beim Einkauf*

### Aufbewahrung und Haltbarkeit

Milch zählt zu den leicht verderblichen Lebensmitteln. Sie muss daher im Haushalt sorgsam behandelt und aufbewahrt werden.
Beachte deshalb das Mindesthaltbarkeitsdatum auf den Packungen.

> Milch und Milcherzeugnisse sind luft-, wärme- und lichtempfindlich.

Daher Milch nicht offen stehen lassen, sondern gekühlt, dunkel und zugedeckt aufbewahren.
Vorzugsmilch, pasteurisierte Milch und Milcherzeugnisse müssen auch im Geschäft unter Kühlung angeboten werden.
Geöffnete Packungen von H-Milch, Sterilmilch und ähnlichen Erzeugnissen sowie Kondensmilch gehören in den Kühlschrank. Die Haltbarkeit von Milch und Milcherzeugnissen ist sehr verschieden. Sie hängt davon ab, ob die Erzeugnisse roh, pasteurisiert, ultrahocherhitzt oder sterilisiert worden sind und ob die Packungen originalverschlossen oder geöffnet sind.

Aufbewahrung im Kühlschrank:
Frischmilch wie Vorzugsmilch, pasteurisierte Milch, Sahne, geöffnete Packungen mit H-Milch, Sterilmilch und Kondensmilch sind zwei bis fünf Tage, gesäuerte Milcherzeugnisse bis zwei Wochen haltbar.

Aufbewahrung bei Raumtemperatur:
Ungeöffnete Packungen mit H-Milch und H-Milcherzeugnissen halten mindestens sechs Wochen, ungeöffnete Packungen mit Sterilmilch und sterilisierten Milcherzeugnissen ein halbes bis ein Jahr; Kondensmilch ist bis zu einem Jahr haltbar.

### Praktische Tipps

- Damit Milch nicht so leicht anbrennt, empfiehlt es sich, das Kochgefäß vorher mit kaltem Wasser auszuspülen.
- Schlagsahne wird schneller steif, wenn die Sahne dunkel und kühl (Kühlschranktemperatur nicht über 6 °C) aufbewahrt worden ist.
- Milch, die einem Erhitzungsverfahren unterworfen ist, braucht vor dem Trinken nicht gekocht zu werden.

---

**1** Erkläre, weshalb rohe, nicht erhitzte Milch und Sterilmilch für Säuglinge ungeeignet sind.

**2** Gib Tipps für den Einkauf von Milch und Milcherzeugnissen.

**3** Beurteile verschiedene Milchprodukte hinsichtlich ihrer ernährungsphysiologischen Bedeutung.

*Rindfleisch*   *Kalbfleisch*   *Schweinefleisch*   *Hackfleisch aus Schweine- und Rindfleisch*

## Fleisch und Fleischprodukte

> Als Fleisch bezeichnet man allgemein die Muskelfasern, das Bindegewebe und das Fett von geschlachteten Tieren, frisch oder zubereitet und zum Verzehr für den Menschen geeignet.

Man unterscheidet das Fleisch von Schlachttieren – z. B. Schwein, Rind, Kalb, Lamm, Schaf – Wild – z. B. Hase, Reh, Hirsch (Haarwild), Fasan, Rebhuhn, Taube (Federwild) und Geflügel – z. B. Ente, Gans, Truthahn.

Zu den verschiedenen Teilen der Schlachttiere zählen auch die Innereien wie z. B. Leber, Niere, Herz, Hirn und Lunge.

Nach der Schlachtung wird das Fleisch von Tierärzten nach gesetzlichen Vorschriften untersucht. Einwandfreies Fleisch wird mit einem amtlichen blauen Stempel versehen. Danach muss das Fleisch noch „abhängen", d. h. reifen. Dabei wird das Bindegewebe gelockert, das Fleisch wird zart und mürbe. In Deutschland ist Schweinefleisch am beliebtesten, gefolgt von Geflügel, Rind- und Lammfleisch. Andere Fleischarten, wie z. B. Kaninchen, Ziege oder Pferd, werden seltener verzehrt.

### Fleischsorten

*Schweinefleisch* stammt ausschließlich von jungen Tieren, die bereits im Alter von sechs bis sieben Monaten geschlachtet werden. Das Fleisch ist zart und saftig, von hellrosa Farbe und fein marmoriert, d. h. mit feinem Fett durchsetzt.

*Geflügelfleisch* bringt mit seiner Vielfalt Abwechslung auf den Speiseplan. Es darf außer einer Kältebehandlung keiner weiteren Behandlung unterzogen sein und nur nach amtlicher Untersuchung in den Handel gelangen. Die meisten Geflügelarten können als energiearm eingestuft werden. So hat z. B. Hähnchenfleisch weniger Kalorien als Gänsefleisch, aber selbst Gänsefleisch ist noch energieärmer als mittel-fettes Schweinefleisch.

*Rindfleisch* stammt von Tieren, die nach Alter und Geschlecht in Kategorien unterteilt werden, z. B. Jungrindfleisch, Färsenfleisch (weibliche Tiere), Ochsen- und Kuhfleisch. Das Fleisch ist unmittelbar nach der Schlachtung zäh, es sollte deshalb beim Abhängen noh reifen. Rindfleisch ist je nach Alter der Tiere kräftig bis dunkelrot und mit zarter Fettmarmorierung.

*Kalbfleisch* ist das Fleisch von jungen Rindern, die in der Regel nicht älter als vier Monate sind. Das Fleisch ist fettarm und hellrosa.

*Lammfleisch* ist rosig-hell und feinfaserig. Es stammt von Tieren, die unter zwölf Monate alt sind.

*Schaffleisch* stammt von über ein Jahr alten männlichen Tieren (Hammelfleisch) und hat eine dunkelrote Farbe.

*Brühwurst*

*Rohwurst*

*Kochwurst*

*Schinken*

## Fleischerzeugnisse

Deutschland ist bekannt für seine Vielfalt an Fleisch- und Wurstwaren, die oft mit typisch regionalen Rezepten und Gewürzen hergestellt werden. Fleisch- und Wurstwaren können getrocknet, gepökelt und geräuchert sein.

Pökeln ist eine Behandlung mit Nitritpökelsalz (Kochsalz und Natriumnitrit), wodurch eine längere Haltbarkeit und die typische Rotfärbung erreicht werden.

Räuchern erfolgt mit dem Rauch schwelender Materialien, wie z. B. Buchenspäne. Dies sorgt für das typische Raucharoma und die Konservierung.

Fleischwaren sind Pökelwaren aus rohem Fleisch, z. B. roher Schinken, Schinkenspeck, Lachsschinken, oder aus gekochtem Fleisch, z. B. Kassler, gekochter Schinken.

Wurstwaren sind schnittfeste Gemenge von zerkleinertem Fleisch, Speck oder Innereien. Bei der Erzeugung werden verschiedene Gewürze, Pökelsalze und Geschmacksverstärker verwendet, um den typischen Geschmack zu erzielen.

Man unterteilt sie nach dem Herstellungsverfahren in Roh-, Koch- und Brühwürste.

Rohwürste werden aus roher Wurstmasse (Fleisch, Speck, Salz, Gewürze, Nitrat) hergestellt.

Brühwürste werden aus gebrühter Wurstmasse zubereitet. Das Brühen von Fleisch, Speck, Nitrat, Salz, Gewürzen und Wasser erfolgt bei ca. 70–80 °C.

Kochwürste werden aus gegarter Wurstmasse, wie z. B. Fleisch, Innereien, Speck, Blut usw., verarbeitet.

Bei Wurstwaren gibt es fettarme und fettreiche Sorten. Nährwerttabellen informieren den Verbraucher über den Energiewert.

| Fleisch ist | reich an | Kalium | 200–400 mg/100 g |
|---|---|---|---|
| | | Phosphor | 90–200 mg/100 g |
| | arm an | Natrium | 40–70 mg/100 g |
| | | Calcium | 5–40 mg/100 g |
| | wichtigste Spurenelemente | Eisen | 0,5–3 mg/100 g |
| | | Zink | 1–2 mg/100 g |

*Mineralstoffgehalt von Fleischwaren*

| Fleisch | A | C | $B_1$ | $B_2$ | Niacin | $B_6$ | $B_{12}$ ($\mu$g) |
|---|---|---|---|---|---|---|---|
| Kalb | + | – | 0,2 | 0,3 | 6,5 | 0,4 | 2,0 |
| Rind | + | – | 0,2 | 0,3 | 7,5 | 0,4 | 5,0 |
| Schwein | + | 2 | 0,9 | 0,2 | 5,0 | 0,5 | 5,0 |
| Leber | | | | | | | |
| Kalb | 22 | 35 | 0,3 | 2,5 | 15,0 | 0,7 | 60 |
| Rind | 39 | 30 | 0,3 | 2,5 | 14,7 | 0,7 | 65 |
| Schwein | 39 | 25 | 0,3 | 3,2 | 15,7 | 0,7 | 39 |

+ in geringen Mengen vorhanden  – liegen keine Daten vor

*Vitamingehalt von Fleisch und Innereien (in mg/100 g)*

## Ernährungsphysiologische Bedeutung

Fleisch ist ein wertvolles Nahrungsmittel.

Das Fleischeiweiß gehört zu den Proteinen mit der höchsten biologischen Wertigkeit. Es ist reich an lebensnotwendigen Eiweißbausteinen, den essentiellen Aminosäuren.

Fleischfett ist der Träger von gesättigten und ungesättigten Fettsäuren, die für den Fettstoffwechsel benötigt werden.

Fleisch ist eine bedeutende Quelle der Vitamine A und der Gruppe der B-Vitamine ($B_1$, $B_2$, $B_6$ und $B_{12}$). Diese sind wichtig für die Energiegewinnung. Vitamin $B_{12}$ wird benötigt für die Blutbildung und kommt ausschließlich in tierischen Lebensmitteln vor.

An Mineralstoffen liefert Fleisch vor allem die Mengenelemente Kalium und Phosphor. Die wichtigsten Spurenelemente sind Eisen und Zink. Der menschliche Organismus kann Eisen aus Fleisch besonders gut aufnehmen und verwerten. Eisen wird für die Blutbildung und den Sauerstofftransport benötigt. Fleisch selbst ist arm an Kochsalz. Es enthält keine Kohlenhydrate und ist deshalb für Diäten (z. B. Diabetes mellitus) geeignet. Mageres Fleisch ist leicht verdaulich und energiearm, fettes Fleisch sowie Fleisch- und Geflügelgerichte mit starker Röststoffbildung sind weniger bekömmlich.

## Zu viel Fleisch ist ungesund

Die Deutsche Gesellschaft für Ernährung (DGE) und Ernährungswissenschaftler empfehlen, wöchentlich nur zwei- bis dreimal Fleisch zu verzehren. Ein Zuviel an tierischem Eiweiß kann den Stoffwechsel und die Funktion der Nieren belasten. Die im Fleisch und besonders in Innereien enthaltenen Purine werden im Körper zu Harnsäure abgebaut und über den Harn ausgeschieden. Bei erhöhtem Fleischkonsum können erhöhte Harnwerte entstehen, die u. a. zu Gicht führen können. In vielen Fleischsorten und -erzeugnissen sind reichlich Fett und die Fettbegleitsubstanz Cholesterin enthalten. Diese bewirken eine erhöhte Energieaufnahme und begünstigen Herz- und Gefäßerkrankungen wie Arteriosklerose.

> Besonders Menschen mit hohen Blutfettwerten sollten Fleisch- und Wurstwaren bewusst auswählen und maßvoll verzehren.

Wer sich salzarm ernähren muss, sollte beachten, dass durch die Zugabe von Kochsalz der Salzgehalt beträchtlich erhöht wird.

Durch das Pökeln von Fleisch und Fleischerzeugnissen mit Nitrat und Nitritpökelsalzen entsteht Nitrit, das in höherer Konzentration giftig wirkt. In Pökelwaren können sich nach intensivem Braten oder Grillen bei Temperaturen über 150 °C Krebs erregende Nitrosamine bilden. Deshalb sollten stark erhitzte Pökelwaren nicht oder nur selten verzehrt werden.

Der Gehalt an unerwünschten Schwermetallen, z. B. Blei und Cadmium, ist in Leber und Nieren von Schlachttieren und Wild wesentlich höher als im Muskelfleisch. Mit steigendem Alter werden immer mehr Schwermetalle gespeichert. Es wird empfohlen, auf den Verzehr der Nieren von Wildtieren zu verzichten.

*Fleisch sachgerecht vorbereitet*

## Qualitätsmängel und Risiken

Tiere, die Fleisch liefern, werden heute überwiegend in Großbetrieben gehalten, auf artgerechte Tierzucht und -haltung wird wenig geachtet. Durch Züchtung, eiweißreiches Futter (etwa Tiermehl) und den Einsatz von Antibiotika werden Schweine u. a. früher schlachtreif. Stress während des Transports zum Schlachthof und bei der Schlachtung bewirkt, dass minderwertiges PSE-Fleisch in den Handel gelangt.

„PSE" ist eine Abkürzung von den englischen Wörtern: P = „pale" (blass), S = „soft" (weich), E = „exudative" (wässrig). Dieses Fleisch hat einen verminderten Genusswert, bräunt schlecht, schrumpft beim Lagern und Garen und wird zäh und trocken.

Tierkrankheiten, wie BSE, Schweinepest, Vogelgrippe, Maul- und Klauenseuche, Salmonellen-Infektionen sowie die mögliche Belastung durch Rückstände aus der Umwelt (Schädlingsbekämpfungsmittel, Blei u. a.), haben die Verbraucher sehr verunsichert. Viele Konsumenten verzichten deshalb auf den Verzehr von Fleisch und Fleischerzeugnissen.

## Tipps für Einkauf, Lagerung und Zubereitung

- Informiere dich über die Angebote (Preis- und Qualitätsvergleich).
- Kaufe in Fachgeschäften, die Fleisch von artgerecht gehaltenen Tieren verkaufen (Bio-Bauer, Bio-Metzger).
- Befrage den Metzger beim Kauf von Rindfleisch, ob dies gut abgehangen ist.
- Tiefgefrorenes Geflügel muss einwandfrei verpackt und gelagert sein.
- Frischfleisch und Wurst immer kühl und hygienisch verpackt lagern. Sie verderben rasch, deshalb die Lagerzeit beachten.
- Rohe Brühwürste und Hackfleisch noch am Tag des Einkaufs verarbeiten.
- Fleisch säubern: Große Fleischstücke kurz waschen und sofort abtrocknen, kleine Fleischstücke nur kurz abtupfen.
- Beim Würzen: Verwende Salz mäßig. Große Fleischstücke vor dem Garen, kleine Stücke nach dem Garen würzen.
- Besondere Hygiene beim Auftauen von Geflügel beachten.
- Wähle das geeignete Bratfett aus.
- Wende das Fleisch mit Bratenwendern. Beim Einstechen mit der Gabel tritt Fleischsaft aus.

---

**1** Notiere Garmethoden, mit denen Fleischgerichte zubereitet werden können. Bewerte diese.

**2** Findet weitere Regeln für Einkauf, Lagerung und Zubereitung von Fleisch und Fleischerzeugnissen.

**3** Vergleiche Verzehrgewohnheiten unterschiedlicher Kulturen.

**4** (GW) Beurteile die ernährungsphysiologische Bedeutung von Fleisch und Wurstwaren.

Rotbarsch

Hering

Makrele

*Salzwasserfische*

Zander

Forelle

Karpfen

*Süßwasserfische*

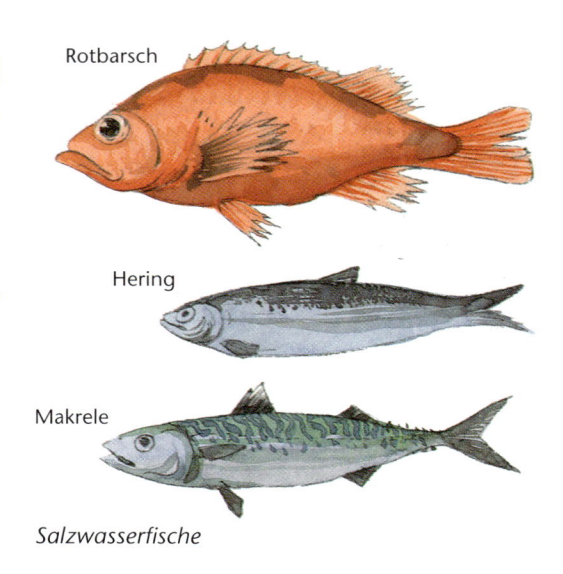

## Fisch und Fischerzeugnisse

Mit rund 100 Millionen t Fangmenge pro Jahr ist Fisch eines der wichtigsten Nahrungsmittel der Weltbevölkerung. Rund 90 % der in Deutschland gehandelten Fische kommen aus dem Salzwasser. Der Rest stammt aus Seen und Teichen mit Süßwasser.

Man kann Fische hinsichtlich des Fettgehaltes in drei Klassen teilen:
- Magere Fische mit einem Fettgehalt bis zu 1 % (z. B. Kabeljau, Hecht, Scholle).
- Mittelfette Fische mit einem Fettgehalt zwischen 1 und 10 % (z. B. Forelle, Rotbarsch, Seehecht).
- Fette Fische mit Fettgehalt deutlich über 10 % (z. B. Aal, Hering).

### Salzwasserfische

Der Hering ist der meistverzehrte Fisch der Deutschen. Die Sardine gehört zu den Heringsarten und lebt in wärmeren Meeresgebieten. Der Kabeljau wird bis zum Alter von ca. drei Jahren und vor allem, wenn er aus der Ostsee stammt, auch Dorsch genannt. Seelachs oder Köhler ist ein naher Verwandter des Kabeljau. Er hat mit dem echten Lachs nichts zu tun. Echter Lachs lebt in atlantischen Gewässern, in der Ostsee und im Pazifik.

Weitere Salzwasserfische sind Sprotten, Sardelle, Schellfisch, Makrele, Rotbarsch oder Goldbarsch, Seeteufel oder Angler, Dornhai, Seezunge, Scholle, Steinbutt, Heilbutt, Rotzunge, Flunder u. a.

### Süßwasserfische

Die Regenbogenforelle hat ihren Namen aufgrund ihrer regenbogenfarbig schillernden Haut. Sie ist heute der Hauptwirtschaftsfisch der Forellenzuchtbetriebe und hat die heimische Forelle verdrängt.

Der Karpfen lebt in künstlich angelegten Teichen und wird im Handel von Oktober bis April angeboten.

Der Zander ist ein Raubfisch, der bis zu 1 m lang werden kann.

Weitere Süßwasserfische sind Schleie, Barsch, Hecht, Aal, Wels oder Waller und Weißfische wie Plötze oder Rotauge, Brasse u. a.

### Krebs- und Weichtiere

Unter diese Begriffe fallen Hummer, Langusten, Muscheln, Austern und Schnecken. Zu den Krebstieren gehören verschiedene Gattungen aus dem Meer und dem Süßwasser. Dazu zählen Nordseegarnele, Tiefseegarnele, Taschenkrebse, Steinkrabben, Langusten, Hummer und Flusskrebse. Zu den Weichtieren gehören Austern, Schnecken, Muscheln und Tintenfische.

*Das reichhaltige Angebot an Fischerzeugnissen*

## Fischerzeugnisse

Der Verbraucher findet im Handel eine breite Palette von Fischerzeugnissen.

> Fische werden durch Gefrieren, Trocknen, Räuchern, Salzen, Säuern, Erhitzen oder durch Zugabe von Konservierungsmitteln für eine bestimmte Zeit haltbar gemacht.

*Tiefgefrorene Fische:* Tiefkühlfisch wird vorwiegend als Filet angeboten, z. T. bereits bratfertig paniert (z. B. Fischstäbchen).

*Getrocknete Fische:* Bei getrockneten Fischen unterscheidet der Fachmann ungesalzenen Stockfisch und Klippfisch. Beide Erzeugnisse werden aus Kabeljau und verwandten Magerfischarten hergestellt. Die frischen Fische trocknen zwei bis drei Monate an der Luft. Diese Art des Haltbarmachens ist vor allem in Norwegen und Island üblich.

*Geräucherte Fische:* Räucherfische werden aus frischen oder tiefgefrorenen Fischen hergestellt, die vor der Räucherung gesalzen werden. Man unterscheidet die Heißräucherung bei Temperaturen über 60 °C, etwa für Bücklinge im Ganzen, Bücklingsfilets, Räucherrollmöpse, Räuchersprotten, Räuchermakrelen, Schillerlocken, Räucheraal, Räucherforelle und vieles mehr; die Kalträucherung bei Temperaturen unter 30 °C, etwa für Lachshering und Räucherlachs.

*Salzfische:* Durch Salzen wird Fisch gegart und zeitlich begrenzt haltbar gemacht, z. B. für Salzhering, Salzsardellen, Seelachs (Lachsersatz) in Öl und Kaviar.

Echter Kaviar stammt aus den Rogen verschiedener Störarten, die vorwiegend im Schwarzen, Asowschen und Kaspischen Meer sowie in den Zuflüssen dieser Meere leben. Ketakaviar ist die Bezeichnung des roten Kaviars aus Lachsen. Forellenkaviar wird aus dem Rogen von Forellen gewonnen. Am meisten verbreitet und am preiswertesten ist der Deutsche Kaviar. Er stammt vorwiegend vom Rogen des Seehasen und wird durch Zugabe verschiedener künstlicher Farbstoffe schwarz gefärbt.

*Marinierte Fische:* Bei Marinaden handelt es sich um Erzeugnisse aus Fischen oder Fischteilen, die – ohne Wärmeeinwirkung – durch Behandlung mit Essig, Genusssäuren und Salz gar gemacht werden. Auch Konservierungsstoffe werden verwendet. Das Angebot ist vielfältig: Es gibt sie eingelegt in Tunken, Remouladen u. v. m.

Weitere Fischerzeugnisse werden in Fischdauerkonserven (z. B. Thunfisch in Öl), als Bratfischwaren (z. B. Bratheringsröllchen) oder als Kochfisch (z. B. Rollmops) angeboten.

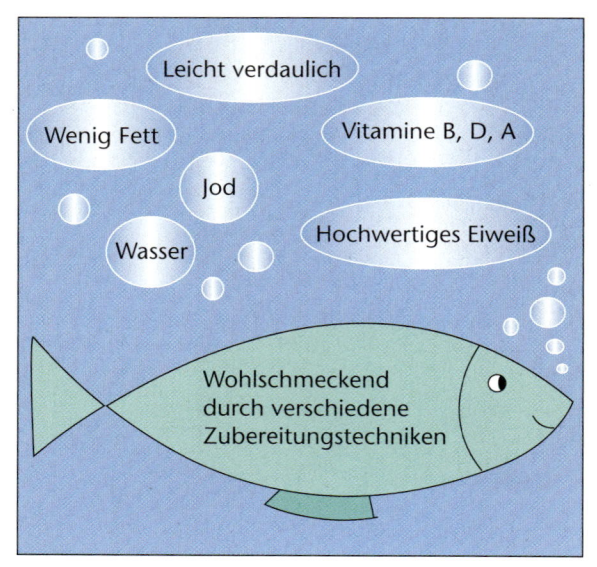

*Das macht Fisch wertvoll*

**Jodgehalt einiger Fischsorten (200-g-Portion)**

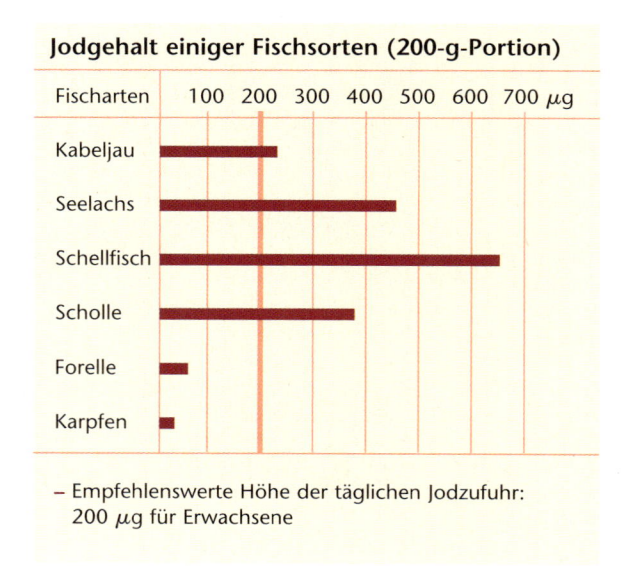

| Fischarten | μg |
|---|---|
| Kabeljau | ~250 |
| Seelachs | ~450 |
| Schellfisch | ~650 |
| Scholle | ~350 |
| Forelle | ~50 |
| Karpfen | ~30 |

– Empfehlenswerte Höhe der täglichen Jodzufuhr: 200 μg für Erwachsene

*Jodgehalt einiger Fischsorten in mg*

## Ernährungsphysiologische Bedeutung

> See- und Süßwasserfische sind hochwertige Lebensmittel. Ihr Wert liegt in der Zusammensetzung des Eiweißes und der Art des Fettes. Sie enthalten zahlreiche Vitamine, Mineralstoffe und Spurenelemente.

Fischfleisch ist leicht verdaulich, da es fast kein Bindegewebe enthält.
Das Fischeiweiß hat eine hohe biologische Wertigkeit. Eine Mahlzeit von 200 g Fischfilet deckt den Tagesbedarf an Eiweiß zu 70 %.
Der Fettgehalt im essbaren Anteil der Fische schwankt von Fischart zu Fischart. Das Fett der Fische ist reich an lebensnotwendigen, mehrfach ungesättigten Fettsäuren. Von besonderer Bedeutung sind die n-3-Fettsäuren (eine 5-fach ungesättigte Fettsäure). Im Körper werden aus diesen essentiellen Fettsäuren Stoffe gebildet, die auf die Durchblutung des Herzmuskels, den Herzrhythmus, den Blutdruck und viele andere lebenswichtige Funktionen positiv einwirken. Fische weisen hohe Gehalte an den fettlöslichen Vitaminen A und D auf. Eine Heringsmahlzeit enthält zum Beispiel das Mehrfache eines Tagesbedarfs an Vitamin D. Außerdem sind die wasserlöslichen Vitamine der B-Gruppe in nennenswerter Menge enthalten. Von den Mineralstoffen sind Kalium, Magnesium, Phosphor und Eisen hervorzuheben. Seefische enthalten zudem noch besonders hohe Mengen an Jod. Der Bedarf an diesem Mineralstoff kann durch den regelmäßigen Verzehr von Seefischen gedeckt werden: Eine Mahlzeit mit 200 g Schellfisch deckt den Jodbedarf von zwei Tagen. Jodmangel führt zur Erkrankung der Schilddrüse (Kropf); daran leidet etwa jeder dritte Bundesbürger.

## Schadstoffbelastung

Die Schadstoffbelastung von Hochseefischen ist weniger groß als von Seefischen, die in Küstennähe gefangen werden. Einige Raubfische wie Hai, weißer Heilbutt und Thunfisch können mit zunehmendem Alter höhere Quecksilbergehalte aufweisen. Diese Fische werden deshalb regelmäßig untersucht und nur dann vermarktet, wenn der Schadstoffgehalt unter dem gesetzlichen Höchstwert liegt. Auch Süßwasserfische aus der heimischen Teichwirtschaft sind nur sehr gering belastet. Dagegen wurden vereinzelt in Fischen aus stark belasteten Flüssen und Binnengewässern hohe Schadstoffgehalte gemessen, die regional zu Fang- und Handelsverboten führten.

*Die 3-S-Regel für die Zubereitung von Fisch*

## Einkauf und Lagerung

Seefische werden je nach Jahreszeit und Witterung in unterschiedlichen Arten und Mengen gefangen, so dass die Preise bei frischen Seefischen recht unterschiedlich sein können. Tiefkühlfisch ist meistens billiger als Frischfisch. Eisgekühlte und tiefgefrorene Seefische werden ganz und ausgenommen, auch als Fischstücke oder Filet angeboten. Lebende Fische kann man im Geschäft schlachten und ausnehmen lassen. Pro Person und Mahlzeit rechnet man 150–200 g Fischfilet oder 250–300 g vom ganzen Fisch.

Bis auf pasteurisierte und sterilisierte Fischerzeugnisse erfordern alle anderen Fischprodukte eine kühle Lagerung. Die entsprechende Kennzeichnung auf den Packungen ist deshalb zu beachten. Vom Kauf abzuraten ist bei Erzeugnissen, die entgegen ihrer Kennzeichnung ohne Kühlung angeboten werden. Desgleichen sollten auf keinen Fall Dosen mit Aufwölbungen (Bombagen) gekauft werden. Frischfisch hält sich im Kühlschrank bei +2 – +6 °C maximal einen Tag, am besten ist es jedoch, ihn noch am selben Tag zuzubereiten. Frischfisch erkennt man am angenehmen Geruch, an der glänzenden Haut und den festsitzenden Schuppen. Frisches Fischfleisch ist elastisch-fest.

Zum Einfrieren eignen sich nur frisch gefangene Fische, die schnell vorbereitet und eingefroren werden müssen. Die Fische werden wenn nötig geschuppt, ausgenommen, vorsichtig gewaschen und verpackt. Als Packmaterial sind Aluminiumfolien besonders gut geeignet. Bei Lagerung von Tiefkühlfisch im Haushalt sollte der Verbraucher auf das Mindesthaltbarkeitsdatum achten sowie die vorgeschriebene Lagertemperatur einhalten. Fisch unmittelbar nach dem Auftauen zubereiten und verzehren.

## Zubereitung

> Die 3-S-Regel: Säubern, Säuern, Salzen gilt für Süß- und Salzwasserfische.

**Säubern:** Rücken- und Bauchflossen abschneiden, Schwanzflossen stutzen. Dann werden die Fische geschuppt, ausgenommen und unter fließendem Wasser gewaschen und abgetrocknet. Fische, die „blau" gekocht werden sollen, sind nicht zu schuppen.

**Säuern:** Das Fischfleisch wird auf allen Seiten, ganze Fische innen und außen, mit reichlich Zitronensaft oder Essig beträufelt. Die Säure bindet den Fischgeruch und verbessert den Geschmack und die Festigkeit des Fleisches. Gesäuerte Fische lässt man zugedeckt im Kühlschrank etwa 15 Minuten durchziehen.

**Salzen:** Fisch soll erst unmittelbar vor der Zubereitung gesalzen werden, weil Salz Bindegewebswasser entzieht, das Fischfleisch trocken und die Oberfläche nass macht. Der Fisch würde beim Braten spritzen und schlecht bräunen.

---

**1** Suche aus einem Kochbuch Fischrezepte und notiere verschiedene Garmethoden.

**2** Beurteilt die ernährungsphysiologische Bedeutung von Fisch.

### Käfighaltung:
Tiere in einem Käfig mit Gitterboden: mind. 550 cm² Stallfläche pro Huhn, Kunstlicht

### Bodenhaltung:
Tiere leben in einem Stall, der mindestens zu einem Drittel eingestreut und mit Sitzstangen und Nestern ausgestattet sein muss. Die Tiere können sich im Stall frei bewegen: mind. 1 100 cm² (zwei DIN-A4-Blätter) pro Huhn (= maximal 9 Tiere pro m²)

### Freilandhaltung:
Der Stall muss den Anforderungen an die Bodenhaltung entsprechen. Zusätzlich haben die Tiere tagsüber Zugang zu einem überwiegend begrünten Auslaufgehege mit einer Größe von mindestens 4 m² pro Tier.

### Ökologische Haltung:
artgerecht (Auslaufhaltung zwingend vorgeschrieben, soweit die klimatischen Bedingungen dies erlauben; im Stall höchstens 6 Tiere pro m²), Futter aus ökologischem Anbau

Stand 2001, *2000   Quelle: ZMP, EU-Kommission, BMVEL   © Globus 8693

*Die verschiedenen Formen der Hühnerhaltung*

## Das Hühnerei

Fast alle Eier, die der Verbraucher im Einzelhandel kauft, stammen aus Hühnerfarmen. Bei der Haltung von Legehennen gibt es unterschiedliche Haltungsformen. Im März 2002 trat in Deutschland die neue Hennenhaltungsverordnung in Kraft, die schrittweise zu einer artgerechten Haltung führen soll. Ab dem Jahr 2012 sollen alle in Deutschland produzierten Eier zumindest aus Freiland- oder Bodenhaltung stammen.

> Die Hauptbestandteile des Eies sind Dotter, Eiklar und Schale.

Die Dotterkugel ist von einer Dottermembran umgeben. Die Dottersubstanz besteht hauptsächlich aus dem gelb gefärbten Nahrungsdotter.
Das Eiklar, das eine bakterienhemmende Wirkung besitzt, umgibt und schützt den Dotter. Das dickflüssige Eiklar läuft in den so genannten Hagelschnüren aus, die beim frischen Ei den Dotter in der zentralen Lage halten. Danach kommen flüssige Eiklarschichten.
Die Schalenhaut besteht aus Eimembran und Schalenmembran, an der sich am stumpfen Pol des Eies eine Luftkammer bildet.
Die poröse und luftdurchlässige Eischale schließt das Ei nach außen ab. Durch sie können aber Fäulnisbakterien und andere Erreger (z. B. Salmonellen) eintreten.

## Qualitätsnormen und Kennzeichnung

Nach gesetzlichen Verordnungen gibt es für Hühnereier drei Güteklassen mit bestimmten Qualitätsmerkmalen.

Güteklasse A „Extra" garantiert, dass die Eier nicht älter als sieben Tage sind.

Bei Güteklasse A oder „frisch" müssen Schale und Oberhaut normal, unverletzt und sauber sein. Die Luftkammer dieser Klasse darf nicht höher als 6 mm betragen. Das Eiklar muss durchsichtig, von zäher Konsistenz und frei von Einlagerungen sein. Der Dotter sollte, während er beim Durchleuchten gedreht wird, in zentraler Lage bleiben und ebenfalls frei von Fremdstoffen sein. Beim Aufschlagen von frischen Eiern sind der Dotter hoch gewölbt und das umschließende Eiklar gallertartig.

Güteklasse B muss mit „Eier 2. Qualität" oder als „Deklassiert" gekennzeichnet sein. Sie ist für zugelassene Unternehmen der Nahrungsmittelindustrie bestimmt.

Auf der Verpackung stehen außerdem die Gewichtsklassen:

XL = Sehr groß   (73 g und darüber)
L   = Groß       (63 g bis unter 73 g)
M   = Mittel     (53 g bis unter 63 g)
S   = Klein      (unter 5 g)

80–90 % der Eier im Handel entfallen auf die Klassen L und M.

*Frei laufende Hühner*

*Genaue Information mit dem neuen Eierstempel*

Für die Vermarktung von Eiern gelten folgende Regelungen: Sie müssen nach dem Legen innerhalb von maximal 21 Tagen an den Verbraucher abgegeben werden. 18 Tage nach dem Legen ist eine Kühlung bei ca. +5 °C erforderlich. Das Mindesthaltbarkeitsdatum (MHD) beträgt maximal 28 Tage nach dem Legen, dieses muss deutlich erkennbar auf der Verpackung stehen. Zusätzlich muss der Hinweis erfolgen: „Bei Kühlschranktemperatur aufbewahren – nach Ablauf des MHD durcherhitzen".

Seit 2004 müssen zusätzlich alle Eier mit einem Stempel versehen sein. Der Aufdruck enthält vier wichtige Informationen: Die erste Zahl bezeichnet die Art der Haltung, die zweite das Erzeugerland. Die folgende 5-stellige Ziffer identifiziert den Betrieb, die nachfolgende 1-stellige Zahl den Stall. Dieser Stempel gibt jedoch keine Auskunft über das Legedatum.

Eier, die freiwillig mit dem Legedatum versehen werden, sind am Legetag selbst vom Erzeuger an Packstellen zu liefern oder von diesen beim Erzeuger abzuholen.

## Ernährungsphysiologische Bedeutung

Eier gehören zu den biologisch wertvollsten Nahrungsmitteln.

Das Eiweiß des Hühnereies ist gut verdaulich und hat eine biologische Wertigkeit von 94 %, d. h. dass aus 100 g Hühnerprotein 94 % Körpereiweiß aufgebaut werden kann. Der Eiweißgehalt ist im Dotter höher als im Eiklar.

Eier lassen sich besonders gut mit Hülsenfrüchten, Kartoffeln und Getreideerzeugnissen kombinieren. Dadurch wird meist eine sehr hohe biologische Wertigkeit erzielt.

Fett ist im Dotter in Verbindung mit Lecithin und Cholesterin reichlich vorhanden, im Eiklar kommt es nur in Spuren vor. Der Eidotter eines Eies der Gewichtsklasse M enthält ca. 200–220 mg Cholesterin. Dieses ist eine unentbehrliche Substanz im menschlichen Körper. Erst wenn der Cholesterinspiegel durch Erkrankung dauerhaft erhöht ist, sind diätetische Maßnahmen, wie die Einschränkung des Eierverzehrs, notwendig.

Die Vitamine A und seine Vorstufe, das Pro-Vitamin A, Vitamin E, K und die Vitamine $B_1$, $B_2$ und $B_6$ sind überwiegend im Eigelb vorhanden und unterstützen lebenswichtige Stoffwechselfunktionen.

Von den Mineralstoffen kommen Eisen, Calcium und Phosphor hauptsächlich im Eigelb, Natrium und Kalium im Eiklar vor.

Der Wassergehalt beträgt in 100 g Hühnerei ca. 74 g.

*Aufgeschlagenes frisches Ei, aufgeschlagenes altes Ei*

*Gekochtes frisches Ei*

*Gekochtes altes Ei*

### Einkauf, Lagerung und Verwendung

- Eier möglichst frisch kaufen und bald verbrauchen, denn je frischer ein Ei ist, desto weniger können sich eventuell vorhandene Erreger wie Salmonellen vermehren.
- Eier immer im Kühlschrank aufbewahren, am besten mit der Spitze nach unten, so dass die Luftkammer oben ist.
- Eier nicht zusammen mit stark riechenden oder leicht verderblichen Nahrungsmitteln lagern, da durch die poröse Schale und über die Luftkammer Gerüche und Mikroorganismen eindringen können.
- Roheierspeisen meiden.
- Frühstückseier ca. 5 Minuten kochen lassen, Spiegeleier beidseitig braten, Rühreier gut durchbraten.
- Eier immer zuerst in ein gesondertes Gefäß aufschlagen, damit man die Qualität prüfen kann (Geruch, Aussehen usw.).
- Um Eiklar und Dotter voneinander zu trennen, schlägt man die Eier vorsichtig mit dem Messerrücken oder am Schüsselrand auf. Dann lässt man den Dotter von einer Schalenhälfte in die andere gleiten, so dass das Eiklar in ein darunter stehendes Gefäß tropft.
- Eier, deren MHD abgelaufen ist, müssen durcherhitzt werden.
- Will man einen stabilen Eischnee schlagen, sollte man ein paar Tropfen Zitronensaft oder eine Prise Salz zufügen.
- Eier ohne Schale, als Vollei oder getrennt in Dotter und Eiklar, kann man bis zu vier Monaten durch Tiefgefrieren haltbar machen.

> Das Hühnerei ist vielseitig verwendbar. Es dient beim Backen als Färbe-, Trieb- und Lockerungsmittel, beim Kochen als Binde-, Legier-, Emulgier-, Klär- und Paniermittel.

**1** Erkläre, welchen Verwendungszweck Eier in folgenden Speisen erfüllen: Biskuitteig, Majonäse, Spargelcremesuppe, Hackfleischteig, Wiener Schnitzel.

**2** Erstelle ein Kurzreferat zum Thema: Das Hühnerei ist ein biologisch wertvolles Nahrungsmittel.

**3** Projektvorschlag: Massentierhaltung. Besucht einen Biobauernhof, der Hühner ökologisch hält. Informiere dich parallel dazu über Massentierhaltung.

*Hülsenfrüchte – Samen der ältesten Kulturpflanzen*

## Hülsenfrüchte – pflanzliche Eiweißlieferanten

> Hülsenfrüchte sind die reifen, luftgetrockneten Samen von Erbsen, Bohnen, Linsen und Sojabohnen.

Junge, frische Erbsen und Bohnen zählen zu den Schotengemüsen.
In unserer Küche gerieten Hülsenfrüchte eine Zeit lang in Vergessenheit, aber inzwischen gelten sie als hochwertige, eiweißreiche pflanzliche Lebensmittel, die einen festen Platz auf unserem Speiseplan haben sollten.
Erbsen unterscheiden sich nach Größe, Form und Farbe. Bei uns haben grüne und gelbe Trockenerbsen die größte Marktbedeutung.
Bohnen: Die Samen unserer Gartenbohnen sind weiß, bunt oder gesprenkelt. Weiße Bohnen werden am häufigsten angeboten, sie kochen weich und cremig.
Linsen: Die bei uns im Handel angebotenen Linsen werden aus Kanada, den USA oder der Türkei importiert. Frisch geerntete Linsen sind grün, bei Lagerung werden sie bräunlich.
Sojabohnen haben wegen ihrer hochwertigen Inhaltsstoffe eine herausragende Bedeutung in der Welternährung. Sojaeiweiß wird anstelle und zur Ergänzung tierischer Eiweißträger verwendet.
Zu den wichtigsten Sojaerzeugnissen zählen
- Sojaöl,
- Sojasoße,
- Sojamilch,
- Tofu (Sojaquark), aus frischer Sojamilch mit einem Gerinnungsmittel hergestellt.

Keimlinge aus Hülsenfrüchten (z. B. Sojabohnensprösslinge) besitzen einen besonders hohen Nährwert.

### Ernährungsphysiologische Bedeutung

Hülsenfrüchte enthalten meist über 20 % hochwertiges pflanzliches Eiweiß. Bei Erbsen, Bohnen und Linsen ist der Kohlenhydratgehalt sehr hoch. Sojabohnen enthalten relativ viel Fett, das cholesterinfrei und reich an mehrfach ungesättigten Fettsäuren ist. Zudem befinden sich in den Hülsenfrüchte lebenswichtige Mineralstoffe und Vitamine, besonders A, $B_1$ und $B_2$. Ballaststoffe wirken sich positiv auf die Darmtätigkeit aus. Hülsenfrüchte können auch Blähungen bewirken.

### Einkauf, Lagerung und Zubereitung

- Die Samen sollten glatt, sauber und glänzend sein und einen würzigen, frischen Geruch haben.
- Am besten trocken, luftig und dunkel lagern.
- Getrocknete Hülsenfrüchte vor dem Kochen einige Stunden in kaltem Wasser quellen lassen. Einweichwasser weiterverwenden. Garzeit beachten, evtl. den Dampfdrucktopf verwenden.

---

**1** Hülsenfrüchte haben eine wichtige Ergänzungswirkung. Formuliere hierfür Merksätze.

**2** Züchtet in Gläsern verschiedene Keimlinge von Hülsenfrüchten.

*Fettreiche Lebensmittel*

Aus den Grundstoffen Kohlenstoff (C), Wasserstoff (H) und Sauerstoff (O) entstehen die kleinsten Fettbausteine **Glycerin** und **Fettsäuren**.

Schließen sich ein Teilchen Glycerin mit drei Teilchen Fettsäuren zusammen, entsteht ein Fettmolekül.

Wir kennen verschiedene Fettsäuren:
gesättigte Fettsäuren,
ungesättigte Fettsäuren und
mehrfach ungesättigte Fettsäuren.

Ungesättigte und mehrfach ungesättigte Fettsäuren sind für den Körper essentiell, d. h. lebenswichtig.

Diese essentiellen Fettsäuren sind besonders in pflanzlichen Fetten enthalten.

*Grundwissen Fett*

## Fette und fettreiche Lebensmittel

Fett ist nicht gleich Fett. Wir unterscheiden es
- nach der Herkunft:

Tierische Fette sind z. B. Butter, Butterschmalz, Schweinefett, Speck, Rindertalg, Gänsefett.
Pflanzliche Fette sind z. B. einige Margarinesorten, Kokosfett, alle Pflanzenöle.
- nach der Konsistenz:

Feste Fette sind z. B. Speck, Rindertalg, Plattenfette (Kokosfett).
Weiche Fette sind z. B. Margarine, Butter, Schmalze. Sie enthalten neben Fett auch Wasser.
Flüssige Fette sind z. B. pflanzliche Öle, Seetieröle. Sie bestehen zu 100 % aus Fett.
- hinsichtlich des Wassergehaltes:

Wasserhaltige Fette sind z. B. Butter, Margarine.
Wasserfreie Fette sind z. B. Öle, Schmalz, Kokosfett.
Diese Unterteilung ist bei der Nahrungszubereitung sehr wichtig.
- hinsichtlich ihres Vorkommens in Nahrungsmitteln:

Versteckte Fette sind z. B. in Nüssen, Käse, Wurstwaren und Chips enthalten.
Sichtbare Fette sind z. B. Butter, Margarine.

## Tierische Fette

Butter wird aus dem Rahm der Kuhmilch gewonnen. Durch Zentrifugieren wird der Rahm von der Milch getrennt: Anschließend wird der Rahm auf 35–110 °C erhitzt. Wir unterscheiden Süßrahmbutter und Sauerrahmbutter. Bei der Sauerrahmbutter wird der Rahm der Milch gesäuert, es entstehen dadurch neue Aroma- und Geschmacksstoffe.

Butterschmalz ist ein von Wasser und Eiweiß befreites Butterfett, es kann deshalb zum Braten, Backen und Frittieren verwendet werden, da es hoch erhitzbar ist.

Schlachttierfette werden aus ausgesuchten Fettgeweben wie Flomen, Bauch- oder Rückenspeck der Tiere durch Ausschmelzen gewonnen. Der technische Prozess entspricht dem im Haushalt gebräuchlichen „Auslassen".

Neben dem Schweineschmalz und Rindertalg kommt dem Gänseschmalz Bedeutung zu.

Seetieröle: Zu den tierischen Fetten gehören noch diejenigen der Meerestiere, das sind heute praktisch nur noch die Fischöle. Sie spielen in Deutschland bei der Nahrungsfettherstellung keine nennenswerte Rolle mehr. Die uns bekannten Seeöle sind Tran und Lebertran.

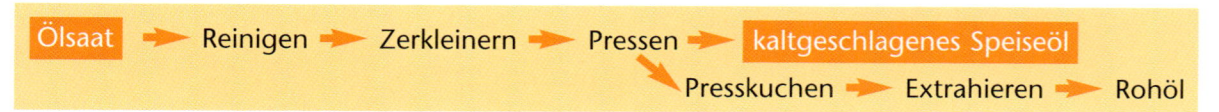

Ölsaat → Reinigen → Zerkleinern → Pressen → kaltgeschlagenes Speiseöl
↓
Presskuchen → Extrahieren → Rohöl

*Gewinnung von Speiseölen*

Rohöl → Entschleimen → Entsäuern → Desodorieren → Winterisieren → Filtrieren → raffiniertes Speiseöl

*Raffination*

## Pflanzliche Öle und Fette

> Pflanzenöle werden aus fettreichen Samen und Früchten gewonnen, z. B. Olivenöl, Rapsöl, Sonnenblumenöl.

Dabei verwendet man unterschiedliche Verfahren.

- **Kaltpressung**

Öle, die ohne Zuführung von Wärme und Lösungsmitteln gewonnen werden, bezeichnet man als native oder kaltgepresste Öle. Diese Öle sind dunkel, trübe und haben einen typischen Beigeschmack. Sie sind aber wertvoller als die wärmebehandelten Öle, da sie mehr Vitamine enthalten.

- **Warmpressung**

Die Auspressung von Ölen und Fetten erfolgt unter Druck und Erwärmung. Diese Öle bzw. Fette werden raffiniert, d. h. entschleimt, entsäuert, gebleicht und desodoriert. Sie werden als raffinierte Öle verkauft. Durch die Raffination erhält man reine, neutral schmeckende und riechende Öle und Fette, die unmittelbar verwendet werden können oder als Grundstoff für die Herstellung von z. B. Margarine und Bratfett dienen.

Bei gehärteten Fetten, etwa Plattenfetten, werden ungesättigte Fettsäuren in gesättigte Fettsäuren umgewandelt, sie haben dann eine feste Konsistenz und einen höheren Schmelzpunkt. Sie dienen meist als Bratfette, die zu Tafeln oder Platten ausgegossen sind.

**Margarine:** Zur Herstellung von Margarine werden heute vorwiegend pflanzliche Öle und Fette verwendet, dazu kommt Wasser bzw. Magermilch oder Molke, Mono/Diglyceride und Lezithin als Emulgatoren sowie Aroma- und Farbstoffe. Der Fettgehalt muss mindestens 80 %, höchstens aber 90 % betragen. Der Gehalt der Margarinesorten an mehrfach ungesättigten Fettsäuren ist unterschiedlich. Spezialsorten enthalten um 50 %. Gute Handelssorten (sogenannte Delikatess-Margarinen) haben 20–30 % mehrfach ungesättigte Fettsäuren, während Koch- oder Tafelmargarine (billigste Sorten) 6–25 % Linolsäure enthalten.

Im Handel finden wir:

Bei den Haushaltsmargarinen besteht die Standardware aus pflanzlichen oder tierischen Fetten oder einem Gemisch daraus.

Margarinen mit Hinweisen auf besondere Zusammensetzung: Diese Margarinen haben einen besonders hohen Anteil an mehrfach ungesättigten Fettsäuren. Der Linolsäureanteil in den Fettsäuren beträgt mehr als 50 %.

Diätmargarine: „Kochsalzarme" oder „streng kochsalzarme" Margarinen müssen der Verordnung über diätetische Lebensmittel entsprechen. Insbesondere dürfen bestimmte Natriumgehalte nicht überschritten werden.

Kochmargarine, gelegentlich noch als Tafelmargarine bezeichnet, dient meist in Großküchen zum Kochen und Braten.

Halbfettmargarine/Light-Margarine: Bei diesen Margarinen ist der Fettanteil reduziert und der Wasseranteil erhöht, deshalb sind Emulgatoren notwendig. Diese Fette sind zum Braten nicht geeignet.

Margarineschmalz (Schmelzmargarine) ist praktisch frei von Wasser und enthält mindestens 99 % Fett.

Stearinsäure

Ölsäure

Linolsäure

● Kohlenstoff  ○ Wasserstoff  ● Sauerstoff

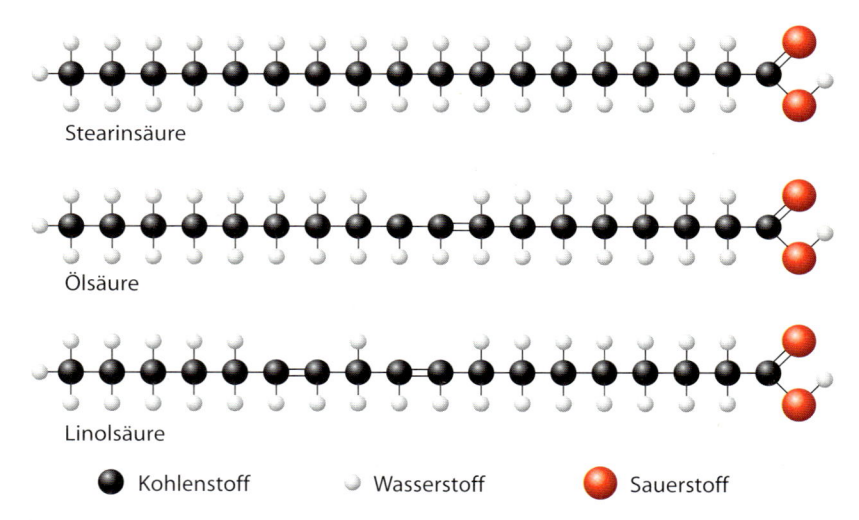

*Verschiedene Fettsäuren*

### Ernährungsphysiologische Bedeutung

Fette sind neben Eiweiß und Kohlenhydraten Hauptbestandteile unserer Nahrung. Ihr Energiegehalt ist jedoch doppelt so hoch wie der von Eiweiß oder Kohlenhydraten: 1 g Fett liefert dem Körper 38,9 kJ/9,3 kcal.

> In der menschlichen Ernährung hat Fett daher eine besondere Bedeutung als Energielieferant für Körperwärme und Muskelkraft.

Durch den Fettgehalt einiger Speisen wird die Verweildauer im Magen verlängert. Fett hat also einen großen Sättigungswert.
Bei der Speisenzubereitung ist Fett ein wichtiger Träger und Vermittler von Aroma- und Geschmacksstoffen. Fett dient unserem Körper als Vorratsstoff. Wird das mit der Nahrung aufgenommene Fett nicht direkt zur Energiegewinnung benötigt, so wird es in körpereigenes Fett (Depotfett) umgewandelt und gespeichert. Zu viel Depotfett führt zu Übergewicht, das unseren Körper unnötig belastet. Fett dient unserem Körper als Schutzstoff. Einige Organe wie Augapfel und Nieren werden durch Fettpolster geschützt.
Fett liefert darüber hinaus die fettlöslichen Vitamine A, D, E, K, die nur mithilfe von Fett im Körper verwertet werden können. Deshalb wird z. B. Karottensalat immer mit etwas Öl zubereitet. Ferner liefern Fette essentielle Fettsäuren in unterschiedlichen Mengen, auf deren Zufuhr mit der Nahrung der Körper angewiesen ist, weil er sie nicht selbst bilden kann. Alle essentiellen Fettsäuren sind mehrfach ungesättigt, aber nicht alle mehrfach ungesättigten Fettsäuren sind essentiell. Die wichtigste einfach ungesättigte Fettsäure ist die Ölsäure.

> Unter den mehrfach ungesättigten Fettsäuren ist die Linolsäure für den Menschen am wichtigsten.

In vielen Pflanzenölen kommt als weitere mehrfach ungesättigte Fettsäure noch die ebenfalls notwendige Linolsäure vor. Fischöle enthalten kaum Linolsäure. Für diese Öle sind mehrfach ungesättigte Fettsäuren mit bis zu 22 Kohlenstoffatomen charakteristisch. Im Körper werden aus essentiellen Fettsäuren Hormone gebildet, die auf die Durchblutung des Herzmuskels, auf den Blutdruck, den Herzrhythmus, die Blutgerinnung und auf viele andere lebenswichtige Funktionen regulierend einwirken.
Durch die Zufuhr von 10 g Linolsäure wird der Bedarf des Erwachsenen an essentiellen Fettsäuren gedeckt.

*Verschiedene Pflanzenöle*

*Verschiedene Margarinesorten*

In allen Fetten sind auch Begleitstoffe vorhanden; ein Fettbegleitstoff der überwiegend in tierischen Fetten vorkommt, ist Cholesterin. Es wird zum Aufbau von Hormonen und Gallensäuren gebraucht. Cholesterin wird aber auch im Körper selbst in ausreichender Menge gebildet. Zu viel Cholesterin kann zu erhöhten Blutfettwerten und damit verbundenen Risiken führen (siehe S. 196, 197).

## Einkauf, Lagerung und Verwendung

Beim Einkauf sollten die Angaben auf der Verpackung beachtet werden. Zu bevorzugen sind Speiseöle in dunklen Flaschen oder Gefäßen.

> Fette sind empfindlich gegenüber Wärme, Licht, Luftsauerstoff und Fremdgeruch.

Für die Lagerung ist deshalb zu beachten, dass sie kühl, dunkel, gut verpackt oder zugedeckt aufbewahrt werden müssen. Die Mindesthaltbarkeitsdauer ist begrenzt und je nach Fettart unterschiedlich. Wasserhaltige Fette wie Butter und Margarine eignen sich nur für eine kurzfristige Lagerung – am besten im Kühlschrank. Plattenfette sind, in Originalverpackung kühl und dunkel gelagert, viele Monate haltbar.

Schmalz ist je nach Qualität und Frische zum Zeitpunkt des Einkaufs etwa drei Monate einwandfrei.

Speiseöle können in original verschlossenen Gefäßen kühl und bei durchsichtiger Verpackung auch dunkel ein halbes bis ein Jahr aufbewahrt werden. Angebrochene Packungen werden schnell ranzig; je weniger im Gefäß vorhanden ist, desto schneller kann der Inhalt verderben.

### Das richtige Fett verwenden

Butter und Margarine sind eiweiß- und wasserhaltig, deshalb zum Streichen und Backen, aber nicht zum Braten bei höheren Temperaturen geeignet. Sie spritzen und werden beim Backen braun (bei einer Temperatur über 120 °C).

Pflanzenöle (nativ) mit einem hohen Anteil an mehrfach ungesättigten Fettsäuren sind sehr wertvoll in Salaten und Majonäsen. Sie qualmen leicht bei hohen Temperaturen.

Pflanzenöle (raffiniert), Pflanzenfette und Schmalz mit wenigen mehrfach ungesättigten Fettsäuren eignen sich am besten zum Braten und Frittieren (bis 200 °C).

---

**1** (GW) Fett ist lebensnotwendig – aber auch risikoreich für unsere Ernährung. Begründe diese Aussage und berücksichtige dabei die ernährungsphysiologischen Gesichtspunkte.

**2** Erstellt einen Speiseplan für eine vollwertige Ernährung. Berücksichtigt dabei eine ausgewogene Nährstoffzufuhr.

# 3 Nahrungszubereitung und -präsentation

*Raclette*

*Ein Fondue-Essen bietet viele Variationsmöglichkeiten*

## Technische Geräte im Trend

### Raclette, Fondue und Co. – unsere Gäste kochen selbst

Das gemütliche Beisammensein mit Familie und Freunden lässt ein Fest zu etwas ganz Besonderem werden. Und wie lässt sich die Verbundenheit besser ausdrücken als mit einer gemeinsam gestalteten Mahlzeit?

> Der Vorteil von Raclette und ähnlichen Geräten liegt darin, dass die Speisen direkt bei Tisch von jedem Einzelnen individuell zubereitet werden können.

Die Entdeckung des Raclettes verdanken wir eigentlich einem Zufall. Im Schweizer Kanton Wallis hatte ein Senner seinen Käse zu nahe an das Feuer gelegt, so dass dieser an der Schnittfläche geschmolzen und auf das Brot getropft war. Zunächst ärgerte er sich, als er jedoch von dem Brot probierte, war er begeistert von dem köstlichen Geschmack. Seine „Entdeckung" teilte er den anderen Sennern mit, die ebenfalls begeistert waren. Da das Raclette-Essen immer beliebter wurde, entwickelten findige Köpfe einen speziellen Raclette-Ofen. Der Nachteil dieses Raclette-Ofens war allerdings, dass man immer nur eine Portion vom Käselaib abstreichen konnte. Deshalb hat die Industrie Raclette-Tischgeräte hergestellt, die Käse für alle Gäste gleichzeitig schmelzen.

Bei der Auswahl der Beilagen sind der Fantasie keine Grenzen gesetzt, daher eignet sich eine Raclette-Party auch ideal zur Resteverwertung. Auch das Fondue bietet die Möglichkeit, das Festessen durch eine Auswahl an Zutaten individuell zu gestalten.

In der Regel werden verschiedene Fleischsorten, Fisch oder Gemüse in gehärtetem Pflanzenfett frittiert. Für Kalorienbewusste gibt es aber auch die Möglichkeit, diese Zutaten in Brühe zu garen. (Die Brühe kann später zu einer hervorragenden Suppe weiterverarbeitet werden.) Geschmacksgeber sind beim Fondue würzige Soßen und Dips, die zusammen mit Brot und knackigen Salaten das Essen zum Festmahl werden lassen.

## Ernährungsphysiologische Bedeutung

Ernährungsphysiologisch lassen sich diese Gerichte aufgrund der individuellen Gestaltungsmöglichkeiten schwer beurteilen.

> Durch die Vielzahl an Variationsmöglichkeiten kann beim Raclette- und Fondue-Essen auf die verschiedenen Ernährungsformen eingegangen werden.

*Mit einem Elektrogrill vermeidet man die schädlichen PAK*

*Alu-Grillschalen oder -folien eignen sich für fett- oder ölhaltige Gerichte*

## Grill-Kultur

Fleisch über dem Feuer zu rösten, ist eine 300.000 Jahre alte Methode der Nahrungszubereitung. Unter freiem Himmel packt uns die glühende Leidenschaft: Allein in Deutschland werden jährlich rund drei Millionen Grills verkauft.

Jedes Jahr verletzt sich eine große Zahl von Menschen beim Grillen. Um dies zu vermeiden, muss man einige Regeln beachten:

- Grill an einem sicheren, ebenen Standort aufstellen.
- Zum Anzünden keinesfalls Brennspiritus, Petroleum oder andere Treibstoffe verwenden.
- Niemals Wasser oder andere Flüssigkeiten in die Glut schütten – Spritzgefahr!
- Ein Feuerlöscher in nächster Nähe schadet nie.
- Grillschürze und Grillhandschuhe verwenden.

> Beim Grillen können krebserregende Stoffe wie Nitrosamine und polyzyklische aromatische Kohlenwasserstoffe (PAK) entstehen.

Um Nitrosamine zu vermeiden, sollte man beim Grillen auf geräucherte oder gepökelte Fleischwaren wie z. B. Leberkäse, Wiener Würstchen und Käse zum Überbacken verzichten.

Die Bildung von PAK kann man so vermeiden:

- Nie über offenem Feuer grillen!
- Fleisch während des Grillens nicht mit Öl begießen. Die Flüssigkeit kann in die Glut tropfen und so PAK-haltigen Rauch bilden.
- Ölhaltige Marinaden abtupfen.
- Bei fettigem Fleisch Alu-Grillschalen benutzen oder Grillfolien verwenden.
- Elektrogrills, indirekte Grills (Kugelgrill) oder Vertikalgrills verwenden.

Bei sachgerechter Anwendung sprechen aus ernährungsphysiologischer Sicht für das Grillen:

- die kurze Garzeit,
- auf Zugabe von Kochfett kann verzichtet werden,
- durch das Abtropfen von Fett wird das Fleisch noch fettärmer.

**1** Gesund und schmackhaft grillen! Wähle geeignete Rezepte aus (Internet, Kochbücher).

**2** Plane eine Grillparty an deiner Schule.

**3** Erstelle eine Liste mit Zutaten, die sich für ein vegetarisches Raclette eignen.

**4** Wähle geeignete Fette für ein Fleischfondue. Begründe deine Auswahl.

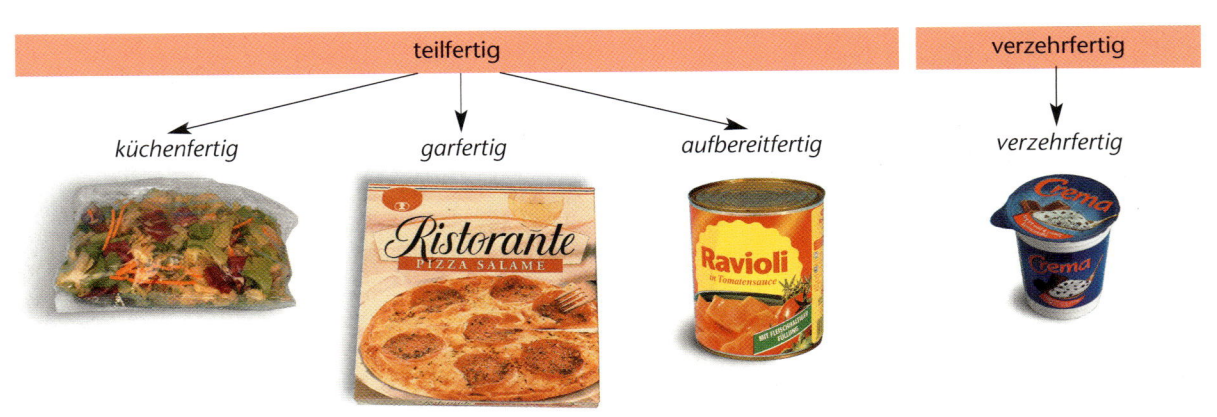

```
          teilfertig                               verzehrfertig
   ┌──────────┼──────────┐                              │
küchenfertig  garfertig  aufbereitfertig          verzehrfertig
```

*Bearbeitungsstufen vorgefertigter Lebensmittel*

## Schnelle Küche – leicht gemacht

### Convenience-Produkte – empfehlenswert?

Neben den Lebensmitteln, die als Rohprodukte auf den Markt kommen, werden auch viele angeboten, die bereits so bearbeitet sind, dass Zeit raubende Arbeitsgänge wegfallen. Diese Produkte werden auch Convenience-Produkte genannt.

Das Angebot wird immer vielfältiger: Da gibt es Produkte vom Eintopf bis zum kompletten Menü, von Pizza über Knödel, Pommes frites, Gemüse bis hin zu Mehlspeisen. Aufwärmen genügt und schon sind die Gerichte fertig!

Welche vorgefertigten Lebensmittel gekauft werden, hängt von den unterschiedlichen Bedürfnissen der Konsumenten ab:
- Für manche Menschen ist es wichtig, nicht stundenlang in der Küche zu stehen, sondern in kürzester Zeit ein vollständiges Essen auf dem Tisch zu haben.
- Andere Personen schätzen nach wie vor das Selbstgekochte.
- Für einen Fünf-Personen-Haushalt wiederum könnte die ausschließliche Verwendung von Halbfertig- und Fertigprodukten zu teuer sein.

Die unterschiedlichen Stufen der Bearbeitung von vorgefertigten Lebensmitteln sind in der Abbildung oben dargestellt.

Um vorgefertigte Gerichte beurteilen zu können, vergleichen wir sie mit einer gleichartigen Speise, die wir selbst aus frischen Rohstoffen zubereiten, z. B. Schokoladepudding. Es zeigt sich in den meisten Fällen, dass durch die Verwendung vorgefertigter Produkte Arbeitszeit gespart wird, der Preis aber höher liegt als bei der Verwendung von Rohprodukten. Den Geschmack muss jeder natürlich selbst beurteilen.

### Convenience-Produkte sinnvoll einsetzen

Vor der Verwendung von Fertigprodukten sollten verschiedene Gesichtspunkte berücksichtigt werden:
- Welche Produkte werden gewählt und welchen Platz nehmen sie im Speiseplan ein?
- Ist das „Fertigmenü" vollwertig?
- Wurden dem Produkt zur Haltbarmachung oder zum Erhalt des Aussehens Zusatzstoffe beigegeben (z. B. Emulgatoren, Phosphate, Antioxidationsmittel, Konservierungsmittel)?
- Kann man auf andere Angebote ausweichen?

Die aufwändige Verpackung vieler Fertigprodukte bedeutet Rohstoffverschwendung. Kann dies durch die Wahl anders verpackter Produkte beeinflusst werden?

Die Entscheidung, in welchem Umfang solche Produkte verwendet werden, hängt vor allem von der Situation eines Haushaltes ab, also von der Personenzahl, der Berufstätigkeit, den verfügbaren Geldmitteln.

> Fertigprodukte sparen Zeit und kosten Geld.

## Kreative Resteküche

Wer kennt das nicht: Man hat aus hochwertigen Lebensmitteln ein schmackhaftes Menü zubereitet und es bleibt von jedem Gang noch etwas übrig. Zu wenig, um am nächsten Tag noch davon satt zu werden, und andererseits zu schade, um es wegzuwerfen.

Mit einer sorgfältigen Auswahl der Zutaten und einer gründlichen Planung kann man mit Resten gesunde und schmackhafte Mahlzeiten zubereiten. Oft lohnt es sich nicht, kleine Mengen einzukaufen und zu kochen. Der Zeit- und Energieaufwand ist für ein kleines Fleisch- oder Gemüsegericht häufig genauso hoch wie für eine größere Menge. Deshalb kann man ruhig etwas mehr zubereiten und die Reste zu einer anderen Speise verarbeiten.

Voraussetzung für eine gesunde Weiterverwertung von Speisen und Lebensmitteln ist die sachgerechte Lagerung der Zutaten, die man für seine Resteküche verwendet (siehe Seite 133 ff.).

> Frische Kräuter und Salate ergänzen die Resteküche mit Vitaminen, Mineral- und Ballaststoffen.

In der Resteküche sollte man auf schonende Zubereitung achten. Verwende beschichtete Pfannen und Töpfe, in denen mit wenig Fett gebraten und gekocht werden kann.

Mittlerweile gibt es viele Kochbücher, die als Anregung für die Weiterverarbeitung von Speisen dienen können. Allerdings sind deiner Fantasie beim Erfinden neuer Gerichte kaum Grenzen gesetzt. Hier gilt das Motto: „Erlaubt ist, was schmeckt."

Den besonderen Pfiff erhalten die Speisen durch die Verwendung von Gewürzen. Die Auswahl reicht von mild, pikant und herzhaft bis exotisch. Wenn du nicht zu viele verschiedene Gewürze verwendest, kann eigentlich nichts schief gehen.

---

**1** Du bekommst überraschend Besuch und findest in deiner Vorratskammer: Pellkartoffeln vom Vortag, Eier, Zwiebeln, Zucchini, Tomaten und tiefgekühlte Kräuter. Mit welcher Rezeptidee beeindruckst du deine Freunde?

**2** Projektvorschlag: Gebt ein eigenes Restekochbuch heraus (Rezepte, Layout, Vertrieb). Arbeitet dazu mit den Fächern IT, Deutsch, Kunst und Wirtschaft zusammen.

**3** Lege eine Liste über Convenience-Produkte an, die dir empfehlenswert erscheinen, und begründe deine Auswahl.

> Was um Gottes Willen hast du vor, Liebling?

> Ich koche, mein Schatz. Wenn da steht „Soße ablöschen", dann lösche ich eben.

## Perfekt gekocht?

Wer die Beurteilungskriterien kennt, der weiß, worauf er bei der Zubereitung von Speisen achten muss.

> Hierbei spielt neben Arbeitsgang (Reihenfolge, rationelle Arbeitsweise, Ausführung des zugewiesenen Amtes) und Arbeitstechnik (sachliche Richtigkeit, Hygiene, Tempo, Herdbedienung) natürlich auch das Arbeitsergebnis eine wesentliche Rolle.

### Kriterien zur Beurteilung des Arbeitsergebnisses

Geschmack/Mundgefühl:
- Die Speisen sollen nicht einseitig, zu viel oder zu wenig gewürzt sein.
- Beachte, dass die Lebensmittel nicht übergar oder zu wenig gar sind.
- Teige dürfen nicht zu fest oder zu locker sein.
- Speisen müssen richtig temperiert serviert werden.

Aussehen/Konsistenz:
- Soßen sollen nicht zu dick- oder zu dünnflüssig sein.
- Vermeide Klümpchen bei der Verwendung von Mehl, Gelatine, Eiweiß oder Stärke.
- Kuchen sollen nicht schief, hügelig, speckig oder zu fest sein.
- Cremes sollen glatt verlaufen und homogen sein.
- Zutaten sollen nicht unpassend oder ungleich zerkleinert sein.
- Speisen dürfen nicht zu dunkel oder zu blass gegart sein.

Anrichten:
- Teller bzw. Servierschüsseln nicht überladen.
- Zur Speise passende Garnitur wählen.
- Geschmackvoll garnieren, ohne zu übertreiben.
- Frische Kräuter und Zutaten verwenden.
- Serviergeschirr vorwärmen.
- Serviergeschirr stets sauber halten.

| 1. Arbeitsgang | Bewertung | Note |
|---|---|---|
| Reihenfolge | überlegt, mit Übersicht, folgerichtig | 1 |
| Rationelle Arbeitsweise | beim Eier trennen ungeübt, Schneidetechnik geschickt, meist ökonomisch und strukturiert | 2 |
| Amt | trocknet anfallendes Geschirr z. T. verzögert ab, ordentlich, zuverlässig | 2 |
| **2. Arbeitstechnik** | **Bewertung** | **Note** |
| Sachliche Richtigkeit Geräteeinsatz | verwendet Pürierstab, schneidet Fleisch mit glattem Messer, achtet auf Temperaturausgleich bei der Mousse, rechnet Kühlzeiten mit ein, sinnvoller Geräteeinsatz, korrekter Umgang mit Lebensmitteln | 1 |
| Hygiene | deckt Lebensmittel ab, getrennter Fleischarbeitsplatz vorhanden, Arbeitsfläche wird zwischendurch gereinigt, arbeitet sauber | 1 |
| Tempo | zügig, nutzt Wartezeiten meist sinnvoll | 2 |
| Herdbedienung | regelmäßige Kontrolle, korrekte Herdeinstellung, Restwärme wurde nicht immer genutzt | 2 |

| 3. Arbeitsergebnis | Bewertung der einzelnen Rezeptbausteine | | | Note |
|---|---|---|---|---|
| | Geschmack | Aussehen | Anrichten | |
| Suppe | etwas salzarm, Gemüse gut gegart | Farbe recht blass, cremig | zu viel Crème fraîche, überladen | 2 |
| Hähnchenragout | Röststoffe vorhanden, würzig | Farbe appetitlich, Fleischstücke etwas zu grob | sehr ansprechend, Auswahl der Kräuter passend | 2 |
| Mousse au chocolat | etwas süß | gleichmäßige Farbe, gute Konsistenz, locker, luftig | kreativ und aufwändig mit exotischen Früchten dekoriert | 1 |
| 4. Servieren | Tellerservice von links, Schüsselservice korrekt | | | 3 |
| Gesamtnote | | | | gut |

*Beispiel eines Bewertungsbogens für folgende Aufgabenstellung: Zucchinisuppe mit Lachsstreifen, Hähnchenragout in Tomatensoße, Mousse au chocolat, Trockenamt*

So könnte ein Bewertungsbogen für eine praktische Schulaufgabe oder für die praktische Abschlussprüfung aussehen.

**1** Erarbeitet mit eurer Lehrkraft konkrete Kriterien für die Bereiche „Arbeitsgang", „Arbeitstechnik" und „Servieren".

**2** Teilt eure Gruppe in der nächsten Praxisstunde in „Prüflinge" und „Prüfer" ein und bewertet die Arbeit mithilfe des Bewertungsbogens. Besprecht eure Beobachtungen sowie die Notengebung mit eurer Lehrkraft.

3 Vorratshaltung hat auch heute noch einen wichtigen Stellenwert.

## Vorratshaltung im modernen Haushalt

Dem Verbraucher steht in Geschäften ein reichhaltiges Angebot an Lebensmitteln jederzeit zur Verfügung. Dennoch sprechen verschiedene Gründe für eine systematische Planung und Organisation von Einkauf und Vorratshaltung. Flexiblere Arbeitszeiten, die zunehmende Erwerbstätigkeit der Frauen sowie räumliche Mobilität haben unsere Haushaltsführung verändert. Der Einkauf und die Zubereitung von Lebensmitteln wird meist als Zeit raubend empfunden, Freizeit ist für viele wichtiger geworden. Zeitgemäße Vorratshaltung kann daher helfen, unseren Alltag bequemer, wirtschaftlicher und unabhängiger zu gestalten.

- Vorrat gibt Sicherheit bei unvorhergesehenen Situationen, z. B. unerwarteter Besuch, Krankheit, Katastrophenfälle.
- Vorrat spart Geld durch die Nutzung von Sonder- und Saisonangeboten und die Verwertung von Produkten aus dem eigenen Garten.
- Vorrat spart Arbeitskraft und Zeit, z. B. durch Großeinkauf oder die Zubereitung von größeren Mengen, die für mehrere Mahlzeiten portioniert und tiefgefroren werden.
- Vorrat fördert die individuelle Kreativität und den Spaß am Selbermachen, z. B. das Ausprobieren eigener Rezepte.

> Vorrat sollte nach den individuellen Bedürfnissen und Vorlieben der Haushaltsmitglieder angelegt werden.

Wichtige Kriterien hierfür sind Lagermöglichkeiten, Haushaltsstruktur und Verzehrgewohnheiten.
Welche Räumlichkeiten stehen zur Verfügung? Mit welchen technischen Großgeräten (Kühl- oder Gefrierschrank) ist der Haushalt ausgestattet?
Haushaltsstruktur:
Wie viele Personen sind zu versorgen? Besteht ein Bedarf an Sonderkostformen, wie beispielsweise für Diäten oder Seniorenkost.
Verzehrgewohnheiten:
Vorrat ist nur dann sinnvoll, wenn er genutzt wird. Er sollte auf den persönlichen Geschmack der Familienmitglieder abgestimmt sein. Bei Familienfeiern und häufigen Besuchen kann die Vorratshaltung helfen, Kraft, Zeit und Geld zu sparen.

| Lebensmittel | Empfehlenswerte Mengen pro Person | Durchschnittliche Haltbarkeit (normale Verpackung) |
|---|---|---|
| Knäckebrot, Zwieback, Hartkeks, Biskuits | 2–3 Pakete | 1 Jahr |
| Reis, Haferflocken, Teigwaren, Mehl, Grieß, getrocknete Erbsen und Bohnen | je Produkt 500 g | ca. 1 Jahr |
| Schnellgerichte aus Reis oder Teigwaren, Kartoffel-Trockenprodukte, Trockensuppen | 1–4 Pakete | Haltbarkeitsangaben auf Paket beachten |
| Zucker | 1 kg | unbegrenzt |
| Salz | 125 g | unbegrenzt |
| Speiseöl, Pflanzenfett oder Butterschmalz | 1 l Öl und 1 kg Fett | 6 Monate bis 1 Jahr |
| Fleisch- und Fischvollkonserven | 2–3 kg | 2 Jahre oder Haltbarkeitsdatum |
| Wurst- und Suppenkonserven | 1–2 kg | 2 Jahre oder Haltbarkeitsdatum |
| Kondensmilch, Milchpulver | 1–2 kg | 6 Monate bis 1 Jahr |
| Mineralwasser (Flüssigkeit) | 12 Flaschen | 6 Monate bis 1 Jahr |
| Schmelzkäse | 500 g | 6 Monate |
| Obst- und Gemüsekonserven | 2–3 kg | 1–2 Jahre |
| Fruchtsäfte | 3 1-l-Flaschen | 1–2 Jahre |
| Marmelade, Honig | 500 g | 1 Jahr |

*Empfehlenswerter Vorrat für eine Person für 14 Tage*

## Notvorrat – sicher ist sicher

Notvorrat ist eine planvoll zusammengestellte Menge an Lebensmitteln und Getränken, die die Versorgung und Ernährung der Familie in einem Krisenfall (z. B. Naturkatastrophe) für mindestens 14 Tage sicherstellt. So lange kann es dauern, bis staatliche Maßnahmen wirksam werden. In Krisen- und Katastrophenfällen ist meist mit Stromausfall zu rechnen.

> Der Notvorrat sollte ausreichend Lebensmittel enthalten, die auch ohne Erhitzen verzehrt werden können.

## Vorratsarten

Man unterscheidet:
Trockenvorräte: Reis, Mehl, Hülsenfrüchte, Haferflocken, Nudeln, Zucker, Gewürze u. a. Diese können längerfristig ohne Energieaufwand in Vorratsschränken und Regalen aufbewahrt werden.
Frischvorräte: Gemüse, Obst, Salate, Milch, Eier, Butter, Fleisch, Wurst, Fisch u. a. Sie sind nur kurzfristig haltbar und müssen meist im Kühlschrank aufbewahrt werden.
Tiefkühlvorräte: Fisch, Fleisch, Gemüse, Backwaren, zubereitete Speisen u. a. Sie werden bei Lagertemperaturen von −18 °C entsprechend ihrer Lagerbedingungen im Tiefkühlfach oder Gefrierschank oder in Gefriertruhen gelagert.
Saisonvorräte: Kartoffeln, Äpfel, Karotten, u. a. Diese sind bei regelmäßiger Kontrolle ohne Energieaufwand Wochen bis Monate haltbar, wenn sie kühl, trocken, frostfrei und luftig gelagert werden.
Konserven: Gurken, Obst, Gemüse u. a. Sie sind über Jahre hinaus haltbar.
Getränke: Mineralwasser, Fruchtsäfte, Wein, Bier.

**Gefrierfach**

**0-°C-Zone – trocken**
50 % Luftfeuchtigkeit
(Lebensmittel abdecken!)

**0-°C-Zone – feucht**
bis zu 90 % Luftfeuchtigkeit (Lebensmittel nicht abdecken!)

**Kühlzone 4–8 °C**
(Lebensmittel abdecken!)

**Kellerzone 8–12 °C**

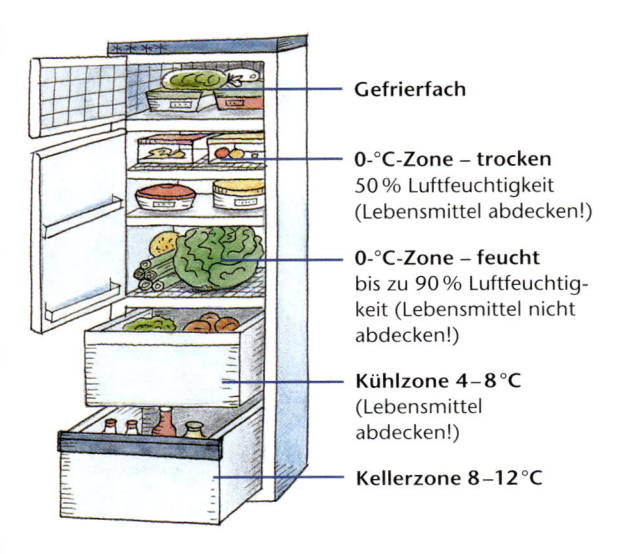

*Neue Kühltechnik im Mehrzonenkühlschrank*

Verdampferfach mit: (mindestens –6 °C) Lagerdauer von Gefriergut und Eis 1 bis 3 Tage ✶

Verdampferfach mit: (mindestens –12 °C) Lagerdauer von Gefriergut und Eis 3 bis 14 Tage ✶✶

Verdampferfach mit: (mindestens –18 °C) Lagerdauer von Gefriergut und Eis 2 bis 3 Monate ✶✶✶

Verdampferfächer, die mit: ✱✶✶✶ gekennzeichnet sind, eignen sich nicht nur zum Lagern, sondern auch zum Einfrieren kleiner Mengen von Lebensmitteln.

*Sternekennzeichnung*

## Lagerbedingungen

Zum Anlegen von Vorräten müssen die Anforderungen der Lebensmittel an Temperatur und relativer Luftfeuchte erfüllt werden.

> Lebensmittel, möglichst frisch und von guter Qualität, sollten sofort nach der Ernte oder dem Einkauf in geeigneten Verpackungen kühl, dunkel und trocken aufbewahrt oder haltbar gemacht werden.

Dadurch verzögert sich der Verderb durch Mikroorganismen (z. B. Schimmelpilze), durch biochemische Prozesse (z. B. Ranzigwerden von Fett) und durch Austrocknung. Die Verpackung schützt das Lebensmittel vor Geruchsübertragungen, Farb-, Aroma- und Geschmacksveränderungen und gegenseitiger Übertragung von Keimen.
Geeignete Verpackungen sind etwa Glas- und Porzellangefäße, Kunststoffbeutel, -dosen und Kunststoffhauben, Alu- und Frischhaltefolien sowie gelochte Folienbeutel für Obst und Gemüse.
Die Vorratsbehälter sollten gut zu verschließen, wieder verwendbar, geschmacks- und geruchsneutral, luft- und flüssigkeitsundurchlässig sowie leicht zu reinigen sein.

## Lagermöglichkeiten

*Kühlschrank:* Das Kühlen in diesem Gerät dient der kurzfristigen Lagerung von leicht verderblichen Nahrungsmitteln (z. B. Fischvorräte) bei Temperaturen zwischen 0 und 8 °C. Bei herkömmlichen Geräten gibt es kühle und etwas weniger kühle Bereiche, folglich gibt es für viele Lebensmittel einen besonders geeigneten Lagerplatz. Viele Kühlschränke sind zusätzlich mit einem Verdampferfach ausgestattet. Die Sterne-Kennzeichnung gibt die Temperatur an, die im Verdampferfach maximal erreicht wird.
*Mehrzonenkühlschrank:* Er ermöglicht die Vorratshaltung in mehreren verschiedenen Temperaturbereichen, wie z. B. in Gefrier-, Frischhalte-, Kühl- und Kellerzonen. Diese Geräte können Keller und Speisekammer ersetzen und bieten zahlreiche Möglichkeiten, Lebensmittel richtig zu lagern.
*Gefriergeräte* wie *Gefrierschränke* oder *-truhen* dienen der mittel- und langfristigen Haltbarmachung und Lagerung von Lebensmitteln. Es werden Temperaturen von -18 °C oder kälter erreicht. Tiefgefrieren erleichtert die Vorratshaltung und Speisenzubereitung. Lebensmittel verarbeiten, portionsgerecht einfrieren und bei Bedarf auftauen, erlaubt eine freiere Zeiteinteilung.

*Vorratshaltung im Keller*

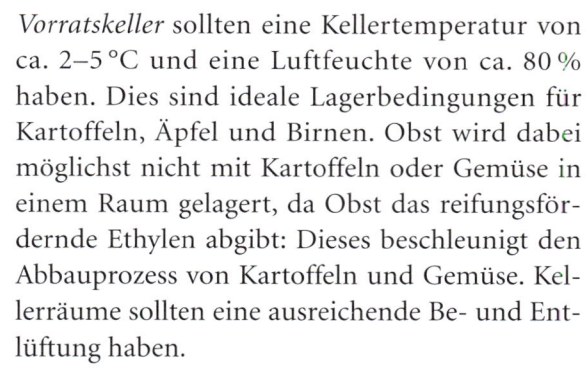

*Vorratshaltung in der Küche*

*Vorratskeller* sollten eine Kellertemperatur von ca. 2–5 °C und eine Luftfeuchte von ca. 80 % haben. Dies sind ideale Lagerbedingungen für Kartoffeln, Äpfel und Birnen. Obst wird dabei möglichst nicht mit Kartoffeln oder Gemüse in einem Raum gelagert, da Obst das reifungsfördernde Ethylen abgibt: Dieses beschleunigt den Abbauprozess von Kartoffeln und Gemüse. Kellerräume sollten eine ausreichende Be- und Entlüftung haben.

Vorratsraum oder *Speisekammer* liegen am günstigsten an der Hausnordseite und in der Nähe der Küche. Beim idealen Vorratsraum ist der Fußboden gefliest und die Fenster sind mit Fliegengitter gesichert. Er sollte mit ausreichend Stellflächen, Regalen und Schränken ausgestattet sein.

*Küche:* Sie ist zur längerfristigen Lagerung von Lebensmitteln nur bedingt geeignet, da dort Temperaturen und Luftfeuchtigkeit zu hoch sind. Zur übersichtlichen Aufbewahrung von gut verschlossenen Trockenvorräten und Konserven eignen sich besonders ausziehbare Vorratsschränke (Apothekerschränke).

*Balkon, Terrasse* und *Garten* können alternative Lagermöglichkeiten sein. Lebensmittel müssen hier aber gegen Witterungseinflüsse geschützt werden, z. B. durch Sand- und Erdmieten oder Isolationsboxen.

> Nahrungsverderb und -verlust können durch eine sorgfältige Pflege des Vorrats vermindert werden. Die besten Mittel hierfür sind Sauberkeit, geeignete Lagerbedingungen und ständige Kontrolle.

Tipps für die Praxis:
- Ein konsequent geführter Vorratsplan schafft mühelosen Überblick und erspart das Suchen.
- Neue Vorräte nach hinten stellen.
- Mindesthaltbarkeitsdatum des Lagergutes beachten.
- Selbst eingemachte und eingefrorene Lebensmittel etikettieren.
- Faulendes, verschimmeltes Obst und Gemüse aussortieren.
- Den Inhalt von Konservendosen, die „bombiert" sind (Boden und Deckel sind nach außen gewölbt), nicht mehr verzehren, da das Lebensmittel verdorben oder sogar giftig sein kann (siehe S. 202).
- Lebensmittel, die von tierischen Schädlingen befallen sind (z. B. Brotkäfer, Mehlmotten), entfernen. Behälter und Lagerort gründlich reinigen.

**1** Formuliere die wesentlichen Kriterien der Vorratshaltung.

| Konservierung | haltbar durch | Art des Verfahrens | Beispiel |
|---|---|---|---|
| Tiefgefrieren | Wärmeentzug | physikalisch | Obst, Gemüse, Fleisch |
| Sterilisieren | Hitzeeinwirkung | physikalisch | Obst, Gemüse, Fleisch |
| Dampfentsaften | Hitzeeinwirkung | physikalisch | Obst, Gemüse |
| Marmelade bereiten | Wirkung von Zucker, Pektin und Hitze | chemisch und physikalisch | Obst |
| in Alkohol einlegen | Abtöten der Kleinlebewesen durch Alkohol | chemisch | Früchte im Rumtopf |
| in Essig einlegen | Hemmung der Mikroorganismen durch Säure | chemisch | Essiggurken |
| Sauerkrautbereitung | Milchsäurebakterien bilden im eingestampften, gesalzenen Weißkraut Milchsäure, die andere Mikroorganismen hemmt. | chemisch biologisch | Sauerkraut |
| Räuchern | Hemmung der Mikroorganismen durch Bestandteile des Rauchs und Wasserentzug | chemisch und physikalisch | Fleisch, Wurst, Fisch |
| Trocknen | Wasserentzug | physikalisch | Dörrobst |
| Bestrahlen | Durch Bestrahlen können Mikroorganismen abgetötet werden. | physikalisch | Gewürze, Kräuter, Zwiebeln |

*Übersicht über Konservierungsmöglichkeiten*

## Notwendigkeit und Prinzip der Haltbarmachung

Viele Lebensmittel können nach der Ernte oder Schlachtung nur kurze Zeit gelagert werden. Sie verlieren an Frische, verändern Aussehen, Geruch, Geschmack und ihre Beschaffenheit. Daneben gibt es auch Lebensmittelvergifter, die man weder sehen, riechen noch schmecken kann. Diese bilden Toxine (Gifte), die zur Schädigung der Gesundheit führen können. Hierzu zählen z. B. Salmonellen, Eitererreger und Bodenbakterien. Ziel des Haltbarmachens ist es, die äußeren und inneren Ursachen des Verderbs zu beseitigen oder den Prozess des Verderbs zu verzögern.

> Durch das Konservieren (Haltbarmachen) von Lebensmitteln werden vor allem das Verderben durch mikrobiologische Vorgänge (Schimmel, Gärung und Fäulnis) und die negative Wirkung von Enzymen verhindert.

Die meisten Mikroorganismen brauchen zum Leben Wasser, Wärme, Nahrung und z. T. auch Luft. Bei der Konservierung werden diese Kleinstlebewesen meist durch Hitze oder Wasserentzug zerstört.

## Verschiedene Konservierungsverfahren

Die im Haushalt üblichen Verfahren lassen sich in zwei Gruppen einteilen:
- Physikalische Verfahren, z. B. Sterilisieren, Dampfentsaften, Trocknen, Kühlen und Eingefrieren.
- Chemische Verfahren, z. B. Salzen, Pökeln, Räuchern, Säuern, Zuckern, Zusatz von Konservierungsstoffen, Einlegen in konservierende Flüssigkeiten wie Alkohol, Zucker- oder Salzlösung.

Besonders das Selbsteingemachte wird hoch geschätzt. Vorteile liegen in der Kontrolle der Herkunft und Qualität der Lebensmittel (z. B. frei von Zusatzstoffen). Saisonale und regionale Angebote und Erzeugnisse aus dem eigenen Garten können dabei genutzt werden.
„Einkochen", „Einmachen" oder „Einwecken" sind die gebräuchlichsten Bezeichnungen für das Sterilisieren, hierbei werden Obst, Gemüse, Fleisch und Wurst bis 100 °C erhitzt und haltbar gemacht.
Durch das Dampfentsaften von Garten- und Waldbeeren, Stein- und Kernobst sowie Gemüse und Kräutern können wohlschmeckende und aromatische Säfte hergestellt werden.

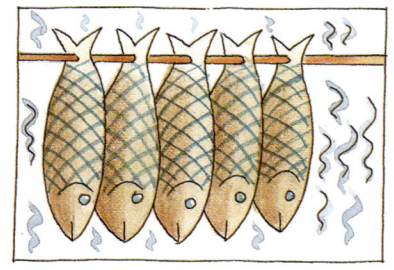

Trocknen ist die älteste Form der Haltbarmachung. Dabei wird dem Gemüse (z. B. Pilze) und Kräutern das Wasser entzogen, so dass Mikroorganismen nicht weiterleben können. Kräuter, wie Basilikum, Beifuß, Estragon, Rosmarin u. a., können in kleinen Bündeln am luftigen Ort langsam trocknen. Danach können sie zerrieben in Schraubgläsern oder Gewürzdosen vor Licht geschützt aufbewahrt werden.

> Selbstgemachte Marmeladen, Konfitüren und Gelees sind beliebte Möglichkeiten der Haltbarmachung von Früchten.

Marmelade ist ein dickbreiiges, streichfähiges Produkt, das durch Einkochen von ausgereiften, frischen oder gefrorenen Früchten und Zucker sowie Geliermittel hergestellt wird.

Konfitüre ist eine etwas edlere Art der Marmelade. Bei ihrer Herstellung verwendet man möglichst gute Früchte, die in der Konfitüre noch erkennbar sein sollten.

Gelee entsteht aus Fruchtsaft mit natürlich vorhandenen Gelierstoffen (Pektinen) und Zucker oder durch die Verwendung von Geliermitteln.

Zubereitungstipps für Marmeladen:
- Vorbereiten der Früchte (putzen, waschen, entkernen, schneiden).
- Aufkochen der Fruchtmasse: am besten in breiten Kochtöpfen ohne Deckel, bei Bedarf abschäumen.
- Zucker oder/und Geliermittel zugeben, weiterkochen, dabei ständig umrühren, bis die Masse eingedickt ist.
- Gelierprobe vornehmen: einen Tropfen der Marmelade auf einen Teller geben und die Konsistenz überprüfen.
- Einfüllen in heiße, keimfreie Gläser und verschließen (z. B. mit feuchtem Cellophan oder mit Twist-off-Deckel). Gläser mit Schraubdeckel am besten auf den Kopf stellen. Die endgültige Gelierung dauert einige Tage.
- Etikettieren: mit Jahreszahl und Angabe der Fruchtart beschriften.
- Aufbewahrung an einem kühlen, trockenen, luftigen und dunklen Ort.

Aus Obst und Gemüse können außerdem süße Muse und pikante Chutneys nach individuellen Rezepten für die längerfristige Vorratshaltung eingekocht werden.

**1** Vergleiche und bewerte: frische, getrocknete und tiefgefrorene Kräuter. Berichte über deine Ergebnisse.

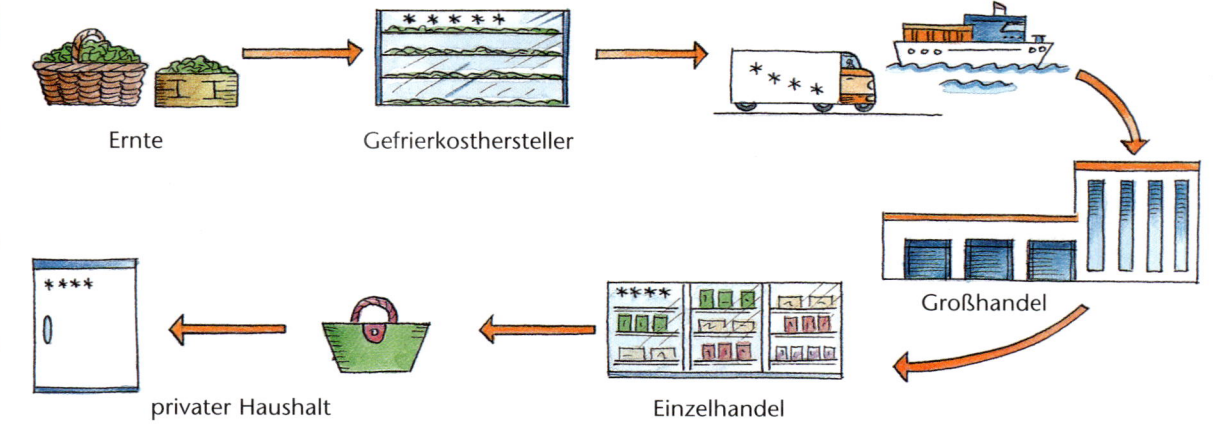

Ernte → Gefrierkosthersteller → Großhandel → Einzelhandel → privater Haushalt

*Qualitätserhaltung durch eine lückenlose Tiefkühlkette*

Schockfrosten erhält die Qualität

Langsames Einfrieren mindert die Qualität

## Tiefgefrieren – Haltbarmachen durch Frost

Das Tiefgefrieren macht Lebensmittel langfristig haltbar. Hierbei ist besonders zu beachten, dass den Lebensmitteln mit Temperaturen unter dem Gefrierpunkt sehr schnell Wärme entzogen wird.

Bei Temperaturen, die nur wenig unter dem Gefrierpunkt liegen (0 bis −5 °C), erstarrt die im Lebensmittel enthaltene Zell- und Gewebeflüssigkeit zu großen Eiskristallen. Diese zerstören die Zellwände und verändern die Gewebestruktur, beim Auftauen ist deshalb der Saftverlust groß und empfindliche Produkte fallen zusammen. Beim schnellen Gefriervorgang werden die Lebensmittel rasch Temperaturen von −20 °C und tiefer ausgesetzt, dabei bilden sich nur kleine Eiskristalle. Diesen Vorgang bezeichnet man als Schockgefrieren. In haushaltsüblichen Geräten oder Truhen mit dem 4-Sterne-Kennzeichen wird bei Minustemperaturen von −20 bis −40 °C tiefgefroren, in industriellen Gefriergeräten werden sogar Temperaturen von −40 bis ca. −70 °C erreicht.

Ungeeignet sind z. B. Blattsalate, Weintrauben, rohe ganze Äpfel und Birnen.

> Zum Tiefgefrieren nur frische und einwandfreie Lebensmittel mit guten Gefriereigenschaften verwenden.

Die Lebensmittel müssen sorgfältig vorbereitet werden:

**Gemüse:** putzen, waschen, zerteilen und blanchieren. Blanchieren ist eine kurzfristige Wärmebehandlung im kochenden Wasser. Durch diesen Vorgang werden Verfärbungen, Geschmacksveränderung sowie ein beschleunigter Vitaminabbau verhindert.

Beispiel Spinat: Der Vitaminverlust nach ca. vier Monaten beträgt bei roh Gefrorenem ca. 90 %, bei blanchiert Gefrorenem ca. 30 %. Zum Blanchieren von 500 g Gemüse werden ca. 2 l Wasser benötigt. Das Gemüse muss im Wasser schwimmen. Die Blanchierdauer beginnt mit dem Eintauchen des Gemüses (am besten im Blanchierkorb) in das kochende Wasser und beträgt je nach Gemüseart 1–4 Minuten. Das blanchierte Gemüse sofort mit kaltem (Eis) Wasser abkühlen, abtropfen lassen und sachgerecht verpackt tiefgefrieren. Die Garzeit von blanchiertem Gemüse ist um ein Drittel kürzer als bei frischem Gemüse.

## Regeln zum Tiefgefrieren

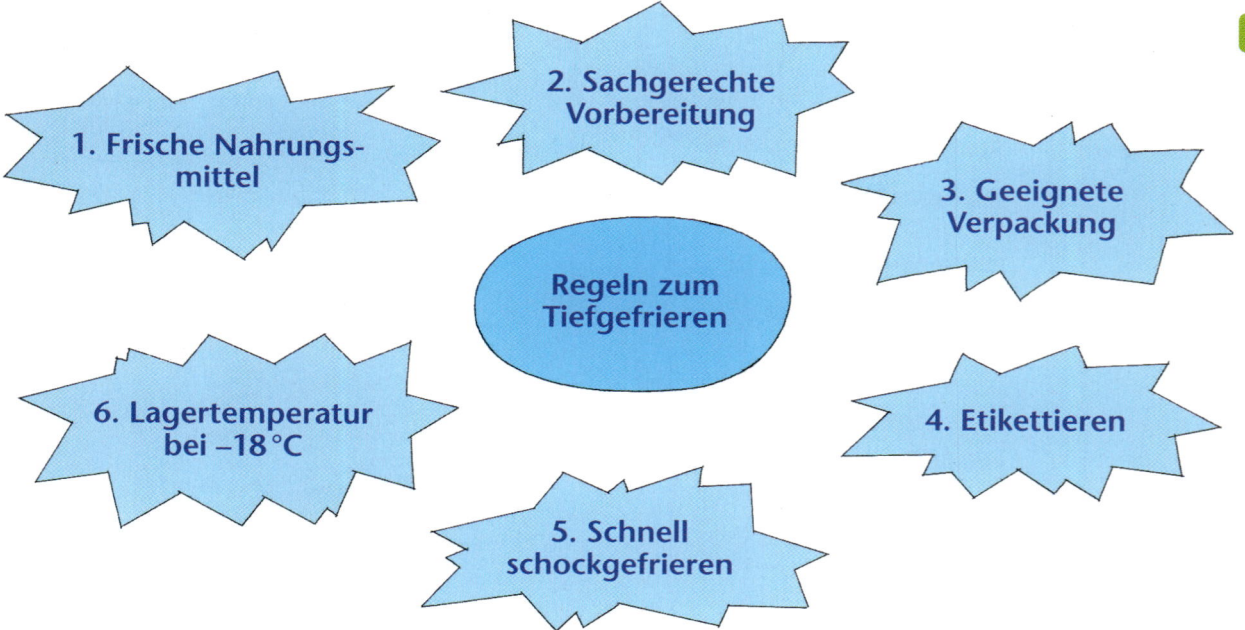

1. Frische Nahrungsmittel
2. Sachgerechte Vorbereitung
3. Geeignete Verpackung
4. Etikettieren
5. Schnell schockgefrieren
6. Lagertemperatur bei −18 °C

*Sachgerechtes Tiefgefrieren – Schritt für Schritt*

**Obst** kann ungezuckert, mit Streu- oder Puderzucker oder mit Zuckerlösung eingefroren werden. Für Früchte, die später als Tortenbelag Verwendung finden sollen, ist es empfehlenswert, die vorbereiteten Früchte auf einem Blech vorzufrieren. Nach ca. 1–2 Stunden werden sie verpackt und sofort in das Gefriergerät gegeben.

**Kräuter** möglichst frisch geerntet waschen, trockentupfen, evtl. schneiden, sofort verpacken und tiefgefrieren. Klein geschnittene Kräuter können gut teelöffelweise aus der Verpackung entnommen werden, ganze Blätter herausschaben oder zwischen den Fingern zerreiben.

**Backwaren** wie Brot, Brötchen, Kuchen und Torten lassen sich gut tiefgefrieren. Brot kann man im ganzen Laib, portioniert oder in Scheiben geschnitten gefrieren. Kuchen und Torten werden zuerst vorgefroren, dann verpackt.

**Fleisch** nur gut abgehangen tiefgefrieren. Fleisch waschen, gut abtrocknen und portionsweise verpackt tiefgefrieren. Bei flachen Stücken wie Schnitzel jeweils eine Gefrierfolie dazwischenlegen, damit sie nicht zusammenfrieren.

**Fisch** nur fangfrisch und von hochwertiger Qualität einfrieren. Den Fisch vorsichtig waschen, evtl. ausnehmen oder paniert kurz abgedeckt ins Vorgefrierfach geben, dann erst verpacken und weitergefrieren.

**Milchprodukte und Eier:** Empfindliche Milch- und Fettprodukte, z. B. Sauerrahm, Rahmspeisen und Majonäse, sind nicht geeignet. Milch sollte homogenisiert sein. Sahne lässt sich geschlagen oder ungeschlagen ca. 1–2 Monate tiefgefrieren. Butter zusätzlich in Folie verpacken, bei längerer Lagerung nicht in Originalverpackung, sondern im Kunststoffbecher. Weichkäse ist besser geeignet als Hartkäse; bei Schnittkäse zwischen die Scheiben Folien legen. Eier nicht in der Schale gefrieren, sie würden platzen. Eier aufschlagen und entweder als Vollei oder getrennt als Eigelb- und Eiweißmasse in Kunststoffbehältern tiefgefrieren.

**Fertige Gerichte**, wie z. B. Suppen, Eintopfgerichte, Fleisch-, Fisch- und Kartoffelspeisen sowie Süßspeisen, nach der Zubereitung schnell abkühlen und sachgerecht verpackt in Verzehrportionen tiefgefrieren.

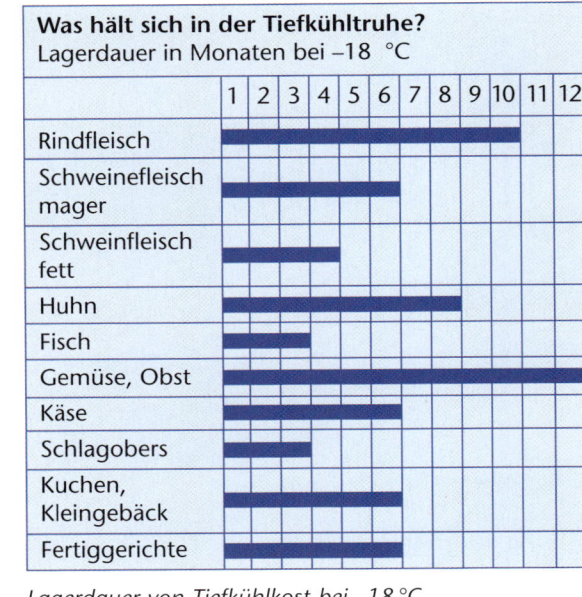

## Was hält sich in der Tiefkühltruhe?
Lagerdauer in Monaten bei –18 °C

| | 1 | 2 | 3 | 4 | 5 | 6 | 7 | 8 | 9 | 10 | 11 | 12 |
|---|---|---|---|---|---|---|---|---|---|---|---|---|
| Rindfleisch | | | | | | | | | | | | |
| Schweinefleisch mager | | | | | | | | | | | | |
| Schweinfleisch fett | | | | | | | | | | | | |
| Huhn | | | | | | | | | | | | |
| Fisch | | | | | | | | | | | | |
| Gemüse, Obst | | | | | | | | | | | | |
| Käse | | | | | | | | | | | | |
| Schlagobers | | | | | | | | | | | | |
| Kuchen, Kleingebäck | | | | | | | | | | | | |
| Fertiggerichte | | | | | | | | | | | | |

*Lagerdauer von Tiefkühlkost bei –18 °C*

*Lagerliste und Kennzeichnung verschafft Überblick*

### Vorschriftsmäßiges Verpacken, Gefrieren und Auftauen

Das Verpackungsmaterial für Tiefkühlkost muss kälte- und feuchtigkeitsbeständig, luftundurchlässig, reißfest, fett- und säurebeständig sein; es sollte den Hinweis „gefriergeeignet" tragen. Außerdem sollte es leicht zu reinigen und wieder verwendbar sein. Es eignen sich Gefrierdosen, Kunststofffolien und Kunststoffbeutel, Aluminiumfolie und Aluminiumbehälter. Wichtige Hilfsmittel sind zudem selbstklebende Etiketten, Gummiringe und Clipse sowie Kälte- und Schlauchfolien.

Die Gefrierpakete werden immer klar beschriftet: Einlagerungstag, Vorbehandlung, Inhalt (Menge), Aufbrauchdatum. Eine Gefriergut-Lagerliste erleichtert die Übersicht.

Das Gefriergut wird immer an die kälteste Stelle des Geräts gelegt (z. B. Vorgefrierfach, Gefrierplatten) und dieses auf höchste Leistung gestellt.

Die Lagerdauer darf nicht überschritten werden.

Tiefkühlgeräte müssen regelmäßig gereinigt und abgetaut werden. Dicke Eisschichten im Gerät führen zu erhöhtem Stromverbrauch, ebenso ist eine genaue Temperaturregelung nicht mehr gewährleistet. Lagergut und Gefriergerät sollten regelmäßig kontrolliert werden. Eine Temperaturanzeige im Gerät oder auf der Bedienblende gibt die Innentemperatur an.

Bei der Verwendung des Gefrierguts muss man beachten, ob es unaufgetaut, an- oder aufgetaut zubereitet werden kann.

> Die Auftauzeit richtet sich nach der Art des Lebensmittels, der Auftautechnik und Temperatur.

Nach dem Auftauen werden Mikroorganismen und Enzyme, die nicht abgetötet sondern nur in einen Ruhezustand versetzt wurden, sehr schnell wieder aktiv.
Fleisch, Geflügel und Fisch sollen möglichst im Kühlschrank oder im Mikrowellengerät aufgetaut werden. Bei tiefgefrorenem rohem Geflügel die Auftauflüssigkeit unbedingt weggießen (Salmonellengefahr!).
Aufgetautes Hackfleisch und Fisch verderben rasch, deshalb sofort verarbeiten.
Auf- und Angetautes rasch verbrauchen, es darf nicht noch einmal eingefroren werden.

*Angebotspalette von Tiefkühlkost*

## Handelsübliche Tiefkühlkost

Tiefgefrorene Erzeugnisse, die industriell oder gewerblich be- bzw. verarbeitet wurden, werden als Tiefkühlkost bezeichnet und zählen zu den Convenience-Produkten. Tiefkühlkost wird nach dem Fertigungsgrad unterschieden:

- Küchenfertig: z. B. rohe, geputzte, zerkleinerte oder blanchierte Lebensmittel.
- Garfertig zum Kochen, Braten, Mikrowellengaren, Frittieren usw.
- Aufbereitfertig: z. B. fertig vorbereitete oder gegarte Produkte, die nur noch auf Verzehrtemperatur gebracht werden, wie tiefgefrorene Menüs.
- Verzehrfertig: Speiseeis, Eiskonfekt.

Für die Produktion hochwertiger Tiefkühlkost sind schnellste Verarbeitung der Rohware, die Anwendung schonendster Tiefgefrierverfahren sowie die Verwendung produktschützender Verpackung notwendig.

> Beim Transport von Tiefkühlkost – vom Erzeuger bis hin zum Endverbraucher – muss eine Temperatur von −18 °C eingehalten werden.

Man spricht von der so genannten Tiefkühlkette, die durch eine Reihe technischer Einrichtungen lückenlos sein muss (siehe S. 136).

## Tipps zum Einkauf und zur Verwendung

- Nur aus sauberen Gefriergeräten kaufen, die auf dem Thermometer mindestens 18 °C anzeigen.
- In Tiefkühltruhen darf das Gefriergut nicht über die Stapelmarke gehäuft sein.
- Die Verpackung soll einwandfrei und nicht beschädigt sein; keine vereisten oder bereiften Pakete kaufen. Der so genannte Gefrierschnee weist darauf hin, dass die Tiefkühlkette unterbrochen wurde. Beachte die Kennzeichnung und Hinweise auf der Verpackung.
- Tiefkühlkost erst am Schluss einkaufen und für den Transport gut isolieren (z. B. dick in Zeitungspapier einschlagen, Kühltasche).
- Lagerzeiten sind vom Hersteller auf der Verpackung angegeben, ebenso Regeln zum Auftauen und Zubereiten. Diese sollten beachtet werden.

**1** Erstellt ein Schaubild über die Vor- und Nachteile des Tiefgefrierens.

**2** Hochseefische werden nach dem Fang sofort auf Verarbeitungsschiffen tiefgefroren, Obst und Gemüse unmittelbar nach der Ernte. Zeige hierfür ernährungsphysiologische Vorteile auf.

# 4 Ess- und Tischkultur

Suppe - Fischgericht - Fleischgericht - warmes Dessert
Weiß- und Rotwein - Teller links oben: Brot

Vorspeise - Brot - Fischgericht - Fleischgericht
Dessert - Sekt - Weißwein - Rotwein

*Aufbau eines Gedecks bei mehrgängigen Menüabfolgen*

## Das Einmaleins der Tischkultur

Ein Essen im kleinen oder großen Kreis kann in sehr verschiedenen privaten oder offiziellen Rahmen stattfinden. Anlässe für gemeinsame Schlemmerstunden gibt es genug. Die Gelegenheit, sich in der „Hohen Schule" des Essens zu erproben, gibt es oft nur in einer gastronomischen Einrichtung, kann aber auch zu Hause regelmäßig gepflegt und kultiviert werden. Wer von Kindheitstagen an gewöhnt ist, sein Essbesteck mit Anstand zu handhaben, braucht als Neuling an einer feinen Tafel nichts zu fürchten. Speisen werden heutzutage so serviert, dass zum Essen keine besonderen Geräte oder Kunstfertigkeiten nötig sind. Es ist aber auch nicht verboten, sich Tischetikette beim erfahrenen Tischnachbarn abzusehen.

Besonders ansprechend wirken Einladungen zum Essen, wenn auf dem gedeckten Tisch Anlass, Speisen und Ambiente aufeinander abgestimmt sind. Denn schließlich isst auch das Auge mit. Mit oft nur einigen Handgriffen, gezielt eingesetzten Accessoires und wenigen hilfreichen Tipps gestaltet sich schnell so mancher Tisch zu einer originellen Tafel, denn auch „Motivpartys" wie ein Sommerfest, ein italienischer Abend, eine Fiesta Mexicana oder die Halloween-Party machen noch mehr Spaß, wenn schon die Tischdekoration verrät, was das Motto des geselligen Miteinanders ist.

> Erst auf einem schön gedeckten Tisch kommen Geschirr, Besteck, Gläser und Speisen gemeinsam zur vollen Wirkung. Liebevoll arrangierte Servietten, Blumengestecke, Kerzen, Platz- und Menükarten setzen zusätzlich stimmungsvolle Akzente.

**1** Skizziere das Gedeck für das Menü zum Familienfest von Seite 66.

## Menü im Jahr 1475

**Menü bei der Hochzeit Herzog Georgs des Reichen am 14. November 1475**

**Fürstenessen im Rathaus von Landshut**

Eingerührte Eier * Gespickter Fasan * Gefüllte Oblaten * Mandelmuskonfekt * Gedünstete Hühner in weißer Brühe * Gebratenes Ochsenfleisch * Weißes Krautgemüse * Drei Pasteten aufeinander mit dreierlei Füllungen * Braunes Gemüse * Wildschwein in Sülze * Hühner mit Rosinen * Frische Bachforellen * Schweinskopf * Gebackene Schifferl und gesottenes Schweinefleisch * Geschlagener Rahm * Gesülzte Leber von Spanferkeln * Heiße Krapfen * Pressack mit Erbsenbrühe * Grünes Gemüse * Grüner Lachs mit Petersilie * Backwerk * Gänsebraten mit gedünstetem Kraut * Lunger-Kuchen, Milch und gebackene Schnitten * Mandelauflauf in Wein * Lebzelten in Wiegeform

Weine: Tischwein * Malpasier Sounier * Muskateller * Rheinwein * Vernetscher süßer Most * Meth * Süßer Wein

## Menü im Jahr 2004

Menü zu einem Familienfest

Begrüßungssekt mit Fenchel-Quiche

❧

Lachs mit Limettenschaum

❧

Hühnerbouillon mit Spargel

❧

Kalbsfilet mit Kräuterhaube
Basilikum-Tomaten
Kartoffel-Kohlrabi-Gratin

❧

Eis „Surprise"

## Bürgeressen im Gasthaus zum Kronprinzen

Wurzelbrühe * Frische Bachforellen mit Butter und Kartoffeln * Gebratenes Ochsenfleisch * Grünes Gemüse, saure Gurken und Zwetschgen * Hühnerpastete mit weißer Brühe * Rehbraten mit gekochtem Obst und Salat * Weißer geschlagener Rahm mit rundem Backwerk * Allerlei Früchte * Konfekt * Rahmkäse

Weiße Weine: Forster Riesling * Kastelberger Feuerberger

(aus: Erna Horn, „Bayern tafelt. Vom Essen und Trinken in Altbayern und Schwaben. Eine Kulinarische Kulturgeschichte", München 1980)

*Platzkarte 1*

*Platzkarte 2*

*Einladung*

An alle Lehrkräfte der 9c

## Einladung zum Klassenfest

Die Klasse 9c lädt alle Lehrkräfte der Klasse zu einem gemütlichen Beisammensein ein. Für das leibliche Wohl und die musikalische Unterhaltung ist bestens gesorgt. Bitte teilen Sie uns mit, ob es Ihnen möglich ist, mit uns zu feiern.

Termin: Dienstag, den 18. Mai um 14.00 Uhr im Klassenzimmer der 9c.

Über Ihr Kommen würden wir uns alle sehr freuen.

Ihre Klasse 9c

## Gestaltung von Einladungen, Platz- und Menükarten

Zu besonderen Anlässen wie Jubiläen, Festen und Abschlussprüfungen gehört eine Einladung sowie eine Platz- und Menükarte.

- *Einladungen* informieren über die Art der Feierlichkeit.

- *Platzkarten* sind notwendig, wenn die Gastgeber auf eine bestimmte Tischordnung Wert legen. Mit ihrer Hilfe kann man Gäste nebeneinander setzen, die sich nach Ansicht / Wissen der Gastgeber gut miteinander unterhalten können.

- *Menükarten* informieren den Gast über die umfangreiche Speisenabfolge eines mehrgängigen festlichen Menüs und das Angebot an Getränken. Sie sind aber auch eine hübsche Erinnerung an einen großen Tag.

Der Text für die Platz- und Menükarte wird zunächst auf dem PC ohne Formatierung als „Rohling" geschrieben, gespeichert und Korrektur gelesen. Durch die Verwendung unterschiedlicher Gestaltungselemente lässt sich dann daraus eine ansprechende Platz- bzw. Menükarte erstellen.

Jedes Anwenderprogramm bietet eine Reihe von Standardgrafiken, -motiven, -symbolen oder -rahmen zur Gestaltung der Textvorlage an. Spezielle Grafikprogramme ermöglichen eine individuelle Gestaltung und Präsentation.

Für einen harmonischen Gesamteindruck
- werden Überschriften durch Schriftart und Schriftgröße sowie durch Fettdruck und/oder Kursivdruck hervorgehoben,
- wird der gesamte Text zentriert,
- helfen Cliparts den Text ansprechend zu gestalten,
- grenzen Sonderzeichen Textabschnitte deutlich voneinander ab.

Bei der Gestaltung von Einladungen, Platz- und Menükarten gilt: Weniger ist mehr!

### Sommermenü

Aperitif:
Fruchtcocktail Alice

Vorspeise:
Frischer Feldsalat mit geröstetem Bacon und Walnüssen
Broccolicremesuppe und Kräutercroutons

Hauptgericht:
Zanderfilet mit frischem Kerbel
Karotten und Kartoffelbällchen

Dessert:
Mascarponecreme mit Erdbeeren

Getränk zum Menü:
Kristallklares Tafelwasser

*Textrohling*

### SOMMERMENÜ

Fruchtcocktail Alice

Frischer Feldsalat mit geröstetem Bacon und Walnüssen

Broccolicremesuppe und Kräutercroutons

Zanderfilet mit frischem Kerbel, Karotten und Kartoffelbällchen

Mascarponecreme mit Erdbeeren

Kristallklares Tafelwasser

*Fertige Menükarte*

## Gestalten mit dem PC

Arbeitsschritte für die Gestaltung einer Menükarte:

1. Starte das Textverarbeitungsprogramm.
2. Öffne eine neue Seite.
3. Schreibe den Textrohling.
4. Füge Leerzeilen für einen angemessenen Abstand zur ersten Zeile ein.
5. Füge in Zierschrift „Sommermenü" ein.
6. Füge ein passendes Symbol/Sonderzeichen ein. Vergrößere das ausgewählte Sonderzeichen auf Schriftgröße 26. Füge anschließend wieder Leerzeilen für einen angemessenen Abstand ein.
7. Bearbeite nun die Menüabfolge.
8. Wähle als Ausrichtung „zentriert". Wähle dann für die Menüabfolge eine geeignete Schriftart, z. B. „Times New Roman" oder „Benguiat Frisky". Variiere die Schriftgröße, z. B. 10, 12, 14, 16 oder 18 Punkt. Hervorheben kann man mit „Fett", „Kursiv" sowie „Unterstreichen".
9. Gestalte die Menüübersicht mit Leerzeilen.
10. Füge zwischen den einzelnen Gängen je ein Symbol/Sonderzeichen deiner Wahl ein.
11. Gestalte deine Menükarte mit einer selbst gewählten Rahmenlinie der Breite 2 $^{1}/_{4}$ Punkt.
12. Kontrolliere das Layout deiner Menükarte mit der Seitenansicht.
13. Speichere deine Arbeit unter ➔ eigene Dateien ➔ Klasse ➔ Texte ➔ Nachname, Klasse und Datum.
14. Drucke dein Ergebnis aus.

---

**1** Lies die Einladung von Seite 42. Erarbeite mit deinem Lernpartner, welche Angaben eine Einladung enthalten muss.

**2** Schreibe und gestalte eine Platzkarte sowie eine Einladungskarte zu einem Klassenfest.

**3** Gestalte mit Schrift und Grafik eine Menükarte mit mehrgängiger Menüabfolge.

*Vorspeise – Hauptspeise – Nachspeise*

## Auswahl und Kombination von Speisen und Getränken

> Ein Menü besteht aus mindestens drei Gängen: Vorspeise – Hauptspeise – Nachspeise.

Die meisten Gestaltungsmöglichkeiten bietet die Vorspeise (Suppe, Salat, Gemüse, leichte Nudel- oder Fischgerichte). Es können auch zwei Vorspeisen gereicht werden, wichtig ist jedoch die Reihenfolge von kalt nach warm.
Traditionell bestimmt ein Fleischgericht die Hauptspeise (Ausnahme: vegetarisches Menü). Die Nachspeise/das Dessert beschließt das Menü. Zu beachten ist:

- Die Vorspeise darf nicht zu deftig und scharf sein, da sonst die geschmacklichen Nuancen nachfolgender Speisen nicht mehr wahrgenommen werden.
- Jedes Lebensmittel soll innerhalb einer Menüabfolge nur einmal verwendet werden.
- Die Speisen sollen sich in ihrem Mundgefühl deutlich unterscheiden. Auf Salat kann ohne weiteres Fisch oder Fleisch folgen.
- Auch Farbe und Form der Speisenpräsentation sollten abwechslungsreich sein, d. h. zur Formgebung der Speisen nicht stets das gleiche Gefäß verwenden.

Kaffee oder Espresso gehören nicht in die Menüabfolge. Sie werden separat gereicht nur mit kleinem Gebäck (Petit Fours), Plätzchen und Konfekt gereicht.

## Getränke zum Menü

Vor dem Menü wird gerne ein Aperitif getrunken. Er stimmt auf das nachfolgende Essen ein und regt den Appetit an. Dabei ist aber zu berücksichtigen, dass es Gäste gibt, die keinen Alkohol trinken (dürfen). Als Aperitif eignen sich daher auch Säfte oder ein alkoholfreier Cocktail.
Das Getränk zum Menü darf den Eigengeschmack der Speisen nicht verfälschen und nicht zu sehr sättigen. Nicht geeignet sind daher Milchgetränke; besser sind verdünnte Fruchtsäfte! Ein ideales Getränk ist Mineralwasser, da es geschmacksneutral, kalorienfrei und durstlöschend ist.
Die Wahl des Weins zum Essen unterliegt heutzutage keinen starren Regeln mehr, d. h. jeder darf trinken, was ihm besser schmeckt (rot oder weiß). Bekömmlicher zum Essen sind im Allgemeinen trockene Weine. Die süßen Sorten sind eher als Aperitif oder zum Dessert geeignet.

Beachte:

- Das Menü selbst bleibt nur dann interessant, wenn sich die jeweiligen Speisenabfolgen innerhalb der Geschmacksrichtungen deutlich voneinander unterscheiden.
- Werden mehrere Speisen zu einem Menü komponiert, ist zu beachten, dass die einzelne Menüabfolge nicht zu üppig ausfällt. Die Portionen werden daher am besten halbiert.
- Damit die Speise auf den Tellern nicht zu gering ausfällt, erhält das Anrichten und Garnieren einen besonderen Stellenwert.

| | |
|---|---|
| **Vorspeisen** | Zu Beginn eines Menüs wird eine Vorspeise gereicht. Vorspeisen werden in kalter oder warmer Form angeboten. Die Vorspeise fällt bei einem reichhaltigen Hauptgang eher leicht aus, bei einem weniger nahrhaften Hauptgang kann eine gehaltvollere Vorspeise serviert werden. Die Vorspeise sollte geschmacklich und farblich auf den Hauptgang abgestimmt sein. |
| **Suppen** | Suppen bereichern seit Jahrhunderten den Speisezettel. Die Suppe gilt als Appetitanreger und wärmt den Magen vor. Klare Brühen werden in der Regel durch Suppeneinlagen aufgewertet. |
| **Fleisch, Geflügel und Fisch** | Fleisch, Geflügel und Fisch sind wichtige tierische Eiweißlieferanten. Ihr hoher Anteil an Mineralstoffen und Vitaminen trägt zur Deckung des Nährstoffbedarfs bei. Mithilfe unterschiedlicher Garverfahren, Geschmacks- und Verfeinerungszutaten können wir ein abwechslungsreiches und wohlschmeckendes Essen herstellen. |
| **Soßen** | Soßen werden nur in Verbindung mit Hauptspeisen angeboten. Sie runden geschmacklich das Gericht ab. |
| **Teigwaren und Semmelgerichte** | Teigwaren und Semmelgerichte werden als Beilagen, aber auch als Hauptkomponenten eines Essens angeboten. Sie sind reich an Kohlenhydraten und dienen zur Ergänzung von besonders eiweiß- und vitaminreicher Nahrung. Durch unterschiedliche Geschmacks- und Verfeinerungszutaten können sie vielseitig abgewandelt werden. |
| **Kartoffel- und Getreidespeisen** | Kartoffel- und Getreidespeisen haben in den letzten Jahren besonders in der vollwertigen Ernährung zunehmend an Bedeutung gewonnen, da sie sehr ballaststoff-, vitamin- und mineralstoffreich sind. Sie lassen sich interessant und vielseitig zubereiten und können als Beilagen sowie als Hauptgericht gereicht werden. |
| **Salate und Gemüse** | Salate und Gemüse bereichern mit ihrem hohen Vitamin- und Mineralstoffgehalt ein Menü. Das reichhaltige Marktangebot an einheimischen und südländischen Produkten ermöglicht es, abwechslungsreiche und vielseitige Gerichte zuzubereiten. Zu empfehlen ist, die Gemüse- und Salatsorten entsprechend den saisonalen Gegebenheiten auszuwählen. |
| **Desserts** | Desserts runden ein gutes Essen ab, die Nachspeise sollte jedoch mit viel Bedacht ausgewählt werden. Nach einem üppigen Hauptgang empfiehlt sich nur ein leichtes, energiereduziertes Dessert. Ist die Hauptspeise klein, darf eine etwas gehaltvollere Nachspeise ausgewählt werden. |
| **Gebäck und Kuchen** | Die Vielfalt verschiedener Mehlsorten, Geschmacks- und Verfeinerungszutaten ermöglicht es, auch zu einem Menü geeignetes Backwerk auszuwählen, um Gäste zu verwöhnen. Die vielfältigen Gebäckarten und Kuchensorten bereichern somit nicht nur die Kaffeetafel. |
| **Getränke** | Getränke haben in kalten wie in warmen Jahreszeiten ihren festen Platz auf der Speisekarte. Für jedes Getränk sollte das passende Glas ausgewählt werden. |

Frischer Spargel mit zwei Soßen

Schweinemedaillons mit Sahnesoße und Rösti

Putenröllchen in Senfsoße

Erdbeersorbet

Wildkräutersuppe

Pikante Waffeln

*Garnieren von Speisen*

## Kreative Formen des Anrichtens und Garnierens von Speisen

- Zum Anrichten geeignete Arbeitsgeräte benutzen: Soßenlöffel, Esslöffel, Timbaleform, Eisportionierer usw.
- Gläser und Teller nicht überfrachten: Gläser sollen maximal zu drei Vierteln gefüllt werden. Bei Tellern müssen die Ränder frei bleiben.
- Bei warmen oder heißen Speisen ist Glasgeschirr ungeeignet, da es beschlägt und platzen kann.
- Die Farbe des Tellers und der Garnitur soll mit der Speise harmonieren.
- Die Garnitur soll die Speise nicht überdecken, sondern nur als „Blickfang" dienen.
- Die Garnierung soll leicht und schnell herzustellen sein.
- Zu empfehlen ist eine Garnitur, die auch essbar ist (Salatgarnituren evtl. marinieren).
- Die Garnierung sollte den Geschmack der Speisen unterstreichen. Es empfiehlt sich, möglichst mit Zutaten zu garnieren, die in der Speise selbst enthalten sind.
- Bei Garnitur mit Kräutern ist darauf zu achten, dass diese nicht verwelkt, sondern frisch sind.
- Wird die Speise mit geschnittenem Obst garniert, sollte dieses nicht zu feucht sein.

Je appetitlicher Speisen garniert und verziert werden, desto besser schmecken sie.

## Grundregeln beim Servieren von Speisen und Getränken

Beim Servieren der Speisen unterscheiden wir zwischen Teller- und Plattenservice.

Beim *Tellerservice* werden ein oder mehrere Speisen portioniert auf dem Essgeschirr angerichtet. Die Teller werden beim Servieren von der rechten Seite eingestellt und abgeräumt.

Beim *Plattenservice* werden die Speisen im Anrichtegeschirr von der linken Seite angeboten. Mit dem Vorlegebesteck nimmt sich der Gast die gewünschte Menge auf sein Gedeck.

*Tellerservice*

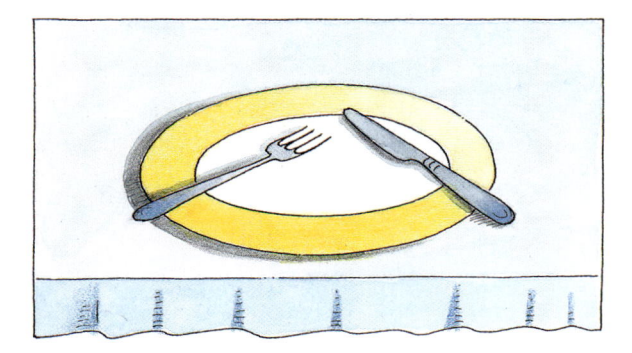

*Plattenservice*

*Besteck gekreuzt*

*Besteck parallel*

Legt die Servicekraft dem Gast vor, so hält sie in der linken Hand das Anrichtegeschirr und legt mit der rechten Hand die Speisen vor.

> Ein guter Service läuft ruhig und reibungslos ab.

Einschenken von Getränken:
- Da die Gläser auf der rechten Seite des Gedecks stehen, werden die Getränke von der rechten Seite mit der rechten Hand eingeschenkt.
- Der Flaschenhals darf nicht auf dem Glasrand aufgesetzt werden. Eingeschenkt wird 1–2 cm oberhalb des Glases. Am Ende wird die Flasche leicht nach rechts gedreht, damit die Tischdecke nicht verschmutzt wird.

Allgemeine Servierregeln:
- Liegt das Besteck gekreuzt auf dem Teller, will der Gast noch weiter essen.
- Liegt das Besteck parallel mit dem Griff nach rechts, hat der Gast die Mahlzeit beendet.
- Grundsätzlich wird das Geschirr beim Servieren und Abdecken unten gehalten. Die Finger dürfen nicht in das Geschirr ragen.
- Das Vorlegebesteck liegt beim Gastgeber oder wird mit den Speisen gereicht.
- Beim Abdecken werden zunächst die Platten und Schüsseln abgetragen.
- Danach werden die Teller von rechts abserviert.

**1** Wiederhole die Grundregeln zum Anrichten aus der 7. Jahrgangsstufe.

**2** Mache Vorschläge für das Anrichten und Garnieren von
- gemischtem Salatteller,
- Reis.

**3** Stelle für folgende Mahlzeiten das Anrichtegeschirr und Vorlegebesteck zusammen:
Wildkräutersuppe – Schweinemedaillons mit Sahnesoße, Rösti und Kohlrabigemüse – Himbeersorbet

# 9 Schwerpunktthema: Berufliche Orientierung im hauswirtschaftlich-sozialen Bereich

## Vorüberlegungen zur Berufswahl

- Einschätzung der persönlichen Eigenschaften: Was zeichnet mich aus?

Pünktlichkeit
Gewissenhaftigkeit
Fleiß
Ehrlichkeit
Verantwortungsbereitschaft
Kontaktfreude
Teamfähigkeit
Selbstständigkeit
Ordnungsliebe
Konzentrationsfähigkeit

- Einschätzung der körperlichen und geistigen Fähigkeiten: Was kann ich am besten? Wo liegen meine Interessen und Neigungen?

Handwerkliches Geschick
Mathematische Fähigkeiten
Beobachtungsvermögen
Technisches Verständnis
Räumliches Vorstellungsvermögen
Ideenreichtum/Kreativität
Logisches Denken
Sprachliche Geschicklichkeit
Gestalterische Fähigkeiten
Körperliche Belastbarkeit

- Information über hauswirtschaftlich-soziale Berufe: In welchem Berufsfeld möchte ich gerne arbeiten? Welche Inhalte und Anforderungen hat der Beruf?

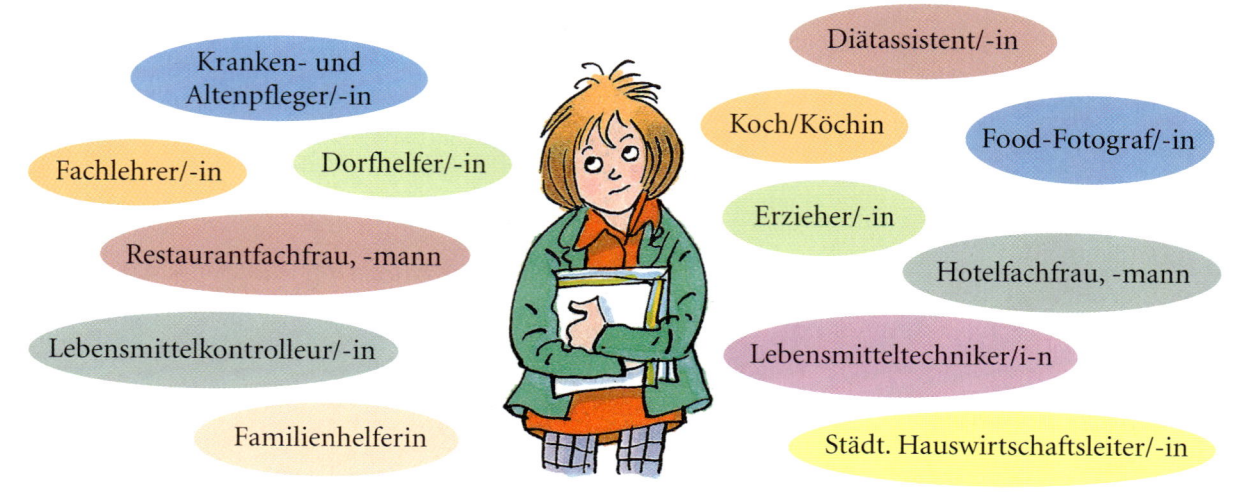

Kranken- und Altenpfleger/-in
Fachlehrer/-in
Dorfhelfer/-in
Restaurantfachfrau, -mann
Lebensmittelkontrolleur/-in
Familienhelferin
Diätassistent/-in
Koch/Köchin
Food-Fotograf/-in
Erzieher/-in
Hotelfachfrau, -mann
Lebensmitteltechniker/i-n
Städt. Hauswirtschaftsleiter/-in

# 10

# 1 Planung und Organisation eines Haushalts

*Lebensstandard – für jeden etwas anderes*

*Veränderungen im Haushalt, aufgezeigt am Beispiel eines Lebenszyklus*

## Der Familienhaushalt

Ein Familienhaushalt übernimmt für die Gesellschaft eine besondere Aufgabe, nämlich die Pflege und Erziehung von Kindern.
Für die Entwicklung des Menschen ist es wichtig, dass er von Geburt an Geborgenheit und Zuwendung erhält.

> Familie bedeutet das Zusammenleben und Zusammenwirtschaften von Eltern mit ihren Kindern. Dabei spielen wirtschaftliche und soziale Bedürfnisse eine große Rolle.

### Grund- und Wahlbedürfnisse

Im Haushalt werden Bedürfnisse befriedigt, die alle Menschen haben, z. B. das Bedürfnis nach Nahrung, Kleidung, Wohnung, sowie Zuwendung und Kontakt mit anderen Menschen. Diese Bedürfnisse nennt man Grundbedürfnisse.

Jeder möchte seine Bedürfnisse auf eine ganz individuelle Art und Weise verwirklicht haben. Wir möchten Essen, das uns schmeckt, modische Kleidung und eine Wohnung, die unserem Geschmack entspricht.
Darüber hinaus gibt es auch Bedürfnisse, die nicht regelmäßig auftreten – wir nennen sie Wahlbedürfnisse. Im Haushalt verbringen wir einen großen Teil unserer Freizeit, teilweise gemeinsam mit der Familie, aber auch jeder für sich. Das Angebot und die Werbung der Freizeitindustrie sowie der Vergleich mit Freunden und Bekannten wecken ständig neue Wünsche.
Der amerikanische Psychologe Abraham Maslow erforschte in einer umfangreichen Studie, dass man die menschlichen Bedürfnisse nach einer bestimmten Rangordnung einteilen kann. Alle Bedürfnisse zusammen kann man sich als Stufen einer Pyramide vorstellen. Sobald eine Stufe erreicht ist, hat der Mensch das Bestreben, auf die nächsthöhere Stufe zu gelangen.

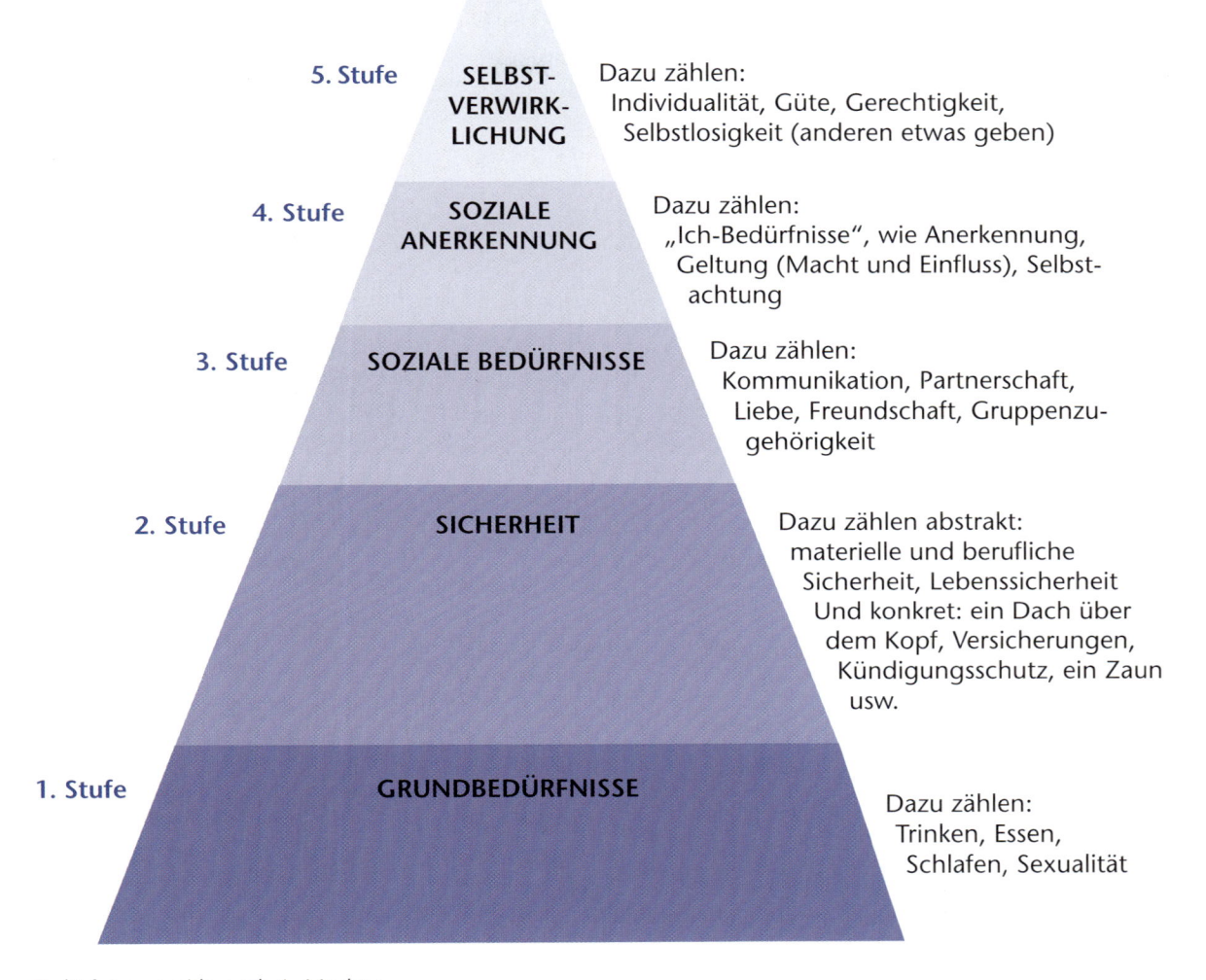

**5. Stufe** — **SELBSTVERWIRKLICHUNG**
Dazu zählen:
Individualität, Güte, Gerechtigkeit, Selbstlosigkeit (anderen etwas geben)

**4. Stufe** — **SOZIALE ANERKENNUNG**
Dazu zählen:
„Ich-Bedürfnisse", wie Anerkennung, Geltung (Macht und Einfluss), Selbstachtung

**3. Stufe** — **SOZIALE BEDÜRFNISSE**
Dazu zählen:
Kommunikation, Partnerschaft, Liebe, Freundschaft, Gruppenzugehörigkeit

**2. Stufe** — **SICHERHEIT**
Dazu zählen abstrakt:
materielle und berufliche Sicherheit, Lebenssicherheit
Und konkret: ein Dach über dem Kopf, Versicherungen, Kündigungsschutz, ein Zaun usw.

**1. Stufe** — **GRUNDBEDÜRFNISSE**
Dazu zählen:
Trinken, Essen, Schlafen, Sexualität

*Bedürfnispyramide nach A. Maslow*

Entscheidend ist, dass sich die menschliche Psyche in der Regel sehr eng an diese Stufen hält. Erst wenn z. B. das Bedürfnis nach Sicherheit zufrieden gestellt ist, kümmert sich der Mensch um seine sozialen Bedürfnisse. Wer dagegen Hunger hat, nimmt auch erhebliche Sicherheitsrisiken in Kauf. Akute Bedürfnisse auf jeder Stufe blenden die darüber liegenden Stufen aus dem Interesse des Menschen einfach aus.

Im Allgemeinen dienen solche Modelle wie die Bedürfnispyramide dazu, die Motive von Menschen zu untersuchen und besser zu verstehen, damit man gezielter und effektiver auf die Bedürfnisse des Einzelnen eingehen kann.

1. Erstellen Sie eine Liste mit konkreten Beispielen Ihrer Bedürfnisse und besprechen Sie diese hinsichtlich ihrer Erreichbarkeit in der Gruppe.

2. Erarbeiten Sie in der Gruppe die spezifischen Bedürfnisse und Probleme, die in den unterschiedlichen Lebensphasen auftreten können.

3. Entwickeln Sie mithilfe der Aufgabe 2 Regeln für das Zusammenleben in der Familie und präsentieren Sie diese.

Selbstständigkeit  Hilfsbereitschaft  Freizeitaktivitäten

Basteln

Kinobesuch

Normen und Werte

Musik hören

Ordnungssinn

**Familie**

Gemeinsam spielen

Umweltbewusstsein  Sport treiben

Ein Buch lesen

Erziehungsziele

Konfliktbewältigung

*Die Familie zwischen Erziehung und Freizeit*

## Familie als Lebensform
### Erziehung und Freizeit in der Familie

Kinder verändern das Leben von Paaren. Es bedeutet, Verantwortung und Erziehungsaufgaben zu übernehmen. Bei der Erziehung eines Kindes wirken viele Faktoren zusammen. Zum einen werden Kinder von ihren Eltern bewusst erzogen, zum anderen sind es Einflüsse der Umwelt, die auf das Kind erziehend einwirken. Neben vielen eher unbewusst wirkenden Einflüssen gibt es vor allem im Elternhaus und in der Schule eine Erziehung, die sich an verschiedenen Erziehungszielen und gesellschaftlichen Normen orientiert.

> Vertrauen, Liebe und Zuwendung sind die Voraussetzung jeder Erziehung.

Im Zusammenleben will nicht nur der Alltag, sondern auch das Freizeitvergnügen geplant und überlegt sein. Gemeinsame Erlebnisse stärken das Zusammengehörigkeitsgefühl einer Familie. Mithilfe vielseitiger Freizeitbeschäftigungen können gerade bei Kindern und Jugendlichen neue Interessen geweckt und verstärkt werden. Zudem lernt man bei gemeinsamen Aktivitäten die Stärken und Schwächen der Anderen besser kennen und kann gezielter aufeinander eingehen.

| Ökonomische Aufgaben | Soziale Aufgaben |
|---|---|
| • Einkommen beschaffen<br>• Finanzen planen<br>• Hausarbeit planen<br>• Familie versorgen<br>• Freizeit planen | • Für Schutz und Geborgenheit sorgen<br>• Probleme gemeinsam lösen<br>• Ältere Haushaltsmitglieder, Kinder und Kranke versorgen<br>• Partnerschaftlich miteinander umgehen |

**Ökologische Aufgaben**

- Luft, Wasser und Boden reinhalten
- Hausmüll vermeiden und sortieren
- Sparsam mit Wasser und Energie umgehen

**Hauptziel**

Die Funktionen des Haushalts sollen erfüllt werden, beispielsweise
- ein harmonisches Zusammenleben ermöglichen,
- zur gesunden Lebenserhaltung beitragen,
- alle Personen des Haushalts sollen sich frei entfalten können.
Alle Haushaltsmitglieder sollen sich geborgen und wohl fühlen.

*Der Haushalt und seine Aufgaben*

## Wirtschaften in der Familie

Um die verschiedenen Bedürfnisse der einzelnen Haushaltsmitglieder zu befriedigen, bedarf es bestimmter Mittel:
- Geld: z. B. aus Erwerbstätigkeit, Mieteinnahmen
- Arbeit: z. B. Arbeitseinsatz der Familienmitglieder bei der Nahrungszubereitung, Instandhaltung der Wohnung
- Sachmittel: z. B. Küchengeräte und Lebensmittel zur Nahrungszubereitung

In der Regel sind diese – im Gegensatz zu den Wünschen – nur in begrenztem Umfang vorhanden.

> Es gilt, gemeinsam sinnvoll und umweltorientiert zu wirtschaften.

Dazu gehört auch, Ansprüche auf ihre Notwendigkeit hin zu überdenken und im Hinblick auf die finanziellen Möglichkeiten und persönlichen Verhältnisse zu überprüfen.

Bei dem Betrieb „Familienhaushalt" handelt es sich nicht um ein geschlossenes System. Deshalb hat sein Handeln Auswirkungen auf unsere Umwelt.

In den letzten Jahrzehnten sind die Auswirkungen des Menschen auf die Umwelt gravierender geworden. War dies früher auf die direkte Umgebung begrenzt, sind die Folgen heute global.

---

**1** Überlegen Sie, wie sich wohl Ihr Leben verändert, wenn Sie den Haushalt Ihrer Eltern verlassen.

**2** (GW) Entwickeln Sie Regeln für das Zusammenleben in der Familie und präsentieren Sie diese.

**3** Nennen Sie konkrete Beispiele, inwieweit Ihr Handeln globale Auswirkungen insbesondere auf die Umwelt haben kann.

*Maximalprinzip: Ziel ist, mit 100 Euro eine Geburtstagsparty auszurichten*

*Minimalprinzip: Ziel ist, zum Mittagessen eine leckere Pizza zu servieren*

## Ökonomische Prinzipien

**Minimaler Einsatz – Maximaler Nutzen**

Maria möchte ihren 18. Geburtstag mit ihren Freunden feiern. Für die Gestaltung dieses Festes bekommt sie von ihrer Oma 100 Euro.
Wie kann Maria das Geld am sinnvollsten verwenden?

- Getränke günstig im Getränkemarkt besorgen,
- bei der Speiseauswahl auf saisonale und regionale Lebensmittel zurückgreifen, Speisen selbst zubereiten,
- Dekoration aus einfachen Materialen selbst herstellen.

> Maria setzt die vorhandenen Mittel so ein, dass sie für sich den größtmöglichen Nutzen daraus zieht.

Wir können sagen: Sie handelt rational (von ratio = Vernunft) oder sie handelt nach einem ökonomischen Prinzip. Man spricht in diesem Fall vom Maximalprinzip.

**Maximaler Nutzen – Minimaler Einsatz**

Herbert möchte zur Einweihung der neuen Wohnung seine Eltern und Geschwister zum Pizzaessen einladen.
Welche Möglichkeiten hat Herbert, um seine Gäste zu bewirten?

- Er geht in den nächsten Supermarkt und kauft die Zutaten für die Pizza ein, weil er sie selbst backen will,
- kauft Fertigpizza aus der Tiefkühltruhe,
- bestellt einen Tisch bei seinem Lieblingsitaliener,
- sucht im Internet und in Prospekten nach einem Pizzaheimservice,
- vergleicht und wählt die günstigste Variante, die seine Anforderungen erfüllt.

> Herbert hat eine von vornherein festgelegte Aufgabe und erfüllt diese mit möglichst geringen Ausgaben.

Man spricht in diesem Fall vom Minimalprinzip.

## Die zwei Seiten des ökonomischen Prinzips

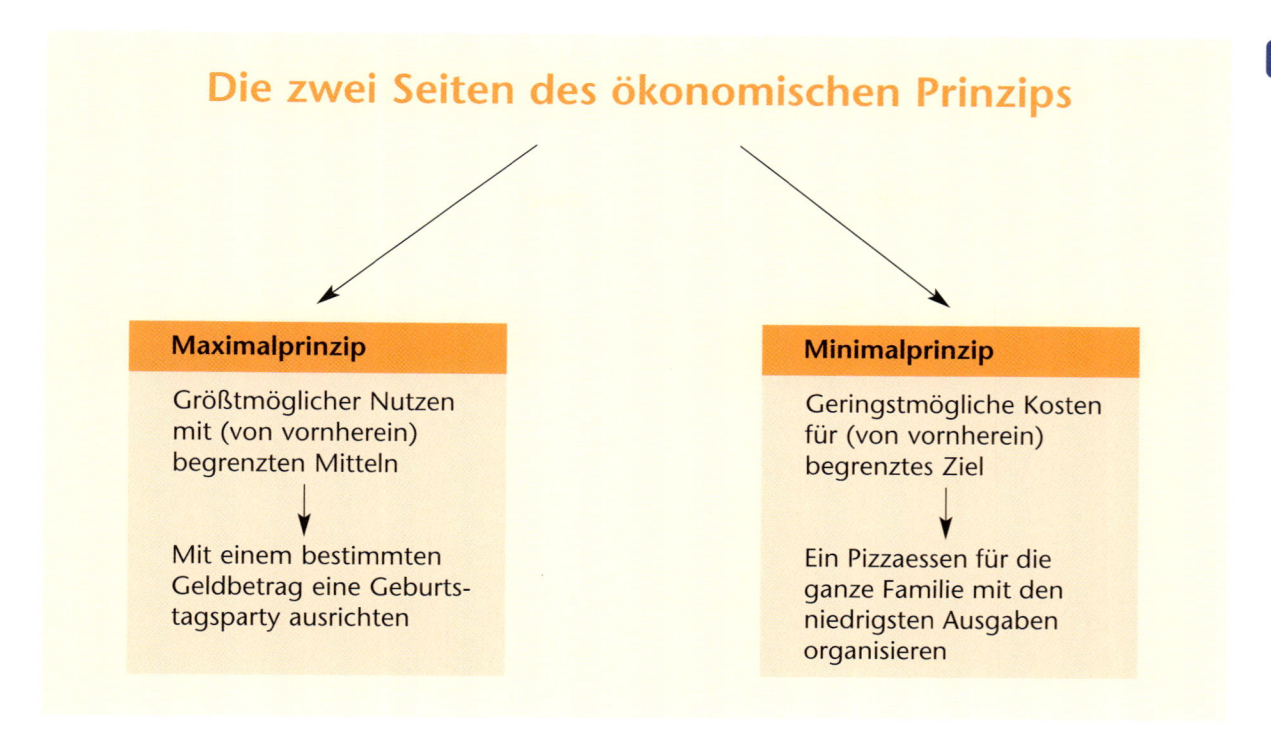

**Maximalprinzip**

Größtmöglicher Nutzen mit (von vornherein) begrenzten Mitteln

↓

Mit einem bestimmten Geldbetrag eine Geburtstagsparty ausrichten

**Minimalprinzip**

Geringstmögliche Kosten für (von vornherein) begrenztes Ziel

↓

Ein Pizzaessen für die ganze Familie mit den niedrigsten Ausgaben organisieren

### Ökonomie – um jeden Preis?

Das Ökonomische in den beiden Formen, die hier gezeigt wurden, geht vom Einzelnen aus. Es fragt: Was ist für mich wirtschaftlicher?

> Was für den Einzelnen wirtschaftlich vernünftig ist, kann für unsere gesamte Gesellschaft, vielleicht sogar für die gesamte Erde, durchaus unvernünftig sein.

Wie könnte dies im Einzelfall aussehen?

„Karin kauft Frühstücksbretter, die aus dem Holz der tropischen Regenwälder gefertigt sind, weil sie diese viel ansprechender findet als andere Fabrikate."

„Konrad bevorzugt beim Kauf seiner Getränke Einwegverpackungen, weil diese im Laden um die Ecke billiger sind als Pfandflaschen."

„Michael verzichtet auch im Winter nicht auf seine geliebten Erdbeeren – schließlich verdient er genug Geld und kann sich das leisten."

„Herr Meier würde nie mit öffentlichen Verkehrsmitteln fahren. Das wäre viel zu umständlich und würde außerdem zu lange dauern. Schließlich heißt es doch: „Zeit ist Geld"."

„Frau Hornburg lehnt es strikt ab, im Bioladen einzukaufen. Die Produkte sind ihr dort viel zu teuer."

---

**1** Diskutieren Sie die aufgezeigten Beispiele.

**2** Familie Kronberg plant die Anschaffung einer neuen Küche. Gemeinsam legen die Familienmitglieder Kriterien fest, welche die neue Küche erfüllen muss. Welches ökonomische Prinzip liegt hier zugrunde?

**3** (GW) Finden Sie weitere Fallbeispiele, in denen nach dem Minimal- bzw. Maximalprinzip gehandelt wird.

**4** Diskutieren Sie, wo Ihrer Meinung nach die Grenzen ökonomischen Handelns erreicht sind.

**10**

**1 Planung und Organisation eines Haushaltes**

„Ja, das möchste.
Eine Villa im Grünen mit großer
Terrasse,
vorn die Ostsee, hinten die
Friedrichstraße;
mit schöner Aussicht, ländlich-
mondän,
vom Badezimmer ist die Zugspitze
zu sehn –
aber abends zum Kino hast du's
nicht weit.
Das Ganze schlicht, voller
Bescheidenheit;
Neun Zimmer – nein, doch lieber
zehn!
Ein Dachgarten, wo die Eichen
drauf stehn …"

(Aus: Kurt Tucholsky, Das Ideal)

- ein gemütliches helles Zimmer
- Platz zum Tischtennisspielen
- nicht weit zum Bahnhof
- einen Hund halten können
- ?
- sonniger Balkon
- ?
- in der Nähe meiner Freundin

Ordnet die Kärtchen so an, dass Gruppen entstehen. Solche Gruppen können sein:

Bedürfnisse, die oft genannt werden ⟷ Bedürfnisse, die nur Einzelne haben

Grundbedürfnisse ⟷ Wahlbedürfnisse

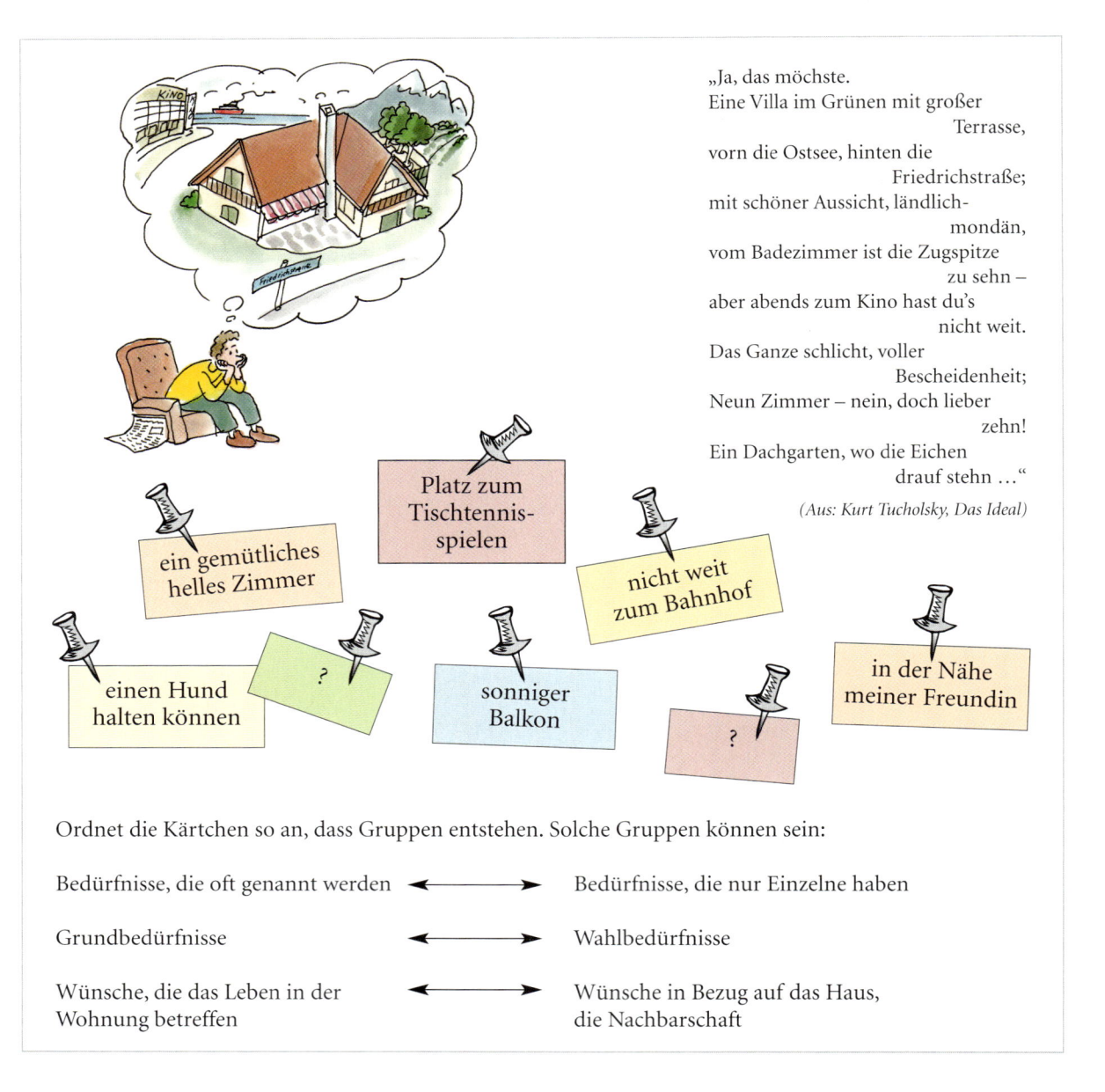

Wünsche, die das Leben in der Wohnung betreffen ⟷ Wünsche in Bezug auf das Haus, die Nachbarschaft

## Unsere Wohnung – ein Lebensraum

### So möchten wir wohnen

Wir alle haben Vorstellungen, wie wir gerne wohnen möchten. Die Qualität des Wohnens wird von äußeren und inneren Faktoren bestimmt. Das Wohnumfeld, die Verkehrsanbindung, Einkaufsmöglichkeiten und kulturelle Einrichtungen spielen dabei genauso eine Rolle wie die Größe der Wohnung, die individuelle Einrichtung und der bauliche Zustand. Wohnen ist eines der ältesten Grundbedürfnisse des Menschen.

Unsere heutigen Wünsche an das Wohnen können allerdings individuell sehr unterschiedlich sein und haben sich in der modernen Gesellschaft stark verändert.

In der Vergangenheit war es üblich, dass mehrere Generationen einer Familie in einem Haus zusammen wohnten. So war soziale Verantwortung und Hilfe vor allem für ältere Menschen gegeben. Die Großfamilie gewährte Zusammenhalt und Sicherheit. Heute existieren diese Familien nur noch vereinzelt, denn zunehmend mehr Menschen wohnen in Singlehaushalten. Besonders für Ältere und Hilfsbedürftige kann das aber ein Problem sein.

## Gesucht: Eine Wohnung nach unseren Bedürfnissen
Wir planen einen Umzug

**Fallbeispiel:**
Familie Huber muss umziehen, denn der Sohn des Hausbesitzers meldet Eigenbedarf an, weil er heiratet. Er will nun selbst in die Wohnung einziehen.

**Das ist Familie Huber:**

**Florian Huber,**
40 Jahre,
Polizist in München, in seiner Freizeit spielt er gerne Fußball und Handball.

**Maria Huber,**
38 Jahre,
arbeitet von 15 bis 22 Uhr als Fitnesstrainerin in einem Fitnessclub am Rande der Stadt.

**Barbara Huber,**
17 Jahre,
macht eine Lehre als Floristin in einem Blumengeschäft. Mit 18 will sie zu Hause auszuziehen.

**Sebastian Huber,**
14 Jahre,
Schüler der 8. Klasse, trainiert im Fußballclub und arbeitet gern am Computer.

**Bisherige Wohnung der Familie Huber:**
Drei Zimmer, Bad und Küche im 2. Stock eines Wohn- und Geschäftshauses nahe dem Olympiagelände, 70 Quadratmeter groß. Einen Balkon gibt es nicht. Das 1970 gebaute Haus ist 2002 teilsaniert worden. Hubers zahlen 650 Euro Kaltmiete.

**Welche Bedürfnisse soll die neue Wohnung erfüllen?**

**Herr Huber:**
Mehr als 700 Euro sollten wir nicht für Miete ausgeben, sonst müssen wir zu sehr sparen.

**Frau Huber:**
Zu weit von den öffentlichen Verkehrmitteln darf die Wohnung nicht entfernt sein. Wie komme ich sonst nach 22 Uhr nach Hause?

**Barbara:**
In der Nähe unseres Blumengeschäftes werden moderne Häuser mit sonnigen Balkonen und Dachgärten gebaut. Da könnte man abends auch einmal draußen sitzen.

**Sebastian:**
In der neuen Wohnung möchte ich unbedingt ein eigenes Zimmer haben. Barbara bringt ständig ihre Freunde mit. Das stört mich, wenn ich am Computer arbeite.

> Das Wohnen ist neben dem Ernähren und Kleiden ein Grundbedürfnis.

**1** Schreiben Sie auf Kärtchen je einen Wunsch, den Ihre Wohnung erfüllen soll, und befestigen Sie das Kärtchen an der Tafel. Ordnen Sie anschließend Ihre Kärtchen den Bedürfnisgruppen zu.

**2** Bestimmen Sie Vor- und Nachteile Ihrer Wohngegend. Was würden Sie anders haben wollen?

**3** Informieren Sie sich über die Begriffe „Kaltmiete" und „Betriebskosten". Ermitteln Sie die verschiedenen Positionen der Betriebskosten der Wohnung/des Hauses Ihrer Eltern.

**4** Sind die repräsentative Bauten aus Vergangenheit und Gegenwart ein Ausdruck für das Grundbedürfnis Wohnen? Diskutieren Sie.

**Prov.-frei: Neuhausen,** 3 Zi., Küche, Bad, sep. WC m. Fenster, 78 m², 2 Balkone, großzügig geschnitten, neu renoviert, Laminatböden, ZH, Elektroboiler, € 600,- + € 125,- NK + € 40,- HZ + KT. ☎ 089/6 .......

**3-Zi. Bestlage Solln**
85 m², S-Blk., ruh., idealer Schnitt, Park., Bad, Gä.-WC, weiße EBK, 950,- + NK/KT, TG mgl., **Immob. Beiler,** ☎ 089/2 ......

**Nachmieter für tolle 3-Zi.-Whg.,** 85 m² + 250 m² Garten nähe Michaelibad (3 Min. zur U-B) gesucht. frei ab 1.9., Miete incl. NK v. Gge., € 1200,- + KT. Ablöse ca. 3.400,- €, v. privat. ☎ 0177/2 ......

**Atelier-Whg.-Gilching**
3 Zi. - 78 m² Wfl.
EBK, Blk., Netto 690,- + NK/Kt/Prov.
**Immob. Lorenz** ☎ 089-4 ......

**3-Zi.-Whg. p. 1.8.,**
**Berg-am-Laim,** ca. 72 m², 3.OG, ohne Blk., Laminatböden, weisses Bad, **ohne Prov.**
Miete € 660,- + NK + KT
Besichtigung Donnerstag 03.06. / 18 Uhr

**Trudering, 3-Zi.-Whg., Neubau, Erstbezug,** 75 m², W-Blk., Parkett, Gäste-WC, FBH, Bad m. Fe., Gart., ruh. Lg., z. 1.10., 865,- + NK
**Maxie Reithmayer Immob. GmbH** ☎ 089/3 ......

**möblierte 3-Zi.-Whg.,** frei, f. 1-3 Jahre, Top-Ausstatt., Berg-am-Laim, ruhige Lage, Miete € 850,- + NK/Strom/TG € 300,-.
**AGREE Immob.** ☎ 089/6 ......

**3 ZKB,** 90 m², hell + ruhig, Parkett, gr. Balkon, hochw. Ausst., TG, Herzogpark, von privat, 1490,- warm, ab 1.7. ☎ 74689441; 0172/8 ......

**Gauting** in sehr guter Lage, 3-Zi.-Whg., EG, 78 m², Parkett, Gartenant., gr. Einzelgge., 5 Min. zur S-Bahn, ab 1.8., € 815,- + Garage € 35,- + NK € 80,-, **Fax/**☎ 089/8 ......

**Maxvorstadt, herrl. 3-Zi.-Whg.,** ca. 64 m², kompl. neu Renov., EBK, Parkett, hell, ab 1.7., € 715,- + NK + Prov.
**KLN Immob. 089/2** ......

**Laim, schö. 3-Zi.-W.,** ca. 78 m², S-Blk., Teppichb., gt. Verkehrsanb., ab sof., € 695,- + BK 100,- = **795,-,** KT 2085,- prov.fr.
**Friedenheimer Wohnungsbau** ☎ 57 ......

**Schöne 3-Zi.-Whg., Nh. Westpark,** 85 m², Bad/WC, sep. WC, kl. S-Terr. (2.OG), teilw. Parkett, ruh., Nh. U-Bahn, 1.8. € **860,-** + NK. **Immobilien W. Gumpp** ☎ 089/1 ......

**!! Grosse 3-Zimmer-Wohnung Sendling !!**
Sylvensteinstr., 81 m², 3.OG/Lift, Kü./Bad/WC, 2 Blk, hell, ruhig, S/U-Bahn, 950,- € + NK + Kt, von Privat, ☎ 0176/2 ......

**Taufkirchen,** attr. 3-Zi-Whg., 87 m², 1.OG, Blk., EBK gg. Abl., Bad, sep. Du/WC, Park., S-Bahn, ab 01.09., v. Priv., € 945,- + TG + NK + KT, ☎ 0172/7 ......

Erklärung von Begriffen und Abkürzungen in Wohnungsanzeigen:

| | | |
|---|---|---|
| DG | = | Dachgeschoss |
| EG | = | Erdgeschoss |
| OG | = | Obergeschoss |
| EBK | = | Einbauküche |
| Du | = | Dusche |
| ZKDB | = | Zimmer, Küche, Diele, Balkon |
| NR | = | Nichtraucher |
| Wfl | = | Wohnfläche |
| WG | = | Wohngemeinschaft |
| NK | = | Nebenkosten |
| WM | = | Warmmiete |
| KM | = | Kaltmiete |
| VB | = | Verhandlungsbasis |
| Gar | = | Garage |
| TG | = | Tiefgarage |
| HK | = | Heizkosten |
| ETH | = | Etagenheizung |
| ZH | = | Zentralheizung |

## Wohnungssuche

Findet Familie Huber ihre neue Wohnung über eine Zeitungsanzeige? In den örtlichen Tageszeitungen und Anzeigenblättern werden unter der Rubrik „Vermietungen" Wohnungen angeboten. Wohnungsangebote und vor allem Mietpreise sind je nach örtlicher Marktlage sehr verschieden. So lag im Jahr 2003 die Vergleichsmiete (Kaltmiete) für eine 70 m² große Altbauwohnung des Baujahres 1970 in Würzburg bei 5,60 Euro und in München bei 10,00 Euro. Deutliche Mietpreisunterschiede finden sich auch im Vergleich zwischen Groß- und Kleinstädten bzw. Gemeinden. Der regionale Mietspiegel lässt sich bei den örtlichen Behörden erwerben oder im Internet einsehen.

> Der Mietspiegel gibt Auskunft über die Vergleichsmiete von Wohnungen mit vergleichbarer Ausstattung, Baujahr und Lage.

## Wohnungsangebote

Immobilienmakler können Wohnungssuchenden ein Angebot vermitteln. Vermieter, die sich nicht selbst um die Auswahl des Mieters kümmern wollen, beauftragen dazu einen Immobilienmakler. Der Mieter muss dem Makler eine Provision zahlen, wenn der Mietvertrag zustande gekommen ist. Unter Provision versteht man eine besondere Vergütung, die bei der erfolgreichen Vermittlung eines Geschäfts gezahlt wird. Dieses Entgelt kann bis zu zwei Monatsmieten betragen. In größeren Wohngebieten übernimmt oft ein Wohnungsbauunternehmen oder eine Hausverwaltung die Vermittlung und Vermietung der Wohnungen.
Nach Abschluss eines Mietvertrages muss der Mieter oft eine Mietkaution in Höhe von zwei Monatskaltmieten bei einer Bank hinterlegen. Eine Kaution ist ein hinterlegtes Pfand, das zur Absicherung eines Anspruches dient. Bei Beendigung des Mietverhältnisses wird die Kaution einschließlich Zinsen an den Mieter zurückge-

### Projektidee: Wir erkunden das Wohnungsangebot vor Ort

| | |
|---|---|
| Gruppen bilden, je Gruppe einen Modellhaushalt festlegen, für den eine Wohnung gesucht werden soll. Wohnbedürfnisse und finanzielle Möglichkeiten festlegen. | Wie viele Mitglieder hat die Familie? Wie viele Zimmer werden benötigt? Welche Wohnlage wird bevorzugt? Welcher Mietbetrag kann ausgegeben werden? |
| Über mehrere Wochen in den Zeitungen nach Mietangeboten suchen, die für den Modellhaushalt in Frage kommen. | Auswertung der Anzeigen: Wie groß ist das Angebot? Sind die Wohnungen finanzierbar? |
| Über Maklerbüros, Hausverwaltungen oder Wohnungsbauunternehmen Mietinformationen einholen. | Adressen aus Zeitungen, Branchenbüchern entnehmen. Bekannte nach Erfahrungen mit solchen Vermittlungsstellen fragen. |
| Einen Gesprächstermin bei einer Wohnungsvermittlung vereinbaren. | Interview gut vorbereiten: Wichtigste Fragen klar formulieren und aufschreiben, Gesprächsprotokoll führen. |
| Ergebnisse dokumentieren. Erfolgsaussichten bewerten. Lösungen für entstandene Probleme suchen. | Beurteilung des Wohnungsangebotes: häufig angebotene Wohnungsgröße, Erfüllbarkeit von individuellen Bedürfnissen, Kompromissvorschläge. |

zahlt, wenn die Wohnung in einem ordnungsgemäßen Zustand übergeben wurde.
In vielen Gemeinden gibt es einen Mieterverein, der Informationen und Auskünfte über Mietangebote erteilt.
Familie Huber könnte sich aber auch eine Eigentumswohnung kaufen. Als Eigentümer einer Wohnung zahlen sie keine Miete. Damit ist eine Mieterhöhung oder eine Kündigung ausgeschlossen. Von Vorteil ist auch, dass eine Immobilie schneller im Wert steigt als jedes Spargutghaben und dass Herr und Frau Huber im Alter mietfrei wohnen können und so eine gute Altersvorsorge haben.

**1** Finden Sie heraus, welche Mietangebote für Familie Huber infrage kommen.

**2** Welche Anzeige stammt von einem Makler oder einer Wohnungsbaugesellschaft?

**3** Überlegen Sie, wie Familie Huber vorgehen soll, wenn sie sich für eine der angebotenen Wohnungen interessiert.

**4** Erstellen Sie mithilfe der regionalen Mietspiegel eine Übersicht über die Vergleichsmiete für eine 70-m²-Wohnung in drei verschiedenen Städten.

**1 Planung und Organisation eines Haushaltes**

*Grundriss einer Wohnung mit Wohnungseinrichtung*

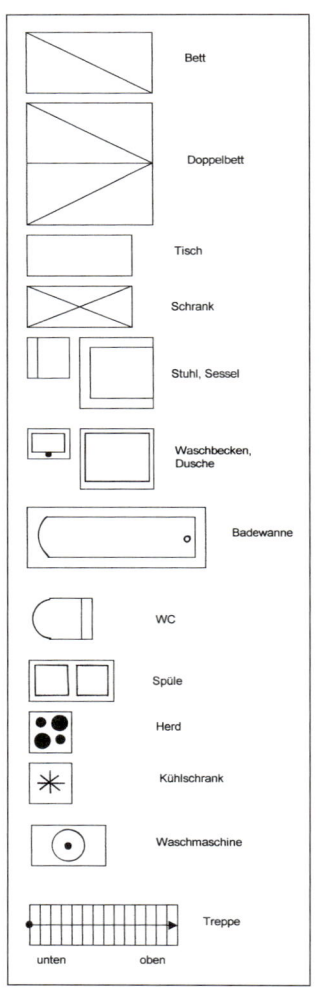

*Symbole für Einrichtungsgegenstände*

- Bett
- Doppelbett
- Tisch
- Schrank
- Stuhl, Sessel
- Waschbecken, Dusche
- Badewanne
- WC
- Spüle
- Herd
- Kühlschrank
- Waschmaschine
- Treppe (unten, oben)

## Räume planen und einrichten

Der maßstäbliche Grundriss einer Wohnung bietet die Möglichkeit, die Einrichtung und Gestaltung von Zimmern im Voraus zu planen. Vor der Einrichtung der Räume muss geprüft werden:
- Geplante Nutzungsart der jeweiligen Zimmer
- Öffnungsrichtung der Türen
- Lage von benötigten Wasser- und Abwasseranschlüssen, Steckdosen und Medienanschlüssen
- Abmessungen der Räume und der Fenster

Für die modellhafte Möblierung der Räume gibt es standardisierte Sinnbilder (Symbole). Wohnungsgrundriss und Symbole müssen im gleichen Verkleinerungsmaßstab abgebildet sein. Durch Verschieben der ausgeschnittenen Sinnbilder im Grundriss können die verschiedenen Varianten der Wohnungseinrichtung ausprobiert werden. Hat man sich für eine Möglichkeit entschieden, werden die Symbole auf dem Grundriss festgeklebt.

**1** Messen Sie einen Raum der elterlichen Wohnung aus und stellen Sie ihn mit Möblierung in einer Zeichnung im Maßstab 1:50 dar. Verwenden Sie die entsprechenden Symbole.

Altbau, Parkett, hell

Nähe Herzogpark

Ohne Provision

Große Gartenanlage

Incl. Garage

Getrenntes Bad/WC

5 Min. zur U-Bahn

*Traumwohnung in Bestlage*

## Wir mieten eine Wohnung

> Der Mietvertrag regelt die Rechte und Pflichten des Mieters und des Vermieters.

In einem Mietvertrag sollen enthalten sein:
- Angaben zu Mieter und Vermieter
- Mietzeit
- Aufzählung und Größe der Räume
- Angaben zu Nebenräumen wie Keller, Garage oder Stellplatz in einer Tiefgarage
- Angabe des Mietpreises und der Nebenkosten
- Angaben zu Kautionszahlungen
- Regelungen zur Benutzung von Gemeinschaftsräumen
- Vereinbarung über die Instandhaltung der gemieteten Räume
- Bestimmungen zur Hausordnung (z. B. Schneeräumen, Tierhaltung)

Fast immer wird der Vermieter einen Vertragsentwurf vorbereitet haben. In jedem Falle sollte der Mietvertrag genau gelesen werden.

### Wir finanzieren eine Wohnung

Zur Grundausstattung einer Wohnung gehören neben den Möbeln auch noch Dinge wie Wäsche, Geschirr, Besteck, Haushaltsgeräte usw.
Einige von Ihnen werden, wenn sie über ihren persönlichen Bedarf nachdenken, feststellen, dass die Grundausstattung einer Wohnung mehr kostet, als man zunächst mit Festschreibung der Miete und Nebenkosten annimmt.
Auch für die bald 18-jährige Barbara ist es so. Die Kosten für ihren eigenen Haushalt hat sie mit circa 3.500 Euro ermittelt. Rechnet sie jetzt noch die Mietkaution mit 1.000 Euro dazu, muss sie 4.500 Euro aufbringen, um ihren Wunsch nach der eigenen Wohnung erfüllen zu können. Auf ihrem Sparkonto hat sie aber nur ein Guthaben von 2.000 Euro. Diese Ersparnisse will sie zur Finanzierung ihrer Wohnungseinrichtung selbstverständlich hernehmen. Um sich aber alle Wünsche erfüllen zu können, fehlen ihr noch 2.500 Euro. Wie kann sie diesen Restbetrag aufbringen?

**1** Überlegen Sie und notieren Sie sich Möglichkeiten, Barbara hat, ihre Finanzierungslücke zu schließen.

**2** Diskutieren Sie die Vor- und Nachteile einer Wohngemeinschaft im Vergleich zu einem Ein-Personen-Haushalt.

**3** Listen Sie am Beispiel einer 1-Zimmer-Wohnung die Anforderungen auf, die Sie an die Wohnumgebung, das Haus und an die Wohnung selbst stellen.

**4** Fragen sie bei Ihrer Gemeindeverwaltung nach, ob es als Bewertungsmaßstab für die Mieten einen örtlichen Mietspiegel gibt.

**5** Erstellen Sie mithilfe der Abkürzungen (Seite 158) den Text für eine Kleinanzeige, in der Sie eine 1-Zimmer-Wohnung suchen.

**6** Besorgen Sie sich einen Einheitsmietvertrag und füllen Sie ihn in partnerschaftlicher Arbeit aus. Einigen Sie sich mit Ihrem Lernpartner, wer als Vermieter und wer als Mieter der 1-Zimmer-Wohnung auftritt. Setzen Sie realistische Angaben ein.

*Küche früher*

*Küche heute*

## Die Küche – ein Wohn- und Arbeitsraum

> Eine Kücheneinrichtung soll in der Regel viele Jahre lang ihren Zweck erfüllen. Daher lohnt es sich, rechtzeitig allen Details Beachtung zu schenken, die später das Arbeiten und Wohnen erleichtern.

Ganz gleich, ob wir eine bestehende Küche renovieren oder neu einrichten möchten: Am Anfang jeder Küchenplanung stehen Überlegungen zu den räumlichen Gegebenheiten und persönlichen Vorlieben.

### Räumliche Gegebenheiten
- Stehen die Raummaße fest?
- Können Wünsche bezüglich der Raumaufteilung/Installation eingebracht werden?
- Was kommt als Belag für Boden und Wände infrage?
- Welche Küchenformen passen zu uns/mir und wo liegen die Vorteile?
- Welches Material erfüllt meine/unsere Ansprüche?

### Persönliche Vorlieben
- Kocht man nur selten, so dass die Küche als Raum nebensächlich ist?
- Ist man begeisterter Hobbykoch?
- Lädt man gerne Freunde ein?
- Will man innerhalb der Wohnung die strenge Trennung in Arbeits- Ess- und Wohnbereich?
- Soll die Küche zentraler Aufenthaltsort für die Familie sein?

Erst aus der Beantwortung dieser Fragen ergeben sich drei grundsätzliche Gestaltungsmöglichkeiten für die Küche, die sich dann abhängig von den Vorgaben des Raumes und der Installationszeile variieren lassen:
- die räumlich abgetrennte Arbeitsküche,
- die Essküche,
- die Wohnküche (integrierte Küche).

### Küchengrundrisse

Der Grundriss einer Küche hängt von der gewünschten Optik und den funktionalen Anforderungen ab und ergibt sich zuletzt als Kompromiss aus den Vorgaben des Raumes sowie den persönlichen Vorstellungen und Wünschen.

### Einzeilige Küche

Die einzeilige Küche ist entlang einer Wand angelegt. Sie bietet sich für kleine Räume und als geradlinige Planungsvariante an, verfügt aber über wenig Arbeits-, Stell- und Lagerfläche. Für eine möglichst sinnvolle Nutzung (inklusive Kühlschrank) ist eine Mindestlänge von drei Metern notwendig.

| Einzeilige Küche | Zweizeilige Küche | L-förmige Küche |
| U-förmige Küche | Insellösung | Kochnische |

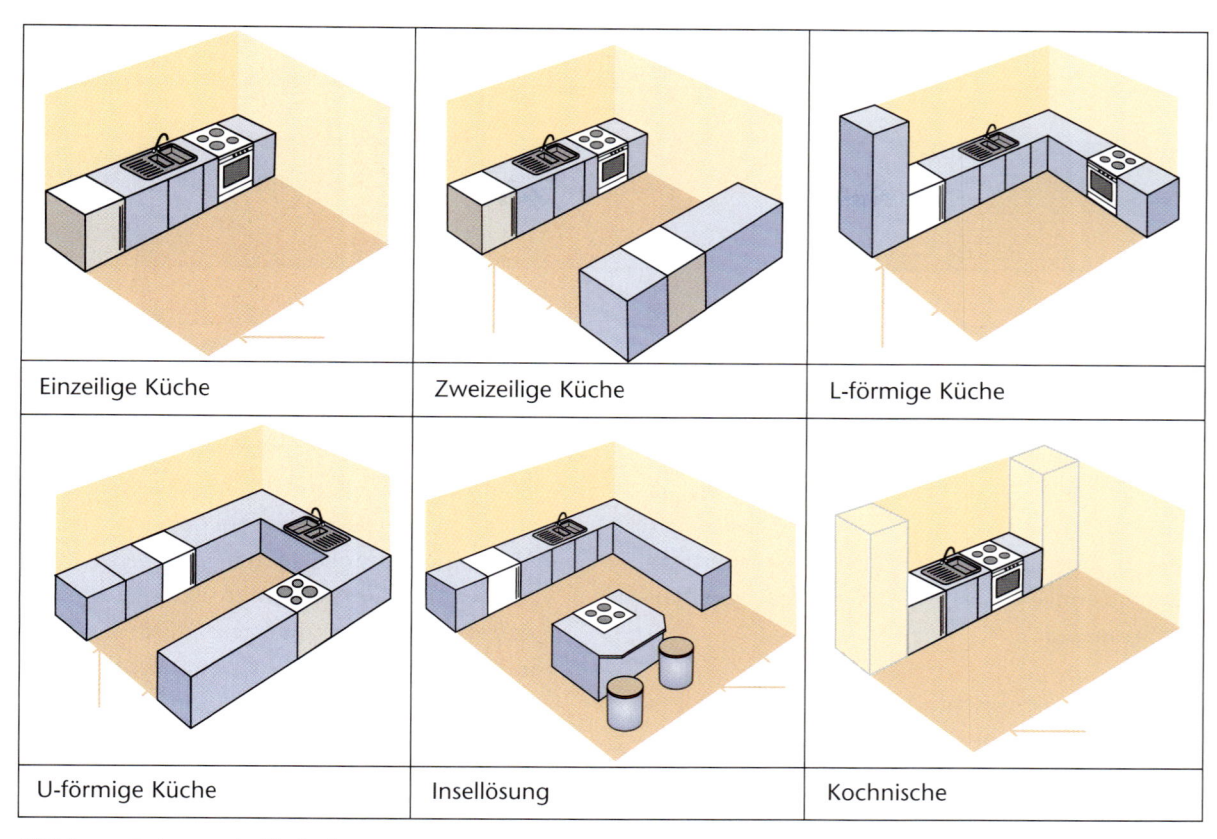

*Wählen zwischen sechs Varianten*

### Zweizeilige Küche
Die zweizeilige Küche fügt sich gut in einen Raum ein, in dem Tür und Fenster gegenüberliegen. Sinnvoll ist hier die Unterteilung in eine Aufbewahrungs- und eine Zubereitungszeile. Am besten geeignet sind Räume ab 3 m Breite, damit genug Bewegungsfreiheit in der Mitte der Küche bleibt.

### L-förmige Küche
Bei der L-Form ist die Ecke ein zentraler Orientierungspunkt für die Planung. Sie bietet Platz für außergewöhnliche Lösungen wie z. B. Eckspülen, Eckherde oder spezielle Schrankmöbel, die den Stauraum optimal ausnützen. Bei einer geschickten Planung bleibt oft noch Raum für einen Frühstücksplatz.

### U-förmige Küche
Die U-Form eignet sich besonders, wenn viel Stauraum gefragt ist. Diese Anordnung bietet eine Menge Arbeits-, Stell- und Lagerfläche. Wie bei der L-Form muss die Nutzung der Ecken besonders durchdacht sein. Wichtig ist auch, dass zwischen den gegenüberliegenden Küchenzeilen genügend Bewegungsfreiraum ist.

### Insellösungen
Die Insel- oder Halbinselform gibt großen Wohnküchen ein besonderes Flair. Für eine Insel bietet sich besonders die Kocheinheit mit Herd und Abzugshaube an. Alternativen dazu sind die Spül- oder Vorbereitungsinsel. Je nach Insellösung sind bei diesem Grundriss die Elektro-, Gas- und Wasserinstallationen aufwändiger zu planen.

### Kochnische
Die Kochnische ist vor allem in sehr kleinen Wohnungen zu finden. In der Regel ist sie einzeilig. Hier sind die wichtigsten Geräte und eine sinnvolle gut überlegte Auswahl an Schränken auf engstem Raum vereint. Arbeitsflächen sind nur spärlich vorhanden. Wichtig: Abhängig von der Nischentiefe muss links und rechts auf genügend Freiraum für die Ellenbogen geachtet werden.

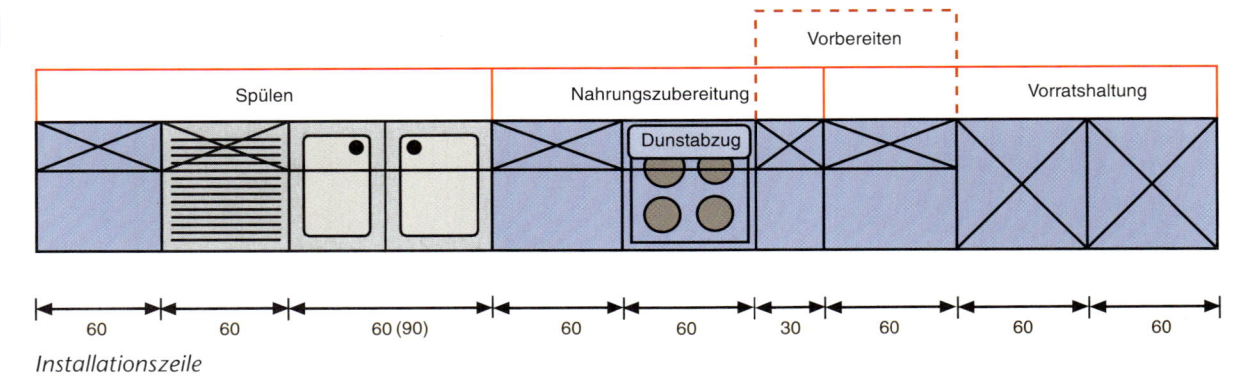

## Funktionsbereiche einer Küche

Die wichtigsten Funktionsbereiche der Küche sind Aufbewahrung/Lagerung – Vorbereitung/Zubereitung – Reinigung und Nachsorge (= Installationszeile).

Ein Funktionsbereich bildet räumlich eine Einheit. Jedem Funktionsbereich sind Geräte/Elektrogeräte, Arbeitsflächen und Stauraum zugeordnet. Die Bereiche sind der Reihe nach nebeneinander angeordnet, wobei darauf geachtet wird, dass genügend Abstellflächen dazwischen liegen.

## Ergonomie und Grundausstattung

Damit die Küche mit optimalen Arbeitsbedingungen ausgestattet ist, sollten drei Dinge berücksichtigt werden:

- Die richtige Anordnung von Arbeitsbereichen und zugehörigen Abstellflächen.
  Arbeitsbereiche, die gleichzeitig gebraucht werden, sollten nebeneinander angeordnet sein, ohne sich gegenseitig zu behindern. Beispiel: Die geöffnete Spülmaschine darf auf keinen Fall andere Schränke oder den Durchgang blockieren.
- Die richtige Arbeitshöhe passend zur Körpergröße.
  Das erleichtert die Arbeit und sorgt für eine gesunde Körperhaltung. Ergonomie-Wissenschaftler empfehlen sogar für bestimmte Arbeitsbereiche verschiedene Höhen.
- Die richtige Ausstattung:
  Hochgesetzte Backöfen oder Geschirrspüler erlauben ein rückenschonendes Arbeiten. Apothekerschränke bieten durch ein komplett ausziehbares Innenregal optimalen Zugriff in schmale und tiefe Schränke.
  In Vollzügen ist der Inhalt übersichtlich und griffbereit aufgehoben.
  Karusselleinsätze nutzen den Raum in Eckschränken optimal aus und erlauben einen bequemen Zugriff.
  Ausreichend Stauraum ist das A und O für ein ungestörtes Arbeiten.

## Mindeststellflächen und Mindestabstände

Mit der optimalen Einrichtung von Küchen haben sich in den vergangenen Jahrzehnten nicht nur Innenarchitekten und Designer beschäftigt, sondern auch Normungsinstitute. Ihre Aufgabe ist die Standardisierung der wichtigsten Möbelmaße (siehe Installationszeile).
Die Reihenfolge der Anordnung entspricht immer einer Rechtshänderküche. Für Linkshänder gilt die seitenverkehrte Anordnung.
Bei der Planung soll auf den genormten Mindestabstand von 1,20 Meter zwischen zwei Küchenzeilen geachtet werden. Nur so ist auch bei geöffneten Türen und Schubladen noch genügend Bewegungsfreiheit zum Arbeiten gewährleistet.
Dringend einzuhalten ist aus Sicherheitsgründen der vorgegebene Mindestabstand zwischen Herdoberfläche und Dunstabzug. Er beträgt bei Elektrokochplatten/-feldern 65 cm, bei Kochstellen mit offenen Flammen (z. B. Gas) 90 cm (siehe Bild oben).

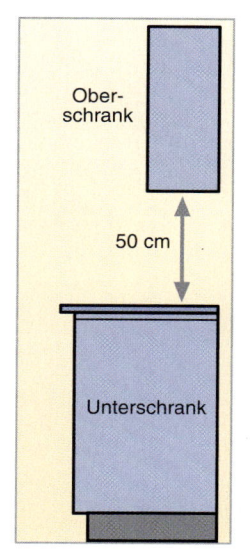

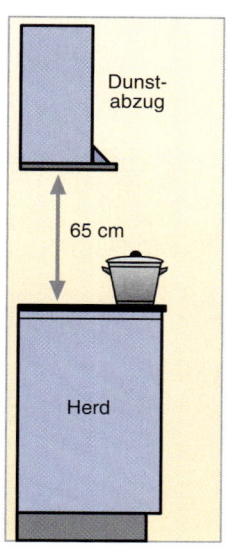

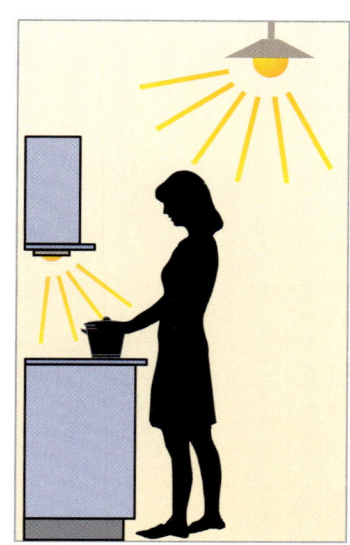

*Mindestabstände*

*Beleuchtung am Arbeitsplatz*

Wichtig ist außerdem ein Abstand von 50 cm zwischen der Arbeitsplatte und der Unterkante der Oberschränke, sonst wird das Arbeiten mit Elektrokleingeräten (Handrührgerät) problematisch (siehe Bild oben).

> Auch die Arbeitsumwelt hat Einfluss auf die Gesundheit und die Leistung.

### Beleuchtung
Der Arbeitsplatz muss optimal ausgeleuchtet („schattenfrei") sein, um Verletzungen und Ermüdung zu vermeiden (siehe Bild oben).
Beachte: Leuchtstoffröhren sind teurer in der Anschaffung, haben aber eine längere Lebensdauer und verbrauchen weniger Strom als Glühlampen.

### Temperatur
Die Temperatur darf weder als zu warm noch als zu kalt empfunden werden. Kälte erhöht den Energieumsatz, bei Hitze werden Herz und Kreislauf stärker belastet.

### Belüftung
Erhöhter Sauerstoffverbrauch muss durch regelmäßiges Lüften ausgeglichen werden. Zu wenig Sauerstoff hemmt das Konzentrationsvermögen. Gute Entlüftung verhindert hingegen rasche Ermüdung und Verschmutzungen durch Dunst.

Beachte: Die in der Küche arbeitende Person darf nicht in der Zugluft stehen.

### Lärm
Lärmeinwirkung belastet unser körperliches Befinden und äußert sich in Nervosität und schlechter Laune. Beim Kauf von Maschinen und Geräten sollte man auf den Betriebslärm achten.

---

**1** Überlegen Sie bei der Planung Ihrer Küche, welche Arbeits- und Hilfsmittel zu welchem Funktionsbereich gehören.

**2** Informieren Sie sich, welche Anforderungen die Elektrogeräte erfüllen müssen.

Projekt Küchenplanung

**3**
- Messen Sie den Raum der elterlichen Küche aus und übertragen Sie die Daten auf Millimeterpapier. Kennzeichnen Sie in diesem Raum alle wichtigen Angaben zur Installation.
- Suchen Sie aus Küchenprospekten Grundelemente für eine neue Küche aus und übertragen Sie diese auf die räumlichen Gegebenheiten der elterlichen Küche.
- Fertigen Sie zu diesem Raum ein Modell aus Karton an.
- Diskutieren und erläutern Sie im Klassenverband Ihre Vorschläge.

*Mit weniger sollte man nicht zufrieden sein!*

## Grundausstattung einer Küche

Neben der Berücksichtigung des Küchengrundrisses, der einzelnen Funktionsbereiche sowie der ergonomisch richtigen Gestaltung und Anordnung der Elemente und Möbel gehört eine Reihe von Ausstattungs-Elementen in eine Küche, damit sie den täglichen Grundanforderungen gerecht werden kann.

Dazu gehören:
- Kühlschrank mit Gefrierzone
- Spülenmodul
- Kochfeld mit Schaltelement
- Backofen mit diversen Beheizungsstufen
- Dunstabzugshauben (Abluft/Umluft)
- Abfallsammler mit Trennbehältern
- energiesparende Geschirrspüler
- Schubladen und Schrankauszüge
- Beleuchtungssystem

| Boden | Wand | Arbeitsfläche | Fronten | Spüle |
|---|---|---|---|---|
| Linoleum | Fliesen | Vollholz | Kunststofffolie | Email |
| Flex-Fliesen | Glas | Edelstahl | Schichtstoff | Edelstahl |
| Fliesen | Edelstahl | Marmor | PUR-Lack | Kunststoff |
| Holz | Granit | Granit | Holzfurnier | Keramik |
| Laminat | Schichtstoff | Schichtstoff | Vollholz | Corian |
| Kork | Corian | Corian | Edelstahl | |
| Terrakotta | | | Glas | |
| Granit | | | | |
| Marmor | | | | |
| Schiefer | | | | |

*Checkliste von Materialien für den Lebensraum Küche*

## Materialien – schön und funktionell

> In der Küche werden die Möbel großen Beanspruchungen ausgesetzt.

Extreme Hitze und Nässe, heiße Fette und scharfe Säuren, aber auch mechanische Belastungen sind alltäglich. Gleichzeitig müssen Küchenmöbel alle Anforderungen an Lebensmittelverträglichkeit und sachgerechte Lagerung erfüllen. Daraus ergibt sich je nach individuellen und ästhetischen Ansprüchen die Materialauswahl.

### Holz
Holz ist einer der ältesten Werkstoffe. Im Küchenbau werden die verschiedensten Holzarten verwendet. Küchenmöbel aus Holz strahlen Natürlichkeit und Behaglichkeit aus. Holz wird entweder lackiert (unempfindlicher, leicht zu reinigen) oder als Naturholz (gewachst, empfindlich gegen Wasser) verarbeitet. Die Holzoberfläche muss behandelt sein (hobeln, schleifen, lackieren, polieren, wachsen), da sie sonst ein Nährboden für Bakterien ist. Küchenmöbel im Holzdesign können massiv gearbeitet oder furniert sein. Holz ist ein empfindliches Material; d. h. Wasser- und Farbflecken lassen sich nur sehr schwer entfernen. Beschädigungen wie Kratzer, Dellen oder Brandflecken sind kaum zu vermeiden. Außerdem gilt es zu berücksichtigen, dass das Material im Laufe der Zeit nachdunkelt (siehe Seite 24 f.).

### Edelstahl
Besonders im Kochbereich, der Nasszone und im Sockelbereich ist Edelstahl das unempfindlichste Material. Es trotzt sogar Säuren und Laugen. Selbst das Abstellen von heißen Töpfen, Pfannen oder der Kontakt mit heißem Wasser hinterlässt keine Spuren. Edelstahl ist das bevorzugte Material aller Profiküchen.

### Granit
Granit ist der Klassiker unter den Materialien für Arbeitsplatten. Er ist in sanften Naturtönen erhältlich und dennoch ist jedes Stück ein Einzelstück. Durch die glatte, kühle Oberfläche ist Granit eine ideale Unterlage zur Herstellung von Kuchen und Gebäck.

### Kunststoff
Küchen mit kunststoffbeschichteten Oberflächen werden in vielen Farben und Strukturen angeboten. Es gibt sie von hochglänzend bis mattiert. Je dichter die Beschichtung, desto unempfindlicher das Küchenmöbel. Kunststoff ist lebensmittelecht und leicht zu reinigen.

---

**1** Erkundigen Sie sich nach den Regeln zur Reinigung und Pflege der verschiedenen Materialien.

**2** Beurteilen Sie weitere Materialien hinsichtlich Ästhetik und Funktionalität.

# 2 Vollwertige Ernährung

*Im Laufe seines Lebens verarbeitet der Mensch 60 Tonnen Lebensmittel*

## Stoffwechsel – das Merkmal lebender Organismen

Unser Organismus nimmt täglich eine Vielzahl unterschiedlicher Lebensmittel auf und muss die damit zugeführten Nährstoffe aufschließen und verwerten.

## Aufgaben des Stoffwechsels

Im Mund, Magen und Darm laufen mechanische Prozesse ab, die der Zerkleinerung der Lebensmittel, der Durchmischung mit Verdauungssäften und dem Weitertransport des Nahrungsbreis dienen.

### Verdauung

Die Verdauungsorgane und entsprechende Verdauungsenzyme übernehmen die Aufgabe, die Nährstoffe in ihre Bausteine zu zerlegen: Kohlenhydrate in Einfachzucker, Eiweiße (Proteine) in Peptide und Aminosäuren sowie Fette in Monoglyceride, Glycerin und Fettsäuren.

### Resorption

Die Aufnahme der Nährstoffe durch die Darmwand findet hauptsächlich im Dünndarm statt. Von dort leiten das Blut oder die Lymphe die Nährstoffe zu den Organen.

### Zellstoffwechsel/Energiestoffwechsel

Die Zellen sind das Zentrum des eigentlichen Stoffwechselgeschehens. Körpereigene Stoffe werden ständig aufgebaut bzw. abgebaut.

> Durch den Abbau energiereicher Nährstoffe wird chemische Energie und Wärme frei.

### Ausscheidung

Die nicht verwertbaren Endprodukte werden von Bakterien weiter aufgeschlossen und verlassen den Dickdarm dann als Kot.

## Bedeutung von Enzymen, Hormonen und Vitaminen für den Stoffwechsel

### Enzyme

Enzyme sind unentbehrlich für den Stoffwechsel, sie bewirken den Aufbau bzw. Abbau von körpereigenen Stoffen. Enzyme sind Katalysatoren. Sie beschleunigen chemische Reaktionen, die sonst nur sehr langsam ablaufen würden, bzw. sie ermöglichen Reaktionen, die ohne ihre Anwesenheit überhaupt nicht stattfinden würden. Enzyme werden in der Bauchspeicheldrüse gebildet und an den Zwölffingerdarm abgegeben. Ein angeborener Enzymmangel kann zu schweren Stoffwechselstörungen führen: Diabetes mellitus, erhöhter Cholesterinspiegel, Gicht.

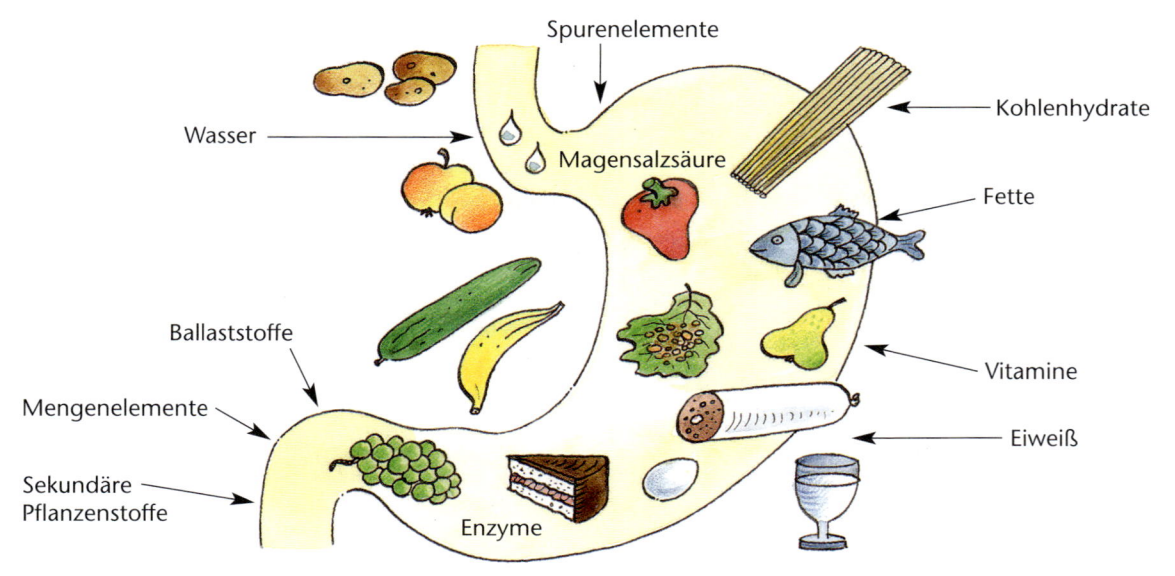

*Essen geht durch den Magen*

## Hormone

Hormone sind chemische Boten, die direkt ins Blut abgegeben werden.

> Hormone sind die Reglerstoffe Nummer Eins.

Die eigentliche Steuerungszentrale des Hormonsystems ist die Hirnanhangsdrüse, die *Hypophyse*. Die Hormonbildung in Bauchspeicheldrüse, Schilddrüse, Nebennierenrinde usw. wird durch sie beeinflusst. Das Wachstumshormon, das in der Hypophyse gebildet wird, hemmt den Abbau von Aminosäuren und fördert den Aufbau von Körpereiweißstoffen.

### Hormone der Bauchspeicheldrüse

*Insulin* bewirkt eine Senkung des Blutglukosespiegels. Insulin fördert den Glykogenaufbau in Leber und Muskulatur und die Neubildung von Fetten in der Leber und im Fettgewebe.
*Glucagon* reguliert ebenfalls den Blutzuckerspiegel, es bewirkt den Abbau von Glykogen und steigert so den Blutglukosespiegel.

### Hormon der Schilddrüse

*Thyroxin* überwacht die Geschwindigkeit des Stoffwechsels. Bei einer Überfunktion der Schilddrüse ist der Grundumsatz erhöht.

### Hormone der Nebennierenrinde

*Cortisol* hat eine große Bedeutung für den Kohlenhydratstoffwechsel, außerdem fördert es die Glykogenbildung in der Leber.
*Adrenalin* spielt beim Glykogenabbau eine Rolle und hat einen großen Einfluss auf den Stoffwechsel. Bereits in kleinen Mengen wirkt es steigernd auf den Grundumsatz. Schon geringe Adrenalinmengen bewirken einen gesteigerten Blutzuckerspiegel.

### Vitamine

Verschiedene Lebensmittelinhaltsstoffe beeinträchtigen oder fördern die Ausnutzung der Nährstoffe. Hierzu sind zahlreiche Wechselwirkungen bekannt. Vitamin D z. B. ist für die Calciumaufnahme von Bedeutung, da es die Bildung eines calciumbindenden Proteins bewirkt. Daher beeinträchtigt ein Vitamin-D-Mangel die Calciumresorption. Vitamin C z. B. fördert die Eisenaufnahme aus pflanzlichen Lebensmitteln.

---

**1** Erstellen Sie eine Tabelle mit den wichtigsten Hormonen, Enzymen und Vitaminen.

**2** Erarbeiten Sie ein Kurzreferat über die Aufgaben des Stoffwechsels, der Enzyme, Hormone und Vitamine.

## 10 Die Abbauvorgänge unserer Hauptnährstoffe Kohlenhydrate, Fett, Eiweiß

Die Abbauvorgänge geschehen in drei Stufen: Verdauung im Verdauungskanal, Resorption, Zellstoffwechsel

| Verdauungsorgane | | Kohlenhydrate |
|---|---|---|
| | **Mund** | **Verdauung** Einfachzucker muss nicht zerlegt werden. Er gelangt sofort in den Verdauungstrakt. Vielfachzucker (Stärke) wird unter Mithilfe des Enzyms Amylase (Speichel) teilweise zu Doppelzucker abgebaut. |
| | **Magen** | Kohlenhydrathaltige Nahrungsmittel werden durch Magensäfte durchsäuert. |
| | **Dünndarm: Zwölffingerdarm** | Die Enzyme Amylase und Glukosidase veranlassen die Spaltung des Vielfachzuckers in Doppelzucker und anschließend in Einfachzucker. |
| | | **Resorption** Die Darmzotten saugen den Einfachzucker auf und geben ihn zum Weitertransport an die Zellen ins Blut ab. |
| 1 Mundspeicheldrüsen 2 Speiseröhre 3 Magen 4 Leber 5 Zwölffingerdarm 6 Bauchspeicheldrüse 7 Dickdarm 8 Gallenblase 9 Dünndarm 10 Blinddarm 11 Wurmfortsatz 12 Enddarm 13 After | | **Zellstoffwechsel und Energiestoffwechsel** In der Leber wird der überschüssige Traubenzucker zum Vielfachzucker umgebaut. Ist der Glykogenspeicher gesättigt (70–80 g), wird ein Teil des überschüssigen Traubenzuckers in den Fettzellen als Fett abgelagert. An dieser Steuerung sind die Hormone Insulin und Glukagon beteiligt. In den Zellen erfolgt der Energiestoffwechsel: Energie (Wärme, Kraft) wird stufenweise freigesetzt. Wasser und Kohlenstoffdioxid werden ausgeschieden. |

| Fett | Eiweiß |
|---|---|
| **Verdauung**<br>Fett wird auf Körpertemperatur erwärmt und verflüssigt, aber noch nicht abgebaut. | **Verdauung**<br>Eiweißhaltige Nahrungsmittel werden zerkleinert und durch den Schleim im Speichel gleitfähig gemacht, aber noch nicht abgebaut. |
| Fett wird noch nicht abgebaut. | Der Magensaft (er enthält Salzsäure und das Enzym Pepsin) beginnt, die Kettenmoleküle der Eiweißstoffe zu zerkleinern. |
| Im Zwölffingerdarm emulgiert der Gallensaft die Fette. Im Dünndarm werden die Fettmoleküle unter Mithilfe des Enzyms Lipase in Glyzerin und Fettsäure gespalten. | Die Eiweißstoffe werden mithilfe der Enzyme Trypsin und Peptidasen zu Aminosäuren abgebaut. |
| **Resorption**<br>Die glatten Glyzerinteilchen werden durch die Darmwand gesaugt und von der Lymphe aufgenommen. Die Fettsäuren verbinden sich mit der Gallensäure (Natrium) und schlüpfen als „Seife" durch die Darmzotten. In den Lymphadern verlassen die Natriumteile die Fettsäuren wieder. Die Lymphe bringt die Fettteile in den Blutkreislauf. | **Resorption**<br>Die Aminosäuren gelangen durch die Darmwand ins Blut. Sie werden in der Leber gefiltert. Über die Nieren scheidet der Körper schädliche Aminosäuren aus. |
| **Zellstoffwechsel und Energiestoffwechsel**<br>In der Leber werden Fette in körpereigene Stoffe umgebaut und anschließend im Fettgewebe gespeichert. In den Zellen oxidieren Glyzerin und Fettsäuren. Dabei wird Energie frei. | **Zellstoffwechsel und Energiestoffwechsel**<br>Die Aminosäuren werden in der Leber zu Bluteiweißstoffen umgebaut und anschließend wieder an das Blut abgegeben. In den Körperzellen bilden sich aus Aminosäuren körpereigene Eiweißstoffe (Gewebeeiweiß, Enzyme).<br>In den Zellen findet gleichzeitig ein Abbau von Eiweißstoffen statt. Die dabei freigesetzten Aminosäuren werden in der Leber zu Bluteiweißstoffen umgebaut oder zur Energiegewinnung verwendet. |

*Der Energiebedarf bei verschiedenen körperlichen Betätigungen ...*

## Ohne Energie – kein Leben

Unser Körper braucht ständig Energie – selbst im Schlaf. Wir können Energie aus Kohlenhydraten, Fetten, Eiweiß und Alkohol gewinnen. Kohlenhydrate und Fette sind sehr günstige Energielieferanten, Eiweiß dient in erster Linie zum Aufbau von körpereigenen Stoffen. Alkohol ist als Energiespender nicht erwünscht und auch gefährlich.

Die bei der Verbrennung der Nährstoffe frei werdende Energie wird in Kilojoule (kJ) bzw. Kilokalorien (kcal) gemessen. Ob nun Kilokalorien oder Kilojoule, wichtig ist zu wissen, dass 1 kcal = 4,18 kJ und 1 kJ = 0,24 kcal sind.

Wobei uns
1 g Kohlenhydrate 4,1 kcal (17 kJ),
1 g Fett 9,3 kcal (39 kJ),
1 g Eiweiß 4,1 kcal (17 kJ) und
1 g Alkohol 7,1 kcal (30 kJ) liefern.

## Grundumsatz – Leistungsumsatz

Unser Körper braucht ständig Energie für alle Lebensvorgänge, die ununterbrochen in Gang gehalten werden müssen, z. B. Herztätigkeit, Stoffwechselfunktion, Atmung. Diese Energiemenge nennt man Grundumsatz.

Jeder Mensch hat seinen persönlichen Grundumsatz, der durch folgende Faktoren beeinflusst wird:

*Das Geschlecht:* Der Grundumsatz liegt bei Männern, bezogen auf gleiche Körpermasse und gleiches Alter, etwa um 6 bis 9 % höher als bei Frauen. Männer haben generell mehr aktives Gewebe (Muskelmasse) als Frauen, diese haben mehr passives Gewebe, d. h. der Fettgewebsanteil ist höher.

*Das Alter:* Die Stoffwechselvorgänge verlangsamen sich mit zunehmendem Alter, z. B. Atmung, Puls. Ältere Menschen haben dementsprechend einen geringeren Grundumsatz als jüngere.

*Die Größe und das Gewicht (Körperoberfläche):* Mit zunehmender Größe/Gewicht nimmt die Gewebsmasse zu, die versorgt werden muss. Der Grundumsatz steigt also. Außerdem erhöht sich der Wärmeverlust. Diese Aussagen gelten für das Normalgewicht. Der Grundumsatz steigt nicht parallel zum Übergewicht, da in diesem Fall vorwiegend passives Gewebe aufgebaut wird.

*Die Hormone.* Sie steuern den Grundumsatz. Die Schilddrüsenhormone verändern den Grundumsatz, aber auch andere Hormone, wie z. B. Adrenalin, beeinflussen ihn. Eine Grundumsatzbestimmung gibt daher Aufschluss über die Funktion der Schilddrüse. Eine Überfunktion der Schilddrüse steigert den Grundumsatz, eine Unterfunktion senkt ihn.

*... ist unterschiedlich hoch*

Individuelle Faktoren wie z. B. *Stress* erhöhen den Grundumsatz, Depressionen erniedrigen ihn, auch Krankheiten, z. B. Fieber, können den Grundumsatz steigern, Medikamente, z. B. Schmerzmittel, können ihn dagegen senken.

Das *Klima* hat ebenfalls Einfluss auf den Grundumsatz. Der Körper passt sich durch eine entsprechende Wärmeproduktion an das jeweilige Klima an. In tropischen Gebieten z. B. ist der Grundumsatz eines Menschen geringer als in Ländern mit gemäßigtem Klima.

> Für Muskelarbeit in Beruf und Freizeit benötigen wir zusätzlich Energie. Diese Energiemenge nennt man Leistungsumsatz.

Mit jeder Muskeltätigkeit ist ein zusätzlicher Energiebedarf verbunden. Aber auch durch konzentrierte geistige Tätigkeit – Gehirntätigkeit – kommt es zu einer Steigerung des *Leistungsumsatzes.*
Es muss unterschieden werden zwischen leichter, mittelschwerer und schwerer Arbeit.
Der Leistungsumsatz durch die tägliche Arbeit ist in den letzten Jahren stark gesunken. Durch den Einsatz von Maschinen usw. haben die Berufe mit leichter Arbeit in den vergangenen 60 Jahren erheblich zugenommen. Nach unseren Essgewohnheiten müssten wir jedoch Schwerarbeiter sein, um die aufgenommene Energie auch zu verbrauchen.

Der Leistungsumsatz wird zusätzlich durch folgende Faktoren beeinflusst:

*Das Klima:* Eine höhere Umgebungstemperatur bedingt eine verstärkte Schweißbildung und durch die entstehende Verdunstungskälte wiederum eine Senkung der Körpertemperatur.

*Die Verdauungstätigkeit:* Der Nährstoffgehalt der Lebensmittel kann durchschnittlich nur zu 94 % ausgenutzt werden. Durch diese unvollständige Resorption kommt es zu Energieverlusten.

*Zusätzliche Stoffwechselleistungen:* Während der Schwangerschaft und der Stillzeit ist der Leistungsumsatz erhöht.
Nimmt man Grundumsatz und Leistungsumsatz zusammen, so entsteht der Gesamtenergiebedarf eines Menschen.
Gewichtskontrollen weisen darauf hin, ob unsere Energiebilanz stimmt. Zu wenig Energie führt zu Untergewicht und den damit verbundenen Risiken. Zu viel Energie führt zu Übergewicht und den damit verbundenen Risiken.

> **1** Informieren Sie sich über Richtwerte für den Tagesenergiebedarf verschiedener Altersgruppen. Berücksichtigen Sie bei Erwachsenen die verschiedenen Tätigkeiten.

## 2 Vollwertige Ernährung

**10**

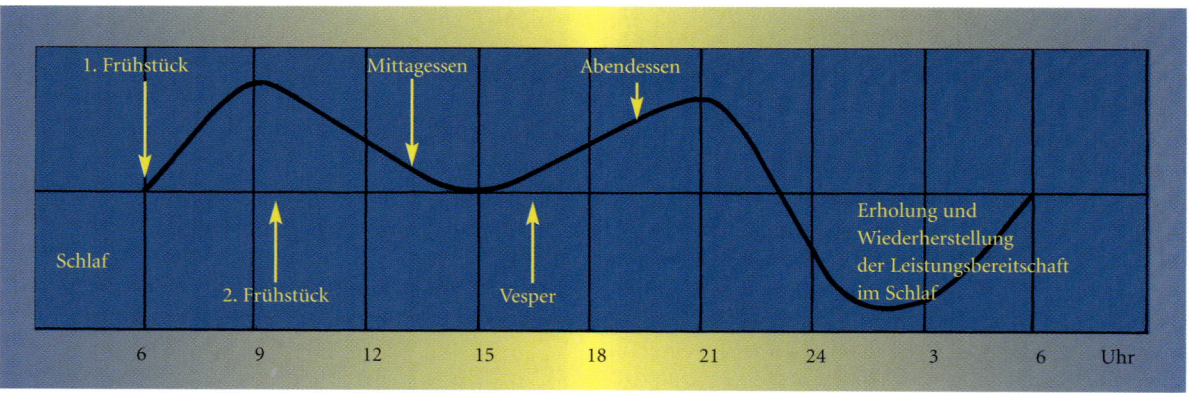

*Die Tagesleistungskurve*

(Diagramm: 1. Frühstück, Mittagessen, Abendessen, Schlaf, 2. Frühstück, Vesper, Erholung und Wiederherstellung der Leistungsbereitschaft im Schlaf; Zeitachse 6 – 9 – 12 – 15 – 18 – 21 – 24 – 3 – 6 Uhr)

In Prozent sieht die Verteilung der Mahlzeiten folgendermaßen aus (Tagesbedarf 100%):

| bei drei Mahlzeiten | | bei fünf Mahlzeiten | |
|---|---|---|---|
| Frühstück | 30% | 1. Frühstück | 25% |
| Mittagessen | 40% | 2. Frühstück | 10% |
| Abendessen | 30% | Mittagessen | 30% |
| | | Zwischenmahlzeit am Nachmittag | 10% |
| | | Abendessen | 25% |

*Verteilung der Mahlzeiten in Prozent*

## Grundlagen der Ernährung

Eine richtige Ernährungsweise erhält und fördert die Gesundheit und Leistungsfähigkeit. Sie berücksichtigt dabei individuelle Merkmale wie Leistungsanforderungen, Alter, Geschlecht sowie besondere Lebenssituationen, z. B. Schwangerschaft.

### Leistungskurve und Biorhythmus

Das Leistungsvermögen des Menschen ist nicht den ganzen Tag über gleich. Das wissen wir auch aus eigener Erfahrung. Wie die Kurve oben zeigt, gibt es zwischen 9 Uhr und 12 Uhr am Vormittag einen Höhepunkt im Leistungsvermögen. Danach fällt die Leistung bis ungefähr 15 Uhr und steigt wieder bis ca. 21 Uhr. Das zweite Leistungshoch ist weniger stark ausgeprägt als das erste. Nachts sinkt das Leistungsvermögen auf den Tiefpunkt.
Die Leistungsfähigkeit des Menschen unterliegt auch dem biologischen Tagesrhythmus. Der Biorhythmus ist von individuellen Faktoren abhängig.

## Verteilung der Mahlzeiten

> Die Mahlzeiten des Tages verteilen wir so, dass das Leistungsvermögen unterstützt wird.

Das *Frühstück* ist die wichtigste Mahlzeit, denn nach der Nachtruhe sind die Energiespeicher leer. Am Morgen muss der Körper erst mal richtig in Fahrt kommen. Nach einem vollwertigen Frühstück steigt die Leistungsfähigkeit ordentlich an. Ein zweites Frühstück oder Pausenbrot bringt den Energienachschub für den zweiten Teil des Vormittags. Gerade Kinder und Jugendliche brauchen ein gesundes Frühstück, damit sie gut in den Schultag starten. Bei Kindern sinkt die Leistungskraft schneller als bei Erwachsenen, sie haben viel weniger Reserven zur Verfügung. Allerdings haben viele Kinder morgens nur wenig Appetit. Diese sollten zum Frühstück wenigstens etwas trinken, wie z. B. Milch, Kakao oder Orangensaft. Auch Erwachsene sollten in Ruhe ein gesundes Frühstück zu sich nehmen – schon wegen der Vorbildwirkung.

| | | |
|---|---|---|
| **Mindestens 1 Vollkornprodukt** z. B. Weizen- und Roggenvollkornbrot, Vollkorntoast, Haferflocken | → | Vollkornprodukte liefern Kohlenhydrate und Vitamine. Ballaststoffe sättigen und regen die Verdauung an. |
| **Mindestens 1 Milchprodukt** z. B. Milch, Jogurt, Quark, Käse | → | Milchprodukte tragen zur Eiweiß-, Calcium- und Vitamin-$B_2$-Versorgung bei. |
| **Mindestens 1 Stück Obst oder Gemüse** z. B. Birnen, Äpfel, Paprikastreifen, Möhren, Gurkenscheiben | → | Obst und Gemüse sind vitamin- und mineralstoffreich und enthalten sekundäre Pflanzenstoffe. |
| **Ausreichend Getränke** z. B. Mineralwasser, Kräuter- und Früchtetee, verdünnte Fruchtsäfte | → | Schulkinder sollten mindestens 1,1–1,3 l Flüssigkeit durch geeignete Getränke aufnehmen. Bei hohen Außentemperaturen sowie körperlicher Anstrengung ist der Flüssigkeitsbedarf erhöht. |

*Bausteine eines gesunden Frühstücks oder Pausenbrots*

Beim *Mittagessen* essen wir nicht zu viel und zu fettreich, weil man mit vollem Magen müde wird und nicht gern weiterarbeitet. Dies verdeutlicht auch das bekannte Sprichwort: „Ein voller Bauch studiert nicht gern".

Die *Zwischenmahlzeit* am Nachmittag sollte Vitamine und Eiweiß enthalten: z. B. Obst und Obstsäfte, Gemüse, Jogurt, Quark, Kakao. Die kleinen Mahlzeiten zwischendurch sollten leicht bekömmlich und erfrischend sein.

Das *Abendessen* sollte nicht zu umfangreich und üppig sein und früh am Abend eingenommen werden.

Hat man tagsüber zu einseitig gegessen, sollten bestehende Nährstoffdefizite ausgeglichen werden. Zusätzliche Zwischenmahlzeiten, wie z. B. Knabbereien, Süßigkeiten und Alkohol am Abend, enthalten häufig viel Energie.

> Die Tagesmahlzeiten sollten vollwertig und abwechslungsreich sein und gleichmäßig über den Tag verteilt werden.

**1** Erstellen Sie in Gruppenarbeit je einen Tagesspeiseplan mit drei Mahlzeiten und mit fünf Mahlzeiten für ein Schulkind.

**2** Erklären Sie den Spruch: „Frühstück – das Sprungbrett in den Tag".

**3** Projektvorschlag: Planen und organisieren Sie mit den Schülern, Lehrern und Eltern der neuen Fünftklässler eine Informationsveranstaltung zum Thema „Gesundes Pausenbrot" (Infostand, Umfragen, Pausenverkauf, Zubereitung von Pausenbroten, Getränke, Rezepthefte u. a.)

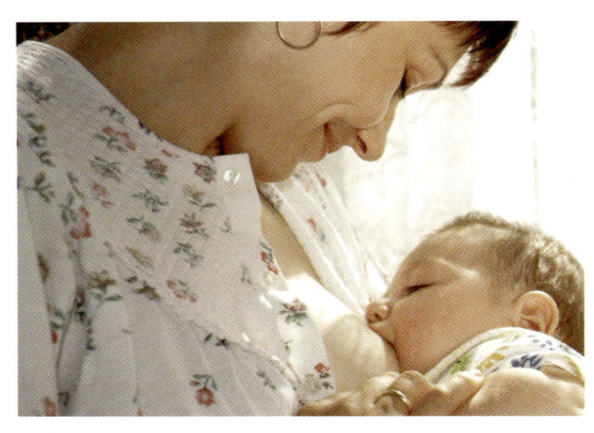

*Stillen*

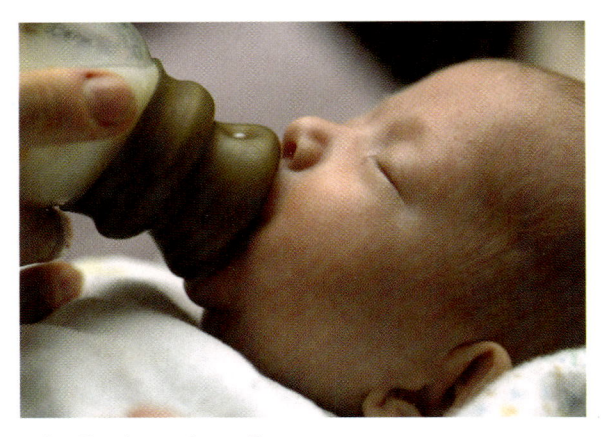

*oder Flaschennahrung?*

## Altersabhängige Ernährungsbedürfnisse
### Die Ernährung des Säuglings

> Beim Säugling sind die Organ- und Stoffwechselfunktionen noch nicht ausgereift, deshalb muss die Ernährung den speziellen Bedürfnissen angepasst sein.

Babykost muss leicht verdaulich sein. Zum Aufbau der Darmflora wird Milchzucker (= Kohlenhydrat Laktose) benötigt. Der Eiweißgehalt darf nicht zu hoch sein. Die Kost muss reich an Wasser sein.

**Die natürliche Ernährung durch Stillen**
Die Muttermilch ist den Bedürfnissen des Säuglings angepasst. Sie enthält mehr essentielle Fettsäuren als Kuhmilch. Das Eiweiß der Muttermilch gerinnt im Magen feinflockiger und ist somit leichter verdaulich. Zudem sind in der Muttermilch wertvolle Enzyme für die Eiweiß- und Fettverdauung und Stoffe, die das Baby vor Infektionen und Allergien schützen.
Muttermilch ist frei von schädlichen Keimen. Sie kann aber auch mit Schadstoffen belastet sein. Stillende Frauen können ihre Milch bei Lebensmitteluntersuchungsämtern testen lassen. Empfohlen wird, dass Babys nur ca. sechs Monate gestillt werden sollen. Durch den intensiven Hautkontakt beim Stillen wird die gefühlsmäßige Bindung zwischen Mutter und Kind verstärkt.

Eine Mutter, die stillt, hat einen erhöhten Energie- und Nährstoffbedarf. Dieser ist abhängig von der Milchmenge, die der Säugling täglich bekommt, denn pro 100 ml Milch braucht die Mutter zusätzlich 500 KJ Energie und 2,4 g Eiweiß mehr. Der Bedarf an Vitaminen und Mineralstoffen ist ebenfalls erhöht. Es sollten daher während der Stillzeit viel Obst und Gemüse, Vollkornprodukte, Milch- und Milchprodukte aufgenommen werden. Der Flüssigkeitsbedarf muss der Milchmenge angepasst werden.

**Die Ernährung des Säuglings mit Kuhmilch**
In ihrer ursprünglichen Zusammensetzung ist Kuhmilch nicht für die Säuglingsernährung geeignet, sie muss zuvor verdünnt, danach wieder mit Vitaminen und Energielieferanten aufgewertet werden.
Industriell zubereitete Säuglingsfertignahrung ist adaptiert oder teiladaptiert. Adaptierte Säuglingsnahrung in Pulverform ist der Muttermilch am besten angeglichen.
Bei der Flaschennahrung ist zu beachten, dass das Trinkwasser bakterienfrei und nitratarm ist. Hohe Nitratbelastungen können beim Säugling typische Blaufärbungen, Krämpfe und Bewusstlosigkeit hervorrufen. Flasche und Sauger müssen durch Auskochen sterilisiert werden. Das Baby sollte dann mit der Flasche gefüttert oder gestillt werden, wenn es Hunger signalisiert.
Ab dem Ende des vierten Lebensmonats sollte das schrittweise Zufüttern von Breikost beginnen. Eine Milchmahlzeit wird durch einen Ge-

## Kostplan für das erste Lebensjahr

| | | | |
|---|---|---|---|
| **1. Monat**<br>5–6 Mahlzeiten | Milchnahrung | **6.–7. Monat**<br>4 Mahlzeiten | 1x Milchnahrung<br>1x Milchbrei mit Obst<br>1x Obstbrei<br>1x Gemüsebrei mit Eigelb oder Fleisch |
| **2. Monat**<br>5 Mahlzeiten | Milchnahrung<br>1–2 Teelöffel Saft | | |
| **3. Monat**<br>5 Mahlzeiten | Milchnahrung<br>2–4 Teelöffel Saft | **8.–9. Monat**<br>4 Mahlzeiten | 1x Milchnahrung<br>1x Milchbrei mit Obst<br>1x Obstbrei mit Zwieback<br>1x Gemüse, Kartoffeln, Fleisch |
| **4. Monat**<br>5 Mahlzeiten | 4x Milchnahrung<br>1x Gemüsebrei | | |
| **5. Monat**<br>4 Mahlzeiten | 2x Milchnahrung<br>1x Milchbrei mit Obst<br>1x Gemüsebrei | **10.–12. Monat**<br>4 Mahlzeiten | 1x Milch mit Brot<br>1x Kleinkindermahlzeit<br>1x Milch, Brot, Obst<br>1x Milchbrei mit Obst oder Brot, Quark, Wurst, Tee |

müsebrei, z. B. Karottenmus, ersetzt. Mit ca. fünf bis sechs Monaten wird eine weitere Mahlzeit durch Milchbrei ersetzt. Ab dem zehnten Monat kann die Umstellung auf Familienkost beginnen (siehe Tabelle oben). Zum Durstlöschen ist Tee, am besten ungesüßt, geeignet. Industriell hergestellte Kindertees und süße Getränke enthalten meist sehr viel Zucker, der Karies und Übergewicht verursachen kann.

## Die Ernährung von Kindern und Jugendlichen

> Die für Kinder und Jugendliche empfohlene Ernährung gleicht im Wesentlichen der gesunden Erwachsenenkost.

Der kindliche Organismus befindet sich in der Aufbau- und Wachstumsphase. Die Nahrung sollte daher reichlich hochwertiges *Eiweiß* enthalten, da für das Wachstum und den Neuaufbau von Zellen zusätzlich Eiweiß benötigt wird. Der Eiweißbedarf beträgt ca. 1,5–2 g pro kg Normalgewicht. Pflanzliche und tierische Nahrungsmittel mit hoher biologischer Wertigkeit sind zu bevorzugen: Getreideprodukte, Gemüse, Milchprodukte, fettarme Milch, mageres Fleisch, fettarmer Fisch.

Der *Energiebedarf* ist stark von der körperlichen Aktivität abhängig. Er sollte mit komplexen *Kohlenhydraten*, z. B. stärkereiche Vollkornprodukten, gedeckt werden. Leere Kohlenhydratträger, wie z. B. Süßigkeiten, sollten vernünftig in den Speisenplan eingeteilt werden. Ebenso ist es wichtig, die Zufuhr von *Fetten* zu beachten. Ständig erhöhte Fettzufuhr führt vor allem bei Bewegungsmangel zu Übergewicht.

Die Kost muss reichlich *Vitamine und Mineralstoffe* enthalten. Vitamin C schützt vor Krankheiten, Calcium dient zum Aufbau von Knochen und Zähnen. Jod- und eisenhaltige Nahrungsmittel verhindern Mangelerscheinungen bereits im Kindesalter. Obst und Gemüse liefern *sekundäre Pflanzenstoffe* und *Ballaststoffe*.

Kinder sollten ausreichend trinken. Der *Flüssigkeitsbedarf* liegt etwa bei 2,5 l am Tag. Zuckerhaltige Getränke sind als Durstlöscher ungeeignet.

Kleine Zwischenmahlzeiten steigern die Leistungsfähigkeit. Das Essen sollte kindgerecht sein, kleine Portionen sind besser als große. Man sollte Kinder nicht zum Essen zwingen, ein gesundes Kind isst, was es benötigt. Bei Kindern schwankt der Appetit häufig. Jedes Kind und jeder Jugendliche hat seine Lieblingsspeise. Darauf sollte im Rahmen einer ausgewogenen Ernährung Rücksicht genommen werden.

*Fit auch im Alter*

### Die Ernährung älterer Menschen

Die Lebenserwartung im Alter ist in den letzten Jahren gestiegen. Senioren sind heutzutage oft bis ins hohe Alter geistig und körperlich aktiv. Die wichtigste Vorraussetzung dafür ist Gesundheit. Im Alter finden viele Veränderungen im Organismus statt, die bei einer richtigen Ernährung berücksichtigt werden müssen.

**Wichtige Konsequenzen für den Ernährungsplan**

- Die erforderliche Nahrungsmenge sollte auf mehrere Mahlzeiten verteilt werden.
- Der Energiebedarf ist gesenkt, da der Grundumsatz mit zunehmendem Alter ebenso gesenkt ist. Das Stoffwechselgeschehen verlangsamt sich, die körperliche Betätigung verringert sich ebenso.
- Altern heißt, Körperzellen werden abgebaut. Deshalb ist die Zufuhr von Eiweiß erhöht, biologisch hochwertiges Eiweiß kann den Zellabbau verzögern. Durch die Bevorzugung pflanzlicher Eiweißträger kann die Zufuhr von Fett, Cholesterin und Purinen reduziert werden.
- Die Vitamin- und Mineralstoffzufuhr muss reichlich gesichert sein. Besonders die Calciumbedarfsdeckung muss beachtet werden, um einer Knochenbrüchigkeit vorzubeugen. Der Vitamin C-Bedarf ist ebenso erhöht, um Krankheiten abwehren zu können. Zu viel Kochsalz ist zu meiden (Bluthochdruck).
- Fette mit essentiellen Fettsäuren wirken der Arterienverkalkung entgegen. Beim Fettverzehr die versteckten Fette beachten.
- Das Durstgefühl lässt im Alter häufig nach, es muss daher auf eine ausreichende Flüssigkeitszufuhr geachtet werden.
- Seniorenkost muss ballaststoffreich sein, da gerade ältere Menschen an Darmträgheit und dadurch bedingter Verstopfung leiden.
- Alte Menschen haben meist Schwierigkeiten beim Kauen, deshalb sollten die Speisen zerkleinert angerichtet werden. Häufig tritt auch eine Appetitminderung aufgrund von Einsamkeit auf, so dass es günstiger ist, alte Menschen während der Essenszeiten zu betreuen.

---

**1** Stillen oder Flaschennahrung. Zeigen Sie Vor- und Nachteile auf.

**2** Formulieren Sie Ernährungsregeln für schwangere und stillende Frauen und begründen Sie diese.

**3** Geben Sie wichtige Ernährungstipps für Erwachsene. Vergleichen Sie diese mit den Regeln für Kinder und Jugendliche.

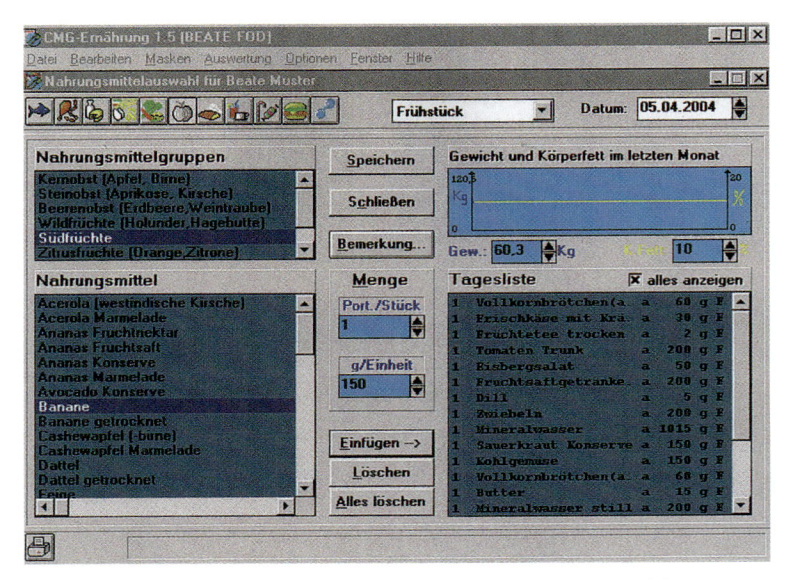

*Das Ernährungsprogramm hilft bei der Nahrungsmittelauswahl*

## Situationsgerechte Ernährungspläne erstellen

Ernährungsprogramme können die Ernährungsplanung erleichtern und eine bewusste Ernährungs- und Lebensweise unterstützen.
Sie bieten am PC übersichtliche und vielfältige Möglichkeiten der Information über das Ernährungslexikon, zu Inhaltsstoffen und Nährwerten zahlreicher Lebensmittel, ermöglichen das Speichern von Personendaten, berechnen den Sollbedarf nach den Regeln der DGE und analysieren im Vergleich den Ist-Bedarf anhand der gespeicherten Personendaten.
Jedes Programm enthält in der Menüleiste die „Hilfe" für wichtige Hinweise zum Umgang mit der Software.

## Berechnen des Soll- und Ist-Bedarfs

• *Personendaten eingeben*
Zunächst müssen die persönlichen Daten, insbesondere das Geburtsdatum, in die Maske am PC eingegeben werden.

• *Gewichtsanalyse durchführen*
Hier sind die Angaben über Gewicht, Körpergröße, Geschlecht und Art der körperlichen Arbeit einzugeben oder anzuklicken. Aus diesen Eingaben errechnet das Ernährungsprogram das Gewicht nach dem Body-Mass-Index (BMI). Für die exakte Errechnung des Tagesenergiebedarfs sind auch sportliche Aktivitäten anzugeben. Die Daten werden für weitere Berechnungen gespeichert.

• *Individuellen Tagesbedarf ermitteln*
Als Nächstes wird der inviduelle Tagesbedarf anhand der Personendaten errechnet und in einer Übersicht dargestellt.

## Mahlzeiten zusammenstellen

Die Zusammenstellung von Mahlzeiten oder Tagesspeiseplänen ist durch Anklicken von Nahrungsmittelgruppen und Nahrungsmitteln sowie der entsprechenden Mengen einfach durchzuführen. Eingaben können wieder gelöscht oder verändert werden und sollten gespeichert werden.

## Soll- und Ist-Bedarf vergleichen

Jetzt kann die einzelne Mahlzeit oder der Tagesplan über das Menü „Auswertung" analysiert werden. Der Sollbedarf nach DGE wird mit der tatsächlichen Nährstoffzufuhr verglichen und grafisch dargestellt.
Für die folgenden Mahlzeiten lassen sich daraus Schlüsse ziehen zur Auswahl der geeigneten Lebensmittel.

## Verschiedene Ernährungsformen

Vollwertige Ernährung

Vegetarische Ernährung

Vollwert-Ernährung

Leichte Vollkost

Reduktionskost

Diäten für Stoffwechselerkrankungen

*Auf die Auswahl kommt es an*

## Die vollwertige Ernährung

Die Deutsche Gesellschaft für Ernährung (DGE) empfiehlt die vollwertige Ernährung als am besten geeignete Form zur Erhaltung von Gesundheit und Leistungsfähigkeit.

> Vollwertig heißt: bedarfsdeckend, d.h. der Nährstoffbedarf wird durch eine Mischkost aus pflanzlichen und tierischen Produkten gedeckt.

Vollwertige Kost hilft bei der Bildung von Abwehrkräften und schützt vor Mangelerscheinungen und Zivilisationskrankheiten.
Wir benutzen die Empfehlungen zur vollwertigen Ernährung als Maßstab für alle anderen Kostformen: leichte Vollkost, Vollwertkost, Reduktionskost bei Übergewicht, vegetarische Kost.

### Die zehn Regeln der DGE für vollwertige Ernährung

*1. Vielseitig essen – auf die Menge, Auswahl und Kombination kommt es an.*

Der Ernährungskreis (siehe Seite 85) teilt unser vielfältiges Lebensmittelangebot in sieben Gruppen ein. Wer täglich aus allen sieben isst, erhält alle lebensnotwendigen Nährstoffe. Dabei gilt: großes Feld – große Menge, kleines Feld – kleine Menge.

*2. Getreideprodukte mehrmals am Tag, reichlich Kartoffeln*
Getreideprodukte, wie z.B. Reis, Brot, Müsli, Haferflocken, Nudeln und Kartoffeln, enthalten reichlich Stärke als ideale Energiequelle. Zudem liefern sie wertvolles pflanzliches Eiweiß, reichlich Vitamine, Mineralstoffe, sekundäre Pflanzenstoffe, Ballaststoffe und nur wenig Fett. Getreideprodukte aus Vollkorn sind am besten.

*3. Gemüse und Obst – nimm fünf am Tag*
Nach dieser Devise wird der Organismus reichlich mit Vitaminen, Mineralstoffen, Ballaststoffen und sekundären Pflanzenstoffen versorgt. Gemüse und Obst sind kalorienarm, da sie vorwiegend aus Wasser bestehen. Dank der Ballaststoffe sättigen sie gut (siehe Seite 100 ff.).

| Lebensmittel | Verzehrempfehlungen für Erwachsene |
|---|---|
| 1. Getreide, Getreideprodukte und Kartoffeln | Täglich fünf bis sieben Scheiben Brot (ca. 250–350 g, einen Teil auch als Getreideflocken), davon zwei Scheiben Vollkornbrot. Eine Portion Reis oder Nudeln (roh ca. 75–90 g, gekocht 220–270 g) oder eine Portion Kartoffeln (ca. 250–300 g = vier bis fünf mittelgroße Kartoffeln). |
| 2. Gemüse und Hülsenfrüchte | Täglich ca. 400 g Gemüse (gegart, roh und als Blattsalat) |
| 3. Obst | Täglich zwei Portionen frisches Obst (250–300 g) |
| 4. Milch und Milchprodukte | Täglich 1/4 l fettarme Milch und drei Scheiben Käse (à 30 g) |
| 5. Fisch, Fleisch und Eier | Wöchentlich eine Portion Seefisch, pro Woche insgesamt etwa 300–600 g Fleisch und Wurst, wöchentlich bis zu drei Eiern |
| 6. Fette und Öle (Butter, Pflanzenmargarine oder -öle) | Täglich höchstens 40 g Streich- und Kochfett, z. B. zwei Esslöffel Butter oder Margarine und zwei Esslöffel hochwertiges Pflanzenöl |
| 7. Getränke | Täglich 1,5 l Flüssigkeit (z. B. Mineralwasser, ungesüßte Kräuter- und Früchtetees, Gemüsesäfte, verdünnte Obstsäfte, in Maßen Kaffee und schwarzer Tee) |

Die Auswahl der Lebensmittel könnte beispielsweise so aussehen

*4. Täglich Milch- und Milchprodukte, einmal in der Woche Fisch, Fleisch, Wurstwaren sowie Eier in Maßen*
Die Lebensmittel dieser Gruppe enthalten wertvolle Nährstoffe: hochwertiges Eiweiß, Calcium in Milch und Milchprodukten, Omega-3-Fettsäuren und Jod im Fisch, Eisen und $B_1$, $B_6$ und $B_{12}$ im Fleisch.

*5. Wenig Fett und fettreiche Lebensmittel*
Fette sind als Energiespender, Bausubstanz für Körperzellen, Träger der fettlöslichen Vitamine A, D, E, K und essentiellen Fettsäuren notwendig. Empfehlenswert sind hochwertige Pflanzenöle.

*6. Zucker und Salz in Maßen*
Süße Leckereien und salzige Knabbereien sollten bewusst in kleinen Mengen verzehrt werden. Schokolade und Kuchen sind nicht nur süß, sondern wie Chips und andere Snacks oft sehr fetthaltig. Speisen sollte man sparsam salzen. Frische Kräuter sind besser, um Speisen zu würzen.

*7. Reichlich Flüssigkeit*
Wasser ist lebensnotwendig. Täglich braucht der Körper 2,5–3 l Flüssigkeit, davon sollten 1,5 l über Getränke aufgenommen werden.

*8. Schmackhaft und nährstoffschonend zubereiten*
Speisen sollten möglichst kurz, mit wenig Wasser und Fett gegart werden. Mineralstoffe gehen durch Wasser verloren, Vitamine werden zerstört, wenn wir Gemüse stark zerkleinert waschen, wässern oder lange kochen.

*9. Nehmen Sie sich Zeit, genießen Sie Ihr Essen*
Essen soll auch entspannen und am besten alle Sinne ansprechen – auch wenn der Alltag noch so hektisch ist, sollte man wenigstens eine Mahlzeit am Tag in Ruhe genießen.

*10. Achten Sie auf Ihr Gewicht, bleiben Sie in Bewegung*
Sowohl starkes Über- als auch Untergewicht sind ungesund. Mit dem Body-Mass-Index kann man das Gewicht kontrollieren (siehe Seite 189). Bewegung und Sport halten den Körper fit.

**1** Erstellen Sie Ihren Tageskostplan für einen beliebigen Wochentag. Überprüfen Sie diesen hinsichtlich der Verzehrempfehlungen der DGE.

**2** „30 Minuten Bewegung am Tag". Machen Sie hierfür Vorschläge.

## 2 Vollwertige Ernährung

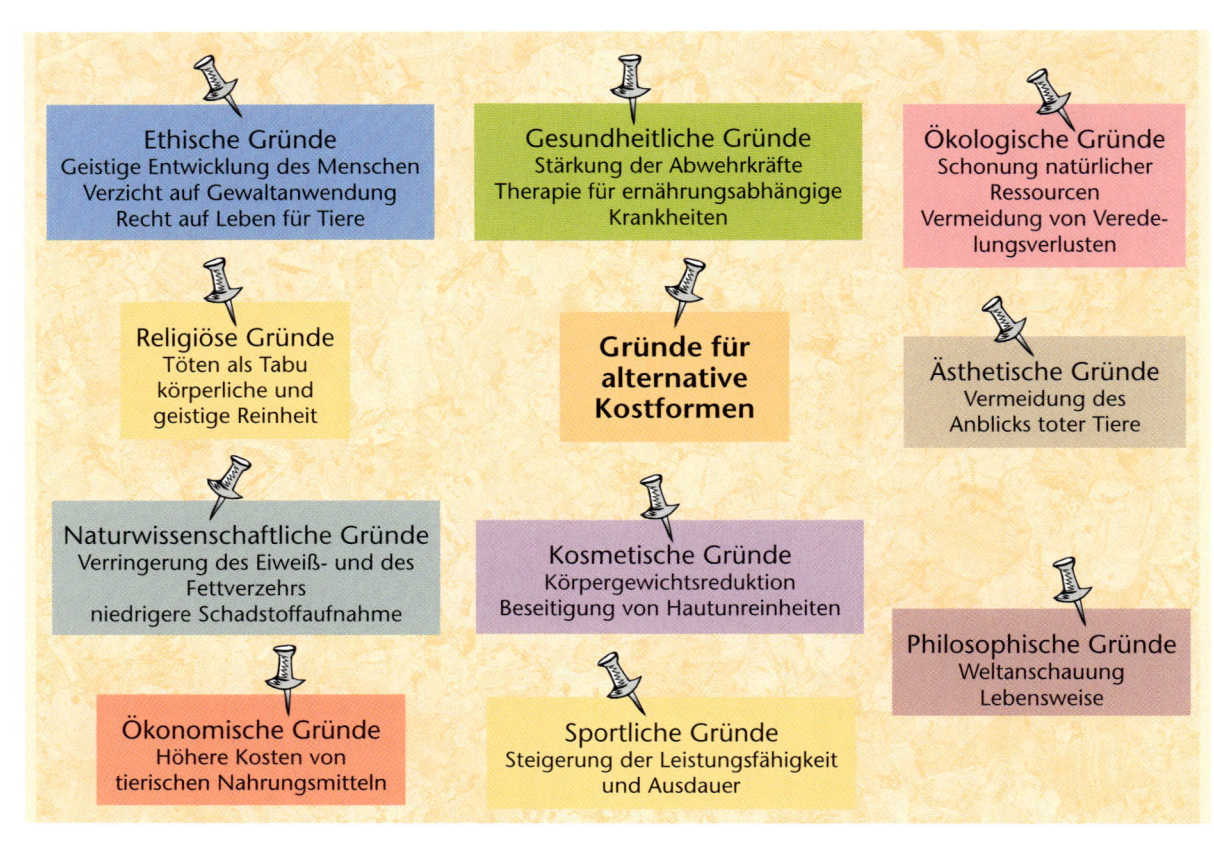

**Ethische Gründe**
Geistige Entwicklung des Menschen
Verzicht auf Gewaltanwendung
Recht auf Leben für Tiere

**Gesundheitliche Gründe**
Stärkung der Abwehrkräfte
Therapie für ernährungsabhängige Krankheiten

**Ökologische Gründe**
Schonung natürlicher Ressourcen
Vermeidung von Veredelungsverlusten

**Religiöse Gründe**
Töten als Tabu
körperliche und geistige Reinheit

**Gründe für alternative Kostformen**

**Ästhetische Gründe**
Vermeidung des Anblicks toter Tiere

**Naturwissenschaftliche Gründe**
Verringerung des Eiweiß- und des Fettverzehrs
niedrigere Schadstoffaufnahme

**Kosmetische Gründe**
Körpergewichtsreduktion
Beseitigung von Hautunreinheiten

**Philosophische Gründe**
Weltanschauung
Lebensweise

**Ökonomische Gründe**
Höhere Kosten von tierischen Nahrungsmitteln

**Sportliche Gründe**
Steigerung der Leistungsfähigkeit und Ausdauer

*Mögliche Gründe für alternative Kostformen*

### Vegetarische Ernährung

Die Definition für Vegetarismus nach den Leitsätzen der internationalen Vegetarischen Union lautet:

> Vegetarier ist jeder, der keine Nahrungsmittel zu sich nimmt, die von getöteten Tieren stammen. Das schließt Fische, Weich- und Schalentiere sowie tierische Fette wie Speck, Rinder- und Schweinefett mit ein.

Obwohl für den überwiegenden Teil der Weltbevölkerung pflanzliche Lebensmittel die Grundlage der Ernährung darstellen, wird der Begriff Vegetarismus nur selten mit der Ernährungssituation in den Entwicklungsländern in Verbindung gebracht.
Das liegt möglicherweise daran, dass die Erzeugung tierischer Lebensmittel in diesen Ländern deutlich geringer und die Preise höher als in den Industrieländern sind. In den Industrieländern spielen ökonomische Gründe als Motiv für eine vegetarische Ernährung nur eine untergeordnete Rolle. Weltanschauliche Überlegungen dagegen werden sehr oft als Grund für den Verzicht auf tierische Lebensmittel genannt.

> Vegetarismus ist mehr als eine Kostform und selten von Weltanschauung und Lebensstil zu trennen.

### Geschichtliches

„So lange der Mensch Tiere schlachtet, werden die Menschen auch einander töten. Wer Mord und Schmerz sät, kann nicht erwarten, Liebe und Freude zu ernten", sagte der griechische Philosoph Pythagoras und handelte danach: Er lebte nur von pflanzlichen Lebensmitteln.
„Vegetus" ein Begriff aus dem Lateinischen, bedeutet rüstig, munter, lebenskräftig.
Der neuere Vegetarismus hat seinen Ursprung in der Reformbewegung, die in der Mitte des letzten

## Getreideverschwendung durch Fleischproduktion

| 1 kg Weizen | 3 kg Weizen | 4 kg Weizen | 9 kg Weizen |
|---|---|---|---|
| ⇩ | ⇩ | ⇩ | ⇩ |
| 1 kg Brot | 1 kg Hühnerfleisch | 1 kg Schweinefleisch | 1 kg Rinderfleisch |

Beispiel: 3 kg Weizen müssen verfüttert werden um 1 kg Hühnerfleisch zu erhalten.

### Vegetarische Kostformen

**Ovo-lakto-vegetabil**

Ovo-Lakto-Vegetarier essen neben pflanzlichen Lebensmitteln Produkte von lebenden Tieren wie: Milch, Milcherzeugnisse, Eier, Honig.

**Lakto-vegetabil**

Lakto-Vegetarier essen neben pflanzlichen Lebensmitteln Milch und Milchprodukte.

**Vegan**

Veganer lehnen den Genuss sämtlicher von Tieren stammenden Lebensmittel ab, sogar Honig; essen nur pflanzliche Lebensmittel.

*Formen des Vegetarismus (Ovo = Ei, Lakto = Milch)*

Jahrhunderts eine Alternative zu den inhumanen Lebensbedingungen durch die wachsende Industrialisierung schaffen wollte. So versuchte man dem psychisch und physisch von der technisch-industriellen Entwicklung überforderten Menschen zu einer gesunden Lebensweise zu verhelfen.

### Vegetarismus heute

Heute stehen gesundheitliche und ökologische Motive im Vordergrund.
Menschen, die eine ernährungsabhängige Krankheit hinter sich haben, überlegen, wie sie ihre Ernährung ändern könnten.
Der ökologisch bewusst lebende Bürger unterstützt die biologische Landwirtschaft, um die Umwelt vor Belastungen durch Schadstoffe zu schützen.
Das heißt für die Ernährung:
- Lebensmittel aus ökologischem Landbau bevorzugen.
- Lebensmittel verzehren, die möglichst direkt vom Erzeuger zum Verbraucher kommen.

Auf Fleisch wird häufig deshalb verzichtet, weil der hohe Fleischkonsum im Zusammenhang mit dem Welthungerproblem gesehen wird. Für die Fleischerzeugung wird ein hoher Bedarf an pflanzlichen Futtermitteln benötigt (siehe Tabelle oben).

Weitere Überlegungen beinhalten auch eine Kritik an der Welthandels- und Welternährungspolitik, die unter erheblichem Energieeinsatz Lebensmittel um die halbe Welt transportieren lässt.

### Vegetarische Kostformen

Wie Sie im Bild oben sehen, unterscheidet man mehrere Formen vegetarischer Ernährung:
- Ovo-Lakto-Vegetarier,
- Lakto-Vegetarier

und die ganz streng vegetarische Kost der
- Veganer.
- „Puddingvegetarier" lassen in ihrer Ernährung Fleisch weg, kümmern sich aber sonst wenig um Ernährungsphysiologie.

*Gebackene Auberginen mit Tomatensoße*

*Warme Gemüsequiche*

## Sich vegetarisch gesund ernähren

Nur Fleisch aus der Ernährung wegzulassen, bedeutet keine ernährungsphysiologisch wertvolle Ernährung.

> Bei der vegetarischen Ernährung spielt die Frage nach der Eiweißversorgung eine wichtige Rolle.

Während die ovo-lakto-vegane und die lakto-vegane Kost keinen Eiweißmangel erwarten lassen, ist durch die strenge vegane Kost mit Eiweißunterversorgung zu rechnen.
Lakto-Vegetarier müssen wissen, dass durch geschickte Kombination von Milch mit eiweißhaltigen, pflanzlichen Lebensmitteln die Eiweißwertigkeit deutlich erhöht werden kann.
Bei strenger veganer Kost empfehlen Ernährungswissenschaftler den reichlichen Genuss von Getreide, Nüssen, Kartoffeln, Weizenkeimen und Hefeflocken. Getreideeiweiß soll möglichst durch Eiweiß aus Hülsenfrüchten ergänzt werden, um die Vollwertigkeit zu erhöhen. Gegen die Gefahr einer Unterversorgung mit dem Vitamin $B_{12}$, das für die Blutbildung notwendig ist, empfehlen Veganisten viel Rohkost aufzunehmen.

> Ohne ausreichendes Ernährungswissen sollte die lakto-vegane Kost und die vegane Kost nicht praktiziert werden.

Eine ausreichende Jod-Versorgung ist für die Funktion der Schilddrüse unerlässlich. Bei Verzicht auf Fisch können Vegetarier ihren Jod-Bedarf nur decken, wenn sie Jodsalz oder andere Jodpräparate verwenden.
Ohne Milch und Milchprodukte – unsere Hauptlieferanten für Calcium – ist es schwer, die empfohlene Menge in Höhe von 900–1200 mg pro Tag für Erwachsene und 1300 mg pro Tag für Stillende und Jugendliche aufzunehmen.
Eisen zählt häufig zu den Nährstoffen, bei denen die Zufuhrmenge den Empfehlungen nicht entspricht.
Der Verzehr von Vitamin-C-haltigen Lebensmitteln verbessert die Eisenaufnahme aus Pflanzen. Deshalb sollten in jeder Hauptmahlzeit Vitamin-C-reiche Lebensmittel enthalten sein, z. B. Kartoffeln, Blumenkohl, Paprika sowie Äpfel, Erdbeeren, Johannisbeeren. Vollkornprodukte, Hülsenfrüchte, Nüsse, Kräuter, Sojabohnen, Sesam, Mungobohnen enthalten pflanzliches Eisen.

| TAGESKOSTPLAN für eine lakto-vegetarische Ernährung | |
|---|---|
| Frühstück | Frischkornbrei (aus 3 Esslöffeln frisch gemahlenem Getreide mit einem geriebenen Apfel oder anderem Obst der Saison, 1 Jogurt natur und 2 Walnüssen), Früchtetee |
| Pause | 1 Karotte, 1 Vollkornbrot mit Butter und Käse, Kräutertee |
| Mittagessen | Frischkostsalat, Kartoffelgericht mit gedünsteten Bohnen, Quarkcreme mit frischem Obst, Mineralwasser |
| Zwischendurch | Nüsse, Früchte der Saison, Getreidekaffee |
| Abendessen | Rettichsalat mit Radieschen, Vollkornbrot mit Butter und Käse, Obst, Mineralwasser |

| TAGESKOSTPLAN für eine ovo-lakto-vegetarische Ernährung | |
|---|---|
| Frühstück | Vollkornbrot mit Frischkäseaufstrich, gekochtem Ei und Kräutern, Früchtetee |
| Mittagessen | 2 Karotten, 1 Stück Gurke, 1 Stück Paprika<br>Vollkornbrot mit Butter und Käse, Frucht der Saison, Mineralwasser |
| Zwischendurch | Mandeln, Frucht der Saison, 1 Jogurt natur<br>Kräutertee |
| Abendessen | Salatteller (Frischkostsalate mit Oliven), Grünkernbratlinge mit Ei und Bohnensalat<br>Quarkcreme mit frischem Obstsalat und Walnüssen<br>Mineralwasser |

## Bewertung der vegetarischen Ernährung

Vegetarische Kost enthält mehr Ballaststoffe und andere Kohlenhydrate als die übliche gemischte Kost.
Gleichzeitig enthält sie weniger tierische Fette, Cholesterin und Purine.
Vegetarier haben im Vergleich zu der übrigen Bevölkerung ein geringeres Körpergewicht, niedrigere Blutfettwerte und niedrigeren Blutdruck.
Diese Ergebnisse sind günstig zu bewerten, da Übergewicht, Bluthochdruck und Fettstoffwechselstörungen als Risikofaktoren für viele Herz- und Kreislauferkrankungen gelten.
Vegetarier erkranken seltener als der Bevölkerungsdurchschnitt an Lungenkrebs und Krebs des Magen- und Darmtraktes.
Vegetarier, die neben pflanzlichen Lebensmitteln auch Milch, Milchprodukte und Eier verzehren, ernähren sich vollwertig.

Durch den Verzicht auf Fleisch, Milch und Milchprodukte sowie Eier kann die vegane Ernährungsform zu einem Mangel an Eiweiß, Vitamin $B_{12}$, Jod, Calcium und Eisen führen.

> Die vegane Kost ist für Schwangere, Stillende, Säuglinge und Kleinkinder nicht empfehlenswert.

**1** Erstellen Sie einen Tageskostplan für einen Veganer und beurteilen Sie ihn kritisch.

**2** Führen Sie eine Fragebogenaktion an Ihrer Schule durch: Wie viele Schüler ernähren sich vegetarisch, wer möchte noch Unterstützung für sein Ernährungswissen.

**3** Schreiben Sie einen Text für die Schülerzeitung: „Was man als Vegetarier wissen sollte".

**4** Suche leckere Rezepte für ein ovo-lakto-vegetarisches Geburtstagsbüffet.

## 2 Vollwertige Ernährung

*Einzelner Mensch — Gesundheitsverträglichkeit*
*Umwelt — Umweltverträglichkeit*
*Gesellschaft — Sozialverträglichkeit*
*Vollwert-Ernährung*

> Vollwert-Ernährung ist eine Ernährungsweise, in der ernährungsphysiologisch wertvolle Lebensmittel schmackhaft und abwechslungsreich zubereitet werden. Sie besteht vornehmlich aus pflanzlichen Lebensmitteln – Vollgetreide, Gemüse und Obst, möglichst aus kontrolliertem Anbau – sowie Milch und Milchprodukten. Etwa die Hälfte der Lebensmittel wird als Frischkost verzehrt; Fleisch, Fisch und Eier spielen eine untergeordnete Rolle.

*Wissenschaftliche Definition der Vollwert-Ernährung nach Prof. Dr. C. Leitzmann*

### Vollwert-Ernährung

Der Arzt und Ernährungswissenschaftler Werner Kollath schuf mit dem Leitsatz „Lasst unsere Nahrung so natürlich wie möglich" die Basis für die heutige Vollwert-Ernährung. Zusätzlich zur Gesundheitsverträglichkeit der Ernährung werden bei dieser Kostform auch Umweltverträglichkeit und Sozialverträglichkeit berücksichtigt. Mit Vollwert-Ernährung sollen hohe Lebensqualität und Gesundheit, Schonung der Umwelt und soziale Gerechtigkeit weltweit gefördert werden.

> Vollwert-Ernährung ist eine überwiegend lakto-vegetabile Ernährungsweise, bei der gering verarbeitete Lebensmittel bevorzugt werden.

### Grundsätze der Vollwert-Ernährung

Sie entspricht in den wesentlichen Punkten der vollwertigen Ernährung. Pflanzliche Lebensmittel sollten bevorzugt werden, da sie gesundheitsfördernde Inhaltsstoffe aufweisen. Die hauptsächlich verwendeten Lebensmittel sind Vollkornprodukte, frisches Gemüse, Obst, Kartoffeln, Hülsenfrüchte sowie Milch und Milchprodukte. Daneben können auch geringe Mengen an Fleisch, Fisch und Eiern enthalten sein.

Etwa die Hälfte der Nahrungsmenge soll als unerhitzte Frischkost verzehrt werden. Mit ihr werden alle in den Lebensmitteln enthaltenen essentiellen Inhaltsstoffe in ursprünglich vorhandener Menge zugeführt, da sie nicht durch Hitzeeinwirkung oder Auslaugen durch das Kochwasser vermindert werden. Unerhitzte Frischkost intensiviert das Kauen und wirkt dadurch positiv auf Zähne und Zahnfleisch. Bevorzugt werden frische Lebensmittel, die gering verarbeitet wurden. Die Zubereitung erfolgt schonend und mit wenig Fett und Wasser.

Nahrungsmittel mit Zusatzstoffen und bestimmte Technologien, wie z. B. Gen-Technik, Food-Design und Lebensmittelbestrahlung, werden vermieden.

Erzeugnisse aus der ökologischen Landwirtschaft sollten bevorzugt werden. Die Betriebe des ökologischen Landbaus verzichten auf chemische Dünge- und Pflanzenschutzmittel, ebenso zeichnen sie sich durch artgerechte Tierhaltung aus.

Empfehlenswert ist es, Erzeugnisse aus regionaler Herkunft und der Jahreszeit entsprechend zu kaufen. Lange Transportwege, die große Mengen an Energie erfordern, Schadstoff- und Lärmbelästigung können dadurch vermindert werden.

Die in der Vollwerternährung bevorzugten Lebensmittel sollten unverpackt oder ohne aufwändige Verpackung gehandelt werden.

| Wertstufen | Lebensmittel |
|---|---|
| Sehr empfehlenswert<br>Etwa die Hälfte der Gesamttageskost | *Unerhitzte, gering verarbeitete Lebensmittel*<br>z. B. rohes Obst, Gemüse, Nüsse, kaltgepresste Öle, natürliches Mineralwasser, frische Kräuter |
| Empfehlenswert<br>Etwa die Hälfte der Gesamttageskost | *Erhitzte Lebensmittel*<br>z. B. Kartoffeln, Vollkornbrot, Hülsenfrüchte, Fisch, Fleisch, Eier, Kräuter-Früchtetees, getrocknete Kräuter |
| Weniger empfehlenswert<br>Nur selten verzehren | *Stark verarbeitete und konservierte Lebensmittel*<br>Gemüsekonserven, Weißbrot, weißer Reis, Fertigprodukte, raffinierte Öle, H-Milch, Fruchtnektar |
| Nicht empfehlenswert<br>Möglichst meiden | *Übertrieben verarbeitete Lebensmittel und Isolate*<br>Nahrungsergänzungsmittel, z. B. Vitaminpräparate, gehärtete Fette, Limonaden, Cola-Getränke, Aromastoffe, Süßwaren, Süßstoff |

*Wertstufen – Empfehlungen zur Lebensmittelauswahl*

Durch den geringeren Verzehr tierischer Lebensmittel können Veredelungsverluste gemindert werden. Die Masttiere werden meist mit pflanzlichen Lebensmitteln gefüttert, die auch für den Menschen geeignet wären. Zudem stammen große Mengen der billigen Futtermittel aus den Ländern der Dritten Welt, dadurch gehen ihnen wertvolle Anbauflächen für die eigene Versorgung mit Lebensmitteln verloren.

Die Vollwert-Ernährung bevorzugt landwirtschaftliche Erzeugnisse, die unter sozial verträglichen Bedingungen produziert, verarbeitet und vermarktet werden (fairer Handel mit Entwicklungsländern). Den Erzeugern werden faire Preise bezahlt, bessere Arbeitsbedingungen werden geschaffen.

### Bewertung der Vollwertkost

> Vollwert-Ernährung kennt keine Verbote, sondern gibt Empfehlungen.

Als Orientierungshilfe sind die Lebensmittel nach ihrem Verarbeitungsgrad in vier Wertstufen eingeteilt (siehe Tabelle oben).

Vollwertkost versorgt den Organismus mit allen essentiellen Nährstoffen, besonders der Gehalt an Vitaminen, Mineralstoffen, Ballaststoffen und sekundären Pflanzenstoffen ist erhöht. Fett wird mäßig verbraucht, leere Kohlenhydratträger werden weitgehend vermieden. Zu den leeren Kohlenhydratträgern zählen z. B. Auszugsmehl, Industriezucker u.a. Ihnen sind im Laufe der industriellen Be- und Verarbeitung wichtige Inhaltsstoffe entzogen worden. (z. B. Mineralstoffe, Ballaststoffe, Vitamine).

Vollwertkost enthält wenig tierisches Eiweiß und erfüllt somit die Anforderungen an eine gesunde Ernährung.

Vollwerternährung zielt auf die optimale Entwicklung von körperlicher und geistiger Leistungsfähigkeit. Dabei steht die Gesunderhaltung durch die Ausbildung von Abwehrkräften im Vordergrund.

**1** Zeigen Sie die wesentlichen Schwerpunkte und Ziele der Vollwertkost auf. Bewerten Sie diese Kostform nach ernährungsphysiologischen Gesichtspunkten.

| Mögliche Ursachen | Mögliche Folgen |
|---|---|
| • Falsche Essgewohnheiten (zu süß, zu fett, zu große Portionen)<br>• Mangelnde Bewegung<br>• Falsche Verteilung der Mahlzeiten<br>• Krankhafte Veranlagung, Ess-Sucht,<br>• Einnahme von Medikamenten | • Belastung der Gelenke, Wirbelsäule, Knie und Füße<br>• Stoffwechselstörungen, Diabetes, Gicht<br>• Belastung von Herz und Kreislauf<br>• Erkrankungen der Bronchien<br>• Seelische Folgen, Ablehnung des Körpers |

## Kostformen nach Fehlernährung: Reduktionskost

Es gibt unendlich viele so genannte Abmagerungsdiäten oder Schlankheitskuren, die oft sensationelle Gewichtsabnahmen versprechen, dem Körper aber mehr schaden als nützen. Radikalkuren können gefährlich sein, da sie immer einen Mangel an lebensnotwendigen Nährstoffen bedeuten. Häufig kommt es nach solchen Kuren zum Jo-Jo-Effekt: Die abgehungerten Pfunde sind schnell wieder drauf, wenn normal gegessen wird.

> Ziel der Reduktionskost ist es, das Normalgewicht zu erreichen und zu halten und dabei dem Organismus alle lebensnotwendigen Nährstoffe zu liefern.

### Richtlinien für eine sinnvolle Reduktionskost

Veränderung der Ernährungsgewohnheiten und des Essverhaltens: Die tägliche Energiezufuhr muss unter dem tatsächlichen Energiebedarf liegen; d.h. sie muss genau auf die Person und die körperliche Tätigkeit abgestimmt werden. Die Gesamtenergiezufuhr sollte um mindestens 2000 kJ pro Tag gesenkt werden.

Nahrungsmittel mit komplexen Kohlenhydraten bevorzugen, da sie ein länger anhaltendes Sättigungsgefühl bewirken: z. B. Vollkornprodukte, Gemüse, Obst, Kartoffeln. Süßigkeiten und energiereiche Getränke meiden. Die Zufuhr von Fetten einschränken: Fettarme Lebensmittel bevorzugen, versteckte Fette beachten und fettarme Garmethoden anwenden.

Der Bedarf an Mineralstoffen, Vitaminen, Ballaststoffen und sekundären Pflanzenstoffen sollte durch reichlich Frischkost gedeckt werden.

Biologisch hochwertige Eiweißlieferanten bevorzugen: fettarme Milch und Milchprodukte, magere Fleisch- und Wurstwaren, fettarmen Fisch.

Energiearme Getränke sollten den Flüssigkeitsbedarf ausreichend decken: ungesüßte Getränke, nitritarmes Mineralwasser. Alkohol ist ungeeignet, da er sehr viel Energie enthält.

Die Nahrungsaufnahme sollte man auf mehrere kleine Mahlzeiten verteilen, das beugt einem Heißhungergefühl vor. Empfehlenswert ist es auch, sich beim Essen nicht ablenken zu lassen (z. B. durch Lesen, Fernsehschauen).

Neben einer Reduktionsdiät sollte außerdem beachtet werden: Geduld und Selbstdisziplin gehören dazu. Ein individuelles Bewegungsprogramm kann das Abnehmen unterstützen.

---

**1** Stellen Sie einen Tageskostplan für eine vollwertige Reduktionskost zusammen.

**2** Beurteilen Sie unterschiedliche Schlankheitskuren (z. B. Null-Diät, Atkins-Diät usw.).

**3** Wiederholen Sie, wie man das Normalgewicht nach Broca und nach dem BMI berechnen kann.

# Normalgewicht – Übergewicht – Untergewicht?
## Verschiedene Methoden zur Bestimmung des Körpergewichts

### Gewichtstabelle für Kinder und Jugendliche

| Körpergröße in cm | Körpergewicht in kg von bis |
|---|---|
| 150 | 34–47 |
| 156 | 38–52 |
| 160 | 41–55 |
| 166 | 46–61 |
| 170 | 49–65 |
| 172 | 51–67 |
| 174 | 52–69 |
| 176 | 54–72 |
| 178 | 56–74 |
| 180 | 58–76 |
| 182 | 60–78 |
| 184 | 62–81 |
| 186 | 64–81 |

### Gewichtsberechnung für Erwachsene nach Broca

| | Beispiel: |
|---|---|
| Körpergröße in cm | 170 cm |
| –100 | –100 cm |
| = Normalgewicht | = 70 kg |
| | |
| Normalgewicht | 70 kg |
| –10 bis 15% | –10 kg |
| = Idealgewicht | = 60 kg |
| | |
| Normalgewicht | 70 kg |
| +10% und mehr | + 10 kg |
| = Übergewicht | = 80 kg |

## Gewichtsbestimmung nach dem Körpermassenindex = Body-Mass-Index (BMI)

$$BMI = \frac{\text{Körpergewicht in Kilogramm}}{(\text{Körpergröße in Metern})^2}$$

Beispiel: $\frac{60 \text{ kg}}{1{,}65 \text{ m} \times 1{,}65 \text{ m}} = 22{,}05$

| BMI | Bewertung |
|---|---|
| bis 17,5 und weniger | Anorexia nervosa |
| unter 18,5 | Untergewicht |
| 18,5 bis 24,9 | Normalgewicht |
| ab 25 | Übergewicht allgemein |
| 25 bis 29,9 | leichtes bis mittleres Übergewicht (Präadipositas) |
| 30 bis 34,9 | schweres Übergewicht (Adipositas Grad I) |
| 35 bis 39,9 | massiv gefährdendes Übergewicht (Adipositas Grad II) |
| ab 40 | Adipositas Grad III |

*Klassifikation von Über-, Unter- und Normalgewicht nach WHO (World Health Organisation)*

**Körpermassenindex** (ab 15 Jahren)

## DIE SEELE LEIDET, DER KÖRPER TRÄGT DIE FOLGEN
Starkes Unter- oder Übergewicht geht am Körper nicht spurlos vorüber.

### Magersucht und Bulimie

Haare können ausfallen, die Haut wird trocken und färbt sich gelblich.

Karies entsteht.

Blutdruck und Puls fallen. Die Körpertemperatur sinkt, der Mineralstoffwechsel gerät aus den Fugen.

Neben akutem Herzstillstand und hoher Infektanfälligkeit ist Nierenversagen der Grund für die hohe Todesrate.

Zyklusstörungen sind häufig, die Monatsblutung bleibt aus.

Osteoporose entsteht infolge des Calcium- und Östrogenmangels.

Ödeme an Knöchel und Unterschenkel sind nicht selten.

### Ess-Sucht

Das Narkoserisiko ist erhöht, denn der Fettgehalt erschwert die Einschätzung der Wirkung.

Einen Schlaganfall oder eine koronare Herzkrankheit erleiden Adipöse häufiger als Normalgewichtige.

An Bluthochdruck leiden Übergewichtige und Fettleibige stark.

An Diabetes erkranken stark Übergewichtige etwa achtmal häufiger als Normalgewichtige. Generell stehen Fettstoffwechselstörungen auf der Tagesordnung.

Bandscheibenschäden und Probleme mit den Kniegelenken sind keine Seltenheit.

Die Füße verformen sich infolge der Überbelastung zum Beispiel zum Spreizfuß.

## Ess-Störungen – ein Phänomen unserer Zeit?

Das Schlankheitsideal diktiert zumindest in den westlichen Industrienationen die Essgewohnheiten in erheblichem Maße. Als Vorbilder dienen Models, die schlank, um nicht zu sagen mager sind. Zu Werbezwecken werden in Modemagazinen und Journalen Frauen präsentiert, deren Gewicht sicherlich im untersten Normalbereich liegt.

> Eine Superfigur bedeutet nicht automatisch Selbstsicherheit, Zufriedenheit und Lebensglück. Es gehört mehr dazu!

Heute sind die Lebensumstände für eine geregelte Nahrungsaufnahme schwieriger geworden. Der früher übliche Zeitplan Frühstück – Mittagessen – Abendessen ist durcheinander geraten. Auch für den kleinen Snack zwischendurch ist immer gesorgt. Allerdings geht bei dieser Art von Ernährung die Kontrolle leicht verloren.

Dem Wunsch nach einer Traumfigur eifern viele nach. Wenn dieser Druck groß genug wird und wiederholte Abmagerungskuren und Diäten nicht den gewünschten Erfolg gebracht haben, werden zusätzliche Methoden zur Gewichtsregulierung eingesetzt wie Null-Diät, Abführmittel, entwässernde Medikamente, willentliches Erbrechen nach einer Diätsünde oder auch exzessive sportliche Aktivitäten.

Essgestörtes Verhalten ist, für sich genommen, keine Krankheit. Nicht jedes Mädchen, das seine Nahrung kontrolliert und schon ein Paar Pfunde abgenommen hat, ist magersüchtig und nicht jeder Jugendliche, der sich gelegentlich über die Maßen voll stopft, leidet an einer Bulimie.

Aber für einige bedeutet ein derartiges Verhalten den Beginn einer schwerwiegenden Ess-Störung. Ess-Störungen sind schwer zu verstehen. Es gibt keinen Krankheitserreger wie bei einer Lungenentzündung. Eine einzelne Ursache ist bis heute nicht bekannt, und doch sind Ess-Störungen Krankheiten mit gleichförmigen Symptomen, egal wo und wann auf der Welt sie auftreten.

Im medizinischen Sinn sind **Ess-Störungen** seelische Krankheiten. Man unterscheidet im Wesentlichen drei Formen:

| 1. Magersucht (Anorexia nervosa) | 2. Bulimie (Bulimia nervosa) | 3. Ess-Sucht (Binge-Eating-Disorder) |
|---|---|---|
| A) Niedriges Körpergewicht (weniger als 85% des zu erwartenden Gewichts) <br> B) Große Angst vor Gewichtszunahme <br> C) Körperschemastörungen Übertriebener Einfluss des Gewichts auf die Selbstbewertung <br> D) Amenorrhö, d. h. Ausbleiben der Monatsblutung | A) Heißhungerattacken <br> B) Kompensatorische Maßnahmen zur Vermeidung einer Gewichtszunahme <br> C) Frequenz der Heißhungerattacken und der kompensatorischen Maßnahmen mindestens zweimal pro Woche über drei Monate <br> D) Ausgeprägte Abhängigkeit des Selbstwertgefühls von Körpergewicht und Figur <br> E) Störung tritt nicht ausschließlich bei einer Episode von Anorexia nervosa auf | A) Wiederholte Episoden von Heißhungerattacken <br> B) Die Heißhungerattacken treten gemeinsam mit mindestens drei der folgenden Symptome auf: <br> – Wesentlich schneller essen als normal <br> – Essen bis zu einem unangenehmen Völlegefühl <br> – Essen großer Nahrungsmengen ohne Hunger <br> – Ekelgefühle, Deprimiertheit oder Schuldgefühle bezüglich des Essens <br> C) Es besteht deutliches Leiden bezüglich der Heißhungerattacken. <br> D) Die Heißhungerattacken treten an mindestens zwei Tagen in der Woche für sechs Monate auf. |

## Geschichte

Der aufkommende Wohlstand in den 50er Jahren des letzten Jahrhunderts wird, zusammen mit dem Schönheitsideal Schlankheit, immer wieder als Ursache von Ess-Störungen genannt. Damit werden diese Krankheiten als Modeerscheinungen, als Schlankheitsfimmel bewertet. Aber Ess-Störungen gibt es schon sehr viel länger.

Geschichtlich belegt ist:

Der Engländer Richard Morton zeichnete 1691 die Krankengeschichte eines 17-jährigen Mädchens auf, das an Magersucht starb.

1845 schrieb Heinrich Hoffmann die Geschichte des „Suppenkaspar" in Frankfurt, die von einem magersüchtigen Jungen erzählt.

In London und Paris veröffentlichten 1873 der Internist Sir William Gull und der Neurologe Ernest-Charles Lasègue erste wissenschaftliche Beschreibungen der Magersucht.

1979 wurde die Bulimie als eigene Krankheit abgegrenzt.

> Möglicherweise hat es immer Zeiten gegeben, in denen soziokulturelle Bedingungen das Auftreten der Anorexie begünstigten.

## Diagnose: Ess-Störung

Ess-Störungen sind psychische Krankheiten. Man unterscheidet drei Formen:
- die Magersucht (Anorexia nervosa),
- die Ess-Brech-Sucht (Bulimie),
- die Ess-Sucht (Binge-Eating-Störung),

Von Ess-Störungen betroffen sind in erster Linie Mädchen und junge Frauen zwischen 12 und 25 Jahren; sehr selten (etwa im Verhältnis 1:20) erkranken Jungen.

Die einzelnen Diagnosekriterien für die drei wichtigsten Ess-Störungen können Sie in der oben stehenden Tabelle in etwas vereinfachter und verkürzter Form ersehen.

Sowohl magersüchtiges als auch bulimisches Verhalten können den Organismus schwer schädigen. Es sind im Wesentlichen drei Faktoren, die gefährlich werden können:
- Zu wenig und mangelhaft zusammengesetzte Nahrung.
- Häufiges Erbrechen führt zu Verlusten von Wasser und Mineralstoffen und zu Schäden durch die Magensäure.
- Der Missbrauch von Abführmitteln, entwässernden Medikamenten oder exzessiver Bewegung bleibt nicht ohne Folgen.

## URSACHEN

| Soziokulturelle Faktoren | Biologische Faktoren | Familiäre Faktoren | Individuelle Faktoren |
|---|---|---|---|
| • In westlichen Industrienationen: Schlank sein, um beruflich und gesellschaftlich erfolgreich zu sein.<br>• Die Werbung präsentiert Idealfiguren, deren Gewicht im untersten Normalbereich liegt.<br>• So entsteht ein Klima, in dem dick mit böse und dünn mit gut gleichgesetzt wird. | • Genetische Disposition<br>• Störung der neurochemischen Regulation der Nahrungsaufnahme | • Äußerlich intakte Familie mit großem Harmoniebedürfnis, aber kaum gezeigter Emotionalität unter den Mitgliedern.<br>• Gefühl der Zusammengehörigkeit und Bedürfnis, sich nach außen abzugrenzen, wird stark gelebt.<br>• Bezieht man in die Familie die Generation der Großeltern mit ein, so sind Ess-Störungen, Depressionen und andere psychische Störungen oder Alkoholmissbrauch nicht selten anzutreffen. | • Ehrgeiz<br>• Leistungsorientiertheit<br>• Perfektionsdrang<br>• Hohe Selbstunsicherheit<br>• Ausgeprägtes Streben nach Anerkennung, Zuwendung und Liebe<br>• Jugendliche sind überangepasst, lassen andere über sich bestimmen<br>• Belastend: schwerwiegende Erlebnisse in der Kindheit, auch sexuelle Verletzungen |

*Die Entstehung von Ess-Störungen ist komplex*

### Magersucht

Magersüchtige hungern weiter, wenn sie das ursprüngliche Ziel „ein paar Pfunde leichter zu werden" längst erreicht haben. Sie verlieren die Wahrnehmung von sich selbst (Körperschemastörung). Sie fühlen sich zu dick, obwohl die Knochen überall zu spüren sind und das Sitzen weh tut.

Das „Hungernkönnen" wird für sie zur Leistung und sie fühlen sich schlecht und wertlos, wenn sie täglich nicht wenigstens etwas abgenommen haben. Immer weiter abzunehmen wird zum Zwang.

> Magersüchtige verlieren allmählich jedes Gefühl für Nahrung.

Magersüchtige schaffen sich schließlich eine eigene Welt, die von Hungern und Leistung erfüllt ist und von der Sehnsucht, einmal „dünner zu sein als das dünnste Model". Dieser Zustand verheißt höchstes Glück, absolute Zufriedenheit und schließlich Wissen, „worauf es im Leben ankommt". Aber Magersüchtige erreichen diesen Glückszustand niemals. Ihre Krankheit treibt sie in die Einsamkeit, Freunde ziehen sich zurück, in der Familie gibt es nur noch laute Auseinandersetzungen und das früher so harmonische Familienleben ist dahin.

### Bulimie

Die Bulimie ist durch Anfälle von Heißhunger gekennzeichnet, in denen in kurzer Zeit große Mengen an Nahrung verschlungen werden. Den Heißhungerattacken folgt der Zwang, alles wieder zu entfernen: Durch Erbrechen, Nulldiät, ein gesteigertes Bewegungsprogramm oder durch Abführmittel.

Das alles geschieht heimlich und manchen gelingt es, ihre Krankheit vor der Familie zu verbergen.

### Ess-Sucht

Bei dieser Störung treten Heißhungerattacken auf, ohne dass gewichtsregulierende Maßnahmen praktiziert werden. Die Folge ist eine mehr oder weniger stetige Gewichtszunahme und es kommt zur Adipositas.

> Ess-Störungen sind Krankheiten, die möglichst frühzeitig erkannt und bedingt behandelt werden müssen.

### Warum treten Ess-Störungen auf?

Trotz umfangreicher Forschungsarbeiten ist es bis heute nicht gelungen, eine Ursache für Anorexia nervosa oder Bulimie herauszufinden. Vermutlich gibt es keine einzelne Ursache, wie etwa den Erreger einer Infektionskrankheit.

> Die Entstehung von Ess-Störungen ist vielschichtig.

Nach Überzeugung der Fachleute muss als Grundvoraussetzung eine so genannte genetische Disposition vorhanden sein. Die gibt es auch bei anderen Krankheiten, sie bedeutet so viel wie eine „Eignung" für deren Entwicklung.
Die Übersicht auf Seite 192 zeigt Ihnen einen Überblick der möglichen Ursachen.

### Das richtige Körpergewicht?

Das Körpergewicht ist eine biologische Größe. Sie unterliegt einer zentralen Steuerung, von der wir einige Details genau kennen, aber noch nicht den gesamten Mechanismus. Man ist heute noch nicht in der Lage das genaue individuelle, biologisch sinnvolle Gewicht eines Menschen zu bestimmen. Aber es gibt Hilfen:
- Der Body-Mass-Index (siehe Seite 189).
- Gewichtstabellen mit IBW (Ideal Body Weight) Die Tabelle einer amerikanischen Versicherungsgesellschaft zeigt auch das Gewicht unter dem Idealgewicht für die einzelnen Körpergrößen an.
- Das Set-Point-Gewicht, das ein eigenverantwortliches Umgehen mit dem eigenen Gewicht voraussetzt, das persönliche Wohlfühlgewicht.

### Hilfe für essgestörte Menschen

Ermunternde Worte, die Aufforderung, einfach wieder zu essen, die Verschreibung von Vitaminen oder der Rat, sich einen Freund zu suchen, sind nicht geeignet Ess-Störungen aus der Welt zu schaffen. Auch Bemühungen, das Problem im Familienverband zu lösen, haben keine Aussicht

> Ess-Störungen müssen von Fachleuten behandelt werden!

Für die Behandlung von Ess-Störungen gibt es verschiedene psychotherapeutische Verfahren. Die medikamentöse Behandlung der Ess-Störung hat sich gegen die Psychotherapie nicht durchgesetzt.
Oftmals sind Essgestörte erst nach einem langwierigen und komplizierten Prozess zu dem Entschluss zu bringen, sich behandeln zu lassen.

### Das Essprogramm

Menschen mit einer Ess-Störung haben nicht nur jegliches Maß für Art, Menge und Zusammensetzung ihrer Nahrung verloren, sie essen auch ohne jegliche vernünftige Tageszeitabfolge. Somit ist ein Grundgesetz für das Erlernen einer neuen Ess-Kultur eine vorgegebene Zeitstruktur in Bezug auf die Einnahme von Malzeiten.

Patienten mit einem niedrigen Gewicht, die Probleme mit der Größe der Essensportionen haben, werden motiviert stündlich kleine Mengen Nahrung zu sich zu nehmen. Stark untergewichtige Patienten erhalten zusätzlich eine hochkalorische Trinknahrung.

> Betroffene möglichst frühzeitig für eine Behandlung motivieren. Wege finden, wie Ess-Störungen verhindert werden können.

---

**1** Berechnen Sie Ihren eigenen BMI (sieht Seite 289) und bewerten Sie Gewicht.

**2** Diskutieren Sie, warum Ess-Störungen entstehen können.

**3** Überlegen Sie, wie Familie, Freundeskreis und Schule Betroffenen helfen können.

| Lebensmittelgruppen | Empfehlenswerte Lebensmittel | Nicht empfehlenswerte Lebensmittel |
| --- | --- | --- |
| Brot und Getreide | Abgelagertes Brot Kekse, Biskuits, Zwieback | Frisches Brot, Blätterteig, Creme- und Sahnetorte |
| Getreideprodukte, Kartoffeln Bratkartoffeln, Kartoffelsalat mit | Fettarme Suppen und Breie, Petersilienkartoffeln, Kartoffelbrei | Fettreiche, salzreiche Gerichte, fettreiche Zubereitung: Pommes frites, Majonäse |
| Gemüse, Salate Kopfsalat, Spinat, Endiviensalat | Junge, zarte Gemüse: Möhren, | Schwer verdauliche, blähende Gemüse: Hülsenfrüchte, Gurken, Weiß- Grün- und Rotkohl, Paprika |
| Obst | Rohes Obst: Bananen, weiche Pfirsiche, Erdbeeren, zuckerarme Obstkonserven, Kompott | Unreifes, saures Obst, rohes Steinobst, Nüsse, Früchte in Zuckersirup, Trockenobst |
| Fleisch- und Wurstwaren | Magere, zarte Fleisch- und Wurstwaren, nicht so scharf gewürzt | Fettreiche, gebratene, geräucherte Fleisch- und Wurstwaren |
| Fisch | Magerfisch: Rotbarsch, Seelachs, Forelle u. a., gekocht, gedünstet oder gegrillt | Fettfisch: Aal, Makrele, Räucherfisch, eingelegter Fisch in pikanten Marinaden |
| Eier | Eierstich, Rührei mit wenig Fett und Gewürzen | Hart gekochte und gebratene Eier |
| Milch, Milchprodukte | Fettarme Sorten: Magermilch, Buttermilch, Jogurt, milde Käse | Stark gezuckerte Milchprodukte, Schlagsahne, fettreicher Käse |
| Gewürze, Kräuter | Am besten frische Kräuter, tiefgefrorene Kräuter | Scharfe Gewürze, Chili, Senf, Curry, Essig |
| Getränke | Gemüse und Obstsäfte, Kräutertees, stilles, natriumarmes Mineralwasser | Kaffee, Cola, Alkohol, kohlensäurehaltige Limonaden |

Leichte Vollkost: Empfehlungen

## Krankheitsbedingte Kostformen

Manche Krankheiten erfordern eine besondere Ernährung. Dazu zählen z. B. Verdauungsstörungen und Stoffwechselerkrankungen.

### Leichte Vollkost

Im Allgemeinen gilt: Alles was vertragen wird, ist erlaubt. Grundsätzlich gelten auch bei dieser Kostform die Empfehlungen zur vollwertigen Ernährung.

> Leichte Vollkost soll einzelne Verdauungsorgane sowie den gesamten Stoffwechsel entlasten.

Sie versorgt den Körper mit ausreichend Energie und essentiellen Nährstoffen. Bei der Auswahl von Lebensmitteln und bei der Zubereitung gilt:

- Die Kost muss reizarm sein, mäßig gewürzt, wenig gesalzen und fettarm.
- Zuckerreiche Speisen, sowie stark geröstete und gebratene Lebensmittel sind ungeeignet.
- Stark blähende Speisen (Zwiebel, Hülsenfrüchte s. o.) werden häufig schlecht vertragen.
- Auf eine ausreichende Flüssigkeitszufuhr ist besonders zu achten. Alkoholische, kohlensäure- und koffeinhaltige Getränke meiden.
- Die Speisen sollten weder zu heiß noch zu kalt verzehrt werden.
- Täglich fünf bis sechs kleine Mahlzeiten sind empfehlenswert.
- Gründliches Kauen erleichtert die Verdauung der Kost.

**1** Planen Sie ein Mittagessen für einen Patienten, der eine Magen-Darm-Verstimmung hat.

Matjesfilet
Forelle
Hering
Ölsardinen
Sprotten
Krabben
Linsen

Huhn
Ente und Gans
Fleischextrakte
Truthahn
Nieren, Bries
Leber, Lunge
Kalbsfilet
Sojamehl

Nahrungsmittel mit sehr hohem Puringehalt

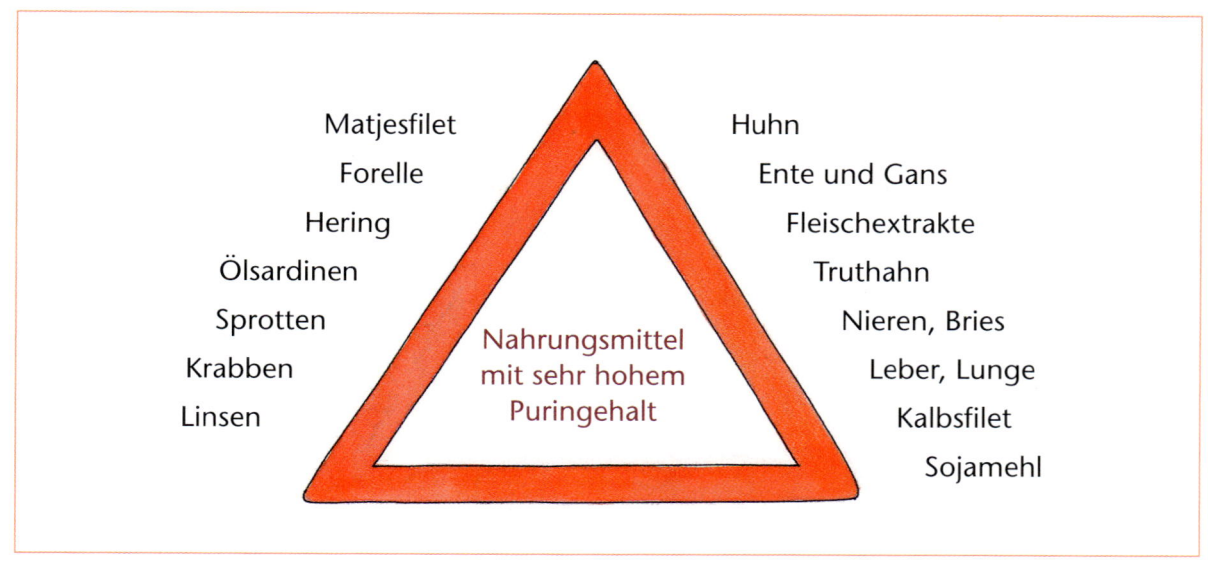

*Auf diese Lebensmittel sollte eine Diät bei Gicht verzichten*

## Stoffwechselkrankheit Gicht

Der medizinische Fachbegriff für Gicht lautet: Hyperurikämie, d. h. es handelt sich um eine erhöhte Konzentration (Hyper) der Harnsäure (urik) im Blut (ämie). Meist ist Gicht eine angeborene Stoffwechselstörung (primäre Gicht), diese kann aber auch infolge einer Blut- oder Nierenkrankheit entstehen (sekundäre Gicht). Viele Nahrungsmittel enthalten Purine, das sind Zellsubstanzen, bei deren Verarbeitung als Abfallprodukt Harnsäure entsteht. Diese wird beim gesunden Menschen im Blut gelöst und über die Nieren mit dem Urin ausgeschieden. Die Harnsäureproduktion liegt normalerweise unter 7 mg pro 100 ml Blut. Kommt es zu einer krankhaften Erhöhung der Harnsäurekonzentration von mehr als 8 mg pro 100 ml Blut, können sich scharfe Harnsäurekristalle bilden. Diese lagern sich in den Gelenken (z. B. Zehen) und Knorpeln (Ohr) oder in der Niere ab und können zu schmerzhaften Entzündungen und Gichtanfällen führen. Sie können meist nur durch Medikamente gelindert werden.

## Grundregeln für eine Diät

Auch hier gilt generell: Der tägliche Speiseplan soll ausgewogen und vielseitig sein, frisches Obst, Gemüse, Vollkornprodukte, fettarme Milch- und Milchprodukte. Fleisch und Wurstwaren sollen wenig verzehrt werden.

> Auf Nahrungsmittel mit hohem Puringehalt sollte verzichtet werden.

Alkohol sollte nur in Maßen konsumiert werden, da er die Harnsäureausscheidung durch die Nieren hemmt. Gichtkranke sollten reichlich trinken – 1,5–2 l am Tag. Mineralwasser, Fruchtsäfte, Tee, Kaffee und Kakao sind erlaubt.
Falls Übergewicht besteht, sollte der Betroffene das Normalgewicht anstreben. Bewegung und viel frische Luft sind gut und regen den Stoffwechsel an.

**1** Erstellen Sie in Gruppenarbeit ein Informationsblatt zum Thema Gicht – Ursachen und Folgen, Diätregeln.

**2** Erklären Sie, weshalb Gichtanfälle oft nach üppigen Mahlzeiten und reichlichem Alkoholgenuss auftreten.

## 2 Vollwertige Ernährung

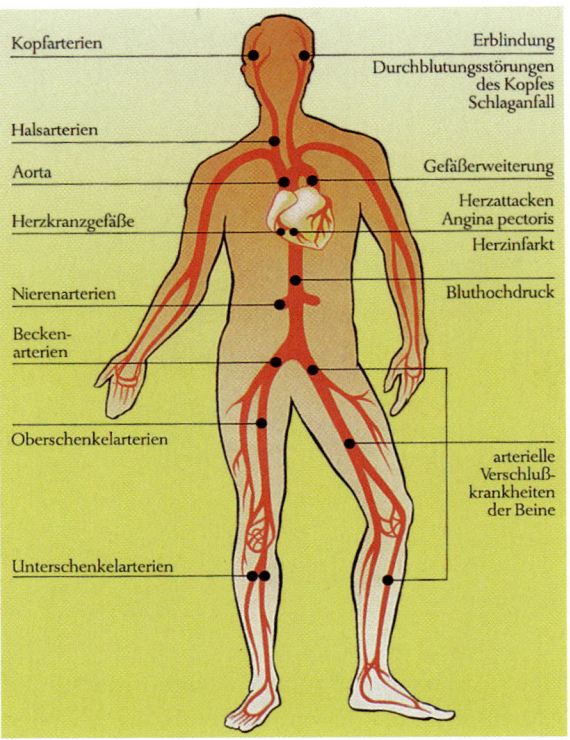

*Arteriosklerose – gefährdete Bereiche*

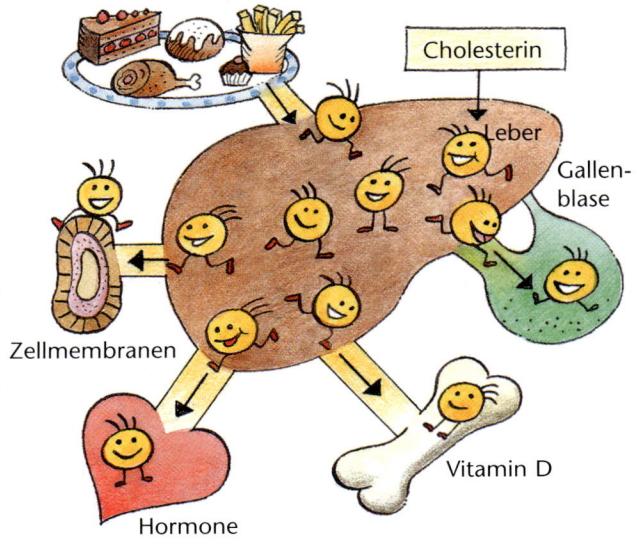

**Cholesteringehalt im Blut**
(mg/100 ml)
normal  = unter 220 mg/100 ml
erhöht  = 220–260 mg/100 ml
zu hoch = über 260 mg/100 ml

*Cholesterin erfüllt wichtige Aufgaben*

### Erhöhter Cholesterinspiegel – eine Fettstoffwechselstörung

Fette und Cholesterin sind für unseren Körper essentiell. Cholesterin ist eine fettähnliche Substanz, die in jeder menschlichen Zelle sowie in bestimmten Konzentrationen im Blut enthalten ist.
Cholesterin wird durch die Nahrung aufgenommen, aber auch vom Körper selbst in der Leber produziert. Es besitzt für den Organismus sehr wichtige Funktionen: Cholesterin dient zum Aufbau von Zellmembranen, Nervengewebe, Hormonen, Gallensäuren und zur Produktion von Vitamin D im Körper.
Beim Cholesterin werden zwei Arten unterschieden:
Das HDL-Cholesterin (High Density Lipoprotein) wird als „gutes" Cholesterin bezeichnet, da es in der Lage ist, überschüssiges Cholesterin im Blut abzuführen.
Das „schlechte" LDL-Cholesterin (Low Density Lipoprotein) kann jedoch in Zellen und Gefäßwände eindringen und sich dort ablagern.

> Ständig erhöhte LDL-Cholesterinwerte im Blut bedeuten eine Störung des Fettstoffwechsels, die man als Hypercholesterinämie bezeichnet.

Die Ursache hierfür ist meist eine übermäßige Cholesterinzufuhr durch die Nahrung. Eine cholesterinbewusste Kost sollte nicht mehr als 300 mg Cholesterin pro Tag enthalten. Tatsächlich nehmen wir aber durch den reichlichen Verzehr von Eiern, Fleisch, Wurst und Butter ca. 500–650 mg Cholesterin täglich zu uns – also etwa doppelt so viel!
Bewegungsmangel, Stress, übermäßiger Genuss von Alkohol und Nikotin sind weitere Risikofaktoren dieser Stoffwechselerkrankung.
Die möglichen Folgewirkungen eines erhöhten LDL-Cholesterins sind verengte Arterien (Arteriosklerose), die das Risiko für Herz-Kreislauf-Erkrankungen bis zum Herzinfarkt oder Schlaganfall erhöhen können.

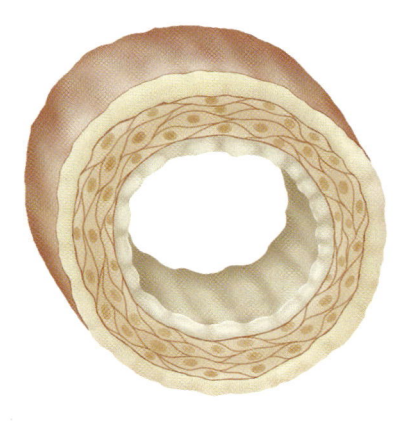

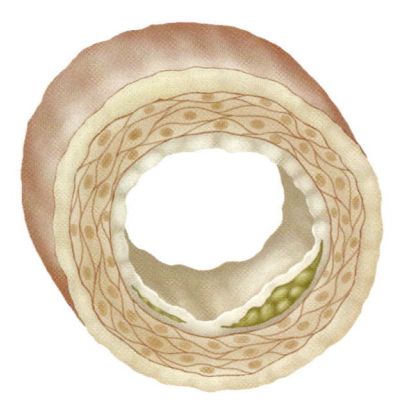

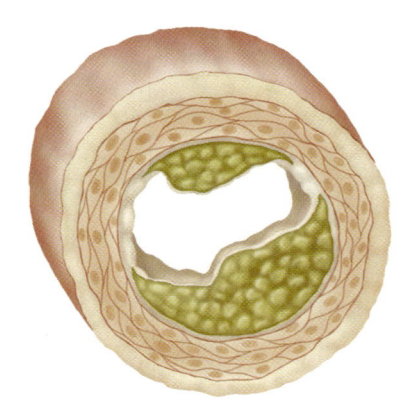

Verlauf des Arterioskleroseprozesses

## Diätetische Maßnahmen bei erhöhtem Cholesterinspiegel

> Ein niedrigerer Cholesterinspiegel kann erreicht und eingehalten werden durch:
> - cholesterinbewusste Ernährung,
> - mehr Bewegung und Sport,
> - medikamentöse Behandlung.

Regeln für eine cholesterinbewusste Ernährung:
- Einschränkung cholesterinhaltiger Nahrungsmittel, z. B. Innereien, fettes Fleisch, fettreiche Wurstwaren, Eier, vor allem Eigelb sowie Schalentiere. Mageres Fleisch (z. B. Puten- oder Hähnchenfleisch) oder magere Fleischstücke (Brust, Keule, Filet) sollten bevorzugt werden. Fettränder am Fleisch am besten wegschneiden. Magerfische, wie Kabeljau, Seelachs, Forelle, eignen sich hervorragend für eine cholesterinarme Kost.
- Auswahl fettarmer Zubereitungsmethoden, z. B. Grillen, Dünsten, Garen in der Mikrowelle oder im Backofen, beschichtete Pfannen u. a.
- Beachtung von Nahrungsmitteln und Speisen mit versteckten Fetten, z. B. Salami, Pizza, fette Soßen u. a.
- Bevorzugung von Fetten mit einfach und mehrfach ungesättigten Fettsäuren, z. B. Pflanzenöle. Tierische Fette (z. B. Michfett, Fett in Wurst und Käse) enthalten überwiegen gesättigte Fettsäuren. Ein Zuviel lässt den Cholesterinspiegel im Blut steigen.
- Reichlicher Verzehr von pflanzlichen, ballaststoffreichen Nahrungsmitteln, wie z. B. Salat, Gemüse, Kartoffeln, frisches Obst, Hülsenfrüchte und Vollkornprodukte. Ballaststoffe tragen zur Senkung des Cholesterinspiegels bei.
- Verringerung des Zucker- und Alkoholkonsums sowie Verzicht auf das Rauchen.
- Senkung der täglichen Gesamtenergiezufuhr bei bestehendem Übergewicht.

Für mehr Bewegung, z. B. Laufen, Rad fahren, Schwimmen, ist man selbst verantwortlich.
Die Entscheidung für eine Behandlung mit cholesterinsenkenden Medikamenten sollte der behandelnde Arzt treffen.

---

**1** Formulieren Sie auf einem Arbeitsblatt die Aufgaben der Fette und des Cholesterins in unserem Organismus.

**2** Stellen Sie einen cholesterinarmen Tageskostplan auf.

**3** Begründen Sie, weshalb bei erhöhtem Cholesterinspiegel auf das Rauchen verzichtet werden sollte.

|  | Typ 1 | Typ 2 |
|---|---|---|
| Beginn | meist schnell | meist langsam, oft über Jahre |
| Ursachen | **Absoluter Insulinmangel**<br><br>Zerstörung der insulinproduzierenden Zellen (z. B. durch Infekt oder Autoimmunprozess) | **Relativer Insulinmangel**<br><br>– nachlassende Insulinproduktion<br>– Insulinwirkung verringert (z. B. durch Übergewicht) |
| Alter | meist unter 40 | meist über 40 |
| Gewicht | meist Normalgewicht | meist Übergewicht (ca. 80%) |
| Therapie | Insulinzufuhr | Gewichtsabnahme, Bewegung, Ernährung und Tabletten oder Insulin |

*Diabetestypen – welche Unterschiede gibt es?*

## Diabetes mellitus – die „Zuckerkrankheit"

> Bei Diabetes mellitus handelt es sich um eine chronische Stoffwechselkrankheit, die auf einen absoluten oder relativen Insulinmangel zurückzuführen ist.

Lang anhaltende hohe Blutzuckerwerte sind das Hauptkennzeichen der Erkrankung.
Insulin ist ein Hormon, das in der Bauchspeicheldrüse gebildet wird. Wir brauchen Insulin, damit der im Dünndarm abgebaute Zucker (Glukose) aus unserem Blut in den Körperzellen als Energielieferant aufgenommen wird. Fehlt dieses Hormon, kann der Zucker nicht mehr in die Zellen „eingeschleust" und in Energie umgewandelt werden. Die Folge ist der Anstieg des Blutzuckerspiegels. Man unterscheidet zwischen Typ-1- und Typ-2-Diabetes.
*Typ-1-Diabetes* tritt meist bei Kindern und Jugendlichen zum ersten Mal auf. Er gehört zu den so genannten Autoimmunerkrankungen. Das bedeutet, dass sich der eigene Körper gegen sich selbst richtet: Körpereigene Abwehrstoffe zerstören die Insulin bildenden Zellen in der Bauchspeicheldrüse. Meist muss der Betroffene lebenslang Insulin spritzen, um eine Normalisierung seines Blutzuckers zu erreichen.
*Typ-2-Diabetes*, früher gerne auch als „Altersdiabetes" bezeichnet, tritt viel häufiger und meist erst in der zweiten Lebenshälfte auf. Es wird hierbei zwar Insulin gebildet, aber nicht in den richtigen Mengen und nicht zum geeigneten Zeitpunkt. Diese Erkrankung beginnt meist schmerzlos und schleichend. Diabetiker müssen nach der Diagnose „Diabetes mellitus" optimal behandelt werden, denn sonst drohen schwere organische Schäden: Herz- und Kreislauferkrankungen, Herzinfarkt, Schlaganfall, Nerven-, Nieren- und Augenschädigungen.

## Regeln für die Diabetes-Diät

Für eine erfolgreiche Diabetes-Behandlung sind eine ausgewogene Ernährung, Abbau von Übergewicht, regelmäßige körperliche Bewegung sowie die Selbstkontrolle der Blutzuckerwerte besonders wichtig.

> Die moderne Diabetes-Ernährung unterscheidet sich kaum von der Ernährung des Gesunden: Sie entspricht den Regeln der vollwertigen Ernährung.

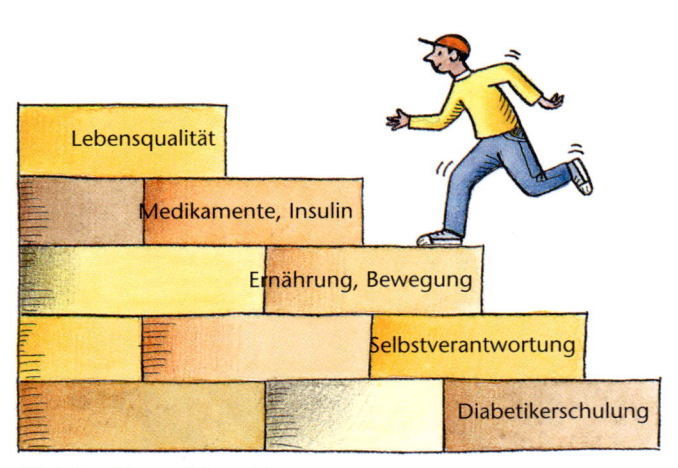

*Wichtige Therapiebausteine*

| Lebensmittelgruppe | Resorptionsgeschwindigkeit |
|---|---|
| Zuckerhaltige Getränke, „isolierter" Zucker, Süßigkeiten | schießen ins Blut |
| Weißmehlprodukte und Obst | strömen ins Blut |
| Vollkorngetreideprodukte und Kartoffeln | fließen ins Blut |
| Kohlenhydrate aus Milch | tropfen ins Blut |
| Kohlenhydrate aus Gemüse und Hülsenfrüchten | sickern ins Blut |

*Kohlenhydrate gelangen unterschiedlich schnell ins Blut*

- Die *Energiezufuhr* sollte so hoch sein, dass ein normales Körpergewicht erreicht bzw. gehalten wird. Die Mahlzeiten sollten gleichmäßig über den Tag verteilt sein.
- *Kohlenhydrate* sind die einzigen Nährstoffe, die Einfluss auf den Anstieg des Blutzuckerspiegels haben, trotzdem sollten sie nicht aus dem Speiseplan des Diabetikers verschwinden. Die Kohlenhydratzufuhr sollte wie beim gesunden Menschen etwa 55 % der Gesamtzufuhr betragen, dabei sollten kohlenhydrathaltige Lebensmittel bevorzugt werden, die den Blutzuckerspiegel langsam ansteigen lassen.

Empfehlenswert sind Vollkornprodukte, Gemüse und Hülsenfrüchte. Sie sättigen und liefern *Ballaststoffe*, *Vitamine* und *Mineralstoffe*.

Die aufgenommene Kohlenhydratmenge muss mit der Insulindosis übereinstimmen. Die moderne Insulintherapie gibt die Möglichkeit einer freien BE/KE-Menge, eine konventionelle Insulintherapie erfordert eine strikte Einhaltung der BE/KE-Menge, der BE/KE-Aufteilung und der Zwischenmahlzeiten.

Betroffene der Typ-1-Diabetes lernen daher in Diabetikerschulungen kohlenhydratreiche Lebensmittel in Broteinheiten (BE) oder Kohlenhydrateinheiten (KE) zu berechnen (1 BE/KE = 12 g Kohlenhydrate).

- Zum Süßen von *Getränken* und Speisen eignen sich kalorienfreie Süßstoffe (z. B. Saccharin, Cyclamat).
- *Fettzufuhr* reduzieren, pflanzliche Fette mit mehrfach ungesättigten Fettsäuren bevorzugen.
- *Eiweißbedarf* durch hochwertiges Eiweiß decken, bei Nierenschädigungen durch Diabetes die Zufuhr reduzieren.
- *Sekundäre Pflanzenstoffe* sowie die *Vitamine* A, C und E beugen diabetischen Folgeschäden vor. Gemüse und Obst sollten auf dem täglichen Speiseplan stehen.
- *Alkohol* ist nur in Maßen erlaubt, er sollte aber nur zusammen mit kohlenhydratreichen Mahlzeiten aufgenommen werden.

**1** Stellen Sie einen Tageskostplan für einen Diabetiker Typ 2 zusammen, der Übergewicht hat.

## Ursachen für Lebensmittelvergiftungen

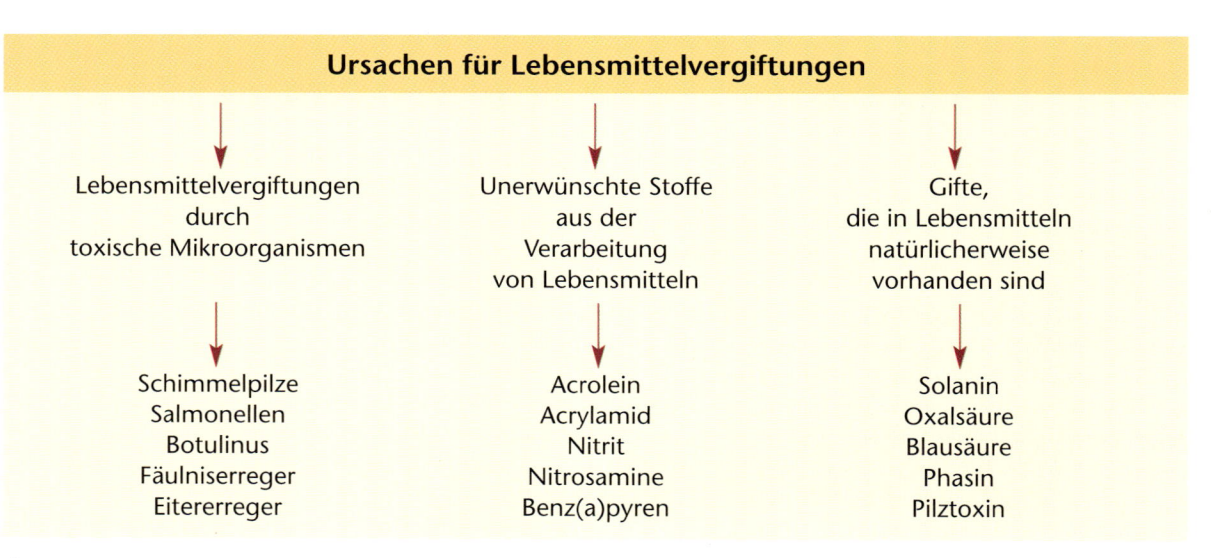

| Lebensmittelvergiftungen durch toxische Mikroorganismen | Unerwünschte Stoffe aus der Verarbeitung von Lebensmitteln | Gifte, die in Lebensmitteln natürlicherweise vorhanden sind |
|---|---|---|
| Schimmelpilze<br>Salmonellen<br>Botulinus<br>Fäulniserreger<br>Eitererreger | Acrolein<br>Acrylamid<br>Nitrit<br>Nitrosamine<br>Benz(a)pyren | Solanin<br>Oxalsäure<br>Blausäure<br>Phasin<br>Pilztoxin |

*Übersicht: Vergiftungen durch Lebensmittel*

## Giftstoffe, die auf Nahrungsmitteln wachsen – toxische Mikroorganismen

Unsachgerechte und unhygienische Lagerung von Lebensmitteln, unzureichende persönliche Hygienemaßnahmen und unsachgemäße Vor- und Zubereitung können Nahrungsmittel verderben.

### Schimmelpilzgifte

Schimmelpilze vermehren sich durch Sporen, die über die Luft auf Lebensmittel und Arbeitsgärte gelangen. Sie führen zum Verderb von Lebens- und Futtermitteln. Daran können auch Arten beteiligt sein, die giftige Stoffwechselprodukte bilden. Diese so genannten Mykotoxine sind bereits in geringer Menge schädlich für den Menschen, einige sind Krebs erregend, können Organe wie Leber und Nieren schädigen und die körpereigene Abwehrkraft unterdrücken. Zu den bekanntesten Mykotoxinen gehören die hitzebeständigen Aflatoxine. Sie zählen zu den stärksten Krebsgiften, die man in der Natur entdeckt hat.

> Der sichtbare Schimmelrasen auf der Oberfläche ist oft nur ein Teil des Pilzgeflechts, das auch tiefere Bereiche des Lebensmittels durchziehen kann.

Dies trifft insbesondere bei Lebensmitteln mit einem hohen Wassergehalt zu.
Deshalb: Vorsicht bei verschimmelten Lebensmitteln! Bereits beim Einkauf auf angeschimmelte Ware achten und sofort reklamieren.
Folgende Lebensmittel müssen vollständig weggeworfen werden:
- durch und durch verschimmelte Lebensmittel,
- Lebensmittel mit nur einzelnen verschimmelten Stellen, wenn sie einen hohen Wassergehalt haben, z. B. verschimmelte Frisch-, Weich- und Schnittkäse, verschimmelte Sauermilcherzeugnisse wie Jogurt und Quark, verschimmelte Fruchtsäfte und andere flüssige Lebensmittel wie Suppen, Soßen, Kompotte, angeschimmelte Käsescheiben,
- verschimmelte Nüsse, Mandeln, Pistazien, Kokosraspeln, Getreide und Getreideerzeugnisse,
- Obst und Gemüse mit weichen Faulstellen,
- Brot und Backwaren mit Schimmelbefall.

Schimmel auf oder in Lebensmitteln kann aber auch gewollt sein. Camembert, Roquefort, Gorgonzola sind Beispiele dafür. Pilzkulturen, die unter kontrollierten Bedingungen wachsen, produzieren keine Gifte und sind unbedenklich. Gleiches gilt für schimmelgereifte Fleischerzeugnisse, z. B. Salami.

*Sichtbarer Schimmel – deutlich zu erkennen*

*Anfällig: Backwaren mit Cremefüllung*

## Salmonellen

Salmonellen sind Bakterien und kommen in einigen wenigen Nahrungsmitteln, wie z. B. Eiern, natürlicherweise vor. Sie können aber auch im Dickdarm verschiedener Tierarten leben, von wo sie ins Muskelfleisch bzw. bei Geflügel in die Eier gelangen können.

> Geflügel, Hackfleisch und Wurstwaren sind besonders häufig von Salmonellen befallen. Wärme (ca. 37 °C) begünstigen das Wachstum.

Neuerdings hat man auch Salmonellenbakterien in getrockneten Pilzen aus dem asiatischen Raum und in Schokolade gefunden.
Die Bakterien sind beständig gegenüber Tiefkühlung, können aber durch längeres Kochen zerstört werden. Sechs bis zwölf Stunden nach dem Verzehr der infizierten Nahrungsmittel treten die ersten Vergiftungserscheinungen auf: Erbrechen, Durchfall, Übelkeit, Kopfschmerzen und Fieber sind Hinweise auf eine mögliche Salmonellenvergiftung. Bei Kleinkindern, alten und kranken Menschen kann die Infektion tödlich enden.
Salmonellen können bei Untersuchungen im Stuhl nachgewiesen werden. Da diese Bakterien auch im menschlichen Dickdarm über längere Zeit leben können, besteht bei Vergiftungen die Gefahr, dass die Betroffenen zu so genannten Dauerausscheidern werden.

Um eine Weiterverbreitung auszuschließen, dürfen Dauerausscheider nicht in der Lebensmittelherstellung und in Küchen arbeiten. Während der Erkrankung müssen alle Ausscheidungen sorgfältig beseitigt, Gegenstände und Hände gründlich gesäubert und desinfiziert werden. Der Arzt ist außerdem verpflichtet, eine Salmonellenvergiftung dem Gesundheitsamt zu melden.
Salmonellenvergiftungen können verhindert werden:
- Fleisch, vor allem Hackfleisch und Geflügel, vollständig durchgaren.
  Hackfleisch möglichst am Tag des Einkaufs zubereiten oder tiefgefrieren.
- Warmhalten von Speisen vermeiden, besser rasch abkühlen und dann wieder ausreichend erhitzen.
- Eier nach Ablauf des Mindesthaltbarkeitsdatums durcherhitzen, nicht mehr roh verzehren.
- Speisen, die rohes Ei enthalten (z. B. Majonäse, Cremespeisen gut kühlen und am Tag der Zubereitung verzehren.
- Die Übertragung von Salmonellen auf andere Lebensmittel vermeiden: Auftauwasser von Tiefkühlgeflügel weggießen, Arbeitsflächen und -geräte, Hände und Spültücher gründlich mit heißem Wasser reinigen.

*Konserve mit gewölbten Deckel: „Bombage"*

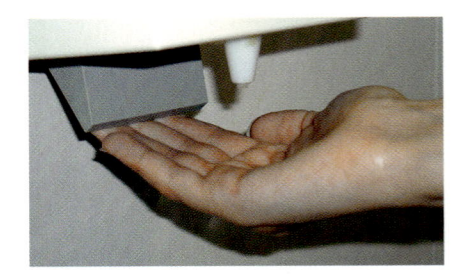

*Hände einseifen und abwaschen*

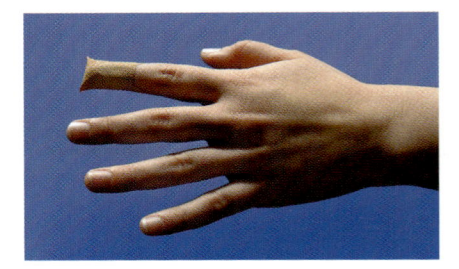

*Wunden wasserdicht abdecken*

### Botulinustoxin

Diese Bakterien sind überall im Boden verbreitet und können sich auf infizierten Lebensmitteln rasch vermehren. Botulinustoxine sind die stärksten der bisher bekannten Gifte.

> Die Nervengifte verursachen Botulismus, eine oft tödlich verlaufende Erkrankung.

Symptome sind zunächst Übelkeit und Erbrechen, später Schluckbeschwerden, Lähmungen im Bereich des Kopfes und der Gliedmaßen und im Endstadium Atemlähmung. Botulinus-Erkrankungen sind meldepflichtig. Gefahr geht heute nur noch von Lebensmitteln aus, die im Haushalt unsachgemäß haltbar gemacht werden – von unzureichend erhitzten Gemüse- und Obstkonserven sowie von nicht fachgerecht gepökelten Fleisch- und Wurstwaren. Deshalb:
- Beim Einkochen von Lebensmitteln Verunreinigungen mit Erdbodenspuren vermeiden.
- Einkochtemperaturen nicht unter 100 °C wählen. Einmachgläser kühl lagern.
- Wenn sich Boden und Deckel einer Konserve wölben (Bombage), der Deckel nicht auf dem Einmachglas hält oder beim Öffnen Gas herauszischt: Inhalt unbedingt wegwerfen.

### Fäulniserreger

Diese ohne Sauerstoff (anaerob) lebenden Bakterien können sich im menschlichen Darm ansiedeln und werden dann meist durch mangelnde Hygiene übertragen. Sie zersetzen besonders Eiweiß in hochgiftige Stoffe (Toxine). Gefährdete Nahrungsmittel sind Fleisch und Fisch. Nach dem Verzehr treten Bauchkrämpfe, Übelkeit und Durchfall auf.

### Eitererreger (Staphylokokkentoxine)

Eitererreger leben im Nasen- und Rachenraum des Menschen oder in offenen Wunden und werden durch mangelnde Hygiene auf Lebensmittel übertragen. Plötzliches Erbrechen, Durchfall und Bauchkrämpfe können die Folgen sein. Gefährdet sind eiweiß- und kohlenhydrathaltige Lebensmittel mit hohem Wassergehalt: Fleisch und Wurstwaren, Eier oder Milch enthaltende Lebensmittel (z. B. Eiersalat, Majonäse).
Deshalb:
- Eiternde Wunden gut abdecken. Hände sorgfältig waschen, besonders bei Infektionen des Nasen-Rachen-Raums.
- Speisen ausreichend erhitzen.
- Nicht auf Speisen niesen oder husten.

*Arbeitsplatz säubern*

*Lebensmittel abdecken*

*Regelmäßig Müll entsorgen*

*Verderbliche Lebensmittel kühlen*

## Nahrungsverderb vorbeugen

Sachgerechte und hygienisch einwandfreie Lagerung der Lebensmittel
- Zu großer Temperaturanstieg in den Lagerräumen, ebenso das Absinken der Temperaturen unter den Gefrierpunkt soll vermieden werden. Lagerräume gut durchlüften!
- Die Luftfeuchtigkeit sollte nicht zu hoch sein.
- Reinhaltung der Lagerräume schützt vor Insekten und anderen tierischen Schädlingen.
- Auf Sauberkeit und Übersichtlichkeit in Vorratsschränken achten.
- Nahrungsmittel abdecken oder gut verpacken!

> Lagerbestände öfters auf ihre Haltbarkeit hin kontrollieren!

### Persönliche Hygiene – das oberste Gebot bei der Verarbeitung von Nahrungsmitteln!
- Vor Arbeitsbeginn, nach dem Gang zur Toilette, nach dem Niesen oder Husten sowie auch während der Arbeit Hände gründlich waschen.
- Saubere Kochbekleidung tragen.
- Schmuck wie Ringe, Uhren, Armbänder vor Arbeitsbeginn ablegen.
- Wunden sorgfältig abdecken und verbinden.
- Nie auf Speisen niesen oder husten.

### Hygiene bei der Vor- und Zubereitung von Nahrungsmitteln
- Erdfrüchte, z. B. Gemüse und Salat, getrennt vom Fleisch, Fisch und Geflügel verarbeiten.
- Arbeitsgeräte nach dem Gebrauch gründlich reinigen. Arbeitsflächen sauber halten.
- Nahrungsmittel immer abdecken.
- Zum Abschmecken der Speisen einen „Probierlöffel" verwenden.
- Spülbürsten und Tücher für das Handspülen regelmäßig wechseln.
- Warmhalten von Speisen vermeiden.

**1** Erstellen Sie in Partnerarbeit ein Kurzreferat über die Ursachen von Lebensmittelvergiftungen.

**2** Zeigen Sie die Symptome verschiedener Lebensmittelvergiftungen auf.

**3** Schimmelbildung an den Wänden in Lagerräumen und Küchen. Erörtern Sie Kriterien zu dieser Problematik.

*Bei der Zubereitung können unerwünschte Stoffe entstehen*

## Unerwünschte Stoffe aus der Verarbeitung von Lebensmitteln

Sowohl bei der Be- und Verarbeitung in der Industrie als auch bei der Zubereitung im Haushalt können im Lebensmittel unerwünschte Stoffe entstehen. Dazu zählen: Nitrit, Acrolein, Acrylamid, Nitrosamine und Benz(a)pyren.

### Acrolein

Acrolein entsteht beim Überhitzen von Fett. Fett färbt sich zunächst braun, dann schwarz und verbreitet einen unangenehm stechenden Geruch. Acrolein ist ein starkes Gift. Es reizt die Schleimhäute und kann so bleibende Schädigungen, vor allem der Atmungsorgane verursachen.

> Grundregel: „Vergolden statt verkohlen"! Starke Bräunung von Nahrungsmitteln vermeiden.

### Acrylamid

Acrylamid ist in die Schlagzeilen geraten, seit zuletzt hohe Gehalte in Pommes, Bratkartoffeln, Chips und Knäckebrot gefunden wurden. Diese Substanz entsteht bei starker Erhitzung von stärkereichen Lebensmitteln, z. B. beim Frittieren oder Backen. Acrylamid gilt als Krebs erregend und Erbgut schädigend.

### Nitrit

Nitrit entsteht im Lebensmittel oder im menschlichen Organismus durch Einwirkung von Bakterien aus Nitrat (Nährstoff, den die Pflanze zum Wachstum benötigt). In der Nahrung wird dieser Vorgang durch langsames Abkühlen von Speisen, Stehenlassen bei Zimmertemperatur und durch erneutes Aufwärmen begünstigt. Nitrit wird vor allem mit gepökelten Fleischwaren aufgenommen, da es Bestandteil des Pökelsalzes ist. Bei Säuglingen kann Nitrit den Sauerstofftransport im Blut behindern und damit zur so genannten Blausucht führen. Außerdem können aus Nitrit Nitrosamine gebildet werden.

*Maßnahmen:*
- Auf Küchenhygiene achten, um die Bakterienbelastung niedrig zu halten.
- Zubereitetes Gemüse kühl und nicht zu lange lagern.
- Nitratreiches Gemüse nicht warm halten. Reste schnell abkühlen und im Kühlschrank aufbewahren. Nur dann erneut aufwärmen.
- Säuglingen und Kleinkindern spezielle Gläschenkost geben, da diese nitratarm und wenig mit Keimen belastet ist.

*Nitratarme Kost fürs Baby*

*Tropft Fett in die Glut, entstehen PAK*

## Nitrosamine

Die im Tierversuch Krebs erregenden Substanzen entstehen im Lebensmittel und möglicherweise auch im Magen aus Nitrit und Eiweißabbauprodukten, den Aminen. Diese Reaktion wird durch Vitamin C gehemmt.

> Trocknungs- und Räucherprozesse sowie Pökelung können bei der Be- und Verarbeitung von Lebensmitteln zur Nitrosaminbildung führen.

Bier, gepökelte Fleischwaren, geräucherter Bacon (Frühstücksspeck), Pfeffer und einige andere Gewürze können Nitrosamine enthalten. Durch geänderte Herstellungsverfahren wurde der Nitrosamingehalt von Bier und Fleischwaren und damit auch die Gesamtaufnahme aus der Nahrung deutlich gesenkt.
Maßnahmen:
- Zu nitratreichen Speisen Vitamin-C-haltige Fruchtsäfte trinken.
- Salatsoße mit Zitronensaft zubereiten.
- Räucherwaren mäßig verzehren.
- Gepökeltes nicht braten oder grillen, da sonst verstärkt Nitrosamine gebildet werden.

## Benz(a)pyren

Benz(a)pyren ist eine stark Krebs erregende Substanz aus der Gruppe der polyzyklischen aromatischen Kohlenwasserstoffe (PAK). Benz(a)pyren ist in geringen Mengen in geräucherten Fischen, Fleisch und Fleischerzeugnissen enthalten, die nach traditionellen Methoden hergestellt werden.

> In größeren Mengen entsteht Benz(a)pyren beim Grillen über offenem, rauchendem Feuer, aber auch über Holzkohleglut.

In die Glut tropfendes Fett verbrennt zu PAK und schlägt sich mit dem Qualm auf dem Grillgut nieder. Dabei können Benz(a)pyren-Konzentrationen entstehen, die den Grenzwert für Räucherwaren um ein Vielfaches übersteigen.

> **1** Zeigen Sie Maßnahmen auf, die man beim Grillen über Holzkohleglut beachten sollte. Begründen Sie diese.
>
> **2** Begründen Sie, weshalb gerade die Babykost nitratarm sein sollte.

*Grüne Kartoffeln enthalten Solanin*

*Gemüse mit hoher Oxalsäurekonzentration (Spinat, Mangold, Rhabarber)*

## Gifte, die natürlicherweise vorhanden sind

Neben den Verunreinigungen der Nahrung, die sich aus menschlichen Aktivitäten ergeben können, existiert eine Reihe von unerwünschten Stoffen natürlichen Ursprungs. Viele Tiere und Pflanzen bilden aber auch selbst Substanzen, die sie für ihre Existenz benötigen bzw. die für sie vorteilhaft, für den Menschen jedoch schädlich sind. Hierzu gehören vor allem Abwehrstoffe gegen Krankheiten oder Fraßfeinde. Für einige natürliche Pflanzeninhaltsstoffe werden in jüngster Zeit auch positive Wirkungen diskutiert wie z. B. Schutz vor Krebs.

Bekannte natürliche Giftstoffe sind Solanin, Oxalsäure, Blausäure, Phasin und Pilztoxine.

### Solanin

Solanin ist ein Giftstoff, der in den grünen Teilen von Nachtschattengewächsen wie Tomaten und Kartoffeln gebildet wird. In Tomaten nimmt der Solaningehalt mit zunehmender Reifung bzw. Rotfärbung ab. Bei Kartoffeln enthalten die oberirdischen Teile viel, die Knollen normalerweise wenig Solanin. Höhere Gehalte finden sich in der Schale, in Keimanlagen und Keimen, vor allem in grün gefärbten Bereichen. Durch seine Wasserlöslichkeit, die durch Zusatz von Essig noch erhöht wird, geht ein Teil ins Kochwasser über. Leichte Solaninvergiftungen äußern sich in Kopf- und Magenschmerzen, Übelkeit, Erbrechen und Kratzen im Hals. In schweren Fällen kommt es zu Atemnot, Krämpfen und Bewusstlosigkeit.
Maßnahmen:
- Kartoffeln dunkel lagern, da unter Lichteinfall mehr Solanin gebildet wird.
- Grüne Stellen und Keimanlagen von Kartoffeln wegschneiden. Kochwasser nicht weiter verwenden.
- Keine unreifen grünen Tomaten essen.
- Den Strunk von Tomaten entfernen.

### Oxalsäure

Oxalsäure und ihre Salze, die Oxalate, sind natürlicher Bestandteil zahlreicher Pflanzen. Besonders große Mengen enthalten Spinat, Mangold, Rhabarber, Rote Bete und Kakao. Unerwünschte Wirkung auf den Menschen haben die freie Oxalsäure und leicht lösliche Oxalate. Sie bilden mit Calcium aus der Nahrung unlösliche Salze – der Mineralstoff kann damit nicht mehr vom Körper aufgenommen werden. Unter Umständen wird auch körpereigenes Calcium gebunden und ausgeschieden. Höhere Oxalsäurekonzentrationen sind auch deswegen unerwünscht, weil sie bei entsprechender Veranlagung zur Bildung von Nierensteinen führen können. Akute Vergiftungen durch Oxalsäure über pflanzliche Nahrungsmittel sind nicht zu befürchten.

*Rohe Bohnen enthalten Phasin*

*Vorsicht bei rohen Holunderbeeren, sie enthalten Blausäure*

Maßnahmen:
- Spinat, Mangold, Rhabarber und Rote Bete nicht zu oft in kurzen Abständen essen – bei Neigung zu Nierensteinen möglichst selten. Auf gleichzeitig ausreichende Calciumzufuhr durch Milch und Milchprodukte achten.
- Blanchieren und Weggießen des Wassers senkt den Oxalsäuregehalt.

## Blausäure

Blausäurehaltige Glykoside kommen in zahlreichen Pflanzen vor, von denen die meisten allerdings bei europäischen Ernährungsgewohnheiten ohne Bedeutung sind: Zuckerhirse, Süßkartoffeln, unreife Bambussprossen, aber auch Leinsamen, Holunderbeeren, bittere Mandeln und Fruchtkerne. Blausäure führt zu akuten Vergiftungen, die sich durch Atemkrämpfe, Schwindel und Erbrechen äußern können. Schon fünf bis zehn bittere Mandeln können für Kleinkinder tödlich sein. Allgemein gilt: ca. 1 mg pro kg Körpergewicht sind lebensbedrohlich.

Maßnahmen:
- Keine bitteren Mandeln essen. Bittermandelöl nicht selbst herstellen, sondern Bittermandelaroma verwenden.
- Holunderbeeren nicht roh verzehren.
- Kerne von Obst nicht mitessen.
- Kirschen sowie anderes Steinobst vor dem Garen entsteinen.

## Phasin

Phasin ist ein giftiger Inhaltsstoff, der in Gartenbohnen enthalten ist. Leichte Vergiftungen werden als Magenverstimmung nicht weiter beachtet. Schon der Verzehr von fünf bis sechs rohen grünen Bohnen kann jedoch zu schweren Darmentzündungen, größere Mengen sogar zum Tod führen. Phasin wird durch längeres Kochen inaktiviert.

Maßnahmen:
- Grüne Bohnen nicht roh essen. Kinder ggf. im Garten beaufsichtigen.

## Pilztoxine

Einige Waldpilzarten enthalten natürliche Giftstoffe, die zu schweren lebensgefährlichen Vergiftungen führen (z. B. weißer und grüner Knollenblätterpilz, Fliegenpilz). Erste Symptome sind Brechdurchfall, starke innere Unruhe sowie Schwindel.

> **1** Begründen Sie, weshalb man bei der Stoffwechselerkrankung Gicht auf oxalsäurehaltige Lebensmittel verzichten sollte.

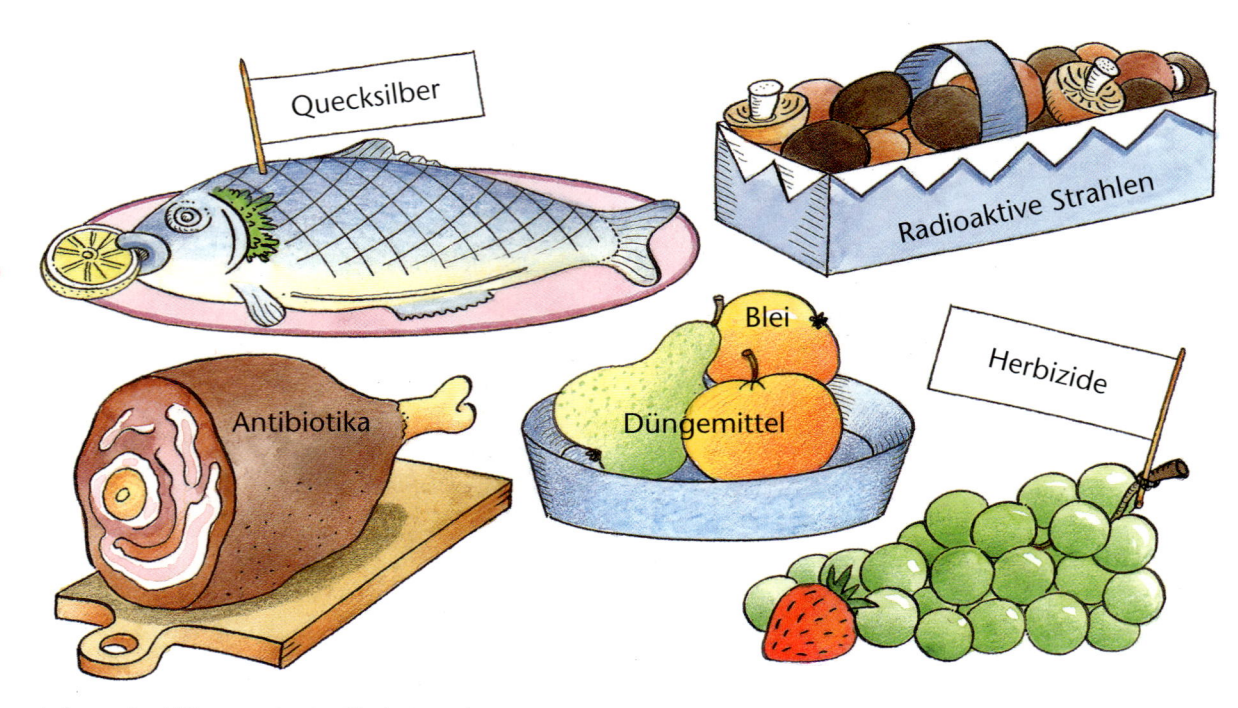

*Lebensmittel können schadstoffbelastet sein*

## Schadstoffe in Lebensmitteln

Als Schadstoffe werden alle Substanzen bezeichnet, die über die Nahrungskette in den menschlichen Organismus gelangen und in einer bestimmten Konzentration schädlich oder giftig wirken.

> Unsere Nahrungsmittel sind heute zahlreichen Umwelteinflüssen ausgesetzt, die zu Schadstoffbelastungen führen.

Ursachen hierfür sind:
- Zunehmende Industrialisierung und ständig wachsende Zahl von Kraftfahrzeugen haben Schadstoffbelastungen von Boden, Wasser und Luft zur Folge.
- Die Sicherung der Qualität und Menge der Erträge erfordert den verstärkten Einsatz chemischer Pflanzenschutzmittel und Düngemittel.
- Lange Transportwege machen den Einsatz von Konservierungsmitteln und Verpackungsmaterialien nötig, um Nahrungsmittelverluste zu verringern.

## Pflanzenproduktion

In der Pflanzenproduktion werden bei Bedarf *Pflanzenschutzmittel* (Pestizide) eingesetzt. Sie müssen amtlich zugelassen sein und werden dabei auf Wirksamkeit, gesundheitliche Unbedenklichkeit und Umweltverträglichkeit untersucht. Zum Schutz des Verbrauchers sind strenge gesetzliche Regelungen erlassen worden, vor allem im LMBG sowie in der Rückstands-Höchstmengenverordnung.

Nach den Einsatzgebieten unterscheidet man Herbizide (gegen Unkraut), Fungizide (gegen Pilzerkrankungen) und Insektizide (gegen Insekten). Das Insektizid DDT (Dichlordiphenyltrichlorethan), eine schwer abbaubare Organchlor-Verbindung, ist inzwischen fast weltweit verboten. Bis heute noch ist es in fetthaltigen Nahrungsmitteln und Muttermilch nachweisbar.

Untersuchungen der letzten Jahre haben gezeigt, dass bei Obst und Gemüse, die außerhalb der Saison angeboten werden, höhere Rückstände von Pflanzenschutzmitteln auftreten (z. B. frühe ausländische Erdbeeren, Tafelweintrauben, Kopfsalat bei Anbau im Treibhaus).

*Eingesetzte Futtermittelzusatzstoffe: Antibiotika*

*Anorganische Düngemittel* haben eine steigende Bedeutung für die Landwirtschaft. Die stickstoffhaltigen Kunstdünger verbessern Aussehen, Größe und Farbe unseres Obstes und Gemüses, aber Aroma, Geschmack und wichtige Inhaltsstoffe fehlen meist. Gelangt durch Stickstoffdüngung überdurchschnittlich viel Nitrat in den Boden, nehmen die Pflanzen auch überdurchschnittlich viel davon auf und reichern es in ihrem Zellgewebe an. Dafür sind besonders die Blattgemüse bekannt. Nitrat kann sich zu Nitrit umwandeln (siehe Seite 204 f.).

## Tierhaltung

In der Produktion tierischer Lebensmittel werden bei Bedarf *Tierarzneimittel* und *Futtermittelzusatzstoffe* eingesetzt.
Tierarzneimittel unterliegen einer strengen Zulassungspflicht, zwischen der Verabreichung an das Tier und der Lebensmittelgewinnung (z. B. Schlachtung, Milchentzug) sind Wartezeiten festgelegt. Rückstände in Lebensmitteln sind meist darauf zurückzuführen, dass diese gesetzliche Wartezeit nicht eingehalten oder die erforderliche Dosis überschritten wurde.

Besonders häufig angewendet werden Antibiotika zur Vermeidung von Infektionen (Penicillin), Beruhigungsmittel und Beta-Blocker, die die Herzfrequenz bei Tieren vermindern.
Einige Antibiotika sind auch als Futtermittelzusatzstoffe zugelassen, sie verbessern die Futterverwertung und fördern somit das Wachstum. Diese werden vom Tierkörper nicht aufgenommen, das heißt, sie entfalten ihre Wirkung ausschließlich im Margen-Darm-Trakt. Problematisch werden Arzneimittel und Masthilfsmittel, wenn sie illegal zur Verbesserung der Mastleistung eingesetzt werden.
Die Rückstände dieser Arzneimittel sind unerwünscht. Im Darm der Tiere, im Mist und in der Gülle können sich widerstandsfähige Erreger bilden. Diese gelangen über Fleisch, Milch und Milchprodukte und auch Gemüse in den menschlichen Organismus. Die Arzneimittel verlieren dann beim Menschen ihre Wirkung. Weitere Risiken sind akute Gefahren, z. B. Vergiftungen sowie die Entstehung von Allergien.
Präparate mit Hormonwirkung (z. B. Östrogene, Anabolika) sind in der Europäischen Union grundsätzlich verboten.

*Industrielle Schadstoffe können auf unsere Nahrung gelangen*

### Verunreinigung durch Industriegifte

Schadstoffe können unbeabsichtigt aus der Umwelt oder im Herstellungsprozess in oder auf unsere Nahrung gelangen. Hierzu zählen *Schwermetalle*, wie z. B. Blei, Cadmium und Quecksilber, schwer abbaubare Organchlor-Verbindungen (Dioxin) und radioaktive Substanzen.

*Blei* ist ein Schwermetall, das vor allem durch Abgase der Industrie in die Umwelt gelangt. Durch Staub und Niederschläge lagert es sich daher an Obst und Gemüse mit großer, rauer oder wachsiger Oberfläche ab. Über verunreinigte Futtermittel kann Blei auch in tierische Lebensmittel gelangen. Höhere Gehalte weisen häufig Leber und Nieren von Schlachttieren auf. Auch Trinkwasser kann Blei aus alten Wasserrohren oder Armaturen enthalten. Auch Keramikgefäße mit bleihaltiger Glasur sowie altes Zinngeschirr können Blei auf Lebensmittel übertragen. Akute Bleivergiftungen führen zu kolikartigen Bauchschmerzen und Blutarmut.

*Cadmium* entsteht bei der Verbrennung von Erdöl, Müll und Kohle. Es wird auch durch Abwässer auf unsere Pflanzen übertragen. Besonders belastet sind Waldpilze, Spinat, Sellerie und Leinsamen, Leber und Nieren von Schweinen, Muscheln und Krebse. Symptome einer akuten Cadmiumvergiftung sind meist Übelkeit, Erbrechen und Kopfschmerzen. Spätfolgen sind häufig Nieren- und Leberschäden und Knochenschwund (Osteoporose).

*Quecksilber,* dessen Verwendung heute stark eingeschränkt ist, kommt in pflanzlichen Lebensmitteln mit Ausnahme einiger Waldpilze (z. B. Steinpilze) nur in sehr geringen Mengen vor. Relativ hohe Werte weisen langlebige große Fische wie z. B. Thunfische oder Schwertfische auf. Quecksilber kann das Erbgut verändern sowie Gehirn- und Nervenzellen zerstören.

*Dioxin* entsteht als unerwünschtes Nebenprodukt von Verbrennungsprozessen (z. B. Verbrennung von behandeltem Holz, Müllverbrennungsanlagen) sowie bei industriellen Herstellungsverfahren. Anwendungsbeschränkungen führen zu einem stetigen, aber langsamen Rückgang der Gehalte in Lebensmitteln und Muttermilch. Die Doxinverbindungen können zu Schädigungen der Leber, des Nerven- und Immunsystems führen. Zudem gilt es als stark Krebs erregend.

> Zum Schutz des Verbrauchers wurden in der EU Höchstgehalte für Schwermetalle und Dioxin in verschiedenen Lebensmitteln festgelegt.

*Maßnahmen zur Vermeidung von Schadstoffen*

### Belastung durch radioaktive Substanzen

Alle Lebewesen (auch Lebensmittel) weisen eine natürliche Radioaktivität auf, die sehr gering ist. Sie enthalten Radionuklide, die unter Abgabe radioaktiver Strahlen zerfallen. Daneben gelangen diese auch durch den Einfluss des Menschen in Umwelt und Nahrung: z. B. Kernwaffenversuche, Reaktorunfall von Tschernobyl im Jahr 1986. Hohe Belastungen weisen heute noch Waldpilze und Wildbret auf. Radioaktive Teilchen, durch Atemluft, Nahrung und Trinkwasser aufgenommen, bestrahlen direkt Organe und Gewebe. Sie können das Knochenmark schädigen und Krebserkrankungen auslösen.

Radioaktive Bestrahlung von Lebensmitteln dient zur Haltbarmachung von Lebensmitteln (siehe Seite 130 ff., Vorratshaltung). Keime und Krankheitserreger werden dabei abgetötet. Unter Wissenschaftlern gilt das Verfahren im Allgemeinen als gesundheitlich unbedenklich. Bestrahlte Lebensmittel selbst werden nicht radioaktiv. Nebenwirkungen der Bestrahlung allerdings sind Nährwert- und Vitaminverlust. Eine deutliche Kennzeichnung bestrahlter Lebensmittel (z. B. Kräuter, Gewürze, Kartoffeln u. a.) ist vorgeschrieben.

### Vorbeugende Maßnahmen zur Reduzierung von Schadstoffen bei Einkauf, Lagerung und Zubereitung

Ziel muss es sein, durch bewusstes Verhalten die Aufnahme von Schadstoffen mit der Nahrung zu verringern.

- Saisonales und regionales Angebot nutzen: z. B. Freilandgemüse, Nahrungsmittel aus der ökologischen Landwirtschaft.
- Im eigenen Garten auf Kunstdünger und Pflanzenschutzmittel verzichten.
- Nicht nur makelloses Obst und Gemüse kaufen.
- Beim Fleischeinkauf rosiges, marmoriertes Fleisch bevorzugen.
- Innereien, stark belastete Fische (z. B. Thunfisch) sowie Waldpilze nicht so häufig verzehren.
- Obst und Gemüse gründlich waschen, eventuell schälen, bei Blattgemüse äußere Deckblätter, nitratreiche Stiele und große Blattrippen entfernen.
- Bei Waldpilzen cadmiumreiche Lamellen entfernen.
- Keramikgefäße nur dann benutzen, wenn sie für Lebensmittel geeignet sind.
- Den Inhalt aus Konserven nach dem Öffnen umfüllen.
- Nitratreiches Gemüse (z. B. Spinat) nicht warm halten, Reste schnell abkühlen.
- Auf radioaktiv bestrahlte Lebensmittel verzichten.
- Gemüse und Obst nicht von Ständen an verkehrsreichen Straßen kaufen.

---

**1** Geben Sie einen Überblick über mögliche Schadstoffe in unseren Nahrungsmitteln.

**2** Diskutieren Sie in Lerngruppen, wie man im Haushalt zur Vermeidung von Schadstoffen beitragen kann.

**2 Vollwertige Ernährung** — **10**

*Ganz was Neues für Kinder! Sieht aus wie Ketchup, schmeckt wie Ketchup, ist aber Spinat...*

*Ein Blick ins Gen-Labor*

Die Verwendung von Mikroorganismen im Bereich der Lebensmittelverarbeitung hat eine jahrhundertelange Tradition:

Brot
Salami
Schinken
Käse
Jogurt

→ sind Erzeugnisse der **Biotechnik**, hergestellt mithilfe von Mikroorganismen. ←

Klarer Fruchtsaft
Bier
Wein
Champagner
Sauerkraut

**Die Biotechnik** nützt die natürlichen Eigenschaften von Organismen technisch aus.

**Die Gentechnik** bringt Lebewesen mit neuen Eigenschaften hervor, vermischt Erbgut unterschiedlichster Lebewesen.

*Die Gentechnik greift auf verschiedenen Ebenen in die Lebensmittelverarbeitung ein*

## Gentechnik im Einkaufskorb

Der Augustinermönch Gregor Mendel hat im vorletzten Jahrhundert mit seiner Vererbungslehre die Voraussetzungen der Gentechnik geschaffen. Seit 1992 bauen Agrarkonzerne gentechnisch veränderte Pflanzen an. Es begann in den USA mit der berühmten Flavr-Savr-Tomate. Die Superfrucht sollte aufgrund eines gen-technischen Eingriffes länger haltbar sein und nicht mehr matschig werden.
Kurz nach ihrer Einführung verschwand die Tomate allerdings wieder aus den Supermarktregalen. Wirtschaftlich war sie ein Flop.
Seitdem kommen fast ausschließlich Pflanzen auf den Markt, die gegen Unkrautvernichtungsmittel und Insektenfraß resistent sind. Diese erste Generation von Pflanzen soll
- die Erträge erhöhen,
- den Arbeitsaufwand beim Anbau mindern und
- dazu beitragen, Lebensmittel preisgünstig herzustellen und damit die Gewinne der Agrarunternehmen zu steigern.

Heute werden im Wesentlichen vier gentechnisch veränderte Pflanzen angebaut: Herbizidresistente Gensoja, Mais, Baumwolle und Raps.
Viele Verbraucher in Europa verweigern den Griff zum Genfood. Denn ohne erkennbaren Nutzen für sich selbst sind sie nicht bereit, die damit verbundenen Risiken auf sich zu nehmen.

Erst Langzeituntersuchungen könnten genaue Erkenntnisse über Bekömmlichkeit und gesundheitliche Verträglichkeit der neuen gentechnisch veränderten Lebensmittel bringen. Diese sind sehr aufwändig, teuer und kaum für jedes einzelne Lebensmittel durchführbar.

> Für die freie Entscheidung der Verbraucher ist die Kennzeichnung die Mindestvoraussetzung.

### Vom Gen zum Lebensmittel

> Die Gene sind der Plan, nach dem immer wieder neues Leben entsteht. Sie bestimmen, wie Lebewesen aussehen.

Die Gene von Orangen bestimmen, welche Orangensorte entsteht.
Die Zellen, aus denen alle höheren Organismen (Mensch, Tier, Pflanzen u. v. m.) bestehen, haben alle einen ähnlichen Aufbau: Im Zellkern ist das Erbmaterial in einer fadenförmigen Struktur gespeichert. Beim Menschen ist sie in ausgestreckter Form etwa zwei Meter lang.

> Die chemische Substanz, aus der unsere Gene bestehen, ist die Desoxyribonukleinsäure, kurz DNS genannt.

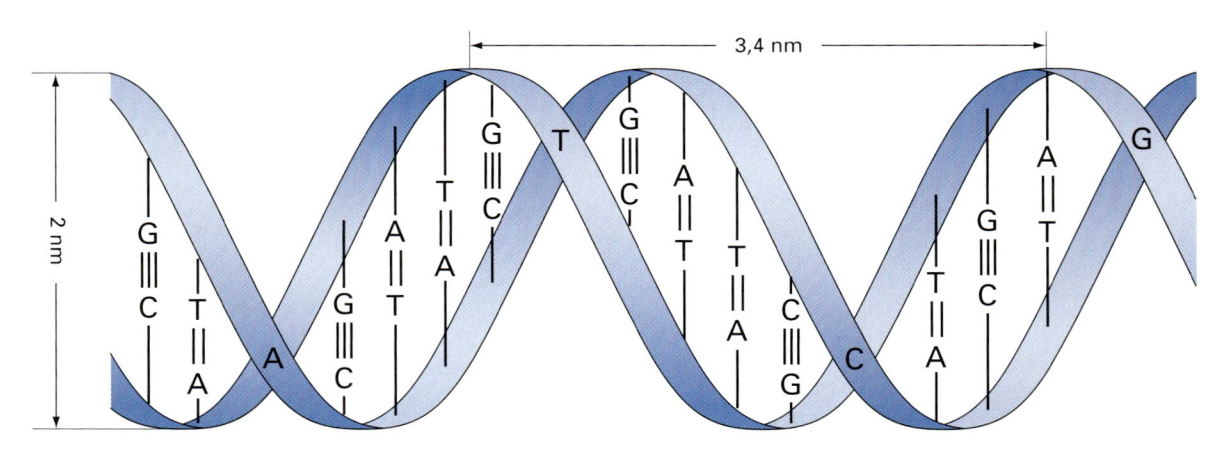

*Doppelstrang der DNS, die Doppelhelix*

### DNS – Schlüssel zu unseren Erbanlagen

Die beiden Amerikaner Francis Crick und James Watson entdeckten gemeinsam die Form der DNS und wurden 1962 mit dem Nobelpreis dafür ausgezeichnet.

Sie fanden heraus, dass unser genetischer Code auf einem gedrehten Doppelstrang mit einer bestimmten Reihenfolge von Bausteinen gespeichert ist, der Doppelhelix.

Die Stufen im Inneren dieser molekularen Wendeltreppe bestehen aus Basenpaaren, die die Buchstaben des genetischen Codes bilden.

Die DNS einer Zelle kann aus dem Zellkern gewonnen werden. Man kann die Erbinformationen einer tierischen Zelle im Reagenzglas isolieren und sie in das Gen eines Bakteriums einschleusen. Die Übertragung von Genen im Labor gelingt erst nach vielen Anläufen. Um zu erkennen, ob das Einschleusen erfolgreich war, erhält die Pflanze neben dem Gen mit der neuen Eigenschaft zusätzlich ein so genanntes Markergen. Dafür werden in der Regel Anitbiotikaresistenz-Gene verwendet. Die neuen Organismen können dann in großer Stückzahl kopiert werden.

### Gesundheitsrisiken von Genfood

Seit den Anfängen der Entwicklung transgener Pflanzen und Tiere gibt es hitzige Debatten über das Risiko dieser Technik.

### Antibiotikaresistenz – Lebensretter werden unwirksam

Da die weltweit angebauten Genpflanzen als Markergen Antibiotikaresistenz-Gene eingebaut haben, liegt ein großes Problem darin, dass therapeutisch wichtige Antibiotika unwirksam werden. Denn wenn die Resistenz auf Krankheitserreger übertragen wird, bleiben diese unempfindlich gegen die nicht selten überlebenswichtigen Medikamente.

### Allergierisiko lässt sich schwer abschätzen

Im Gegensatz zu Nahrungsmittelunverträglichkeiten werden echte Allergien durch Proteine ausgelöst. Gentechnische Eingriffe in Pflanzen führen in der Regel dazu, dass diese bislang nicht vorhandene Proteine bilden.

Werden künftig Genpflanzen in großem Stil angebaut, nehmen viele Menschen neue, bisher nahrungsfremde Proteine auf. Für Proteine, die aus bekannten, allergieauslösenden Organismen stammen, gibt es Testmöglichkeiten. Bei transgenen Pflanzen stammen die übertragenen Gene von Bakterien, über deren Allergiepotenzial nichts bekannt ist.

### Gefährdung durch Pflanzenschutzmittel

Die meisten gentechnischen Entwicklungen bei Nutzpflanzen zielen bisher darauf ab, diese gegen Unkrautvernichtungsmittel (Herbizide) unempfindlich zu machen. Dadurch sollen die

## Kennzeichnung gentechnisch veränderter Organismen (GVO)

**Diese Lebensmittel müssen gekennzeichnet sein (Beispiele):**

| | | |
|---|---|---|
| GVO-Lebensmittel | Tomate | ja |
| Aus GVO hergestellte Lebensmittel | Maismehl (GVO nachweisbar) | ja |
| | Raps, Mais- und Sojaöl | ja |
| | Glukosesirup aus Maisstärke | ja |
| Lebensmittel von Tieren, die mit GVO gefüttert wurden | Milch, Fleisch, Eier | nein |
| Mit GVO-Enzymen hergestellte Lebensmittel | Käse (Chymosin), Glukosesirup, Brot (Amylase), Backwaren, Teigwaren, Aromen, klare Säfte, Wein, Bier | nein |
| Zusatzstoffe oder Aromen | Lecithin aus Gen-Soja in Schokolade | ja |
| Aus GVO hergestellte Futtermittel | Maiskleber | ja |
| | Sojaschrot | |
| Futtermittel mit Zusatzstoff aus GVO | Vitamin B$_2$ | ja |

(Quelle: www.transgen.de)

| Mais | | | | Soja | | | | |
|---|---|---|---|---|---|---|---|---|
| **Grieß** | **Mehl** | **(Keim)-Öl** | **Stärke** | **Grieß Mehl** | **Öl** | **Protein** | | **Püree** |
| Cornflakes | Tortillas | Margarine | Maltose | Stabilisator | Lecithin | Tofu | | Sojamilch |
| Polenta | Knabber- | | Glukosesirup | Emulgator | Vitamin E | Emulgator in | | Sojasauce |
| | gebäck | | Traubenzucker | | | Fertigsuppen | | |
| | Fertigbackwaren | | Zucker- | | | Fertigsoßen | | |
| | | | austauschstoffe | | | Zusatz in | | |
| | | | | | | Wurst und | | |
| | | | | | | Backwaren | | |

*Aus Mais oder Soja gewonnene Rohstoffe stecken in vielen Lebensmitteln, Zutatenliste beachten!*

Pflanzenschutzmittel später gespritzt werden können, wenn offensichtlich ist, dass sie auch tatsächlich benötigt werden. Allerdings müssen die Landwirte wegen der dann größeren Unkräuter auch mehr Chemikalien einsetzen.

> Genfood ist nicht ohne Risiko für die menschliche Gesundheit.

## Genfood in unseren Lebensmittelregalen

Der Anbau von Genpflanzen und die Verwendung transgener Organismen sind heute Realität. Substanzen aus Genlabors haben sich in fast alle vorgefertigten Lebensmittel eingeschlichen.

### Gentechnik bei der Gewinnung von Zucker aus Stärke

Eine der wirtschaftlich bedeutendsten Anwendungen der Gentechnik bei Lebensmitteln ist die Umwandlung von Stärke in Zucker. Als pflanzliche Stärkequelle nutzen die Hersteller Mais und Kartoffeln. Die so produzierten Zuckerstoffe sind z. B. als Glucosesirup in vielen Getränken und Lebensmitteln zu finden.

### Transgene Enzyme in Backwaren

Gentechnisch veränderte Bakterien produzieren Amylase. Dieses Enzym kommt von Natur aus in Getreide und Hefe vor. Beim Backprozess sorgt es dafür, dass die Getreidestärke in Zucker gespalten wird. Um diesen Vorgang zu beschleunigen, enthalten Fertigbackmischungen zusätzliche – überwiegend gentechnisch hergestellte – Amylase.

### Transgene Enzyme in Käse

Damit aus Milch Käse wird, muss der Milch Labferment (Chymosin) zugesetzt werden. Dieses Enzym stammt ursprünglich aus Kälbermägen. Inzwischen ist die gentechnische Gewinnung von Chymosin weit verbreitet.

## 2 Vollwertige Ernährung

**10**

"Na bitte! Die Testperson spricht hervorragend auf unser neues Produkt-Design an!"

"Ideale Kaumuskelanspannung! Perfekte Knusprigkeit!"

"Optimale Feinsplittrigkeit! Maximaler Speichelfluß!"

"Erstklassige Beiß-, knack- und kauqualität..."

"Ich habe Appetit auf noch mehr KNACKI!"

"...und lang anhaltende intensive Verzehrlust."

"Gratuliere! Damit haben wir wieder ein perfektes neues Nahrungsmittel entwickelt."

*Food-Design*

| Lebensmittelgruppe | Beispiele |
|---|---|
| Getreide, Getreideerzeugnisse | Omega-3-Brot, Präbiotisches Brot, Präbiotische Backwaren, Präprobiotische Getreideflocken, Prä-/probiotische Müslimischungen, Präbiotische Kekse, Müsliriegel, Suppen, Desserts und Fertiggerichte, Brot und Backwaren mit jodiertem Speisesalz |
| Gemüse | ACE-Gemüsemischungen, Ballaststoffhaltige Gemüsemischungen |
| Getränke | Energy Drinks, Sport Drinks, Wellness Drinks, ACE-Getränke, Prä-/probiotische Getränke |
| Milcherzeugnisse | Prä-/probiotische Jogurts, Probiotischer Käse, Käse mit jodiertem Speisesalz |
| Wurst, Eier | Probiotische Wurstwaren, Wurstwaren mit jodiertem Speisesalz, Omega-3-Ei |
| Fette | Probiotische Margarine, Designerfette (Light, Halb und Halb), Fettersatzstoffe |

*Beispiel für „Functional Food"*

## Transgene Mikroorganismen zur Gewinnung von Vitaminen

Auch zur Gewinnung der Vitamine E, $B_2$ und $B_{12}$ werden transgene Mikroorganismen im großen Umfang genutzt.

Als Antioxidans in Speiseölen und Margarine (Vitamin E), als gelber Farbstoff (Vitamin $B_2$) oder zur Vitaminanreicherung tauchen sie dann in vielen Lebensmitteln unbemerkt auf. So können Multivitaminsäfte, ACE-Produkte oder Frühstückscerealien solche gentechnisch hergestellten Vitamine enthalten.

Wer heute gentechnisch Verändertes im Essen meiden will, hat es nicht leicht.

Möchte man keine Gentechnik kaufen, so greift man am besten zu Öko-Produkten oder Waren, die auf dem Etikett den Hinweis „ohne Gentechnik" tragen.

Allerdings ist auch das keine absolute Garantie für völlig reine Lebensmittel.

> Wer selbst kocht, umgeht Fertigprodukte und hochverarbeitete Produkte mit Zutaten und Zusatzstoffen unbekannter Herkunft.

Heimisches Obst, Gemüse und Getreide sind gentechnikfrei. Doch schon bei konventionell hergestellten Lebensmitteln wie Margarine, Soja- oder Maiskeimöl lässt sich nicht ausschließen, dass Gen-Soja oder Mais als Rohstoff dienen.

## Food-Design: Functional Food

Mithilfe von Food-Design werden neuartige Nahrungsmittel erstellt. Dabei werden Hilfs- und Zusatzstoffe so eingesetzt, dass durch die Kobination von optischen Reizen, Geschmacks- und Geruchsreizen, Temperatureigenschaften und Beschaffenheit „bestimmte Esserlebnisse" beim Verbraucher ausgelöst werden.

Food-Design – hinter diesem Wort verbirgt sich ein ausgeklügeltes System, mit dem Hersteller ermitteln, wie ein Lebensmittel beschaffen sein muss, damit es sich gut verkaufen lässt.

Functional Food steht für Lebensmittel, denen zusätzlich zu ihrem ursprünglichen Nährwert Vitamine, Mineralstoffe, Ballaststoffe, lebende Keime und Bakterien, Jodsalz oder Enzyme beigefügt werden.

> Funktionelle Lebensmittel sind Lebensmittel, die Körperfunktionen zielgerichtet beeinflussen sollen.

**1** Überprüfen Sie durch eine Markterkundung Lebensmittel auf gentechnisch veränderte Zusatzstoffe.

**2** Überlegen Sie, ob es sinnvoll ist, Lebensmittel mit Vitaminen und Ballaststoffen anzureichern.

# 3 Nahrungszubereitung und -präsentation

## Menü „Sportlerball"

Spaghetti an Zitronenmascarpone
Rucolasalat mit gegrillten Garnelen

✦

Waldbeeren-Milch-Shake

✦

Bandnudeln mit Fisch-Ratatouille
Schweinemedaillons
in Calvados-Apfel-Soße
mit Vollkornrisotto

✦

Beerentiramisu

✦

Getränke: Mineralwasser, Apfelschorle

## Menü „Silberhochzeit"

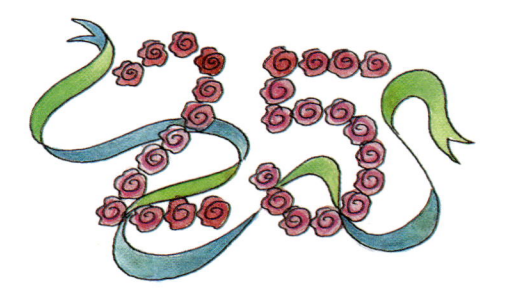

Spaghetti an leichter Spargelvinaigrette
Rucolasalat mit gegrillten Garnelen

✦

Waldbeeren-Kefir-Shake

✦

Schollenfilet im Kartoffel-Gemüsebett
Putenmedaillons in
Calvados-Apfel-Soße mit Vollkornreis

✦

Feine Quarkcreme mit Blaubeeren

✦

Getränke: Mineralwasser, Apfelschorle,
leichter Weißwein

## Für jeden das richtige Menü

Die Grundregeln der Auswahl von Speisen und Getränken für ein vollwertiges Menü haben Sie bereits in der 9. Jahrgangstufe kennen gelernt. Häufig ist es jedoch auch wichtig, beim Erstellen eines Menüplans auf die speziellen Befindlichkeiten unterschiedlicher Personengruppen einzugehen. Ein Menü für die Mitglieder der Sportmannschaft sollte anders aussehen als das Festmenü für die Silberne Hochzeit der Eltern. Oft lassen sich Menüvorschläge bereits durch kleine Veränderungen so abwandeln, dass Geschmack und Gesundheitswert individuellen Bedürfnissen gerecht werden.

Auch bei der Zubereitung eines alltäglichen Menüs kann bereits durch die gezielte Auswahl der Lebensmittel und die Verwendung unterschiedlicher Garverfahren auf die Bedürfnisse verschiedener Haushaltsmitglieder eingegangen werden.

| Lebensmittel | Garverfahren | Beurteilung |
|---|---|---|
| Nudeln | Kochen (Temperatur ca. 100 °C) | Hohe Vitamin- und Mineralstoffverluste. Die Kochflüssigkeit möglichst mitverwenden. |
| Garnelen | Grillen (Temperatur ca. 250 °C) | Vitamin- und Mineralstoffverluste. Für fettarme Diät geeignet. Es bilden sich auch ohne Fettzugabe Röststoffe. |
| Fisch | Dünsten (Temperatur 95–100 °C) | Nährstoffschonendes Garverfahren. Die Aromastoffe bleiben erhalten. |
| Fisch/Kartoffeln/Gemüse | Foliengaren (Temperatur 200 °C) | Sehr nährstoffschonende Methode. Das Aroma bleibt erhalten, der Backofen bleibt sauber. |
| Reis | Garziehen/Quellen (Temperatur 80–90 °C) | Schonendes Garverfahren. Geringe Nährstoffverluste, da Garflüssigkeit vollständig vom Reis aufgenommen wird. |
| Schweinefilet/Putenfilet | Braten in der Pfanne/ Kurzbraten | Schnelles Garen von kleinen Portionen. Röststoffe sorgen für appetitanregende Aromastoffe. |

*Mögliche Garverfahren für das Silberhochzeitsmenü*

## Für alles das richtige Garverfahren

Bei der Zubereitung von Speisen spielt das gewählte Garverfahren nicht nur für den Geschmack, sondern auch für den ernährungsphysiologischen Wert der Speise eine Rolle. Die Tabelle zeigt eine Auswahl an Garverfahren, die für das Silberhochzeitsmenü verwendet werden.

**Durch geeignete Garverfahren Vitaminverluste reduzieren**

Die Vitaminverluste beim Garen sind abhängig von Gartechnik, Garzeit und Temperatur sowie vom Zerkleinerungsgrad.
- Wählen Sie Gartechniken, für die wenig Flüssigkeit benötigt wird. Dämpfen und Dünsten sind besonders vitaminschonende Garverfahren.
- Geben Sie Lebensmittel zum Garen in wenig kochendes Wasser. Die Zeit der Wärmeentwicklung wird so verkürzt.
- Verwenden Sie das Kochwasser möglichst weiter. Im Kochwasser sind wasserlösliche Vitamine und Mineralstoffe enthalten.

**1** Wiederholen Sie das Kapitel Ernährung in verschiedenen Alterstufen (S. 176). Welche Besonderheiten sind bei der Auswahl von Speisen für die Ernährung von Kindern, Jugendlichen, Schwangeren, älteren Menschen sowie von Sportlern zu berücksichtigen?

**2** Erstellen Sie jeweils ein dreigängiges Mittagsmenü für die in Aufgabe 1 genannten Personengruppen.

**3** Planen Sie ein gemeinsames Mittagessen, das den Ernährungsbedürfnissen der einzelnen Familienmitglieder entspricht.

**4** Nennen Sie geeignete Garverfahren zur Zubereitung von Speisen für Menschen mit Übergewicht. Begründen Sie Ihre Auswahl.

**5** Beschreiben Sie weitere Garverfahren und beurteilen Sie diese nach ihrem Gesundheitswert.

*Sauerbraten, Semmelknödel, Bayerische Crème*

## Bayern tafelt

### Genuss, Kultur und Traditionen

Bayern ist ein Land mit gewachsener Kultur und Traditionen. Das gute Klima und die guten Böden haben dazu geführt, dass die bayerische Küche wesentlich reichhaltiger und gehaltvoller ist als die anderer Regionen.

Gastfreundschaft, kirchliche Feste und die Freude am Feiern prägen das kulinarische Leben. Dabei blieb Bayerns Küche ihren Traditionen treu und damit ländlich-deftig. Nicht auf die Raffinesse kommt es der bayerischen Küche an, sondern auf die richtige Zusammenstellung, auf Sorgfalt und Liebe, mit der gekocht wird.

Dabei hat man bis heute nicht vergessen, dass gute Küche stets von guten Produkten ausgehen muss. Das Fleisch, meist am Stück gegart, ist klar sichtbar, es wird nichts überbacken, geschnetzelt oder unter Majonäsen versteckt. In der bayerischen Küche gibt es selten schnelle Pfannengerichte; hier wird meist „geköchelt", d. h. langsam gegart, sei es ein Suppenfleisch oder der Sonntagsbraten in der Backröhre. Dadurch bleibt genügend Zeit für die Zubereitung schmackhafter Beilagen.

### Bayerische Spezialitäten

Zu den bayerischen Spezialitäten zählt auf jeden Fall eine deftige Brotzeit, bei der Radi und Butterbrot, Brezeln, Weißwurst, Bratwurst, Leberkäse und Obazda nicht fehlen dürfen.

Fleischgerichte wie gebratene Kalbshaxen, Münchner Tellerfleisch, Böfflamott oder verschiedene Sülzen sind besonders beliebt und fallen bayerisch üppig aus.

Dazu dürfen natürlich die verschiedenen Knödelvarianten und frische Salate nicht fehlen.

Typische Spezialitäten sind auch Mehl- und Süßspeisen wie Dampfnudeln, Rohrnudeln, Apfelstrudel oder die berühmte Crème Bavaroise (Bayerische Crème).

| Böfflamott | |
|---|---|
| 1 kg Rindfleisch | in kalte Essig-Rotweinbeize einlegen (am besten über Nacht). Fleisch bei milder Hitze in der Beize weichkochen (ca. 1 Stunde) |
| 30 g Butter 1 EL Öl 1 TL Zucker 4 EL Mehl Salz, Pfeffer | in einem Bratentopf erhitzen, darin bräunen einstreuen, braun rösten, erst mit kalter, dann mit heißer Beize aufgießen. Unbedingt eine viertel Stunde köcheln lassen. Fleisch in Scheiben schneiden, auf einer Servierplatte anrichten mit durchpassierter, abgeschmeckter Soße übergießen. Die Soße soll sämig, schön glatt und glänzend sein. Restliche Soße in eine Sauciere füllen. |
| **Semmelknödel** | |
| 10 alte Semmeln ¼ Liter Milch | in sehr dünne Scheibchen in eine Schüssel schneiden zum Kochen bringen, darübergießen, durchmischen und zugedeckt mindestens eine Stunde ruhen lassen |
| 1 kleine Zwiebel 30 g Butter | klein hacken, in glasig dünsten |
| 3 geh. EL Petersilie Schale von 1/2 Zitrone 1 TL Salz 3 Eier | zugeben und gut durchmischen. Knödel formen und in Salzwasser ca. 20 Minuten leise köcheln lassen. |
| **Bayerische Creme** | |
| 2 Blatt Gelatine | in kaltem Wasser einweichen |
| 1 Vanilleschote | längs halbieren und das Mark herauskratzen, |
| 3 Eigelb 70 g Zucker | mit schaumig schlagen. Gelatine mit 2 EL Wasser bei schwacher Hitze auflösen und unter die Eigelbmasse rühren. |
| 300 g Sahne | steif schlagen und unter die Masse heben Mit Fruchtpüree und frischen Früchten anrichten. |

## Geschichte

Das Böfflamott soll Napoleon im 18. Jahrhundert nach Bayern gebracht haben. Französisch kam in Mode, aus dem Bürgersteig wurde das „Trottoir" und aus dem Sauerbraten eben ein Boef à la mode (bayerisch: „Böfflamott").

Der Knödel hat eine besondere Geschichte. Er stellt nicht nur Resteverwertung in besonderer Form dar, sondern war offensichtlich auch ein beliebtes Wurfgeschoss. Die Deggendorfer Sage erzählt von König Ottokar, dessen Truppen im 13. Jahrhundert mit Knödeln in die Flucht geschlagen wurden.

Die Bayerische Creme soll angeblich von Isabeau de Bavière erfunden worden sein, einer Tochter des Bayernherzogs Stephan, die mit König Karl von Frankreich verheiratet war.

**1** Beurteilen Sie das Menü aus ernährungsphysiologischer Sicht.

**2** Berechnen Sie mithilfe der Nährwerttabelle den Energiegehalt.

**3** Erstellen Sie einen Tageskostplan für einen Jugendlichen, in dem dieses Gericht als Mittagsmenü enthalten ist.

**4** Finden Sie typische Gerichte aus Ihrer Region.

*Saltimbocca*

*Moussaka*

## Die Mediterrane Küche

Die mediterrane Küche bietet eine gesunde Form der Ernährung, deren Wurzeln bereits in der Antike zu finden sind.

Anfang der 1950er Jahre fanden Wissenschaftler heraus, dass die traditionelle Mittelmeerkost die gesündeste zu sein scheint. Gefäßerkrankungen, wie Arteriosklerose, treten im Süden Europas wesentlich seltener auf als im Norden. Die Südländer leiden weniger an Herz- und Kreislauferkrankungen, bestimmte Krebserkrankungen wie Lungenkrebs treten nicht so häufig auf. Auch die Lebenserwartung ist dort durchschnittlich höher.

## Grundsäulen der Mediterranen Küche

Die fünf Grundsäulen, auf die sich die mediterrane Kost heute stützt, sind Getreide, viel Obst und Gemüse, frischer Fisch und Meeresfrüchte, kaltgepresstes Olivenöl und maßvoller Genuss von Rotwein. Hinzu kommen kleinere Mengen Fleisch – typischerweise Geflügel und Lammfleisch – Eier, Milchprodukte und nicht zu vergessen frische Kräuter und Gewürze.

## Ernährungsphysiologische Bedeutung

Der große Anteil an pflanzlicher Nahrung und die damit verbundene erhöhte Zufuhr von Kalium trägt dazu bei, Bluthochdruck zu vermeiden bzw. zu senken. Kalium kommt vorwiegend in Obst, Gemüse, Hülsenfrüchten, Kartoffeln, Reis und Getreide vor. Auch das seit Jahrhunderten bekannte Heilmittel Knoblauch unterstützt diesen Effekt.

Da die Mittelmeerküche reich an Ballaststoffen ist, führt sie schnell zu einer anhaltenden Sättigung.

## Das flüssige Gold – Olivenöl

In der traditionellen Mittelmeerküche wird vorwiegend Olivenöl verwendet. Das bedeutet, dass der Anteil ungesättigter Fettsäuren sehr hoch ist und nur wenig gesättigte Fettsäuren, wie sie in tierischen Produkten vorkommen, verzehrt werden (siehe dazu auch Seite 122). Außerdem enthält kaltgepresstes Olivenöl das hochwirksame Vitamin E und eine Vielzahl sekundärer Pflanzenstoffe.

## Saltimbocca

| | |
|---|---|
| 4 dünne Kalbsschnitzel | leicht klopfen, mit |
| Salz und Pfeffer | würzen |
| 4 Scheiben rohen Schinken | darauf legen, |
| 8 frische Salbeiblätter | darauf legen, zusammenklappen, mit Zahnstocher zustecken |
| 1 EL Mehl | Schnitzel darin wenden und in |
| 2 EL Olivenöl | von jeder Seite ca. 5 Minuten braten, herausnehmen, warm stellen |
| ½ Tasse Wasser, 2 EL Weißwein | in das Bratfett geben und aufkochen |
| Salz und Pfeffer | zum Abschmecken der Soße, Soße über das Fleisch geben |

## Moussaka

| | |
|---|---|
| ¾ kg Kartoffeln<br>3 EL Olivenöl | waschen, schälen, mit<br>im Backofen ca. 30 Min. bei 200 °C garen |
| 3 Auberginen<br>3 EL Olivenöl | Mit der Gabel mehrmals einstechen, mit etwas Wasser in der Mikrowelle bei 750 Watt ca. 30 Minuten garen. Dann erst in Scheiben schneiden, salzen und kurz in Öl anbraten |
| 1 große Zwiebel<br>4 Zehen Knoblauch<br>5 EL Olivenöl<br>¾ kg Lammhackfleisch | Zwiebeln und Knoblauch fein würfeln und in Olivenöl andünsten<br>Fleisch zugeben und ca. 5 Minuten anbraten |
| 100 ml Brühe oder Rotwein<br>2 EL Tomatenmark, Zucker<br>1 EL frisch geh. Oregano<br>¼ TL Zimt, 1 Lorbeerblatt<br>Salz, Pfeffer | und ca. 20 Min. köcheln lassen |
| 90 g Butter<br>90 g Mehl<br>600 ml Milch | in einem Topf unter ständigem Schlagen mit einem Schneebesen verrühren, bis die Masse dicklich und glatt wird und Blasen schlägt, 1–2 Minuten köcheln lassen, |
| Salz, Pfeffer, 2 Nelken,<br>1 Prise Zimt, 1 Ei | abschmecken, etwas abkühlen lassen und das verquirlte Ei unterrühren |
| | Kartoffeln, Auberginen und Fleisch schichtweise in eine Auflaufform geben. Dann die Soße darüber gießen |
| 50 g Kefalotiri-Käse | Mit Käse bestreuen und bei ca. 180 °C 50–60 Minuten garen. |

### Spezialitäten aus der Mediterranen Küche

Kalbsschnitzel mit Schinken und Salbei, auf italienisch „Saltimbocca alla Romana". Wörtlich übersetzt heißt das „Spring in den Mund". Der Schinken muss dünn geschnitten werden, ebenso die Scheiben des Kalbsschnitzels.
Als Beilagen passen dazu gebackene Kartoffeln, und verschiedene Gemüsesorten wie z. B. Piemonteser Paprika (gelbe Paprikaschoten mit Tomaten und Sardellen belegt).
Das berühmte griechische Moussaka kann man auch bereits am Vortag zubereiten. Als Beilage reicht man dazu Brot und knackige Salate.

> **1** Gestalten Sie einen Rezeptplan für ein internationales Büfett. Verwenden Sie dabei u. a. für jede Region die Grundzutaten Hackfleisch, Obst und Gemüse, Reis und Nudeln.
> Bewerten Sie Zutaten und Zubereitungsart nach ernährungsphysiologischen Gesichtspunkten.

*Huhn in Mandelsoße*

## Indien – kulinarische Impressionen

### Kleine Länderkunde

Indien, der märchenhafte Kontinent mit einer der ältesten Kulturen der Welt, hat schon immer Menschen vieler Länder fasziniert. Nicht immer kamen sie mit guten Absichten – manche Einwanderer brachten den Bewohnern Krieg, andere Völker verdrängten sie, aber einige verschmolzen auch friedlich mit der ansässigen Bevölkerung. So wurde Indien im Laufe der Jahrhunderte zu einem Mosaik vieler Nationalitäten, die ihre kulturellen, religiösen und natürlich auch kulinarischen Eigenheiten mitbrachten und bis heute bewahrten.

### Die gesunde indische Küche

Auf der ganzen Welt wird gegessen, um zu genießen und den Körper gesund und leistungsfähig zu halten. In Indien räumt man der Ernährung aber einen noch höheren Stellenwert ein. Die Inder haben Achtung vor allen Nahrungsmitteln, da sie, dem hinduistischen Glauben nach, von den Göttern kommen.

Lebensmittel werden jedoch nicht nur aus religiösen Gründen so geschätzt, sondern auch wegen des über 3000 Jahre alten Wissens um die heilkräftige Wirkungsweise von Nahrungsmitteln, Kräutern und Gewürzen.

Indien ist die Wiege der über 2000 Jahre alten Ayurveda-Medizin (Ayus = Leben, Veda = Wissen), der ältesten ganzheitlichen Naturheilkunde. Der Begriff Gesundheit umfasst hier die Harmonie von Körper, Geist, Seele und Umgebung. Wenn die Harmonie gestört ist, dann greift die Ayurveda-Medizin mit ihren Heilmethoden ein, zu denen auch Behandlungen mit Tees, Gewürzmischungen und Aromatherapien gehören.

### Die Magie der Gewürze

> Um die Harmonie aufrechtzuerhalten, wird schon bei der Zubereitung der Speisen darauf geachtet, dass sie die Gesundheit fördern und bekömmlich sind.

Schwer verdaulichen Speisen werden die entsprechenden Gewürze, wie z. B. Pfeffer oder Fenchel, die verdauungsfördernd sind, beigemengt.

## Huhn in Mandelsoße

| | |
|---|---|
| 1 kg Hühnerbrustfilet | abspülen, trockentupfen und in 2,5 cm große Quadrate schneiden |
| 4 mittelgroße Zwiebeln | schälen, halbieren und in Halbringe schneiden |
| 4 Knoblauchzehen | schälen und durchpressen |
| 1 Stück frischer Ingwer | schälen und fein reiben |
| 3 Tomaten | waschen, vierteln und vom Stielansatz befreien |
| 3 EL Ghee oder Butterschmalz | im Topf erhitzen, Zwiebeln gleichmäßig anbraten, Knoblauch und Ingwer dazugeben und weitere 2 Minuten rösten |
| 4 Nelken<br>4 Stücke Zimtrinde<br>6 grüne Kardamomkapseln | zugeben und weitere 2 Minuten mitbraten |
| | Hühnchenstücke hinzufügen und ca. 5 Minuten anbraten |
| 1 ½ TL Kreuzkümmelpulver<br>½ TL Korianderpulver<br>1 TL Kurkumapulver<br>¼ TL Chilipulver, Salz | unterrühren |
| 3 EL gem. Mandeln<br>250 ml heißes Wasser<br><br>2 Stängel frischer Koriander<br>1 EL Mandelstifte | und Tomaten zugeben und alles zum Kochen bringen.<br>Bei schwacher Hitze ca. 20 Minuten kochen lassen,<br>dabei gelegentlich umrühren.<br>Koriander waschen, trockenschütteln. Die Blätter abzupfen.<br>Kurz vor dem Servieren das Gericht mit Korianderblättern und Mandelstiften garnieren.<br>Warm mit Basmatireis oder Naan (indisches Fladenbrot) servieren. |

Ingwer regt den Appetit an, Nelken stärken das Herz. Basilikum hat eine beruhigende Wirkung. Zimt hingegen ist als Gewürz anregend und belebend, in heiße Getränke gegeben hilft er gegen Erkältungen. Kurkuma wird als Paste innerlich und äußerlich gegen Hautkrankheiten angewendet.
Auch das Wissen um die kühlen und warmen Gewürze fließt in die Zubereitung der Speisen und Getränke mit ein. Ingwer, Lorbeer, schwarzer Kardamom und Zimt sind warme Gewürze, d. h. sie erzeugen innere Hitze.
Safran gibt den Speisen ein besonderes Aroma, außerdem eine wunderschöne Farbe, die das Auge erfreut und damit appetitanregend und belebend wirkt.

### Die typische Beilage der indischen Küche

Neben verschiedenen Brotsorten ist die beliebteste Beilage der Basmatireis.
Basmatireis ist eine der ältesten Reissorten. Einwanderer entdeckten ihn vor ca. 3000 Jahren im Kaschmirhochland. Im Himalajagebirge, wo das Schneewasser die Talterrassen überflutet, wächst dieser Reis. Typisch für ihn ist der aromatische Duft.
Basmatireis sollte so lange gespült werden, bis das Wasser klar ist. Wenn man ihn ca. 30 Minuten in kaltem Wasser einweicht, quillt er beim Kochen besser und erhält somit seine klebrige Konsistenz.

1. Informieren Sie sich über die gesundheitsfördernde Wirkung weiterer Kräuter und Gewürze.
2. Sammeln Sie weitere Rezepte aus der indischen Küche und erstellen Sie damit ein umfangreiches Festmenü, das sich evtl. bei einem Schulfest präsentieren lässt.

# 4 Ess- und Tischkultur

*Aufbau eines Büfetts von rechts nach links: Vorspeisen – Salate – Vorlegebesteck – Hauptspeisen – Beilagen/Brot – Käseauswahl – Nachspeisen. Nebentisch: Teller – Servietten – Besteck.*

## Das Büfett – nur ein Fest für die Augen?

Einladungen, bei denen ein bestimmtes Motto im Mittelpunkt steht (Klassenfeier, Gartenfest) lassen sich mitunter leichter organisieren, wenn Speisen, Getränke, Essgeschirr und Essbesteck als Büfett präsentiert werden. Je nach Tageszeit und Anlass können unterschiedliche Büfetts aufgebaut werden. Man unterscheidet kalte, warme und gemischte Büfetts.

Präsentation des Büfetts
- Der Aufbau des Büfetts richtet sich nach den räumlichen Gegebenheiten.
- Breite Tische stehen frei, schmale Tische stehen an der Wand.
- Mehrere Tische zu einer langen Tafel oder Hufeisenform zusammenstellen.
- Alles sollte leicht zugänglich sein.
- Einheitliche Tischtücher verwenden.
- Der Gast geht von rechts nach links am Büfett entlang.
- Die Speisen sollten leicht erreichbar sein.
- Speisen, die in zweiter Reihe stehen, werden erhöht angeordnet, so kann man sich leichter bedienen.
- Ausreichend Teller, Besteck, Vorlegebesteck, Servietten und Gläser bereitstellen.
- Getränke und Gläser können auch auf einem Servierwagen oder Nebentisch stehen.
- Dekorationen nicht zu aufdringlich gestalten, die Speisen stehen im Vordergrund.
- Für das gebrauchte Geschirr einen eigenen Tisch bereitstellen.

> Optischer Mittelpunkt bei einem Büfett ist die Dekoration und/oder eine besondere Speise.

## Speisenwahl für ein Büfett

Für ein Büfett eignen sich nur solche Speisen, die auch ungekühlt über mehrere Stunden hinweg appetitlich aussehen.

Die Vielfalt der Speisen sollte den Gästen immer eine Auswahl bieten, egal ob das Büfett aufwändig oder einfach, festlich oder rustikal ist. Auf einem pikanten Büfett sollten daher stets auch vegetarische, leichte/energiebewusste und süße Speisen zu finden sein.

Dekorativ wirkt das Büfett, wenn die Speisen auch farblich zusammenpassen und ansprechend garniert sind.

Finger-Food gewinnt bei Büfetts immer mehr an Bedeutung, weil es sich problemlos ohne Besteck essen lässt.

## Planung einer Feier – Checkliste für den Gastgeber

- ✓ Festart (Familienfest, Arbeitsessen, bestimmte Personengruppe, bestimmtes Motto?)
- ✓ Anzahl der Gäste
- ✓ Einladungsart (schriftliche oder mündliche Einladung)
- ✓ Termin
- ✓ Platzbedarf (Welche Räume eignen sich? Welche Tische und Stühle benötigt man?)
- ✓ Speisen- und Getränkeauswahl
- ✓ Berechnung der Lebensmittelmengen
- ✓ Bestellung, Einkauf (Einkaufsliste, wann und wo wird eingekauft?)
- ✓ Zeitplan für die Speisenzubereitung
- ✓ Personalplanung (Wie viele Helfer?)
- ✓ Raum- und Tischdekoration (Materialbedarf, Einkauf, Herstellung der Dekoration)
- ✓ Bewirtung (Wer serviert? Wer schenkt die Getränke ein? Wer serviert ab?)
- ✓ Reinigung (Wann kann das anfallende Geschirr gespült werden? Wann können die Endräumarbeiten erledigt werden?)
- ✓ Rahmenprogramm? (evtl. Tischmusik, musikalische Einlagen usw.)
- ✓ Finanzierung

## Benimm am Büfett

Auch am Büfett gelten Anstandsregeln.
Der Gastgeber …
- eröffnet das Büfett,
- ergänzt ggf. Teller, Besteck, Gläser und Servietten,
- bringt frisch bereitete Speisen,
- entfernt leere Schüsseln und Platten,
- schafft Ordnung am Büfett.

Die Gäste …
- bedienen sich erst nach der Eröffnung,
- nehmen den Teller und gehen ohne zu drängeln am Büfett entlang,
- nehmen nicht zu viele Speisen gleichzeitig,
- verwenden nicht immer denselben Teller (Käse nicht vom Fleischteller),
- ragen ihr benutztes Geschirr selbst zum Beistelltisch.

## Vorteile eines Büfetts

- Große Anzahl an Gästen möglich.
- Speisen können in Ruhe vor Beginn des Festes vorbereitet werden.
- Gastgeber hat mehr Zeit für die Gäste.
- Organisation bezüglich des Auf- und Abtragens von Speisen entfällt weitgehend.
- Zwanglose Selbstbedienung und Unterhaltung.
- Gute Kommunikationsmöglichkeit, da keine feste Sitzordnung.
- Jeder Gast kann individuell nach seinem Geschmack und Appetit auswählen.
- Gäste, die später kommen, können ohne Aufsehen und Störung am Büfett teilnehmen.

---

**1** Planen Sie als Projektarbeit ein Büfett für einen besonderen Anlass (z. B. Klassenfest).

Die „Checkliste" hilft bei der Organisation des Festes.

1. Erkundigen Sie sich bei einem Partyservice nach Angebot und Preis für ein Büfett.
2. Sammeln Sie geeignete Rezepte für ein Büfett und stellen Sie eine Speisenfolge zusammen.
3. Überlegen Sie, wie oft die einzelnen Speisen zubereitet werden sollen, erstellen Sie dann eine Einkaufsliste und einen Arbeitsplan.
4. Berechnen Sie die Kosten für das Büfett.
5. Überlegen Sie Nachteile dieser Form der Bewirtung.

*Die Ägypter aßen von kleinen Tischchen*

## Ess- und Tischkultur im Wandel der Zeit

Die Ess- und Tischkultur ist ein bedeutendes Beispiel menschlicher Entwicklungsfähigkeit. Seit Beginn der Menschheitsgeschichte kommt der Nahrungsaufnahme nicht nur physiologische, sondern auch symbolische, ja mystische Bedeutung zu.
Das gemeinsam eingenommene Mahl als Zeichen der Freundschaft und Zusammengehörigkeit hat in vielen Kulturkreisen einen besonderen, oft sogar religiösen Charakter.
Vergleicht man die Tischkultur der heutigen Zeit mit den Gewohnheiten früherer Zeiten wie beispielsweise der Antike, dem Mittelalter so wird man nicht nur auf Gemeinsamkeiten, sondern vorallem auch auf Unterschiede stoßen.
Die Tischkultur, wie wir sie heute leben, ist kein Produkt des 21. Jahrhunderts, vielmehr hat sie sich mithilfe der zahlreichen Einflüsse früherer Epochen und anderer Länder immer weiter entwickelt. Das Besondere an unserer heutigen Ess- und Tischkultur ist das Nebeneinander vieler Kulturen und Lebensstile. Diese zahlreichen Einflüsse bestimmen auch heute noch die Art, wie wir Ess- und Tischkultur pflegen.

### Ägypten – Festmahl mit Tanz und Spiel (ca. 5000–300 v. Chr.)

Bereits um 2800 v. Christus waren Festmahle üblich. Auf die Harmonie von Speisen und Getränken wurde viel Wert gelegt. Bei einem Festmahl saß man auf Kissen rings um das Wasserbecken im Innenhof des Hauses. Die Speisen wurden von mit Blumen bekränzten Dienerinnen gereicht. Auch die Unterhaltung bei Tisch spielte eine wichtige Rolle. Neben Musikanten und Flötenspielern boten Akrobaten und Tänzerinnen ihre Darbietungen.

### Das klassische Griechenland – Anfänge des Finger-Foods (ca. 500–30 v. Chr.)

Im frühen Griechenland waren die Sitten einfach. Man aß an Tischen und saß dabei auf Sesseln. Es gab noch kein Besteck, daher griff man mit den Fingern in die aufgetragenen Schüsseln. Serviert wurden hauptsächlich Breigerichte, Oliven, Kräutergerichte und Fleisch. Suppe und Soße schöpfte man mit einem ausgehöhlten Stück Brot oder einem Löffel. Teller und Becher aus Ton oder Metall waren bereits bekannt.

*Männer beim Gelage –
griechische Trinkschale 5. Jh. v. Chr.*

*Fast-food im Mittelalter –
ein fahrbarer Pastaofen etwa 1500 n. Chr.*

Im fünften Jahrhundert v. Chr. verbreiteten sich in Griechenland zunehmend die Sitten des arabischen Raumes: die Männer aßen jetzt vornehmlich alleine, legten sich zum Essen auf Liegen, zogen dabei die Schuhe aus und trugen Kränze im Haar. Nach dem Essen säuberten sie sich ihre Hände, neben Wasser immer häufiger mit Brot oder parfümiertem Ton, und wandten sich dem Weintrinken zu. Während des Essens wurden philosophische Gespräche geführt, tänzerische und musikalische Darbietungen erfreuten die Gäste.

### Ausschweifende Festgelage in Rom
(ca. 300 v. Chr. – 500 n. Chr.)

Die Römer übernahmen diese Tischkultur. Die Festmahle wurden im Lauf der Zeit immer üppiger und verschlangen Unsummen. Vor allem Gewürze waren sehr teuer und um seinen Reichtum zu zeigen, galt es auch als schicklich, die Lebensmittel durch die Zubereitung zu verfremden. So heißt es z. B. in einem römischen Kochbuch: „Wenn du das Gericht auf die Tafel bringst, so soll niemand erkennen, was er zwischen den Zähnen hat." Zum Essen wurden Löffel und Finger, zum Tranchieren Messer und Gabeln verwendet. Die Römer kannten jedoch bereits Trinkbecher aus Glas und aßen von Tellern aus Gold und Silber. Während des Essens wuschen sie sich öfters die Hände und trockneten sie mit Tüchern oder in den Haaren von Sklavinnen.

Doch auch die einfachen Leute hatten ihre Ess- und Tischkultur und wenn die Tafeln hier weniger prunkvoll gestaltet waren und das Nahrungsmittelangebot bei weitem nicht so reichhaltig war, so spielte vor allem das gemeinsame Essen für die Menschen der Antike eine entscheidende Rolle.

### Raue Sitten im Mittelalter
(ca. 800–1500 n. Chr.)

Mit dem Untergang des Römischen Reiches gerieten der Tafelluxus sowie die Ess- und Tischkultur in Vergessenheit. Man aß fortan an schweren Eichentischen, die Vertiefungen enthielten, in denen die Speisen lagen. Tischdecken und Gabeln wurden nicht benutzt. Dementsprechend rau waren auch die Sitten.

Diese besserten sich erst, als wieder Frauen an den höfischen Tafeln zugelassen wurden. Doch auch durch die zurückkehrenden Kreuzritter erfuhren die Tischsitten eine Verfeinerung. So galt es ab sofort als unhöflich, sich bei Tisch lange anzustarren, zu schnauben, sich anzulehnen, angebissene Speisen in die gemeinsame Schüssel zurückzulegen oder mit vollem Mund zu trinken. Mit der Zeit gewannen Hygienevorschriften und Tischtücher, die als Servietten benutzt wurden, mehr und mehr an Bedeutung. Nachdem aber das Besteck nach wie vor lediglich zum Auflegen und Tranchieren der Speisen benutzt wurde, musste man das Essen mit den Fingern zu sich nehmen.

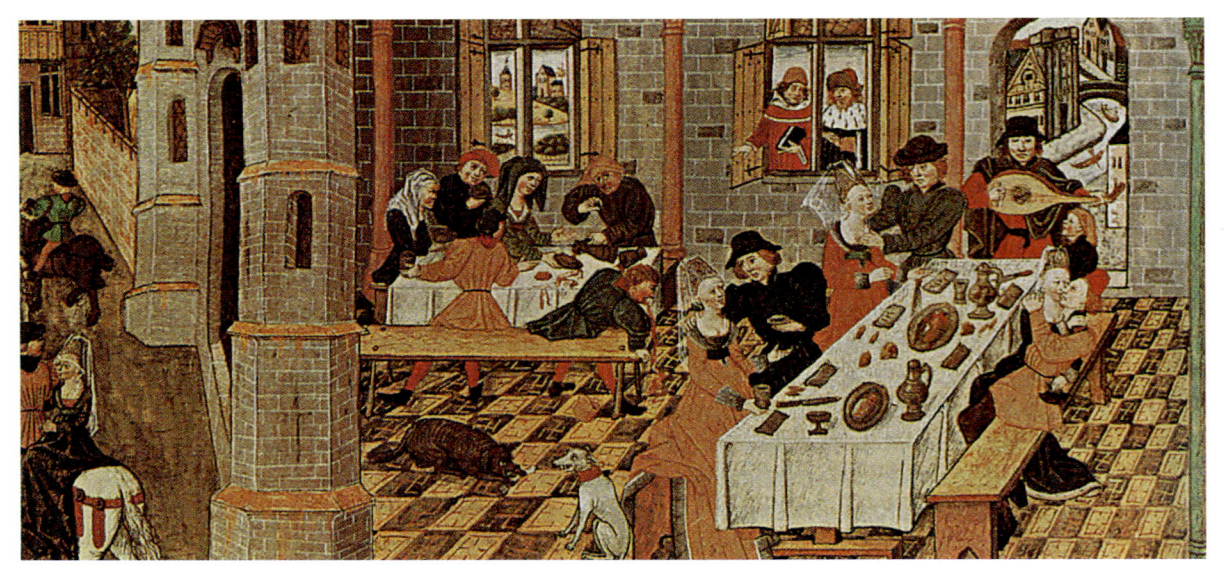

*Sich bei Tisch zu übergeben oder zu heftig zu flirten galt in Tischzuchten als schlechtes Benehmen*

Als besonders schick galt es dabei, mit den ersten drei Fingern das Essen zu greifen und den kleinen Finger sowie den Ringfinger so weit wie möglich abzuspreizen, damit wertvoller Fingerschmuck auch von jedermann gesehen werden konnte.
Suppen und Soßen trank man direkt aus der Schüssel. Den Löffel benutzte man entweder um die Speisen auf die Teller zu bringen oder um Konfekt zum Munde zu führen. Die Löffel waren meist einfache Holzlöffel oder Einzelstücke aus Edelmetallen, mit Edelsteinen besetzt. Nicht selten brachten die Gäste ihren eigenen kostbaren Löffel mit. Erst im 18. Jahrhundert setzte sich die Mode durch, dass der Gastgeber oder die Hausfrau jedem Tischteilnehmer einen Löffel und einen Teller aus Holz bzw. Zinn bot.
Zur Unterhaltung der Gäste zeigten nach wie vor Gaukler und Spielleute ihre Künste. Erst später gab es richtige Tafelmusik mit Trompeten, Waldhörnern und Chören.

### Anfänge einer Tafelkultur
(16.–19. Jh.)

Auf prunkvolle Tafelaufsätze und Dekorationen legte man erst in dieser Zeit besonders großen Wert. Man schrieb außerdem die ersten Bücher über Kochkunst und Tafelkultur.

In *Italien* gebrauchte man zur Zeit der Renaissance (ca. 1420–1600) bereits die Gabel zum Essen. Diese Sitte wurde jedoch noch von Zeitgenossen anderer Länder abgelehnt. Erst ab dem 17. Jahrhundert zählte sie zu den allgemeinen Essgeräten. Im Mittelalter war sie noch als Satanswerkzeug verpönt, denn das abergläubische Volk sah sie als Attribut des „Dreizack schwingenden Satans" an. Der stärkste Verfechter dieses Besteckteils war aber Ludwig der XIV., der Sonnenkönig, der den Gebrauch der Gabel bei Hofe anordnete.

Die *französische Tischkultur* wurde führend in Europa. Im 17. Jahrhundert aß man bereits mit Messer und Gabel von einem Teller. Große Servietten aus weißem Damast wurden zu kunstvollen Gebilden gefaltet und später während des Essens um den Hals gebunden. Der Tellerservice wurde ebenfalls erstmalig in Frankreich praktiziert.
Für private Anlässe lud man mit der Zeit zu intimeren Diners ein, doch auf feines Tafelgeschirr, geschliffene Gläser und Tafelsilber legte man auch hier großen Wert. Der Speiseraum wurde mit Stilmöbeln sowie wertvollen Vertäfelungen ausgestattet.
Das Streben, es der Aristokratie gleichzutun, führte zu einer raschen Verbreitung der verfeinerten Sit-

*Kaffeekränzchen im 19. Jahrhundert*

ten, sodass das aufwärtsstrebende Bürgertum im 18. und 19. Jahrhundert in ganz Europa diese Ess- und Tischsitten übernahm.

### Anfänge einer Globalisierung

Im 19./20. Jahrhundert wurde die Ess- und Tischkultur immer weiter verfeinert. Davon zeugen nicht nur umfangreichere Service- und Besteckteile. Man erfand auch neue Materialien und konnte die Kochkunst aufgrund des erweiterten Nahrungsmittelangebotes wie auch neuerer Gar- und Zubereitungsmethoden immer weiter verfeinern.

Dann veränderte der Prozess der Industrialisierung und Verstädterung die Beständigkeit der Tischgemeinschaft aufs Neue. So führte z. B. die Fabrikarbeit zu einer großen Umstellung in den Esssitten und Ernährungsgewohnheiten. Die Festlegung der Arbeitszeiten unterteilte den Tag nunmehr in Freizeit und Arbeitszeit, und die räumliche Trennung zwischen häuslich-familiären und beruflichen Lebensräumen sowie die Entwicklung der Nahrungsmittelindustrie machte eine Verpflegungsart wie das Kantinenessen erst möglich.

Nach dem zweiten Weltkrieg wandelten sich dann die Sitten ganz erheblich. Mit dem „american way of life" benahm man sich lockerer, formloser und ungezwungener und mit dem Fast-Food zog eine neue Esskultur bei uns ein.

Doch konnte sie nicht durch alle Bevölkerungsschichten hindurch die gehobene Tischkultur mit hochwertiger Ausstattung, ausgewählten Menüs und zeitgemäßen Tischsitten verdrängen.

Und wie ist es um die Ess- und Tischkultur im 21. Jahrhundert bestellt?

---

1 Bewerten Sie die gegenwärtige Situation der Ess- und Tischkultur.

2 Vergleichen Sie die Fast-Food-Kultur mit der Slow-Food-Kultur.

3 Finden Sie Beispiele/Anlässe, wann Sie die eine oder andere Art zu essen bevorzugen.

## 10 Schwerpunktthema: Wir führen eine Pro-und-Kontra-Diskussion

Es bilden sich drei Gruppen. Zwei Gruppen sammeln Argumente, um das Für (Pro) und Wider (Kontra) zu begründen. Eine dritte Gruppe bildet die Jury und bleibt neutral.

### Thema: Genfood – Nutzen und Risiko für die Verbraucher?

**1. Vorbereitung**

Die beiden Gruppen sammeln Material. Die wichtigsten Argumente werden aufgeschrieben. Die Jury-Gruppe notiert Kriterien, nach denen die Gruppen bewertet werden sollen, und spricht diese mit den Gruppen ab.

**2. Durchführung**

Die Tische werden so gestellt, dass sich die beiden Gruppen ansehen können. Es sollten alle Gruppenteilnehmer zu Wort kommen. Die Redezeit für die Gruppen wird festgelegt.
Aus der Gruppe der Jury eröffnet und beendet ein Gesprächsleiter die Diskussion.

**Pro**
1. Lebensmittel können billiger produziert werden.
2. Enzyme können in unbegrenzten Mengen hergestellt werden.
3. …
4. …

**Kontra**
1. Der Anbau von Genpflanzen bringt unabsehbare Folgen für die Umwelt mit sich.
2. Antibiotikaresistenz durch Markergene.
3. Nicht absehbare gesundheitliche Folgen.
4. …

**Jury**
1. Wie überzeugend waren die Argumente?
2. Wie waren der Ausdruck und die Sprache?
3. Konnte die gegnerische Gruppe zuhören?
4. Wie hat die Gruppe zusammengearbeitet?

**3. Auswertung**

Die Jury wertet die Diskussion nach ihren Kriterien aus. Sie gibt Hinweise, wie einzelne Situationen besser gestaltet werden können.

# Glossar

**Adaptierte Milch** (S. 176)
Darunter versteht man Kuhmilchpräparate, die in ihrer Zusammensetzung der Frauenmilch angenähert, adaptiert sind. Der Eiweißgehalt beträgt höchstens 1,9 g/100 ml unter besonderer Reduzierung von Casein und Anreicherung von Molkeproteinen. Das Milchfett wird verändert durch Zusatz von Pflanzenfett mit hohem Anteil an ungesättigten Fettsäuren; einziges Kohlenhydrat ist Lactose. Als teiladaptiert werden Milchpräparate bezeichnet, die mehr Eiweiß und auch andere Kohlenhydrate enthalten.

**Adipositas** (S. 189)
Krankhaftes Übergewicht heißt Adipositas und ist behandlungsbedürftig.

**Aflataxine** (S. 200)
Hochwirksame Gifte, die von Schimmelpilzen gebildet werden. Diese sind stark krebserregend und schädigen die Leber. Sie zählen zu den Mykotoxinen.

**Alkoholische Gärung** (S. 34, 50, 53)
Sie wird von Hefen hervorgerufen, die mit einem Enzymsystem Einfachzucker in Äthylalkohol und Kohlendioxid verwandeln. Anwendung findet diese Form der Gärung bei der Herstellung berauschender Getränke wie auch bei der Teiglockerung durch Hefe oder Sauerteig.

**Antibiotikum** (S. 209)
Ein Antibiotikum ist ein biologischer Wirkstoff, der Kleinstlebewesen im Wachstum hemmt oder abtötet (Einsatz z. B. bei Infektionen).

**Antihaftbeschichtung** (S. 18)
Sie ermöglicht eine Zubereitung ohne oder mit sehr wenig Fett. Ursprünglich wurde das Material für die Weltraumtechnik entwickelt, bevor es für den Haushalt Verwendung fand. Antihaftbeschichtungen sind Teflon, Teflon-Platinum, Duresist-Titan oder Exalibur, je nach Herstellerfirma.

**Arteriosklerose** (S. 196 f.)
Arteriosklerose ist ein allgemeiner Ausdruck für die Verengung, zugleich die Verdickung und Verhärtung der Arterien. Das hat zur Folge, dass das hindurchfließende Blut schlechter transportiert werden kann.

**Biologische Wertigkeit** (S. 92, 96, 106, 110, 114, 117)
Die biologische Wertigkeit gibt an, wie viel Körpereiweiß aus dem Lebensmitteleiweiß aufgebaut werden kann.

**BMI** (S. 189)
Englisch: Abkürzung für Body-Mass-Index.
Deutsch: Körpermassenindex zur Bewertung des Körpergewichts.

**BSE** (S. 111)
Abkürzung für Bovine Spongiforme Enzephalopathie. Krankheit, die bei Rindern zu schwammartiger Veränderung des Gehirns führt.

**Cappuccino** (S. 39)
Espresso mit heißer, z. T. mit Dampf aufgeschäumter Milch, mit Kakao bestäubt.

**Cholesterin** (S. 88, 106, 110, 117, 123, 196 f.)
ist ein fettähnlicher Stoff, der in tierischen Nahrungsmitteln enthalten ist (Eigelb, Innereien, Fleischfett). Der menschliche Organismus produziert selbst Cholesterin und verbraucht es bei der Herstellung von Hormonen und Vitamin D und beim Zellaufbau.

**Corian** (S. 167)
Ein äußerst robustes und pflegeleichtes synthetisches Harzmaterial, das sich beliebig formen lässt und völlig fugenlos verlegbar ist. Kratzer und hartnäckige Flecken können problemlos selbst ausgeschliffen werden. Im Vergleich zu Spanarbeitsplatten ist Corian sehr teuer.

**Darmflora** (S. 176)
Unter Darmflora fasst man alle im Darm von Menschen und Tieren lebenden Pilze und Bakterien zusammen, die zur Aufspaltung der Nahrungsbestandteile und zur Unterdrückung von Krankheitserregern beitragen.

### DNS/DNA (S. 214)
Die Abkürzung für den Stoff, aus dem die Gene sind. DNS steht für Desoxyribonukleinsäure, DNA ist die englische Kurzform für Desoxyribonucleinacid. DNS findet man als lange Moleküle in den Zellen („Faden des Lebens"). Als Struktur dieser Substanz wurde die berühmte Doppelhelix gefunden, die aus zwei Strängen besteht, die miteinander verdreht sind.

### Emaillierung (S. 18)
Emaille ist eine glasähnliche Glasur, der auch Farbstoffe zugefügt werden können. Sie wird bei sehr hohen Temperaturen auf Gusseisen gebrannt.
Emaille ist oxidationsbeständig, porenfrei und abriebiest, aber sehr empfindlich gegen Schlag und Stoß, wird dabei rissig und splittert ab. Die abgesplitterten Stellen rosten, dadurch besteht eine Gefahr für die Gesundheit.

### Enzyme (S. 50 ff., 138, 168, 176)
Enzyme sind in den Zellen aller Lebewesen gebildete Proteine, welche die gesamten chemischen Umwandlungen im Organismus erst ermöglichen. Man kennt heute über 2500 Enzyme.

### Ergonomie (S. 8)
Ergonomie ist die Wissenschaft von den Leistungsmöglichkeiten und -grenzen des arbeitenden Menschen sowie der besten wechselseitigen Anpassung zwischen dem Menschen und seinen Arbeitsbedingungen.

### Espresso (S. 39)
Mit Dampfdruck durchgepresstes feines Kaffeepulver, korrekt ist er mit cremigen Bläschen, serviert wird er in einer kleinen Espressotasse.

### Fayencen (S. 74)
nach der französichen Stadt Faenza benannt, feine Töpferware mit undurchsichtiger, weißer Zinnglasur mit farbiger Bemalung.

### Flugrost (S. 20)
Rostflecken auf Chromnickelstahl sind kein Materialfehler, sondern ein Zeichen unsachgemäßer Behandlung. Flugrost entsteht, wenn im gleichen Spülgang als „rostfrei" deklarierte Metallteile von Rüstmessern, Sparschälern usw. mitgewaschen werden, wenn die Spülmaschine beschädigt ist oder Rostpartikel durch die Wasserleitung zugeführt werden.

### Food Design (S. 217)
Food Design ist die Zusammenstellung neuartiger Produkte aus normierten pflanzlichen oder tierischen Rohstoffen. Dabei werden Hilfs- und Zusatzstoffe so eingesetzt, dass durch die Komposition von optischen Eindrücken, Geschmacks- und Geruchsreizen sowie Temperatur- und Konsistenzeigenschaften bestimmte „Esserlebnisse" beim Verbraucher ausgelöst werden.

### Gentechnik (S. 186, 213 ff.
Gentechnik ist der gezielte Einsatz technischer Mittel auf molekularer Ebene, um die Erbinformationen von Mikroorganismen, pflanzlichen, tierischen oder menschlichen Zellen mit einer bestimmten Zielsetzung zu nutzen.

### Glucagon (S. 169)
Glucagon ist ein Enzym, das in den Zellen der Bauchspeicheldrüse aufgebaut wird. Es hat eine dem Insulin entgegengesetzte Wirkung: es bewirkt den Abbau von Glykogen und steigert so den Blutglucosespiegel.

### Glykogen (S. 169 f.)
Glykogen, auch Leberstärke, ist ein Polysaccharid, in dem oft tausende von Molekülen Glucose zu einem Makromolekül verbunden sind. Es findet sich als Reservekohlenhydrat in den Muskeln und in der Leber, von der es aus Glucose unter Enzymeinwirkung aufgebaut und gespeichert wird. Der Abbau des Glykogens liefert bei Bedarf wieder Glucose, die im Stoffwechsel verbrannt wird.

### Granit (S. 167)
Granit ist ein besonderes Gestein mit hoher Beständigkeit und wunderschönen Farbschattierungen. Er besteht aus Quarz, Feldspat und Glimmer, die diesem Stein seine Tiefe und Lebendigkeit geben. Durch die glattpolierte Oberfläche schimmern die eingebetteten Kristalle je nach Herkunftsort silbrig, bläulich, grünlich oder rötlich bis hin zu Beige- und Brauntönen. Granit stammt z. B. aus Italien, Indien und Südafrika.

**HDL** (S. 196)
High Density Lipoprotein (Lipoprotein höherer Dichte) transportiert überschüssiges Cholesterin von den Geweben zurück zur Leber. Es verhindert Cholesterinablagerungen in den Gefäßen.

**Herbizide** (S. 208)
Unkrautvernichtungsmittel können Haut und Augen reizen, die Fortpflanzung von Versuchstieren beeinträchtigen, sind giftig für Fische, stehen im Verdacht krebserregend zu sein und können ungeborene Kinder im Mutterleib schädigen.

**Holz-Jahresringe** (S. 24)
Holz ist das aus Zellen zusammengesetzte, unter der Rinde liegende Gewebe von Bäumen und Sträuchern. Es ist alles Gewebe, das beim sekundären Dickenwachstum nach innen neu gebildet wird. In unseren Breiten ruht die Holzbildung im Winter. Dadurch dass im Frühjahr weitporiges und im Sommer engporiges Holz gebildet wird, entstehen im Stammquerschnitt die Jahresringe.

**Hormone** (S. 169, 172, 209)
Hormone sind Botenstoffe des Körpers, die der Informationsübertragung dienen; sie sind das zweite Signalübertragungssystem neben der Nervenleitung.
Die Hormone wirken immer nur auf bestimmte Organe. Diese haben besondere Bindungsstellen (so genannte Rezeptoren), an die die Hormonmoleküle gebunden werden.

**Insulin** (S. 169, 198 f.)
Insulin ist ein Hormon, das in der Bauchspeicheldrüse gebildet wird.

**Latte macchiato** (S. 39)
Heißer Milchschaum mit Espresso aufgegossen und mit aufgeschäumter Milch dekoriert. Serviert wird er in einem Glas mit Strohalm und Löffel.

**LDL** (S. 196)
Low Density Lipoprotein (Lipoproteine niedriger Dichte) transportiert das Cholesterin aus der Leber zu den Körperzellen. Ist es erhöht, kann dies zu Ablagerungen in den Blutgefäßen führen.

**Lebensmittelbestrahlung** (S. 186, 211)
Die Bestrahlung von Lebensmitteln mit ionisierenden Strahlen ist ein physikalisches Verfahren zur Haltbarmachung von Lebensmitteln.

**Legierung** (S. 18)
Durch das Zusammenschmelzen mehrerer Metalle entsteht ein Metallgemisch. Durch Legieren werden die Eigenschaften der Ausgangsmetalle oft wesentlich verbessert.

**Lipoproteine** (S. 196)
Träger- oder Transporteiweiße, die Fette und Cholesterin im Blut zu den Zellen befördern.

**Lymphe** (S. 168, 171)
Lymphe ist eine farblose bis gelbliche, wässrige Gewebeflüssigkeit. Die Lymphe sammelt sich in den Lymphkapillaren und -gefäßen (Lymphgefäßsystem) und mündet in das Venensystem; sie enthält die Lymphocyten. Die Lymphe hat blutreinigende sowie eine nährstofftransportierende Funktion. Außerdem hat sie Schutzfunktion.

**Mehrschicht-Material** (S. 19)
Pfannen und Töpfe können aus mehreren zusammengepressten Metallschichten bestehen, z. B. Edelstahl 18/10 + Aluminium + Chromstahl. Mehrschicht-Material zeichnet sich durch hervorragende Wärmeleitfähigkeit und gleichmäßige Wärmeverteilung vom Boden über die Wände bis in den Schüttrand aus. Es wurde zum besonders schonenden, wasser- und fettarmen Kochen entwickelt Mehrschicht-Material eignet sich für alle Herdarten, inklusive Induktion.

**Milchkaffee oder Cafe Latte** (S. 39)
Espresso mit viel heißer Mich, mit einer kleinen Menge aufgeschäumter Milch dekoriert. Serviert wird er in einer großen Tasse.

**Mykotoxine** (S. 200)
Pilze, die auf Lebensmitteln wachsen und Gifte bilden. Sie können zu gesundheitlichen Schäden am Menschen führen. Sie sind krebserregend, können Organe wie Leber und Niere schädigen.

### Nitrosamine (S. 125, 204 f.)
In stark saurer Lösung, wie im Magen, kann Nitrit zur Bildung von Nitrosaminen führen. In nicht mehr frischem Fleisch bilden sich beim Eiweißabbau Amine, diese führen bei anschließender Pökelung zur Nitrosaminbildung. Beim Erhitzen von gepökeltem Fleisch, z. B. beim Grillen von Kasseler, können sich ebenfalls Nitrosamine bilden. Nitrosamine wirken cancerogen (krebserregend).

### Öko-Audit (S. 23)
Betriebe, die umweltschonend arbeiten und sich verpflichten, die Umweltbelastung weiter zu senken, können sich von einem zugelassenen Umweltprüfer überprüfen lassen. Sie erhalten dann das Öko-Audit als Gütesiegel der Europäischen Union und können damit werben. Weitere Informationen: www.umweltpaket.bayern.de

### Ökobilanz (S. 12,15)
In einer Ökobilanz werden die Auswirkungen von Produkten, Dienstleistungen oder Produktionsverfahren auf die Umwelt erfasst. Ziel der Ökobilanz ist es, umweltverträglich zu werden.

### Ökologisch handeln (S. 12 ff.)
Ökologisch handeln heißt, auf eine positive Ökobilanz zu achten.
Entscheidende Kriterien sind hierbei: Wasserverbrauch, Energiebedarf, Wiederverwertung, Weiterverwendung, Kompostierung, Beeinflussung der Arbeitsumwelt (z. B. Lärm, Temperaturen) sowie Luftbelastung

### PAK (S. 125, 205)
PAK (polyzyklische aromatische Kohlenwasserstoffe) können bei jeder Fleisch- und Fischsorte auftreten, wenn Fleischsaft oder Fett in Glut tropft. Mit dem Rauch steigen sie auf und reichern sich im Grillgut an.

### Präbiotische Nahrungsmittel (S. 217)
Sie enthalten unverdauliche Bestandteile (Ballaststoffe), die die Aktivität von Darmbakterien steigern sollen.

### Probiotische Nahrungsmittel (S. 217)
Sie enthalten lebende Keime, die die Darmflora günstig beeinflussen sollen.

### Psychische Erkrankung (S. 190 ff.)
Psyche bedeutet Seele, Seelenleben, Wesen, Eigenart. Nicht nur der Körper, sondern auch die Seele kann krank werden. Traurigkeit kann in eine Depression übergehen und Ängstlichkeit kann das Ausmaß einer Angsterkrankung annehmen. Fachleute rechnen Ess-Störungen zu den psychischen Krankheiten. Wenn ein Mensch in eine Abhängigkeit von Alkohol oder Drogen gerät, so rechnet man dies ebenso zu den psychischen Erkrankungen.

### Purine (S. 88, 110, 195)
Purine sind stickstoffhaltige Substanzen von Zellkernen. Nach dem Genuss purinreicher Lebensmittel (z. B. Innereien) können erhöhte Harnsäurewerte auftreten.

### PUR-Lack (S. 167)
Polyurethanlack wird für offen- und geschlossenporige Lackierungen eingesetzt. Offenporig bedeutet, dass ein farbloser Lack zur Konservierung auf eine vorbehandelte Holzoberfläche gesprüht wird. Die Holzstruktur bleibt erhalten. Bei der geschlossenporigen Lackierung kommt ein farbiger Lack zum Einsatz. Die Lackschicht ist stärker, widerstandsfähiger und ergibt eine glatte oder leicht raue, glänzende oder matte Oberfläche. PUR-Lack ist problemlos zu pflegen, aber nicht hundertprozentig kratzfest.

### Radionuklide (S. 211)
Radionuklide sind Atome mit instabilen Atomkernen, die unter Abgabe radioaktiver Strahlen zerfallen (z. B. Cäsium 137, Cäsium 134, Jod 131, Strontium 137, Tritium).

### rationell (S. 8)
Rationell meint vernünftig, zweckmäßig, sparsam.

### Solanin (S. 97, 206)
Solanin ist ein Giftstoff, der in den grünen Teilen von Nachtschattengewächsen wie Tomaten und Kartoffeln gebildet wird.

### Verdauung (S. 168 ff.)
Verdauung ist die Aufspaltung der Nährstoffe in ihre Bausteine im Verdauungstrakt mihilfe von Verdauungsenzymen.

# Nährwerttabelle

| Lebensmittel 100 g essbarer Anteil | Eiweiß g | Fett g | Kohlen-hydrate g | Ballast-stoffe g | Energie kJ | Energie kcal | Mineralstoffe Eisen mg | Mineralstoffe Calcium mg | Vitamine A µg | Vitamine B₁ mg | Vitamine B₂ mg | C mg |
|---|---|---|---|---|---|---|---|---|---|---|---|---|
| Tomate | 1 | + | 3 | 0,7 | 70 | 16 | 0,5 | 14 | 133 | 0,1 | + | 24 |
| Weißkohl/Weißkraut | 1 | + | 4 | 0,8 | 105 | 25 | 0,5 | 46 | 10 | + | + | 46 |
| Zwiebeln | 1 | + | 9 | 0,6 | 176 | 41 | 0,5 | 29 | 33 | + | + | 8 |
| **Hülsenfrüchte** | | | | | | | | | | | | |
| Bohnen, weiß | 21 | 2 | 57 | 4,0 | 1400 | 333 | 6,0 | 105 | 65 | 0,5 | 0,2 | 3 |
| Erbsen, geschält | 22 | 1 | 59 | 3,1 | 1450 | 345 | 5,0 | 44 | 20 | 0,7 | 0,2 | 1 |
| Linsen | 24 | 1 | 56 | 3,9 | 1420 | 338 | 6,9 | 74 | 20 | 0,5 | 0,3 | + |
| **Kräuter** | | | | | | | | | | | | |
| Kresse | 2 | + | 3 | 0,6 | 90 | 21 | 0,7 | 26 | 216 | + | + | 10 |
| Petersilie | 3 | + | 6 | 1,5 | 150 | 35 | 4,8 | 147 | 730 | 0,1 | 0,2 | 166 |
| Schnittlauch | 4 | + | 8 | 2,3 | 220 | 52 | 13,0 | 167 | 50 | 0,1 | 0,2 | 47 |
| **Pilze** | | | | | | | | | | | | |
| Champignons, frisch | 3 | + | 3 | 0,9 | 105 | 25 | 1,1 | 10 | + | 0,1 | 0,5 | 4 |
| Champignons, Dose | 2 | + | 3 | 0,7 | 100 | 23 | 0,7 | 9 | + | + | 0,4 | 2 |
| **Kartoffeln,-erzeugnisse** | | | | | | | | | | | | |
| Kartoffeln, roh, ohne Schale | 2 | + | 19 | – | 350 | 83 | 1,0 | 13 | 3 | 0,08 | + | 15 |
| Kartoffelpüree, trocken | 8 | 1 | 79 | 2,4 | 1530 | 364 | 2,2 | 30 | + | 0,25 | 0,15 | 26 |
| **Nüsse** | | | | | | | | | | | | |
| Erdnüsse, geröstet | 26 | 49 | 18 | 2,7 | 2660 | 633 | 2,3 | 65 | 110 | 0,3 | 0,1 | 0 |
| Haselnüsse | 14 | 61 | 14 | 3,5 | 2855 | 679 | 3,8 | 226 | 4 | 0,4 | 0,2 | 3 |
| **Getreideerzeugnisse** | | | | | | | | | | | | |
| Weizenmehl, Type 1600 | 12 | 2 | 69 | 1,4 | 1449 | 345 | 3,3 | 38 | 60 | 0,45 | 0,17 | 0 |
| Weizenmehl, Type 405 | 11 | 1 | 74 | 0,1 | 1460 | 347 | 0,7 | 15 | + | 0,06 | 0,03 | 0 |
| Weizenkeime | 27 | 9 | 46 | 2,3 | 1570 | 373 | 8,1 | 69 | 160 | 2,01 | 0,72 | 0 |
| Roggenmehl, Type 1800 | 11 | 2 | 70 | 1,6 | 1415 | 336 | 4,0 | 23 | 45 | 0,30 | 0,14 | 0 |
| Reis, ganzes Korn, unpoliert | 7 | 2 | 75 | 0,7 | 1470 | 350 | 2,6 | 23 | 0 | 0,41 | 0,09 | 0 |
| Reis, ganzes Korn, poliert | 7 | 1 | 79 | 0,2 | 1480 | 352 | 0,6 | 6 | 0 | 0,06 | 0,03 | 0 |
| Haferflocken | 14 | 7 | 66 | 1,4 | 1680 | 400 | 4,6 | 54 | 0 | 0,59 | 0,15 | 0 |
| Eierteigwaren, Nudeln | 13 | 3 | 72 | 0,4 | 1580 | 376 | 2,1 | 20 | 60 | 0,20 | 0,10 | – |
| Cornflakes | 8 | 1 | 83 | 0,6 | 1600 | 380 | 2,0 | 13 | 0 | – | 0,05 | 0 |
| Hefegebäck, einfach | 5 | 7 | 33 | 0,2 | 930 | 221 | – | – | – | – | – | – |
| **Milch/Milchprodukte** | | | | | | | | | | | | |
| Vollmilch, 3,5 % Fett | 3,5 | 3,5 | 5 | 0 | 275 | 65 | 0,1 | 118 | 22 | + | 0,2 | 2 |
| Milch, entrahmt | 4 | + | 5 | 0 | 145 | 34 | 0,1 | 125 | + | + | 0,2 | 2 |
| Buttermilch | 4 | + | 4 | 0 | 145 | 34 | 0,1 | 109 | 8 | + | 0,2 | + |
| Jogurt, Vollmilch | 5 | 4 | 5 | 0 | 310 | 73 | 0,2 | 150 | 28 | + | 0,3 | 2 |
| Jogurt, aus entrahmter Milch | 5 | + | 5 | 0 | 165 | 39 | – | – | – | – | – | – |
| Schlagsahne | 2 | 30 | 3 | 0 | 1260 | 300 | + | 75 | 240 | + | 0,2 | 1 |
| Saure Sahne | 3 | 10 | 4 | 0 | 480 | 114 | – | – | – | – | – | – |
| Kondensmilch (7,5 % Fett) | 7 | 8 | 10 | 0 | 570 | 135 | 0,1 | 240 | 65 | + | 0,4 | 2 |
| Speisequark (40 % i. Tr.) | 12 | 11 | 4 | 0 | 695 | 165 | 0,3 | 70 | 110 | + | 0,2 | – |
| Speisequark, mager (10 % i. Tr.) | 17 | 1 | 2 | 0 | 370 | 88 | 0,5 | 70 | 13 | + | 0,3 | 1 |
| Doppelrahmfrischkäse | 15 | 28 | 2 | 0 | 1480 | 352 | – | 34 | 320 | + | 0,3 | 0 |
| Emmentalerkäse | 18 | 26 | 2 | 0 | 1370 | 326 | 0,5 | 382 | 480 | + | 0,4 | + |
| **Hühnerei** | | | | | | | | | | | | |
| Hühnerei (Gesamtinhalt) | 13 | 11 | 1 | 0 | 670 | 159 | 1,8 | 50 | 265 | 0,1 | 0,3 | + |
| Hühnereidotter | 16 | 32 | + | 0 | 1580 | 376 | 7,2 | 140 | 1490 | 0,3 | 0,4 | + |
| Hühnerklar | 11 | + | 1 | 0 | 230 | 54 | 0,2 | 11 | + | + | 0,3 | + |
| **Obstsäfte** | | | | | | | | | | | | |
| Apfelsaft | + | 0 | 12 | 0,1 | 190 | 45 | 0,3 | 7 | 15 | 0,1 | + | 1 |
| Apfelsinensaft, ungesüßt | 1 | 0 | 11 | 0,1 | 200 | 47 | 0,3 | 15 | 12 | 0,1 | + | 42 |
| Cola-Getränk | 0 | 0 | 11 | 0 | 185 | 44 | – | 4 | 0 | 0 | 0 | 0 |
| **Getränke/Gemüsesäfte** | | | | | | | | | | | | |
| Karottensaft | + | + | 6 | – | 110 | 26 | – | 27 | – | – | – | 4 |
| Tomatensaft | 2 | + | 4 | 0,3 | 100 | 23 | 0,8 | 12 | 117 | + | + | 15 |
| **Zucker, Zuckerwaren** | | | | | | | | | | | | |
| Honig | + | 0 | 80 | 0 | 1380 | 328 | 1,3 | 5 | 0 | + | + | 2 |
| Marmelade i. D. | + | 0 | 66 | 1,0 | 1135 | 270 | + | 10 | 0 | + | + | 8 |
| Schokolade, Vollmilch | 9 | 32 | 55 | 0,4 | 2340 | 557 | 3,1 | 214 | 18 | 0,10 | 0,35 | + |
| Zucker | 0 | 0 | 100 | 0 | 1720 | 409 | 0,5 | 1 | 0 | 0 | 0 | 0 |
| **Fett/Öle** | | | | | | | | | | | | |
| Butter | 1 | 83 | 1 | 0 | 3240 | 771 | 0,1 | 13 | 590 | + | + | + |
| Margarine | 1 | 80 | 1 | 0 | 3180 | 757 | 0,1 | 10 | 590 | + | + | + |
| Halbfettmargarine | 6 | 40 | + | 0 | 1620 | 385 | – | – | – | – | – | – |
| Sonnenblumenöl | 0 | 100 | 0 | 0 | 3880 | 923 | 0 | 0 | 4 | 0 | 0 | 0 |
| Mayonnaise, 80 % Fett | 2 | 80 | 3 | 0 | 3060 | 728 | 1,0 | 23 | 3 | + | + | 6 |
| Mayonnaise, 50 % Fett | 1 | 52 | 5 | 0 | 2130 | 507 | – | – | – | – | – | – |

Zeichenerklärung: + = in Spuren; – = kann nicht bestimmt werden, da keine genaue Analyse vorliegt.

| Lebensmittel 100 g essbarer Anteil | Eiweiß g | Fett g | Kohlen-hydrate g | Ballast-stoffe g | Energie kJ | Energie kcal | Mineralstoffe | | Vitamine | | | |
|---|---|---|---|---|---|---|---|---|---|---|---|---|
| | | | | | | | Eisen mg | Calcium mg | A µg | $B_1$ mg | $B_2$ mg | C mg |
| **Rindfleisch** | | | | | | | | | | | | |
| Rinderfilet | 19 | 4 | + | 0 | 490 | 116 | 2,1 | 3 | – | 0,1 | 0,1 | 1 |
| Keule (Schlegel) | 21 | 7 | + | 0 | 630 | 150 | 2,6 | 1,3 | 10 | 0,1 | 0,2 | 1 |
| Brust | 16 | 21 | + | 0 | 1100 | 261 | 2,5 | 2 | – | – | – | 2 |
| Rinderleber | 20 | 3 | 6 | 0 | 560 | 133 | 7,1 | 7 | 8340 | 0,3 | 2,9 | 30 |
| Hackfleisch | 23 | 13 | + | 0 | 880 | 209 | 2,2 | 12 | 0 | + | 0,2 | 1 |
| **Schweinefleisch** | | | | | | | | | | | | |
| Schweinelende | 19 | 10 | + | 0 | 710 | 169 | – | 2 | – | – | – | 0 |
| Schweineschnitzel | 21 | 8 | + | 0 | 680 | 161 | 2,3 | 2 | – | 0,7 | 0,2 | 0 |
| Schweinekotelett | 16 | 25 | + | 0 | 1250 | 297 | 1,8 | 11 | – | 0,8 | 0,2 | 0 |
| Schweineschinken | 17 | 23 | + | 0 | 1190 | 283 | 2,0 | 9 | – | 0,8 | 0,2 | 0 |
| Schweinebauch | 12 | 42 | + | 0 | 1840 | 438 | – | 1 | – | 0,4 | 0,1 | 0 |
| Schweineleber | 20 | 6 | 1 | 0 | 5380 | 138 | 22,1 | 10 | 3540 | 0,3 | 3,2 | 23 |
| **Geflügel** | | | | | | | | | | | | |
| Brathuhn | 15 | 4 | 0 | 0 | 448 | 106 | 1,8 | 12 | 10 | 0,1 | 0,2 | 3 |
| Ente | 18 | 17 | 0 | 0 | 960 | 228 | 2,1 | 11 | – | 0,3 | 0,2 | – |
| Truthahn | 15 | 11 | + | 0 | 703 | 167 | 4,2 | 27 | + | 0,1 | 0,1 | 0 |
| **Fleisch- und Wurstwaren** | | | | | | | | | | | | |
| Geflügelwurst | 16 | 5 | 0 | 0 | 460 | 109 | – | – | – | – | – | – |
| Gelbwurst | 12 | 33 | + | – | 1500 | 357 | – | – | – | – | 0,1 | – |
| Leberwurst | 12 | 41 | 0 | 0 | 1840 | 438 | 5,3 | 41 | 1460 | – | 0,9 | 0 |
| Mettwurst | 12 | 52 | 0 | 0 | 2225 | 529 | 1,6 | 13 | 0 | + | – | – |
| Salami | 18 | 50 | 0 | 0 | 2180 | 519 | 2,4 | 13 | – | 0,1 | 0,1 | 0 |
| Fleischkäse (Leberkäse) | 13 | 23 | 0 | 0 | 1120 | 266 | – | 4 | – | + | 0,2 | – |
| Wiener Würstchen | 15 | 21 | 0 | 0 | 1080 | 257 | 2,4 | 18 | – | 0,1 | 0,1 | 0 |
| Schinken, gekocht | 19 | 20 | 0 | 0 | 1150 | 273 | 2,4 | 10 | + | 0,5 | 0,3 | + |
| **Seefische** | | | | | | | | | | | | |
| Kabeljau (Dorsch) | 17 | + | 0 | 0 | 300 | 71 | 0,5 | 11 | + | + | + | 2 |
| Rotbarsch (Goldbarsch) | 18 | 4 | 0 | 0 | 470 | 111 | 0,7 | 22 | 12 | 0,1 | 0,1 | + |
| **Süßwasserfische** | | | | | | | | | | | | |
| Forelle | 20 | 3 | 0 | 0 | 450 | 107 | 1,0 | 18 | 45 | + | + | + |
| Karpfen | 18 | 5 | 0 | 0 | 500 | 119 | 1,1 | 29 | 56 | + | + | 1 |
| **Fischdauerwaren** | | | | | | | | | | | | |
| Bismarckhering | 17 | 16 | 0 | 0 | 920 | 219 | – | 38 | 36 | + | 0,2 | 0 |
| Thunfisch in Öl | 24 | 21 | 0 | 0 | 1230 | 292 | 1,2 | 7 | 370 | + | + | 0 |
| Fischstäbchen, tiefgefr., roh | 16 | 7 | 20 | – | 850 | 202 | – | – | – | – | – | 0 |
| **Obst** | | | | | | | | | | | | |
| Ananas, roh | + | + | 14 | 0,4 | 240 | 57 | 0,4 | 16 | 10 | 0,1 | + | 20 |
| Apfel | + | + | 14 | 1,0 | 245 | 58 | 0,4 | 7 | 9 | + | + | 11 |
| Apfelsine | 1 | + | 11 | 0,6 | 210 | 50 | 0,4 | 30 | 15 | 0,1 | + | 50 |
| Aprikose, roh | 1 | + | 13 | 0,7 | 240 | 57 | 0,6 | 15 | 298 | + | + | 10 |
| Banane | 1 | + | 23 | 0,6 | 415 | 98 | 0,4 | 7 | 38 | + | + | 8 |
| Birne | + | + | 13 | 1,6 | 230 | 54 | 0,3 | 16 | 6 | + | + | 5 |
| Erdbeere, roh | 1 | + | 7 | 1,3 | 140 | 33 | 0,9 | 25 | 13 | + | + | 62 |
| Himbeere | 1 | + | 8 | 4,2 | 160 | 38 | 1,0 | 40 | 7 | + | 0,1 | 25 |
| Johannisbeere, schwarz | 1 | + | 12 | 3,2 | 225 | 53 | 1,2 | 53 | 23 | 0,1 | 0,1 | 180 |
| Kirsche, süß | 1 | + | 16 | 0,4 | 290 | 69 | 0,4 | 14 | 13 | 0,1 | 0,1 | 15 |
| Pfirsich | 1 | + | 10 | 0,6 | 180 | 42 | 1,2 | 5 | 73 | + | + | 10 |
| Pampelmuse/Grapefruit | 1 | + | 10 | 0,3 | 180 | 42 | 0,3 | 20 | 3 | + | + | 41 |
| Pflaume | 1 | + | 16 | 0,5 | 285 | 67 | 0,5 | 16 | 35 | 0,1 | + | 5 |
| Weintraube | 1 | + | 16 | 0,6 | 300 | 71 | 0,5 | 21 | 5 | + | + | 4 |
| **Gemüse** | | | | | | | | | | | | |
| Blumenkohl | 2 | + | 4 | 0,9 | 105 | 25 | 0,6 | 20 | 21 | 0,1 | 0,1 | 70 |
| Bohnen, grün | 2 | + | 6 | 1,0 | 140 | 33 | 0,8 | 56 | 60 | 0,1 | 0,1 | 19 |
| Chicorée | 1 | + | 2 | 0,9 | 67 | 15 | 0,7 | 26 | 216 | + | + | 10 |
| Chinakohl | 1 | + | 2 | 0,5 | 67 | 15 | 0,6 | 40 | 13 | + | + | 36 |
| Endivien | 2 | + | 2 | 0,9 | 70 | 16 | 1,6 | 54 | 333 | 0,1 | 0,1 | 10 |
| Erbsen, grün | 5 | + | 10 | 2,0 | 260 | 61 | 1,8 | 23 | 53 | 0,3 | 0,1 | 9 |
| Gurke | + | + | 2 | 0,6 | 35 | 8 | 0,4 | 11 | 28 | + | + | 1 |
| Kohlrabi | 2 | + | 5 | 1,0 | 120 | 28 | 0,9 | 75 | 2 | 0,1 | + | 66 |
| Kopfsalat | 1 | + | 2 | 0,8 | 60 | 14 | 0,7 | 23 | 150 | 0,1 | + | 10 |
| Möhren, Karotten | 1 | + | 6 | 1,0 | 120 | 28 | 0,6 | 29 | 1120 | 0,1 | + | 7 |
| Paprikaschoten | 1 | + | 4 | 1,8 | 90 | 21 | 0,6 | 9 | 230 | 0,1 | 0,1 | 107 |
| Porree/Lauch | 2 | + | 6 | 1,3 | 140 | 33 | 1,0 | 87 | 333 | 0,1 | 0,1 | 30 |
| Rhabarber | 1 | + | 3 | 0,8 | 70 | 16 | 0,5 | 52 | 12 | + | + | 10 |
| Rosenkohl | 4 | + | 6 | 1,6 | 180 | 42 | 0,9 | 24 | 65 | 0,1 | 0,2 | 84 |
| Rotkohl/Blaukraut | 2 | + | 5 | 1,1 | 120 | 28 | 0,5 | 35 | 5 | 0,1 | + | 50 |
| Spargel | 2 | + | 3 | 0,9 | 90 | 21 | 1,0 | 21 | 50 | 0,1 | 0,1 | 21 |
| Spinat, roh | 2 | + | 2 | 0,6 | 75 | 17 | 5,2 | 83 | 816 | 0,1 | 0,2 | 51 |

# Stichwortverzeichnis

ACE-Drinks 30 f., 217
Acrolein 204
Acrylamid 204
Adipositas 189
Agar-Agar 55
Akoholismus 32
Alcopops 37
alkoholische Getränke 34
Alkohol 32 ff.
alkoholische Gärung 34, 50, 53
ältere Menschen 178
Aluminium 19
Antibiotika 209
Arbeitsplatz 8, 9, 164
Arteriosklerose 110, 196 f.
Ausmahlungsgrad 88
Ayurveda 224

Backpulver 49
Bakterien 44, 47,
Ballaststoffe 100
**Bayerische Creme 221**
Bedürfnispyramide 151
Bedürfnisse 150 f., 156 f.
Beleuchtung 9, 165
Belüftung 165
Benzpyren 205
Berufswahl 148
Bewertungsbogen 129
biologische Teiglockerung 50 ff.
Biorhythmus 174
Blanchieren 136
Blausäure 207
Blei 110, 210
Body-Mass-Index 189, 193
**Böfflamott 221**
Bombage 202
Botulinustoxin 202
Brotbackautomat 14
Broteinheiten 199
Brotsorten 89
Büfettaufbau 226
Bulimie 190 ff.

chemische Teiglockerung 49
Cholesterin 110, 117, 168, 196f.
Convenience-Produkte 126

DGE 180 f.
Diabetes mellitus 168, 198 f
Diät 188
Dioxin 210
Diskussion 232
DNS/DNA 213 f.
Duroplaste 22

Edelstahl 18 ff.
Eierkennzeichnung 116 f.
Eierstempel 117
Einladungen 142 f.
Elastomere 22
Emaillierung 18
Energie 12
Energiestoffwechsel 168, 170 ff.
Energy-Drinks 31
Enzyme 47, 138, 168, 170 f., 215
Ergonomie 8, 68, 164 f.
Erhitzungsverfahren 104
Ernährungskreis 85
Ernährungspläne 179
Ess-Sucht 190 ff.

Fäulniserreger 202
Fertigprodukte 126
Feste 66 f., 141 ff., 227
Fettsäuren 122
feuerfestes Glas 71 f.
Fischarten 112
Fischerzeugnisse 109
Fleischerzeugnisse 105
Fleischsorten 108
Flugrost 29
Fondue 124
Food-Design 216 f.
Functional Food 217
Fünf-am-Tag-Initiative 102, 180

Garverfahren 56, 219
Gedecke 64 f., 67, 140
Gelatine 54
Gemüseerzeugnisse 100
Genfood 28 f., 214 f.
Gentechnik 186, 213 ff.
Genussgift 33
Geschirrspülmaschine 14 f.

Getreidearten 86
Getreideerzeugnisse 87
Getreidekorn 88
Gewichtsbestimmung 189
Gewürze 224
Gicht 110, 168, 195
Glaskeramik-Kochfeld 73
Greifraum 8
Grill 125
Grundbedürfnisse 150, 156 f.
Grundumsatz 172 f.
Grünspan 19
Gusseisen 18

Haushalte (Aufgaben) 153
Hefe 50 ff.
Hefeteig 51 f.
Hirschhornsalz 49
Holzarten 25
Homogenisieren 104 f.
Honig 98 f
Hormone 169, 169, 209, 172
**Huhn in Mandelsoße 225**
Hühnerhaltung 116
Hülsenfrüchte 101,119
Hygiene 26
Hygieneleitfaden 46

Infektionsschutzgesetz (IfSG) 44
Inhaltsstoffe 84
Insulin 169, 170, 198

Jod 114
Johannisbrotkernmehl 55

Kaffeezubereitung 39
Kakaosorten 43
Kalibleiglas 71 f.
Kalikalkglas 71 f.
Kartoffelerzeugnisse 95
Kartoffelsorten 94
Kaufentscheid 68, 13
Kennzeichnung 29, 107, 116, 215
Kilojoule 172
Kilokalorien 172
Kinder/Jugendliche 177
Konservierungsverfahren 134 ff.

Körpergewicht 189
Küchenfunktionsbereiche 164 f.
Küchengrundrisse 162 f.
Küchenmaschine 14
Küchenmaterialien 167
Kupfer 19

Lagerung 132 f.
lakto-vegetabil 183
Lebensmittelgruppen 85
Lebensmittel-Hygiene 45 ff., 203
Lebensmittelhygiene-
  verordnung 44
Lebensmittelvergiftungen 200 ff.
leichte Vollkost 194
Leistungskurve 174
Leistungsumsatz 172 f.
Leitzmann, Carl 186 f.
Light-Getränke 31

Magersucht 190 f.
Mahlzeit 62 f.
Mais 214
Margarine 121, 123
Maslow 150 f.
Massivholz 24
Maximalprinzip 154 f.
mechanische Teiglockerung 48 f.
Mehl 88
Mehltypen 88
Menükarten 142 f.
Menüplan 218
Menüvorschläge 141, 143
Messing 20
Mietkaution 158, 161
Mietspiegel 158, 161
Mietvertrag 161
Mikroorganismen 44, 47, 138,
  200 ff
Mikrowelle 16 f.
Milcharten 105
Milcherzeugnisse 105
Mineralstoffe 100, 110
Minimalprinzip 154 f.
**Moussaka 223**

Natronkalkglas 71 f.
Nitrat 110, 176, 204, 209
Nitrit 110, 204, 209

Nitrosamine 110, 125, 205
Notvorrat 131
Novel-Food-Verordnung 28 f.

Obsterzeugnisse 100 ff.
Ökobilanz 12, 15
Ökonomie 155
Öle 121 ff.
Organisationsplan 10, 11, 66
ovo-lakto-vegetabil 183
Oxalsäure 206

PAK 125, 205
Pasteurisieren 104
PC 143, 179
Pektin 54
Pflanzenschutzmittel 208
Phasin 207
Pilztoxine 207
Platzkarten 142 f.
Pökeln 109, 205
Porzellan 74, 76 ff.
Pottasche 49
Promille 34
PSE-Fleisch 111
Purin 195

Quecksilber 114, 210

Raclette 124
radioaktive Substanzen 211
Raffination 121
Reduktionskost 188
Reiserzeugnisse 87
Reiskorn 92
Reissorten 90, 93
Reissorten 225
Resorption 168, 170 f.
Resteküche 124, 127

Salmonellen 116, 46, 134, 201
**Saltimbocca 223**
Sandwichboden 19
Sauerteig 53
Säugling 176
Schadstoffe 110, 114, 208 ff.
Schimmelpilzgifte 200
Schockfrosten 136
Schokolade 42 f.

sekundäre Pflanzenstoffe 100,
  102 f.
**Semmelknödel 221**
Servieren 146 f
Servietten 67
Silber 19, 21
Silikone 22 f.
Soja 119, 214
Solanin 97, 206
Speisenabfolge 144 f.
Steingut 74, 79
Steinzeug 74, 79
Sterilisieren 104
Stillen 176
Stoffwechsel 168 ff.
Süßstoffe 99

Thermoplaste 22
Tiefgefrieren 136 ff.
Tiefkühlkette 136
Tiefkühlkost 139
Tierarzneimittel 209
Tischdekoration 65 ff., 140
Tischkarten 142 f.
Töpferware 74 f.
Toxine 134, 200 ff.

Ultrahocherhitzen 104

vegan 183
vegetarische Ernährung 180, 182 ff.
Verdauung 168, 170 f.
Verpackungsarten 81
Verpackungsmaterial 82, 138
Verpackungsverordnung 26
Vitamine 100, 110, 169
Vollwert-Ernährung 186 f.

Wahlbedürfnisse 150, 156
Wegestudie 9
Wohnungsanzeigen 158 f.
Wohnungseinrichtung 160

Zellstoffwechsel 168, 170 ff.
Zinn 20
Zucker 98
Zuckeraustauschstoffe 99
Zusatzstoffe 27 ff.
Zutatenliste 27 ff., 215